Liability Management Transaktionen

Schriften zum Gesellschafts-,
Bilanz- und Unternehmensteuerrecht

Herausgegeben von Barbara Grunewald und Joachim Hennrichs

Band 32

Zur Qualitätssicherung und Peer Review der vorliegenden Publikation

Die Qualität der in dieser Reihe erscheinenden Arbeiten wird vor der Publikation durch den Herausgeber der Reihe geprüft.

Notes on the quality assurance and peer review of this publication

Prior to publication, the quality of the work published in this series is reviewed by the editor of the series.

Matthias Sebastian Weber

Liability Management Transaktionen

PETER LANG

Bibliografische Information der Deutschen Nationalbibliothek
Die Deutsche Nationalbibliothek verzeichnet diese Publikation in der Deutschen Nationalbibliografie; detaillierte bibliografische Daten sind im Internet über http://dnb.d-nb.de abrufbar.

Zugl.: Köln, Univ., Diss., 2018

D 38
ISSN 1867-500X
ISBN 978-3-631-77881-4 (Print)
E-ISBN 978-3-631-78985-8 (E-PDF)
E-ISBN 978-3-631-78986-5 (EPUB)
E-ISBN 978-3-631-78987-2 (MOBI)
DOI 10.3726/b15610

Peter Lang – Berlin · Bern · Bruxelles · New York · Oxford · Warszawa · Wien

Diese Publikation wurde begutachtet.

www.peterlang.com

Vorwort

Der Restrukturierungsbedarf für Anleihen erscheint aktueller denn je. Nicht nur durch die Flut von Mittelstandsanleihen in den letzten Jahren, deren Emittenten die eingegangenen Verpflichtungen nicht mehr erfüllen können, sondern auch durch „gesunde" Emittenten, die das Liability Management in Zeiten der Niedrigzinsen als Optimierungsmöglichkeit nutzen. Es steht insgesamt zu befürchten, dass der Restrukturierungsbedarf allerdings bei einem steigenden Zinsniveau und gleichzeitigem Rückgang der Konjunktur noch weiter zunehmen wird.

Dieses gestiegene Interesse an Liability Management Transaktionen greift diese Arbeit auf. Ziel ist es, die verschiedenen Formen der Liability Management Transaktionen darzustellen und dabei neben der gesellschaftsrechtlichen Umsetzung vor allem auch die kapitalmarkt- und steuerrechtlichen Aspekte darzustellen. Die Arbeit verfolgt insofern einen ganzheitlichen Ansatz.

Die Arbeit wurde im Sommersemester 2018 als Dissertationsschrift bei der Rechtswissenschaftlichen Fakultät der Universität zu Köln eingereicht. Sie befindet sich nun auf dem Stand von Oktober 2018.

Mein primärer Dank gilt Herrn Professor Dr. *Michael Schlitt*, der mir den Anreiz für das Thema gab und mir während der Anfertigung der Arbeit beratend zur Seite stand und kurzfristig das Zweitgutachten erstellte. Außerdem durfte ich während dieser Zeit begleitend in seinem fachlich wie menschlich hervorragendem Kapitalmarktrechtsteam bei Hogan Lovells International LLP in Frankfurt am Main arbeiten.

Besonderer Dank gilt natürlich auch meiner Doktormutter Frau Professor Dr. *Barbara Grunewald*. Sie gab mir nicht nur die Möglichkeit zur Promotion, sondern erstellte das Erstgutachten zu meiner Dissertation besonders schnell und ermöglichte mir, die Arbeit in ihrer gemeinsam mit Herrn Professor Dr. *Joachim Hennrichs* herausgegebenen Schriftenreihe zu veröffentlichen. Auch Herrn Professor Dr. Joachim Hennrichs gilt daher mein Dank.

Inhaltsverzeichnis

§ 1 Einführung und Gang der Darstellung

Eine *Liability Management* Transaktion kann mit der Scheidung einer Ehe verglichen werden.[1] Dabei stellt die ursprüngliche Emission der Anleihe, die nun im Rahmen der *Liability Management* Transaktion restrukturiert werden soll, die Eheschließung dar. Das *Closingdinner* zum Abschluss der Emission ist die Hochzeitsfeier. Im Rahmen der Hochzeitsfeier bzw. des *Closingdinners* denke noch niemand an eine spätere Scheidung bzw. Restrukturierung. Falls es zu einer solchen komme, sei diese hingegen in der Regel weniger glamourös als das *Closingdinner* zum Abschluss der Emission der Anleihe bzw. die Hochzeitsfeier.

Dennoch dürfte hinlänglich bekannt sein, dass Ehescheidungen an der Tagesordnung sind. Ähnlich ist es auch mit Anleihen. Die einst maßgeschneiderte Anleihe, die dem Emittenten zu frischem Kapital verhalf, passt nicht mehr in die aktuelle Situation. Sei es, weil er nicht mehr in der Lage ist, die Ansprüche der Anleihegläubiger zu befriedigen oder sei es, weil sich für ihn günstigere (Finanzierungs)gelegenheiten bieten oder sei es aufgrund externer Gründe. In diesem Fall stellt sich die Frage nach einer Restrukturierung der Anleihe.

Das Beispiel von Eheschließung und Scheidung mag (selbstverständlich) ein sehr bildliches sein, dennoch zeigt es auf plakative Art und Weise, worum es bei *Liability Management* Transaktionen geht: Eine Gesellschaft, die eine Anleihe emittiert hat, steht vor der Herausforderung, an die Anleihegläubiger heranzutreten und ihnen statt der vereinbarten Rückzahlung ihrer Anleihe nebst Zinsen zum Laufzeitende ein anderes Angebot zu machen, welches aus Sicht der Gesellschaft vorteilhafter oder sogar existenziell notwendig ist. Dabei stellen sich für die Gesellschaft verschiedenste Schwierigkeiten, die der Hinzuziehung fachlicher Rechtsberater und erfahrener Investmentbanken bedürfen.

Die vorliegende Arbeit wird die Herausforderungen und Probleme, mit denen der Vorstand einer Aktiengesellschaft[2] und seine Berater bei der Vorbereitung,

---

1 *Gkoutzinis*, Law and Practice of Liability Management, S. 1 ff.

2 Entsprechend der kapitalmarktrechtlichen Ausrichtung der Arbeit beschränkt sich die Darstellung auf die Aktiengesellschaft als Standardrechtsform eines kapitalmarktorientierten Unternehmens. Auf die weiteren börsenfähigen Rechtsformen der Kommanditgesellschaft auf Aktien (KGaA) und der Societas Europaea (SE) sind die Regelungen des Aktiengesetzes in der Regel ebenfalls anwendbar (vgl. § 278 Abs. 3 AktG bzw. Art. 9 Abs. 1 lit. c) ii) und iii) SE-VO).

Planung und Umsetzung einer *Liability Management* Transaktion konfrontiert werden, ganzheitlich darstellen.

Die Schwierigkeit einer *Liability Management* Transaktion liegt dabei zum einen in der Zusammensetzung der Anleihegläubiger, die häufig unterschiedliche Restrukturierungsbereitschaft zeigen, und zum anderen in der Komplexität und Vielschichtigkeit rechtlicher Probleme und damit verbundener Transaktionsrisiken, die es zu bewältigen oder jedenfalls zu minimieren gilt. Als hervorzuhebende Transaktionsrisiken erweisen sich dabei Anfechtungsklagen im Zusammenhang mit notwendigen Hauptversammlungsbeschlüssen (und ggf. bei Beschlüssen der Gläubigerversammlung) sowie kapitalmarktrechtliche Regelungen, wie z.B. das Insiderhandelsverbot (Art. 14 Marktmissbrauchsverordnung[3]), die es einzuhalten gilt.

Dabei ist das Thema sehr aktuell, da sich immer mehr Emittenten die Frage einer Um- oder Restrukturierung einzelner Anleihen oder ihrer gesamten Anleihefinanzierung stellen. Daraus resultiert ein gestiegenes Interesse an *Liability Management* Transaktionen. Die Motive sind dabei unterschiedlich. Teilweise sind die Emittenten aufgrund einer Krisensituation nicht mehr in der Lage die vereinbarten Forderungen der Anleihegläubiger zu erfüllen und zu einer Restrukturierung gezwungen[4], teilweise möchten die Gesellschaften jedoch

---

3 Verordnung (EU) Nr. 596/2014 des Europäischen Parlaments und des Rates vom 16. April 2014 über Marktmissbrauch (Marktmissbrauchsverordnung) und zur Aufhebung der Richtlinie 2003/6/EG des Europäischen Parlaments und des Rates und der Richtlinien 2003/124/EG, 2003/125/EG und 2004/72/EG der Kommission (*Market Abuse Regulation = MAR*).

4 Als jüngstes Beispiel für eine gescheiterte Anleiherestrukturierung in einer Unternehmenskrise sei Air Berlin PLC erwähnt: Air Berlin PLC hatte den Anleihegläubigern einer Wandelanleihe angeboten, diese gegen eine neue Wandelanleihe (sog. *Convertible Convertible Swap*) zu tauschen. Dabei versprach Air Berlin PLC einen deutlich erhöhten Zinssatz von 8,5 Prozent statt bisher 6 Prozent bei gleichzeitiger Verlängerung der Laufzeit. Dadurch wollte Air Berlin PLC die Rückzahlungsansprüche der Anleihegläubiger nach hinten verschieben, da es die aktuelle wirtschaftliche Lage des Unternehmens nicht zuließ, die Anleihegläubiger zu befriedigen. Das Umtauschangebot stieß allerdings bei den Anleihegläubigern auf geringes Interesse. Lediglich 41,3 Millionen Euro der ausstehenden 140 Millionen Euro wurden von den Anleihegläubigern zum Umtausch angeboten, wobei davon 40 Millionen Euro auf den Großaktionär Etihad Airways entfielen (vgl. Ad Hoc Mitteilung der Air Berlin PLC vom 17. Februar 2017; abrufbar unter: http://ir.airberlin.com/de/ir/finanzmeldungen/ad-hoc-meldungen/2017/NEU_2017-02-17-Air-Berlin-teilt-das-Ergebnis-des-Umtauschangebots-f-r-ihre-bestehenden-Wandelschuldverschreibungen-f-llig-am-6--M-rz-2019-und-die-Platzierung-neuer--am-6--M-rz-2019-f-lliger-Wandelschuldverschreibungen-mit).

nur ihre Anleihefinanzierung neu strukturieren und verbessern. Dabei können endogene und exogene Faktoren eine Rolle spielen.[5] So bieten sich aufgrund der Zinsentwicklung der letzten Jahre derzeit historisch günstige Fremdfinanzierungsopportunitäten und frühere Zinsvereinbarungen erscheinen unattraktiv.[6]

Der gestiegene Bedarf an Restrukturierungen resultiert allerdings auch aus der gestiegenen Anzahl von Anleiheemissionen in den vergangenen Jahren. Dies geht auch auf ein gestiegenes Interesse von Mittelstandsunternehmen zurück, die sich von Bankfinanzierungen unabhängiger machen möchten und auf Anleihefinanzierungen umgestiegen sind (sog. Mittelstandsanleihen[7]).[8] Dabei haben teilweise Unternehmen den Schritt an die Kapitalmärkte gemacht, deren eingegangene Anleiheverpflichtungen sich im Nachhinein als nicht erfüllbar herausgestellt haben.[9] Zu befürchten ist, dass sich solche Fälle häufen werden; insbesondere auch bei einem Abschwächen der Konjunktur.[10] Daher wird bereits teilweise vor der Entstehung einer Blase an den Anleihemärkten gewarnt.[11]

Bekanntlich hat Air Berlin PLC inzwischen Insolvenz angemeldet (vgl. Ad Hoc Mitteilung der Air Berlin PLC vom 01. November 2017; abrufbar unter http://ir.airberlin.com/de/ir/finanzmeldungen/ad-hoc-meldungen/2017/2017-11-1-B-V-Insolvenzverfahren-in-Eigenverwaltung--ber-das-Verm-gen-u-a--der-Air-Berlin-PLC-er-ffnet).

5 Theiselmann/*Lürken*, Restrukturierungsrecht, Kap. 5 Rn. 3 sieht beispielsweise ein Risiko darin, dass viele Finanzierungen aus *leverage buy outs* (sog. LBO-Finanzierungen) in den vergangenen Jahren durch Anleihen abgelöst wurden und dadurch das Problem zeitlich nur verlagert wurde.

6 So auch Theiselmann/*Lürken*, Restrukturierungsrecht, Kap. 5 Rn. 2.

7 Die Wertpapierbörsen haben darauf reagiert und eigene Segmente für Mittelstandsanleihen gegründet; vgl. dazu *Schlitt/Kasten*, CFL 2011, 97.

8 Vgl. dazu auch *Wilken/Schaumann/Zauner*, S. 1 ff. sowie insgesamt zur gestiegenen Bedeutung von Anleihen in der Unternehmensfinanzierung Theiselmann/*Blöcker/Schlitt/Schäfer*, Restrukturierungsrecht, Kap. 2 Rn. 26 und zu Anleihen als Möglichkeit für Mittelstandsunternehmen für eine „Diversifikation der Finanzierungsquellen" *Achleitner/Volk*, CFL 2013, 157.

9 Vgl. Bondguide Whitepaper Restrukturierung 2016, wonach sich 45 von 62 ausstehenden Anleihen, die ab 2016 fällig sind, in der Restrukturierung befinden (abrufbar unter: http://www.bondguide.de/wp-content/uploads/2016/01/bondguide-whitepaper-restrukturierung-2016.pdf). So auch Theiselmann/*Lürken*, Restrukturierungsrecht, Kap. 5 Rn. 3.

10 Zum steigenden Bedarf an Restrukturierungen bei Mittelstandsanleihen auch *von Oppen/Richers*, CFL 2015, 95.

11 Theiselmann/*Lürken*, Restrukturierungsrecht, Kap. 5 Rn. 3 mit Verweis auf „*Bond Restructuring Set For Boom*", Global Turnaround, October 2014, 2.

Diesen gestiegenen Restrukturierungsbedarf hat auch der Gesetzgeber erkannt und mit der Reform des Schuldverschreibungsrechts im Jahr 2009 versucht, einen sicheren Rechtsrahmen für kollektive Restrukturierungen zu schaffen.[12] Wie im Verlauf der Darstellung zu zeigen sein wird, gibt es allerdings auch bei Restrukturierungsverfahren nach dem SchVG Schwierigkeiten und bereits erste Rufe nach weiteren Änderungen des SchVG.[13]

Die vorliegende Arbeit greift dieses gestiegene Interesse an *Liability Management* Transaktionen auf und stellt die wichtigsten Transaktionen dar. Dazu werden zunächst die Begriffe *Liability Management* und *Liability Management* Transaktionen erläutert sowie die einzelnen Transaktionen überblicksartig dargestellt (unter § 2). Da es letztlich um die Um- und Restrukturierung von Anleihen geht, werden sodann die spezifischen Schwierigkeiten identifiziert, die sich bei der Um- und Restrukturierung von Anleihen stellen (§ 3), bevor dann im Rahmen des Hauptteils (§§ 4–6) die drei wichtigsten Transaktionsformen ausführlich behandelt werden: Debt Equity Swap, Debt Convertible Swap/Convertible Convertible Swap und Bond Buy Back.

Dabei verfolgt die Darstellung einen ganzheitlichen und allumfassenden Ansatz. Schwerpunkte werden dabei auf der gesellschaftsrechtlichen Umsetzung, der Beteiligung der Anleihegläubiger und der Berücksichtigung kapitalmarktrechtlicher Aspekte liegen. Dabei wird die Darstellung des Debt Equity Swaps zwar quantitativ den größten Raum einnehmen, allerdings sind viele dort dargestellte Aspekte auch für die anderen Abschnitte relevant, sodass sich Synergieeffekte der einzelnen Abschnitte ergeben und auf die Darstellung im Rahmen des Debt Equity Swaps verwiesen werden kann.

Am Schluss der Darstellung findet sich die Zusammenfassung der wesentlichen Ergebnisse in Thesenform (§ 7).

---

12 Zum 31.07.2009 wurde das neue Gesetz über Schuldverschreibungen aus Gesamtemissionen (SchVG) ausgefertigt.

13 Vgl. etwa *Arbeitskreis Reform des Schuldverschreibungsrechts*, ZIP 2014, 845.

§ 2 Liability Management (Transaktionen) – Begriffsdefinition und Erscheinungsformen

Abstract:
Liability Management Transactions is used as an umbrella term to describe various transactions to restructure the listed debt or hybrid securities and bonds (the „liabilities") of an issuer. The objectives of Liability Management Transactions are very different: Company crisis, elimination of debt at a reasonable price, extensions of maturities, easing of interest burden etc. The standard Liability Management Transactions are Debt Equity Swaps, Debt Debt Swaps, Debt Convertible Swaps, Bond Buy Backs and Consent Solicitations.

Keywords: Debt Equity Swap, Debt Debt Swap, Debt Convertible Swap, Bond Buy Back, Consent Solicitations, Anleihenrestrukturierung

I. Begriffsdefinition

Unter *Liability Management* (eng. *liabilities* = Verbindlichkeiten) versteht man die Optimierung und Steuerung der Fremdfinanzierung(sstruktur) eines Unternehmens durch dessen Management. Wie bereits im Rahmen der Einleitung erläutert, ist *Liability Management* auch außerhalb einer Unternehmenskrise von Bedeutung. So wird im Rahmen des *Liability Managements* beispielsweise die Fälligkeitsstruktur der Fremdfinanzierung optimiert, um einen geeigneten Mix aus kurz-, mittel- und langfristigen Verbindlichkeiten zu erhalten. Welche Gewichtung dabei die geeignetste ist, gilt es laufend zu überprüfen und ggf. Anpassungen vorzunehmen. Nicht zuletzt die Entwicklungen an den Zins- und Kapitalmärkten haben zu interessanten und günstigen Möglichkeiten zur Fremdkapitalaufnahme für Unternehmen geführt. Diese auszunutzen und alte Finanzierungsstrukturen zu hinterfragen und anzupassen, ist Aufgabe des *Liability Managements.*

„*Liability Management* Transaktion" wird dabei als Oberbegriff für die verschiedenen Möglichkeiten zur Restrukturierung von Anleihen verwendet.[14] Im Wesentlichen bestehen drei Optionen:

- *Consent Solicitations* (Änderung der Anleihebedingungen),
- *Exchange Offers* (Umtauschangebote) und
- *Bond Buy Backs* (Anleiherückkäufe).[15]

---

14 *Lürken/Plank* in Hopt/Seibt, Schuldverschreibungsrecht, Kap. 11 Rz. 11.1.
15 *Lürken/Plank* in Hopt/Seibt, Schuldverschreibungsrecht, Kap. 11 Rz. 11.1.

Exchange Offers können in verschiedenen Formen ausgestaltet werden: Entweder wird der Umtausch der Anleihe in Aktien angeboten (*Debt Equity Swap*) oder gegen eine neue Anleihe (*Debt Debt Swap*) oder gegen eine Wandelanleihe (*Debt Convertible Swap*); alternativ können auch verschiedene Wertpapiere (z.B. Aktien und eine neue Anleihe) als Gegenleistung angeboten werden.

Teilweise werden unter den Begriff *Liability Management* Transaktion auch noch die Rückzahlung bzw. Kündigung der Anleihe subsumiert.

Oftmals werden mehrere dieser Optionen miteinander oder mit anderen Maßnahmen kombiniert. So erfolgt im Zusammenhang mit *Liability Management* Transaktionen häufig eine Kapitalerhöhung, die nicht unmittelbar mit der Anleiherestrukturierung verknüpft ist. Außerdem werden häufig neue Anleihen emittiert, ohne dass diese unmittelbar den Anleihegläubigern der ausstehenden Anleihe im Umtausch angeboten werden.[16]

Insgesamt lassen sich somit unter den Begriff *Liability Management* Transaktionen alle gängigen Restrukturierungsoptionen für Anleihen einschließlich der Kombination mehrerer Elemente zur finanziellen Re- und Umstrukturierung von kapitalmarktorientierten Unternehmen subsumieren.

II. Erscheinungsformen – allgemeine Restrukturierungsmöglichkeiten von Fremdkapitalinstrumenten/Anleihen

Die zuvor genannten einzelnen Varianten von *Liability Management* Transaktionen sollen im Folgenden kurz überblicksartig dargestellt werden, bevor im Rahmen des Hauptteils (§ 4–6) eine detaillierte Darstellung erfolgt.

1. *Consent Solicitations* (Änderung der Anleihebedingungen)

Als Option mit der geringsten Eingriffsintensität[17] steht der Gesellschaft zunächst die Änderung der Anleihebedingungen (*Terms and Conditions; Ts&Cs)* zur Verfügung. Die Anleihebedingungen regeln die Rechte und Pflichten des Anleiheschuldners und des Anleihegläubigers.[18] Die Gesellschaft kann die Anleihebedingungen nicht ohne die Zustimmung der Anleihegläubiger ändern,

---

16 Vgl. zu gesellschaftsrechtlichen Risiken, wenn ein Anleiherückkauf mit den Erlösen aus einer Kapitalerhöhung oder einer Neuemission einer Anleihe kombiniert werden soll, unten unter § 6 VIII.

17 Theiselmann/*Lürken*, Restrukturierungsrecht, Kap. 5 Rn. 206.

18 Vgl. Legaldefinition in § 2 Satz 1 SchVG.

da die Anleihebedingungen das rechtsgeschäftliche Leistungsversprechen und die Geschäftsgrundlage bei Emission der Anleihe darstellen.[19] Die kontrollierte Einholung der Zustimmung der Anleihegläubiger dazu wird als *consent solicitations* bezeichnet.[20] Grundsätzlich muss jeder Anleihegläubiger der Änderung der Anleihebedingungen zustimmen. Dies wird in der Praxis kaum möglich sein[21], weshalb der Gesetzgeber das Verfahren nach dem SchVG als Kollektivverfahren mit der Möglichkeit eines Mehrheitsbeschlusses eingeführt hat.[22] Dort ist die Änderung der Anleihebedingungen qua Mehrheitsbeschluss ausdrücklich vorgesehen (vgl. § 5 SchVG).

Ziel ist es, die Anleihebedingungen an die (neuen) Bedürfnisse der Gesellschaft anzupassen. Gängige Änderungen der Anleihebedingungen betreffen beispielsweise die Änderung des Nominalbetrages, die Änderung der Verzinsung oder die Änderung der Laufzeit der Anleihe.[23] Außerdem können auch lediglich die allgemeinen Bedingungen (*Covenants, Undertakings*) angepasst werden. Im Rahmen solcher *Covenants* (dt. Zusicherungen) gibt die Gesellschaft Verpflichtungen ab, für die Dauer der Laufzeit einen bestimmten Zustand aufrechtzuerhalten oder ein bestimmtes Verhalten zu unterlassen.[24] Von besonderer Bedeutung sind dabei sog. *Financial Covenants* (dt. finanzielle Zusicherungen), in denen sich die Gesellschaft zur Einhaltung bestimmter Finanzkennzahlen (*Financial Ratios, Debt Ratios*) oder einer bestimmten Finanzierungsstruktur verpflichtet.[25]

---

19 Davon zu unterscheiden sind (einseitige) Leistungsbestimmungsrechte und Änderungsoptionen, welche bereits in den Anleihebedingungen enthalten sind. Die Ausübung solcher Rechte und Optionen stellen keine Änderung der Anleihebedingungen dar, sondern lediglich eine nach vordefinierten Kriterien konkretisierende Ausfüllung der bestehenden Anleihebedingungen (vgl. LBS/*Bliesener/Schneider*, Bankrechtskommentar, 17. Kap., § 4 SchVG Rn. 15 ff.).

20 *Lürken/Plank* in Hopt/Seibt, Schuldverschreibungsrecht, Kap. 11 Rz. 11.18.

21 *Kaulamo* in Habersack/Mülbert/Schlitt, Unternehmensfinanzierung am Kapitalmarkt, § 17 Rn. 92.

22 Theiselmann/*Lürken*, Restrukturierungsrecht, Kap. 5 Rn. 206; *Kaulamo* in Habersack/Mülbert/Schlitt, Unternehmensfinanzierung am Kapitalmarkt, § 17 Rn. 94; vgl. zum SchVG noch ausführlich unten unter § 4 IV. 2.

23 Theiselmann/*Lürken*, Restrukturierungsrecht, Kap. 5 Rn. 206 sowie die in § 5 Abs. 3 SchVG vorgesehenen Änderungsmöglichkeiten (mit Ausnahme des § 5 Abs. 3 Nr. 5 SchVG).

24 *Kaulamo* in Habersack/Mülbert/Schlitt, Unternehmensfinanzierung am Kapitalmarkt, § 17 Rn. 51.

25 *Kaulamo* in Habersack/Mülbert/Schlitt, Unternehmensfinanzierung am Kapitalmarkt, § 17 Rn. 59.

Ein Verstoß gegen diese *Covenants* führt zu einem außerordentlichen Kündigungsrecht der Anleihegläubiger und somit zur sofortigen Fälligstellung der Anleihevaluta.[26]

Wenn die Gesellschaft also feststellt, dass sie bald gegen die *Covenants* verstoßen wird (beispielsweise, weil sie bereits eine zu hohe Verschuldung aufweist), muss sie befürchten, die Anleihe zeitnah tilgen zu müssen, wenn sie keine Anpassung der *Covenants* erwirkt. Somit kann bereits die Anpassung der *Covenants* für die Gesellschaft in der Unternehmenskrise ausreichend sein, um eine weitere Verschlechterung der wirtschaftlichen Lage (vorerst) abwenden zu können. Allerdings können auch außerhalb einer Sanierungsbedürftigkeit veränderte wirtschaftliche oder rechtliche Umstände die Anpassung der *Covenants* erforderlich machen.[27]

Wenn die Gesellschaft eine Anpassung der Anleihebedingungen anstrebt, wird sie in der Regel versuchen, mehrere Klauseln der Anleihebedingungen zu ändern. So kann beispielsweise eine Verlängerung der Laufzeit der Anleihe kombiniert werden mit der Erhöhung der Verzinsung.[28] Die Verlängerung der Laufzeit bedeutet für die Gesellschaft wirtschaftlich eine Stundung der Rückzahlungsverpflichtung. Diese für die Anleihegläubiger negative Veränderung wird dabei häufig durch die Erhöhung der Verzinsung kompensiert und soll den Anleihegläubigern so „schmackhaft“ gemacht werden.

Insgesamt bietet die Änderung der Anleihebedingungen oftmals bereits einen großen Handlungsspielraum für die Gesellschaft, um die Anleihe an ihre geänderte Situation anzupassen.

2. *Exchange Offers* (Umtauschangebote)

Als Alternative zur Änderung der Anleihebedingungen kann die Gesellschaft den Anleihegläubigern auch einen Umtausch der ausstehenden Anleihe in neue Wertpapiere anbieten (sog. *Exchange Offer*). Vorteil gegenüber der bloßen Änderung der Anleihebedingungen ist, dass es sich dann um völlig neue Wertpapiere handelt, die von der Gesellschaft neu ausgestaltet werden können.[29]

---

26 *Kaulamo* in Habersack/Mülbert/Schlitt, Unternehmensfinanzierung am Kapitalmarkt, § 17 Rn. 51.

27 *Kaulamo* in Habersack/Mülbert/Schlitt, Unternehmensfinanzierung am Kapitalmarkt, § 17 Rn. 91.

28 Vgl. aus der Praxis zB das bereits oben in Fußnote 4 dargestellte Angebot der Air Berlin plc.

29 Theiselmann/*Lürken*, Restrukturierungsrecht, Kap. 5 Rn. 208.

Dabei können nicht nur neue Anleihen als Umtauschgegenleistung angeboten werden, sondern jegliche Arten von Wertpapieren.[30] Bekanntestes Beispiel ist dabei der Umtausch der ausstehenden Anleihe in Aktien der Gesellschaft (sog. Debt Equity Swap).[31] Als eine Art „Hybrid" aus Aktien und normalen Anleihen, kann auch eine Wandelanleihe im Umtausch angeboten werden (sog. Debt Convertible Swap).[32] Außerdem werden teilweise auch Kombinationen aus verschiedenen Wertpapieren im Umtausch angeboten. So haben beispielsweise die Solarworld AG[33] sowie die 3W Power S.A.[34] den Inhabern ihrer ausstehenden Anleihen ein Umtauschangebot gemacht, bei dem die Anleihegläubiger sowohl eine neue Anleihe mit reduziertem Nominalbetrag als auch ergänzend Aktien der Gesellschaft bekommen sollten. Im Falle der Solarworld AG wurde zusätzlich auch noch eine geringe Barleistung als drittes Element angeboten.[35]

Das Umtauschangebot kann auch nur einen Teil der ausstehenden Anleihe umfassen (sog. Teilumtauschangebot), wenn die Gesellschaft nicht die gesamte Anleihe umtauschen möchte, sondern nur einen Teilbetrag. Dann kommt allerdings kein Verfahren nach dem SchVG in Betracht, da dieses auf die kollektive Umwandlung der gesamten Anleihe gerichtet ist. Stattdessen erfolgt ein

30 Vgl. dazu auch den Wortlaut des § 5 Abs. 3 Nr. 5 SchVG, wonach durch Mehrheitsbeschluss „der Umwandlung oder dem Umtausch der Schuldverschreibungen in Gesellschaftsanteile, andere Wertpapiere oder andere Leistungsversprechen" zugestimmt werden kann.

31 Vgl. dazu ausführlich § 4.

32 Vgl. dazu ausführlich § 5.

33 Die Solarworld AG hat den Anleihegläubigern zweier ausstehender Anleihen ein Umtauschangebot gemacht, bei denen die Anleihegläubiger je 1000,- Euro Nominalwert im Austausch eine neue Anleihe mit einem Nominalwert von 451,73 Euro (bzw. 439,39 Euro) und 6,77 (bzw. 7,31) neue Aktien der Solarworld AG bekamen; vgl. Bekanntmachung über die Beschlussfassung der zweiten Gläubigerversammlung vom 5. August 2013 (abrufbar unter https://www.unternehmensregister.de/ureg/result.html;jsessionid=BBBA09584B0008521B3A8DDAAA740176.web02-1?submitaction=showDocument&id=11418421) und Bekanntmachung über die Beschlussfassung der zweiten Gläubigerversammlung vom 6. August 2013 (abrufbar unter https://www.unternehmensregister.de/ureg/result.html;jsessionid=BBBA09584B0008521B3A8DDAAA740176.web02-1?submitaction=showDocument&id=11418943).

34 Vgl. Bekanntmachung über die Beschlussfassung der zweiten Gläubigerversammlung vom 5. Mai 2014 (abrufbar unter https://www.unternehmensregister.de/ureg/result.html;jsessionid=BBBA09584B0008521B3A8DDAAA740176.web02-1?submitaction=showDocument&id=13074020) sowie *von Oppen/Richers*, CFL 2015, 95.

35 Die „Cash-Komponente" betrug bei den beiden betreffenden Solarworld AG Anleihen 53,52 Euro bzw. 57,84 Euro je 1000,- Euro Nominalwert.

öffentliches Umtauschangebot, bei dem in der Regel alle Anleihegläubiger eingeladen sind, ihre Anleihen zum Umtausch anzubieten. Das Angebot ist dann in der Regel als sog. *invitatio ad offerendum* ausgestaltet und die Gesellschaft bewahrt sich höchstmögliche Flexibilität und behält sich vor, die Angebote anzunehmen bzw. nur bis zum erreichten Höchstbetrag, den sie umwandeln möchte.[36]

Umtauschangebote sind somit ein flexibles Instrument für die Gesellschaft, um ihre Anleihefinanzierung an geänderte Bedürfnisse anzupassen.

3. *Bond Buy Backs* (Anleiherückkäufe)

Bei einem Bond Buy Back kauft die Gesellschaft ihre eigenen Anleihen zurück.[37] Solche Rückkäufe können für die Gesellschaft vor allem dann wirtschaftlich sinnvoll sein, wenn der Börsenkurs der Anleihen unterhalb ihres Nennwerts liegt. Dann kann die Gesellschaft nämlich ihre Verbindlichkeiten tilgen, ohne dafür den vollen Betrag (Nennwert) aufwenden zu müssen. Allerdings kann sich für die Gesellschaft auch ein Rückkauf oberhalb des Nennwerts lohnen, wenn sie günstigere Refinanzierungsopportunitäten hat oder andere Gründe für den Rückkauf (z.B. allgemeine Reduzierung ihrer Verbindlichkeiten zur Verbesserung ihrer Finanzkennzahlen) ausschlaggebend sind.[38] Ein Rückkauf bietet sich insbesondere als Alternative zur Kündigung der Anleihe an.[39] Oftmals hat die Gesellschaft zwar nach den Anleihebedingungen entsprechende Kündigungsrechte, allerdings sind diese in der Regel an die Zahlung von Vorfälligkeitsentschädigungen (sog. *Call Premium*) gebunden, sodass ein Rückkauf die günstigere Option ist.[40] Außerdem besteht im Rahmen von Rückkäufen die Möglichkeit, nur einen Teil der Anleihe zurückzuerwerben, wenn die Gesellschaft nicht die gesamte ausstehende Anleihe zurückerwerben möchte.

Die Rückkäufe können entweder von einzelnen Anleihegläubigern (sog. *negotiated repurchases*) oder mittels öffentlichem Rückkaufangebot an alle Anleihegläubiger oder als „stille" Rückkäufe über die Börse erfolgen.[41]

---

36 Vgl. zu den verschiedenen Verfahrensoptionen beim Anleihenumtausch unten unter § 4 IV und § 5 V.

37 Vgl. zum *Bond Buy Back* ausführlich unten unter § 6.

38 *Lürken/Plank* in Hopt/Seibt, Schuldverschreibungsrecht, Kap. 11 Rz. 11.37.

39 *Lürken/Plank* in Hopt/Seibt, Schuldverschreibungsrecht, Kap. 11 Rz. 11.38.

40 *Lürken/Plank* in Hopt/Seibt, Schuldverschreibungsrecht, Kap. 11 Rz. 11.38.

41 Vgl. zu den verschiedenen Verfahrensoptionen beim *Bond Buy Back* ausführlich unten unter § 6 IV.

Insgesamt bietet somit auch der *Bond Buy Back* ein wichtiges Gestaltungsmittel des *Liability Managements*, welches noch zusätzlich als vertrauensbildendes Signal an die Kapitalmärkte genutzt werden kann – ähnlich wie bei einem Rückkauf eigener Aktien.

§ 3 Spezifische Probleme bei der Restrukturierung von Anleihen

Abstract:
An issuer, who intends to restructure listed debt or hybrid securities and bonds, is faced to several problems regarding to the structure of the bondholders, their different strategies and their willingness to cooperate. When communicating and negotiating with the bondholders about the restructuring, the issuer needs to pay particular attention to the regulations of inside information and insider dealing.

Keywords: Insiderrecht, Rationale Apathie, Hold Up, Hold Out

I. Einleitung

Hat der Vorstand eine der vorgenannten Restrukturierungsvarianten oder eine Kombination mehrerer Varianten ausgewählt, so gilt es, die Anleihegläubiger von den Plänen zu überzeugen und sie, soweit möglich, frühzeitig in die Restrukturierung einzubinden. Eine frühzeitige Einbindung der (Haupt)anleihegläubiger wirkt sich nämlich erwiesenermaßen erheblich auf den Erfolg der Transaktion aus.[42] Dabei ergeben sich allerdings aus den Besonderheiten der Anleihefinanzierung spezifische Probleme, die der Vorstand frühzeitig berücksichtigen muss.

Die Schwierigkeiten ergeben sich zunächst aus der häufig sehr inhomogenen Gruppe der Anleihegläubiger. Diese verfolgen oftmals unterschiedliche Ziele und Strategien in Bezug auf ihr Anleiheinvestment. Diese resultieren auch aus ihren unterschiedlichen „Einstiegskursen": So gibt es Anleihegläubiger, welche die Anleihe ursprünglich zum Nennwert gezeichnet haben und bereits seit Emission halten (sog. „Par-Investitionen") und solche, die die Anleihe mit Abschlägen zu einem Zeitpunkt erworben haben, als die wirtschaftliche Situation bereits schlechter war (sog. „Distressed Investoren").[43] Möglicherweise setzen sich die Anleihegläubiger auch aus institutionellen Investoren

42 *Schlitt/Schäfer*, AG 2009, 477, 478.
43 Theiselmann/*Lürken*, Restrukturierungsrecht, Kap. 5 Rn. 22.

und Privatinvestoren zusammen. Daraus ergeben sich unterschiedliche Bereitschaften, an einer Anleiherestrukturierung teilzunehmen (siehe dazu sogleich unter II.).

Der Vorstand wird daher frühzeitig versuchen, die Zusammensetzung der Anleihegläubiger zu ermitteln und einzelne (Haupt)anleihegläubiger zu identifizieren. Danach wird er an die Anleihegläubiger herantreten, ihre Restrukturierungsbereitschaft erfragen und versuchen, sie von seinen Plänen zu überzeugen. Als Ansprechpartner dient ihm dabei häufig ein sog. *Ad Hoc Committee*, welches sich aus der Mitte der Anleihegläubiger formiert, sobald die Restrukturierungspläne der Gesellschaft publik werden[44], oder im Falle eines geplanten Verfahrens nach dem SchVG der gemeinsame Vertreter der Anleihegläubiger (§ 7 SchVG).[45]

Diese Sondierungsgespräche gestalten sich in der Praxis ebenfalls schwierig, da die Regelungen des Insiderrechts dabei zu beachten sind (siehe dazu sogleich unter III.).

II. Problematik bzgl. der Zusammensetzung der Anleihegläubiger

Aus der Diversität der Anleihegläubiger ergibt sich für die Gesellschaft somit zunächst die Schwierigkeit, dass die Anleihegläubiger ganz unterschiedliche Restrukturierungsbereitschaften aufweisen. Diese unterschiedlichen Interessenlagen werden unter den Stichwörtern „Rationale Apathie", „*Hold Out*", „*Freerider*" und „*Hold Up*" diskutiert.[46]

---

44 Theiselmann/*Lürken*, Restrukturierungsrecht, Kap. 5 Rn. 29; *Lürken/Plank* in Hopt/Seibt, Schuldverschreibungsrecht, Kap. 11 Rz. 11.16.

45 Das Schuldverschreibungsgesetz sieht die Möglichkeit vor, einen gemeinsamen Vertreter der Anleihegläubiger zu bestellen (§ 7 SchVG). Dies kann entweder im Rahmen der Gläubigerversammlung (sog. Wahlvertreter; § 5 Abs. 1 Satz 1 SchVG) oder bereits in den Anleihebedingungen (sog. Vertragsvertreter, § 8 SchVG) erfolgen. Der gemeinsame Vertreter vertritt die Interessen der Anleihegläubiger gegenüber dem Anleiheschuldner. Wurde ein Vertragsvertreter bestellt, ist er frühzeitig Ansprechpartner für den Anleiheschuldner bei Restrukturierungsabsichten.

46 Theiselmann/*Lürken*, Restrukturierungsrecht, Kap. 5 Rn. 16 ff.; *Lürken/Plank* in Hopt/Seibt, Schuldverschreibungsrecht, Kap. 11 Rz. 11.16; *Schmidtbleicher* in Ekkenga/Schröer, Handbuch der AG-Finanzierung, Kap. 12 Rn. 8 ff.; *ders.*, Die Anleihegläubigermehrheit, S. 104 ff.

1. Rationale Apathie

Rationale Apathie beschreibt die Verhaltensweise einzelner Anleihegläubiger, die nicht bereit sind, mit der Gesellschaft aktiv an der Restrukturierung mitzuwirken, indem sie frühzeitige Verhandlungen oder die Teilnahme an einer Gläubigerversammlung bei einer Restrukturierung nach dem SchVG ablehnen.[47] Rational apathisch handelnde Anleihegläubiger sind nur bereit, in Interaktion mit der Gesellschaft zu treten, wenn der mögliche Ertrag der Restrukturierung ihre Kosten im Zusammenhang mit den Restrukturierungsverhandlungen übersteigt.[48] Bei den Kosten handelt es sich um Informationsbeschaffungskosten und Opportunitätskosten.[49] Die Informationsbeschaffungskosten sind diejenigen, die unmittelbar aus der Teilnahme an den Restrukturierungsverhandlungen und der Teilnahme an einer Gläubigerversammlung resultieren. Opportunitätskosten entstehen dadurch, dass der Anleihegläubiger sich während der Zeit, die er in die Restrukturierung investiert, keinen anderen ertragreichen Projekten widmen kann. Möglicherweise führen diese Aspekte bei einzelnen Anleihegläubigern dazu, dass sie sich gar nicht aktiv an der Restrukturierung beteiligen, sofern sie nicht einen diese Kosten übersteigenden Ertrag erwarten. Diese Verhaltensweise ist zwar primär bei institutionellen Investoren zu beobachten, allerdings kommt dies auch bei Privatinvestoren in Betracht.[50]

Solche Anleihegläubiger sind für die Gesellschaft ein Problem, da sie nicht frühzeitig mit eingebunden werden können und keinen Sanierungsbeitrag leisten wollen. Der Gesellschaft wird es dadurch auch erschwert, die Erfolgschancen ihrer geplanten Restrukturierung abzuschätzen. Es gilt daher aus Sicht der

---

47 *Schmidtbleicher* in Ekkenga/Schröer, Handbuch der AG-Finanzierung, Kap. 12 Rn. 13; *ders.*, Die Anleihegläubigermehrheit, S. 104; Theiselmann/*Lürken*, Restrukturierungsrecht, Kap. 5 Rn. 17; *Lürken/Plank* in Hopt/Seibt, Schuldverschreibungsrecht, Kap. 11 Rz. 11.12.

48 *Schmidtbleicher* in Ekkenga/Schröer, Handbuch der AG-Finanzierung, Kap. 12 Rn. 13; *ders.*, Die Anleihegläubigermehrheit, S. 104; Theiselmann/*Lürken*, Restrukturierungsrecht, Kap. 5 Rn. 17; *Lürken/Plank* in Hopt/Seibt, Schuldverschreibungsrecht, Kap. 11 Rz. 11.12.

49 *Schmidtbleicher* in Ekkenga/Schröer, Handbuch der AG-Finanzierung, Kap. 12 Rn. 13; *ders.*, Die Anleihegläubigermehrheit, S. 104 f.; Theiselmann/*Lürken*, Restrukturierungsrecht, Kap. 5 Rn. 17 f.

50 Ein ähnliches Problem ergibt sich beispielsweise auch im Hinblick auf Hauptversammlungspräsenzen. Auch dort spricht man von Rationaler Apathie, wenn insbesondere Kleinaktionäre nicht an der Hauptversammlung teilnehmen oder abstimmen; vgl. KölnerKommAktG/*Zetzsche* § 135 Rn. 11 ff.

Gesellschaft, alle Anleihegläubiger davon zu überzeugen, dass sich eine aktive Teilnahme an der Restrukturierung lohnt.

2. Hold Out/Freerider

Eng mit der rationalen Apathie verknüpft ist ein Verhalten einzelner Anleihegläubiger, das als „*Hold Out*" bzw. „*Freerider*" bezeichnet wird und vor allem relevant wird, wenn die Anleiherestrukturierung zur Sanierung der Gesellschaft eingesetzt wird und die Gefahr droht, dass die Anleihegläubiger ohne Restrukturierung nicht mehr vollständig befriedigt werden können.[51] Diese Anleihegläubiger verhalten sich bei der Restrukturierung ebenfalls völlig passiv und hoffen darauf, dass die übrigen Anleihegläubiger einen ausreichenden Sanierungsbeitrag leisten werden, um die Gesellschaft erfolgreich zu restrukturieren und zu sanieren.[52] Nach erfolgreicher Restrukturierung erhalten sie eine vollständige Befriedigung ihrer Anleiheforderung. Die daraus resultierende Gefahr für die gesamte Anleiherestrukturierung liegt auf der Hand: Verfolgen zu viele Anleihegläubiger diese Taktik, scheitert die Restrukturierung. Sei es, weil die Anzahl der restrukturierungsbereiten Anleihegläubiger nicht ausreichend ist oder, weil diese nicht mehr bereit sind, einen Restrukturierungsbeitrag zu leisten, wenn sie von dem Verhalten der anderen Anleihegläubiger erfahren.[53]

3. Hold Up

Im Gegensatz zu diesen „*Hold Out*"-Anleihegläubigern gibt es auch solche, die als „*Hold Up*" bezeichnet werden.[54] Diese haben ein großes Interesse an einer erfolgreichen Restrukturierung und Sanierung der Gesellschaft. Dies resultiert daraus, dass sie bei einem Scheitern der Restrukturierung und einer möglichen

---

51 *Schmidtbleicher* in Ekkenga/Schröer, Handbuch der AG-Finanzierung, Kap. 12 Rn. 9 f.; *ders.*, Die Anleihegläubigermehrheit, S. 105 ff.; Theiselmann/*Lürken*, Restrukturierungsrecht, Kap. 5 Rn. 21; *Lürken/Plank* in Hopt/Seibt, Schuldverschreibungsrecht, Kap. 11 Rz. 11.9 ff.

52 *Schmidtbleicher* in Ekkenga/Schröer, Handbuch der AG-Finanzierung, Kap. 12 Rn. 9; *ders.*, Die Anleihegläubigermehrheit, S. 105 ff.; Theiselmann/*Lürken*, Restrukturierungsrecht, Kap. 5 Rn. 21; *Lürken/Plank* in Hopt/Seibt, Schuldverschreibungsrecht, Kap. 11 Rz. 11.10.

53 *Schmidtbleicher* in Ekkenga/Schröer, Handbuch der AG-Finanzierung, Kap. 12 Rn. 19; Theiselmann/*Lürken*, Restrukturierungsrecht, Kap. 5 Rn. 21; *Lürken/Plank* in Hopt/Seibt, Schuldverschreibungsrecht, Kap. 11 Rz. 11.11.

54 *Schmidtbleicher* in Ekkenga/Schröer, Handbuch der AG-Finanzierung, Kap. 12 Rn. 11 f.; Theiselmann/*Lürken*, Restrukturierungsrecht, Kap. 5 Rn. 22.

Insolvenz mehr zu verlieren haben als die meisten anderen Anleihegläubiger; beispielsweise weil sie mit einem besonders hohen Betrag in die Anleihe investiert sind und/oder diese Investition einen großen Teil ihres Portfolios ausmacht.[55]

Besonders diese *Hold Up*-Investoren muss der Vorstand versuchen zu identifizieren, mit ihnen gemeinsam die Anleiherestrukturierung vorantreiben und die anderen Anleihegläubiger zu überzeugen.[56] Es gilt, ein Restrukturierungskonzept zu entwickeln, dessen Konditionen möglichst vielen Anleihegläubigern (bzw. für den Fall, dass nur ein Teil der Anleihe restrukturiert werden soll, der benötigten Anzahl an Anleihegläubigern) attraktiv genug erscheint, um die Anleiherestrukturierung mitzutragen.[57]

III. Insiderrechtliche Probleme bei der Kommunikation mit den Anleihegläubigern

Bei der Kommunikation mit den Anleihegläubigern im Vorfeld der geplanten *Liability Management* Transaktion gerät die Gesellschaft in der Regel in Konflikt mit dem Insiderrecht. Die Regelungen des Insiderrechts sollen eine Ausnutzung von kursrelevantem Sonderwissen durch einzelne Marktteilnehmer vermeiden und die Markttransparenz in Hinblick auf solche Informationen erhöhen.[58] Die geplante Restrukturierung der Anleihe stellt, sofern die Gesellschaft diese Absicht noch nicht veröffentlicht hat[59], bereits eine Insiderinformation im Sinne von Art. 7 MAR dar. Im Rahmen der Sondierungsgespräche wird die Gesellschaft außerdem ihre wirtschaftliche Situation und ihre weiteren Planungen (z.B. weitere Sanierungs- und Restrukturierungsmaßnahmen oder geplante Kapitalmaßnahmen) und Prognosen/Annahmen darlegen. Auch dabei handelt es sich in der Regel um Insiderinformationen im Sinne von Art. 7 MAR.

---

55 *Schmidtbleicher* in Ekkenga/Schröer, Handbuch der AG-Finanzierung, Kap. 12 Rn. 11 f.; Theiselmann/*Lürken*, Restrukturierungsrecht, Kap. 5 Rn. 22.

56 Theiselmann/*Lürken*, Restrukturierungsrecht, Kap. 5 Rn. 22.

57 Theiselmann/*Lürken*, Restrukturierungsrecht, Kap. 5 Rn. 32.

58 *Stoppel* in Grunewald/Schlitt, Einführung in das Kapitalmarktrecht, § 13 I., Seite 263.

59 Grundsätzlich muss die Gesellschaft die Restrukturierungsabsicht im Rahmen einer Ad-Hoc-Mitteilung veröffentlichen, sobald die Durchführung der Restrukturierung hinreichend wahrscheinlich ist (Art. 17 Abs. 1 MAR). Die Gesellschaft hat allerdings die Möglichkeit, die Veröffentlichung durch eine sog. Selbstbefreiung aufzuschieben (Art. 17 Abs. 4 MAR); vgl. dazu auch unten unter VI. 3.

Dies ist aus zwei Blickwinkeln problematisch: Zum einen ist zu prüfen, ob der Vorstand überhaupt zur Weitergabe dieser Informationen befugt ist. Die Weitergabe von Insiderinformationen ist nämlich grundsätzlich untersagt (Art. 14 lit c) MAR i. V. m. Art. 10 MAR; vgl. dazu unter 1.). Zum anderen haben auch die Anleihegläubiger häufig Vorbehalte, Insiderinformationen zu erhalten. Sobald sie über Insiderinformationen verfügen, sind sie nämlich in ihrer Handlungsfreiheit beschränkt und können die Anleihe nicht mehr an der Börse handeln, da sie ansonsten Gefahr laufen, gegen das Verbot des Insiderhandels zu verstoßen (Art. 14 lit. a) MAR; vgl. dazu unter 2.).[60]

1. (Un)zulässigkeit der Weitergabe von Insiderinformationen (Art. 14 lit. c) MAR i. V. m. Art. 10 MAR)

Die Weitergabe und Offenlegung von Insiderinformationen ist untersagt, es sei denn, sie geschieht im Zuge der normalen Ausübung einer Beschäftigung oder eines Berufs oder der normalen Erfüllung von Aufgaben (Art. 14 lit. c) MAR i. V. m. Art. 10 Abs. 1 Satz 1 MAR). Der EU-Gesetzgeber hat im Rahmen der Einführung der MAR zwar deutlich gemacht, dass er die Weitergabe von Insiderinformationen in bestimmten Grenzen anerkennt und auch eine Regelung über Marktsondierungen geschaffen (Art. 11 Abs. 1 MAR; sog. *market sounding*). Unklar ist allerdings, ob Art. 11 Abs. 1 MAR die vorliegende Situation erfasst. Nach dem Wortlaut des Art. 11 Abs. 1 MAR liegt eine solche Marktsondierung vor bei der „Übermittlung von Informationen vor der Ankündigung eines Geschäfts an einen oder mehrere potenzielle Anleger, um das Interesse von potenziellen Anlegern an einem möglichen Geschäft und dessen Bedingungen wie seinen Umfang und seine preisliche Gestaltung abzuschätzen". Insgesamt unklar ist allerdings, was genau mit „Geschäft" gemeint ist und ob sich die vorliegende Situation darunter subsumieren lässt; die MAR enthält keine Definition des „Geschäfts".[61] Unter reiner Berücksichtigung des Wortlauts ließen sich darunter jegliche Kapitalmarkttransaktionen subsumieren.[62] Ein solch weites Verständnis wäre jedoch mit der Intention der MAR und der bisherigen Marktpraxis nicht vereinbar.[63] Vielmehr gehen auch die Erwägungsgründe der MAR

---

60 Dies wird häufig auch als „Insiderfalle" bezeichnet. Begriff erstmals bei *Schneider*, NZG 2005, 702; vgl. zum Problem auch: *von Saucken/Keding*, NZI 2015, 681.

61 So auch *Singhof*, ZBB 2017, 193, 195.

62 *Singhof*, ZBB 2017, 193, 194 verweist darauf, dass jedenfalls die UK Financial Conduct Authority (FCA) ein solch weites Verständnis „in Erwägung zu ziehen scheint".

63 *Singhof*, ZBB 2017, 193, 195.

bzgl. solcher Marktsondierungen (Erwägungsgründe 32 bis 34 MAR) von einem engeren Anwendungsbereich aus. Nach Erwägungsgrund 32 können Marktsondierungen die „Erst- oder Zweitplatzierung relevanter Wertpapiere erfassen". Insgesamt beziehen die Erwägungsgründe 32 bis 34 MAR sich ausschließlich auf „Finanzinstrumente". Zwar stellen Anleihen ein Finanzinstrument dar und sind daher grds. vom Anwendungsbereich erfasst[64], allerdings lediglich deren Erst- oder Zweitplatzierung und gerade nicht deren Restrukturierung. Somit erfasst Art. 11 Abs. 1 MAR die vorliegende Situation nicht, sodass die Zulässigkeit weiterhin an den Grundsätzen der Grongaard & Bang-Entscheidung des EuGH[65] zu messen ist.[66] Somit muss zusätzlich zu den Vorgaben des Art. 10 Abs. 1 Satz 1 MAR (die Weitergabe/Offenlegung der Insiderinformation muss im Zuge der normalen Ausübung einer Beschäftigung oder eines Berufs oder der normalen Erfüllung von Aufgaben erfolgen) eine umfassende Interessenabwägung erfolgen.[67]

In der vorliegenden Situation erfolgt die Weitergabe der Insiderinformationen, um die Anleihegläubiger für die geplante *Liability Management* Transaktion zu gewinnen. Hintergrund der geplanten Transaktion ist, wie bereits dargelegt, entweder ein dringend notwendiger Restrukturierungsbedarf (möglicherweise sogar zur Abwendung einer drohenden Insolvenz) oder die Optimierung der Fremdkapitalfinanzierung. Dies fällt in den originären Aufgabenbereich des Vorstands, sodass die gesetzlichen Voraussetzungen für die Ausnahme des Verbots der Weitergabe von Insiderinformationen vorliegen. Weiterhin muss allerdings eine Interessenabwägung ergeben, dass das Interesse

---

64 *Zetzsche*, AG 2016, 610, 611.

65 EuGH, Urteil vom 22.11.2005 – Rs C-384/02 = ZIP 2006, 123 = NJW 2006, 133 = WM 2006, 612 = NZG 2006, 60 = EuZW 2006, 25.

66 *Seibt*, ZIP 2016, 997, 1000 (Fußnote 25).

67 *Seibt*, ZIP 2016, 997, 1000 (Fußnote 25) insbesondere unter Verweis auf *Assmann* in Assmann/Uwe H. Schneider, WpHG, § 14 (a.F.) Rn. 73 ff. (insbesondere 79). Es sei darauf hingewiesen, dass im Rahmen der Einführung der MAR die Regelungen über die Weitergabe und Offenlegung von Insiderinformationen im Grunde nicht verändert wurden, obwohl der im Vergleich zu § 14 Abs. 1 Nr. 2 WpHG (a.F.) erweiterte Wortlaut des Art. 10 Abs. 1 Satz 1 MAR darauf hindeutet. Vielmehr hat der deutsche Gesetzgeber bei der Formulierung „unbefugt" in § 14 Abs. 1 Nr. 2 WpHG (a.F.) die Vorgaben der damaligen Marktmissbrauchs-Richtlinie umgesetzt. Dort hieß es bereits „soweit dies (…) im normalen Rahmen der Ausübung ihrer Arbeit oder ihres Berufes oder der Erfüllung ihrer Aufgaben geschieht". Insofern ist der Rückgriff auf die Rechtslage vor Inkrafttreten der MAR gerechtfertigt (vgl. zur vergleichbaren Rechtslage nach Inkrafttreten der MAR auch KölnerKommWpHG/*Klöhn* § 14 (a.F.) Rn. 268).

an der Weitergabe der Insiderinformation das Interesse an der Erfüllung der Ziele des Insiderrechts überwiegt.[68] Die abwägungsrelevanten Ziele des Insiderrechts sind die informationelle Chancengleichheit der Marktteilnehmer zu gewährleisten, die Erzielung von Sondervorteilen durch die status-, funktions- oder zufallsbedingte Erlangung von nicht öffentlich bekannten Tatsachen zu unterbinden und dementsprechend die Zahl möglicher Insider präventiv auf ein Minimum zu beschränken.[69] Auf der anderen Abwägungsseite steht das Interesse an einer erfolgreichen Restrukturierung der Anleihe und damit verbundene finanzielle und bilanzielle Vorteile der Gesellschaft oder sogar die Abwendung der Insolvenz.

Die Interessenabwägung erfolgt fallgruppenorientiert[70], wobei die vorliegende Situation in diesem Zusammenhang nicht explizit diskutiert wird. Anerkannt ist die Weitergabe von Insiderinformationen allerdings an Banken im Rahmen von Kreditverhandlungen und an potenzielle *Neu*investoren zur Vorbereitung einer Neuemission.[71] Daraus folgt, dass Verhandlungen über Fremdfinanzierungen und die Vorbereitung von Wertpapieremissionen anerkannte Rechtfertigungssituationen sind, um die Weitergabe der Insiderinformation zu gestatten. Wenn für die Vorbereitung einer Neuemission an *Neu*investoren eine Weitergabe zulässig sein soll, so muss dies auch für eine Weitergabe an Insiderinformationen an *Alt*investoren gelten, wenn sie von einer Restrukturierung des entsprechenden Wertpapiers überzeugt werden sollen und so quasi nochmals eine Art Anlageentscheidung treffen sollen. Solche Marketingmaßnahmen sind in der Regel nicht ohne die Weitergabe von Insiderinformationen möglich, da den Anleihegläubigern nur so ein umfassendes und überzeugendes Bild von der Gesellschaft und ihren Restrukturierungsplänen dargeboten werden kann. Das überwiegende Interesse der Gesellschaft an der Restrukturierung ist dabei umso größer, wenn sie bereits insolvenzgefährdet ist und die Restrukturierung der Anleihe für die Abwendung der Insolvenz von großer Bedeutung ist.

---

68 *Assmann* in Assmann/Uwe H. Schneider, WpHG, § 14 (a.F.) Rn. 73 und 79, Fuchs/*Mennicke*, WpHG, § 14 (a.F.) Rn. 203.

69 *Assmann* in Assmann/Uwe H. Schneider, WpHG, § 14 (a.F.) Rn. 73. KölnerKommWpHG/*Klöhn* § 14 (a.F.) Rn. 268 spricht vom „Informationseindämmungsinteresse des Marktes".

70 *Assmann* in Assmann/Uwe H. Schneider, WpHG, § 14 (a.F.) Rn. 79.

71 *Seibt/Huizinga*, CFL 2010, 289, 297; *Seibt*, ZIP 2013, 1597, 1603.

Dementsprechend wird die Weitergabe von Insiderinformationen zur Vorbereitung von Anleiherestrukturierungen als unproblematisch angesehen, sofern dies überhaupt thematisiert wird.[72]

2. Lösung der „Insiderfalle" für Anleihegläubiger

Möchte die Gesellschaft von ihrer Befugnis zur Weitergabe solcher Insiderinformationen Gebrauch machen und allen oder einigen Anleihegläubigern entsprechende Informationen zukommen lassen, hat dies für die betreffenden Anleihegläubiger zur Folge, dass sie die Anleihe nicht mehr handeln können, da sie sonst selbst gegen das Insiderhandelsverbot (Art. 14 lit. a) MAR) verstoßen würden.[73] Dementsprechend sind die Anleihegläubiger häufig zurückhaltend in Bezug auf den Empfang von Insiderinformationen. Die Praxis reagiert darauf, indem sie entweder die Insiderinformationen nicht unmittelbar an die Anleihegläubiger weitergibt oder mit ihnen eine Vereinbarung trifft, dass die Zeitspanne, in der die Anleihegläubiger aufgrund ihrer Kenntnis über Insiderinformationen einem faktischen Handlungsverbot unterliegen (sog. *restricted period*) möglichst kurz gehalten wird.[74]

Um den Anleihegläubigern ihre volle Handlungsfreiheit zu bewahren, kommt somit zunächst die Weitergabe der Insiderinformation an Dritte, die in den Abstimmungsprozess involviert sind, in Betracht. Besteht ein *Ad-Hoc Committee*, so wird dieses entsprechende Rechts- und Wirtschaftsberater um sich herum formiert haben[75], die sodann die Insiderinformationen von der Gesellschaft erhalten und sich verpflichten, diese nicht an die Anleihegläubiger weiterzugeben.[76] Eine solche Vorgehensweise ist auch denkbar, wenn ein gemeinsamer Vertreter der Anleihegläubiger nach § 7 SchVG bestellt ist. Dann kann dieser die Insiderinformation empfangen.

Ist dies nicht möglich und sollen die Anleihegläubiger die Insiderinformation selbst erhalten, verpflichtet sich die Gesellschaft ihnen gegenüber in der Praxis,

---

72 *Seibt*, ZIP 2016, 997, 1000; Theiselmann/*Lürken*, Restrukturierungsrecht, Kap. 5 Rn. 30; *Lürken/Plank* in Hopt/Seibt, Schuldverschreibungsrecht, Kap. 11 Rz. 11.15.

73 Im Falle eines Bond Buy Backs droht der Gesellschaft selbst möglicherweise ein solches Dilemma, wenn sie über Insiderinformationen verfügt und diese *verwendet*, indem sie die Anleihe zurückerwirbt; vgl. dazu ausführlich unten unter § 6 VI. 3.

74 Theiselmann/*Lürken*, Restrukturierungsrecht, Kap. 5 Rn. 30; *Lürken/Plank* in Hopt/Seibt, Schuldverschreibungsrecht, Kap. 11 Rz. 11.15.

75 *Lürken/Plank* in Hopt/Seibt, Schuldverschreibungsrecht, Kap. 11 Rz. 11.16.

76 Theiselmann/*Lürken*, Restrukturierungsrecht, Kap. 5 Rn. 30; *Lürken/Plank* in Hopt/Seibt, Schuldverschreibungsrecht, Kap. 11 Rz. 11.15.

die *restricted period* so kurz wie möglich zu halten. Bei Eintritt bestimmter Ereignisse (Zeitablauf, Scheitern der Verhandlungen und wesentliche Veränderungen der Umstände („*material adverse change*")) verpflichtet sie sich, die Insiderinformation unverzüglich zu veröffentlichen[77] und den Anleihegläubigern somit wieder den Handel mit den Anleihen zu ermöglichen (sog. *cleansing*).[78] Außerdem kann die Gesellschaft die Anleihegläubiger auch ermächtigen, die Insiderinformation selbst zu veröffentlichen, falls die Gesellschaft dem (pflichtwidrig) nicht selbst nachkommt (sog. *self-cleansing*).[79]

3. Fazit

Der Vorstand ist somit zwar im Rahmen der Restrukturierung der Anleihe befugt, entsprechende Insiderinformationen an die Anleihegläubiger weiterzugeben, ohne gegen das Verbot der Weitergabe von Insiderinformationen (Art. 14 lit. c) MAR i. V. m. Art. 10 MAR) zu verstoßen. Dabei erfolgt in der Praxis häufig allerdings keine direkte Weitergabe an die Anleihegläubiger, sondern an deren Berater bzw. Vertreter, die die Insiderinformationen nicht an sie weitergeben dürfen, damit sie die Anleihe weiterhin handeln können ohne einen verbotenen Insiderhandel zu begehen (Art. 14 lit. a) MAR). Soll doch eine Weitergabe an die Anleiheinhaber erfolgen, so müssen vorab Vereinbarungen getroffen werden, um den Anleiheinhabern möglichst frühzeitig wieder den Handel mit der Anleihe zu ermöglichen.

---

77 Darüber hinaus ist die Gesellschaft in der Regel auch aufgrund von Art. 17 MAR zur Veröffentlichung der Insiderinformation verpflichtet.

78 Theiselmann/*Lürken*, Restrukturierungsrecht, Kap. 5 Rn. 30; *Lürken/Plank* in Hopt/Seibt, Schuldverschreibungsrecht, Kap. 11 Rz. 11.15.

79 *Lürken/Plank* in Hopt/Seibt, Schuldverschreibungsrecht, Kap. 11 Rz. 11.15.

§ 4 Der Debt Equity Swap

Abstract:
In a Debt Equity Swap the issuer of debts offers the bondholders to exchange these bonds into shares of the issuer. The Debt Equity Swap of bonds is very difficult regarding corporate law and especially the valuation of the bonds. The transaction including the corporate law aspects, the tax and the capital markets regulations are described in the following.

Keywords: Sachkapitalerhöhung, Werthaltigkeitsprüfung, Bezugsrechtsausschluss, Schuldverschreibungsgesetz, Wertpapierübernahmerecht, Prospektpflicht

I. Einleitung

Bei einem Debt Equity Swap wird Fremdkapital in Eigenkapital getauscht (eng. *Debt* = Fremdkapital; *Equity* = Eigenkapital; *(to) swap* = tauschen/umwandeln).[80] Der Gläubiger einer Gesellschaft verzichtet auf seine Forderung gegenüber der Gesellschaft (hier: die Anleiheforderung) und erhält im Gegenzug Anteile an der Gesellschaft (hier: Aktien).

Die Schwierigkeit des Debt Equity Swaps einer Anleihe ergibt sich aus der Komplexität und den vielfältigen rechtlichen Herausforderungen einer solchen Transaktion. Insbesondere muss der Vorstand des Anleiheschuldners versuchen, die Interessen aller Beteiligten in Einklang zu bringen, damit alle dem Debt Equity Swap zustimmen. Neben der Zustimmung der Altaktionäre müssen nämlich auch die Anleihegläubiger dem Debt Equity Swap zustimmen. Die Schwierigkeiten und Risiken im Zusammenhang mit einem Debt Equity Swap hatten bis vor wenigen Jahren noch dazu geführt, dass eine solche Transaktion nur selten durchgeführt wurde. Inzwischen hat sich der Debt Equity Swap jedoch fest etabliert und an Bedeutung gewonnen.[81] Dies gilt auch umso mehr für Anleihen, bei denen der Debt Equity Swap nach anfänglicher

---

80 *Schmidt/Schlitt*, Der Konzern 2009, 279; *Friedl*, BB 2012, 1102; *Wansleben*, WM 2012, 2083; *Apfelbacher/Niggemann* in Hölters, AktG, § 183 Rn. 19; *Knecht/Haghani* in Buth/Hermanns, Restrukturierung, Sanierung, Insolvenz, § 18 Rn. 45; *Baums*, Recht der Unternehmensfinanzierung, § 48 Rn. 29; *Carli/Rieder/Mückl*, ZIP 2010, 1737.

81 *Ekkenga*, ZGR 2009, 581, 589; *Knecht/Haghani* in Buth/Hermanns, Restrukturierung, Sanierung, Insolvenz, § 18 Rn. 45

Skepsis immer häufiger durchgeführt wird; dies gilt nicht nur für kleinere Mittelstandsanleihen, sondern auch bei größeren Emittenten wie beispielsweise der Solarworld AG, die eine Anleihe durch einen Debt Equity Swap restrukturiert hat.[82]

Die Praxis hat daher inzwischen Methoden zur Abstimmung mit den Anleihegläubigern entwickelt und der Gesetzgeber hat mit Erlass eines neuen Schuldverschreibungsgesetzes[83], in dem der Debt Equity Swap ausdrücklich vorgesehen ist (§ 5 Abs. 3 Nr. 5 1. Var SchVG) ebenfalls einen Rechtsrahmen geschaffen.

Ungeklärt sind jedoch weiterhin auch wichtige Fragen auf Ebene des Gesellschaftsrechts (so beispielsweise die Rechtfertigung eines notwendigen Bezugsrechtsausschlusses und die richtige Bewertung der umzutauschenden Anleihe).[84]

Diese komplexe Transaktion wird im Folgenden in ihren Einzelheiten dargestellt und aufgezeigt, wie die einzelnen Maßnahmen und Schritte untereinander abzustimmen sind. Dazu werden zunächst die wirtschaftlichen Hintergründe eines Debt Equity Swaps und die Motivlage der Beteiligten erläutert (unter II.). Danach folgt die gesellschaftsrechtliche Einordnung des Debt Equity Swaps (unter III.), wobei ein besonderes Augenmerk auf den Bezugsrechtsausschluss und die Bewertung der Anleiheforderung als Sacheinlage gelegt wird, da dort besondere Transaktionsrisiken bestehen.

---

82 Häufig wird der Debt Equity Swap auch mit anderen Restrukturierungsmaßnahmen kombiniert oder es erfolgt nicht nur ein Tausch der Anleihe in Aktien, sondern beispielsweise teilweise in Aktien und teilweise in eine neue Anleihe (so bei der Solarworld AG).

83 Gesetz über Schuldverschreibungen aus Gesamtemissionen vom 31.07.2009.

84 Die zeitaufwendige und teilweise mit rechtlichen Risiken verbundene Durchführung eines Debt Equity Swaps kann umgangen werden, wenn die Gesellschaft statt einer normalen Anleihe eine sog. umgekehrte Wandelanleihe (vgl. dazu *Florstedt*, ZHR 180 (2016), 152) oder eine bedingte Pflichtwandelanleihe (vgl dazu *Bader*, AG 2014, 472) ausgegeben hat. Dabei steht der Gesellschaft selbst das Wandlungsrecht zu bzw. die Wandlung erfolgt bei Eintritt bestimmter Bedingungen (beispielsweise Unterschreiten bestimmter Kapitalziffern) automatisch. So soll ein „Debt Equity Swap auf Vorrat“ (RegE BT-Drs. 17/8989, S. 17) möglich sein und dieser könne unkompliziert und geräuschlos erfolgen (Zweifel an der Geräuschlosigkeit: *Drygala*, WM 2011, 1637, 1638); vgl. auch *Harder/Möhlenkamp*, ZIP 2016, 1093.

Danach werden die Möglichkeiten der Ansprache und Zustimmung der Anleihegläubiger dargestellt (unter IV.); insbesondere wird hier das (kollektive) Verfahren nach dem Schuldverschreibungsgesetz dargestellt.

Unter Zugrundelegung der gewonnenen Erkenntnisse wird dann der Transaktionsablauf eines Debt Equity Swaps einer Anleihe chronologisch dargestellt (unter V.).

Es folgt sodann noch die Betrachtung von zu beachtenden Regelungen aus dem Bereich des Kapitalmarktrechts (unter VI.) – namentlich des WpÜG, des WpPG, des WpHG und der EU-Marktmissbrauchsverordnung – und der steuerlichen Folgen des Debt Equity Swaps (unter VII.).

Zum Abschluss werden im Rahmen eines Fazits die wichtigsten Untersuchungsergebnisse nochmals zusammengefasst (unter VIII.).

II. Wirtschaftliche Hintergründe und Motive der Beteiligten

Der Debt Equity Swap ist primär ein Sanierungselement, das im Falle einer Unternehmenskrise in Betracht gezogen wird, um den Fortbestand des Unternehmens zu ermöglichen.[85] Der Debt Equity Swap ist für Fälle geeignet, in denen eine Going-Concern-Sanierung statt einer Liquidation der Gesellschaft angestrebt wird.[86] Dabei ist ein Debt Equity Swap auch im Rahmen eines Insolvenzverfahrens denkbar; die Aspekte des Insolvenzrechts sollen vorliegend allerdings ausgeklammert werden.[87] Sowohl die Aktionäre des Unternehmens als auch vor allem dessen Gläubiger müssen also an die Zukunftsfähigkeit des Unternehmens und seines Geschäftsmodells glauben. Dabei haben die einzelnen Beteiligten der Transaktion unterschiedliche Motive und wirtschaftliche Beweggründe. Zwar beleuchtet die vorliegende Darstellung die einzelnen Transaktionen aus Sicht des mit der Durchführung betrauten Vorstands der Gesellschaft, allerdings ist es auch aus dessen Sicht wichtig, die Motive und Interessen aller Beteiligter zu kennen, um diese möglichst in Einklang zu bringen, damit die Transaktion erfolgreich wird.

---

85 Auch außerhalb einer Krisensituation kann jedoch der Bedarf für die Restrukturierung einer Anleihe bestehen; vgl. dazu im Zusammenhang mit der Erweiterung des Anwendungsbereiches des SchVG auf Situationen außerhalb einer Unternehmenskrise BT-Drs. 17/5712, S. 14.

86 Theiselmann/*Schlitt/Ries*, Restrukturierungsrecht, Kap. 9 Rn. 7.

87 Vgl. allgemein zu Anleihen in der Insolvenz *Wilken/Zenker/Schaumann*, S. 107 ff. sowie *Thole*, ZIP 2014, 2365.

1. Der Anleiheschuldner

Wenn der Anleiheschuldner (die „Gesellschaft“) einen Debt Equity Swap in Erwägung zieht, befindet er sich häufig in einer wirtschaftlich schwierigen Situation. Möglicherweise besteht schon eine Unterbilanz oder er ist bereits akut insolvenzgefährdet. Jedenfalls aber wird seine Liquiditätslage häufig angespannt sein.

Durch die Umwandlung der Forderung in Eigenkapital erfolgt bilanziell lediglich eine Entlastung auf der Passivseite der Bilanz.[88] Neue Aktiva werden zunächst nicht zugeführt – statt neuer Barmittel als Eigenkapital erfolgt die Sacheinlage der Forderung.

Allerdings werden so bisher durch diese Passiva neutralisierte Aktiva frei.[89] Darin liegt ein faktischer Mittelzufluss, durch den das Reinvermögen der Gesellschaft erhöht wird.[90]

So kann eine drohende oder bereits eingetretene Unterbilanz kurzfristig beseitigt werden. Gleiches gilt für eine möglicherweise sogar eingetretene Überschuldung der Gesellschaft. Dieser Effekt kann insbesondere erzielt werden, indem zunächst eine effektive Kapitalherabsetzung durchgeführt wird, um die Unterbilanz zu beseitigen (sog. Buchsanierung) und so die Grundkapitalziffer an die tatsächliche wirtschaftliche Situation anzupassen.[91]

Durch die Reduzierung des Verschuldungsgrades erhöht die Gesellschaft ihre Kreditwürdigkeit. Dies schlägt sich möglicherweise auch in einem verbesserten Rating nieder.[92] Eventuell frei gewordene Sicherheiten können bei Aufnahme neuen Fremdkapitals genutzt werden.[93] So kann die Gesellschaft insgesamt ihre Fremdfinanzierung neu strukturieren.

---

88 Vgl. zu den bilanziellen Auswirkungen des Debt Equity Swaps *Redeker*, BB 2007, 673, 674; *Löbbe*, FS Winter 2011, 423, 428.

89 *Redeker*, BB 2007, 673, 674; *Lutter*, Kapital, Sicherung der Kapitalaufbringung und Kapitalerhaltung in den Aktien- und GmbH-Recten der EWG, 1964, S. 234.

90 *Redeker*, BB 2007, 673, 674.

91 Die Kombination mit einer Kapitalherabsetzung und somit die Durchführung eines sog. Kapitalschnitts ist allerdings kein obligatorischer Bestandteil eines Debt Equity Swaps; vgl. zur Kapitalherabsetzung noch ausführlich unten unter III. 1. c).

92 *Schmidt/Schlitt*, Der Konzern 2009, 279, 280; *Rusch/Brocker*, ZIP 2012, 2193.

93 *Schmidt/Schlitt*, Der Konzern 2009, 279, 280.

Außerdem verbessert sich langfristig die wirtschaftliche Situation und die Liquidität der Gesellschaft: Die Gesellschaft wird durch den Debt Equity Swap sowohl von der Tilgungslast als auch von der ggf. vereinbarten[94] Zinslast befreit.[95]

Durch einen erfolgreich durchgeführten Debt Equity Swap steigt außerdem die Reputation der Gesellschaft wieder. Kunden, Lieferanten und Geschäftspartner haben wieder größeres Vertrauen in die sanierte Gesellschaft.[96] Bei kapitalmarktorientierten Unternehmen steigt zudem das Interesse und Vertrauen der Kapitalmärkte in die Zukunftsfähigkeit der Gesellschaft und führt zu gestiegenem Interesse seitens potenzieller Neuaktionäre.

Aufseiten der Gesellschaft hat der Debt Equity Swap somit augenscheinlich ausschließlich Vorteile.

Aus steuerlicher Sicht gibt es jedoch auch einen drohenden Nachteil: Möglicherweise entsteht eine Steuerbelastung in Form eines sogenannten Sanierungsgewinns, da die Gesellschaft die gegen sie gerichtete Forderung nach hier vertretener Ansicht[97] häufig unterhalb des Nennwertes umtauscht und so theoretisch einen steuerpflichtigen Ertrag verbucht.[98] Dies muss die Gesellschaft im Vorfeld der Transaktion eingehend prüfen und berücksichtigen.

2. (Alt)anleihegläubiger/Neuaktionäre

Seitens der (Alt)Gläubiger und Neuaktionäre wird ein Debt Equity Swap insbesondere dann in Betracht kommen, wenn sie an die Zukunft des Unternehmens glauben. In einer Unternehmenskrise ist dies gegeben, wenn sie den Fortführungswert der Gesellschaft höher einstufen als deren Zerschlagungswert.[99]

---

94 Anleihen werden nicht zwingend verzinst. Es gibt auch sog. *Zerobonds* ohne Zinskupon; häufig werden diese mit einem Disagio emittiert und so die fehlende Verzinsung kompensiert.

95 *Schmidt/Schlitt*, Der Konzern 2009, 279, 280.

96 Theiselmann/*Schlitt/Ries*, Restrukturierungsrecht, Kap. 9 Rn. 11; *Schmidt/Schlitt*, Der Konzern 2009, 279, 280; zu Konditionierungen der Geschäftspartner in Abhängigkeit zur Eigenkapitalquote auch *Rusch/Brocker*, ZIP 2012, 2193.

97 Vgl. dazu ausführlich unten unter III. 3. Nach teilweise vetretener Ansicht könne die Anleiheforderung stets zum Nennwert umgetauscht werden. Dann würde sich das Problem des Sanierungsgewinns zwar nicht stellen, aber dennoch ist diese Ansicht abzulehnen, wie noch zu zeigen sein wird.

98 *Schmidt/Schlitt*, Der Konzern 2009, 279, 280. Zu den steuerlichen Folgen vgl. unten unter VII.

99 *Schmidt/Schlitt*, Der Konzern 2009, 279, 280; *Baums*, Recht der Unternehmensfinanzierung, § 48 Rn. 31.

Die Bereitschaft der Gläubiger zur Durchführung eines Debt Equity Swaps hängt dabei auch vom Sicherungsgrad der Forderung ab.[100] Je abgesicherter die Forderung ist, desto geringer wird die Bereitschaft zur Umwandlung der Forderung sein. Für einen Gläubiger mit vollständig besicherter Forderung ist eine Eigenkapitalbeteiligung durch einen Debt Equity Swap in der Regel nicht verhältnismäßig.[101] Beispielsweise für Inhaber nachrangiger Anleihen (sog. *High Yield Bonds*) ist der Debt Equity Swap häufig die einzige Chance, einen Teil ihrer Investition zu „retten".

Durch den Debt Equity Swap werden die ehemaligen Gesellschaftsgläubiger zu Aktionären der Schuldnergesellschaft und können im Rahmen der Hauptversammlung Aktionärsrechte (insbesondere das Stimmrecht) wahrnehmen. Sie können so die Unternehmensausrichtung und die weiteren Sanierungsmaßnahmen unmittelbar beeinflussen.[102]

Bei erfolgreicher Sanierung profitieren sie unmittelbar von den Sanierungsgewinnen in Form von Ausschüttungen und einem gestiegenen Wert ihrer Beteiligung. Ohne Eigenkapitalbeteiligung wäre der Sanierungsgewinn trotz hoher Risiken auf die Höhe der Forderung zuzüglich eventueller Zinszahlungen begrenzt.[103]

Darüber hinaus bietet sich für sie eine weitere Strategie zur Gewinnmaximierung an:[104] Die Neuaktionäre bringen ihre Forderungen nicht vollständig im Rahmen des Debt Equity Swaps in die Gesellschaft ein und behalten einen Teil ihrer Forderung.[105] Nach erfolgreicher Sanierung ist die Gesellschaft wieder in der Lage, ihrer Zins- und Tilgungsverpflichtung nachzukommen und die Neuaktionäre erzielen auf diese Weise einen weiteren Ertrag.

---

100 *Knecht/Haghani* in Buth/Hermanns, Restrukturierung, Sanierung, Insolvenz § 18 Rn. 47 f.; *Baums*, Recht der Unternehmensfinanzierung, § 48 Rn. 31.

101 *Knecht/Haghani* in Buth/Hermanns, Restrukturierung, Sanierung, Insolvenz § 18 Rn. 48.

102 *Redeker*, BB 2007, 673; allgemein zu Kontroll- und Mitspracherechten der ehemaligen Gläubiger: *Baums*, Recht der Unternehmensfinanzierung, § 48 Rn. 31.

103 *Knecht/Haghani* in Buth/Hermanns, Restrukturierung, Sanierung, Insolvenz § 18 Rn. 46.

104 *Schmidt/Schlitt*, Der Konzern 2009, 279, 280; Theiselmann/*Schlitt/Ries*, Restrukturierungsrecht, Kap. 9 Rn. 8; *Baums*, Recht der Unternehmensfinanzierung, § 48 Rn. 31.

105 Bei Anleiheforderungen bietet sich diese Strategie nur bedingt an. Entweder die Anleihe wird nicht vollständig umgewandelt – bei einem Vorgehen nach dem SchVG (vgl. dazu unten IV. 2.) ist dies also nicht möglich – oder der Gesellschaftsgläubiger hat noch andere Forderungen gegen die Gesellschaft.

Der einen Debt Equity Swap anstrebende Vorstand wird berücksichtigen, dass es inzwischen sogar Investoren gibt, die sich auf die vorgenannte Vorgehensweise spezialisiert haben und eigens dafür Anleihen erwerben: Sogenannte *Distressed Debt* Investoren[106] erwerben notleidende Forderungen und Anleihen, um diese in Eigenkapital umzuwandeln (auch als *loan to own*-Strategie bezeichnet[107]). Dabei profitieren die Investoren von den gesunkenen Börsenkursen dieser Anleihen und erwerben diese häufig weit unterhalb ihres Nennwertes („unter par"), was die Gewinnchancen weiter erhöht. Häufig haben solche Investoren einen zeitlich begrenzten Investmenthorizont und veräußern ihre Beteiligung einige Zeit nach der erfolgreichen Sanierung wieder (sog. *Exit*).

Die Risiken für die Investoren liegen dabei zunächst auf der Hand: Unterschätzen sie das *Turnaround*-Potenzial der Gesellschaft und misslingt die Sanierung, muss entweder die Gesellschaft liquidiert werden oder Insolvenzantrag gestellt werden und der Investor erleidet im schlimmsten Falle einen Totalverlust.[108]

Hat der Investor möglicherweise noch Forderungen gegen die Gesellschaft, die er nicht im Rahmen des Debt Equity Swaps eingebracht hat, droht die Nachrangigkeit dieser Forderungen im Insolvenzfall (vgl. § 39 Abs. 1 Nr. 5 InsO).[109]

Hinzu kommt das Risiko der sogenannten Differenzhaftung:[110] Die Forderung kann nach hier vertretener Ansicht nur in Höhe ihres tatsächlichen Zeitwertes in die Gesellschaft eingebracht werden; dieser liegt bei Krisenunternehmen in der Regel deutlich unter dem Nominalwert. Wird der Einbringungswert der Forderung zu hoch angesetzt, haftet der Neuaktionäre verschuldensunabhängig für den Differenzbetrag zum tatsächlichen Wert. Ihm droht somit eine Nachschusspflicht – auch wenn die Gesellschaft später Insolvenz anmelden muss.

Sind die Aktien der Schuldnergesellschaft am organisierten Markt börsennotiert, trägt der Investor zudem das Risiko, ein Pflichtangebot nach § 35 WpÜG an die übrigen Aktionäre abgeben zu müssen.[111] Dies ist grds. der Fall, wenn der

---

106 Zu diesem Geschäftsmodell: *Himmelsbach/Achsnick*, NZI 2006, 561; *Kestler/Striegel/Jesch*, NZI 2005, 417; *Aleth/Böhle*, DStR 2010, 1186; *Toth-Feher/Schick*, ZIP 2004, 491; *Redeker*, BB 2007, 673.

107 *Aleth/Böhle*, DStR 2010, 1186, 1188.

108 *Redeker*, BB 2007, 673.

109 *Schmidt/Schlitt*, Der Konzern 2009, 279, 280 und 289. Das Kleinbeteiligungsprivileg des § 39 Abs. 5 InsO, wonach nicht geschäftsführende Gesellschafter/Aktionäre, die mit weniger als 10% am Grundkapital beteiligt sind, von einer solchen Nachrangigkeit nicht erfasst sind, ist zu beachten.

110 Vgl. dazu ausführlich unten unter III. 3.

111 Vgl. dazu ausführlich unten VI. 1.

Investor durch den Debt Equity Swap direkt oder indirekt mindestens 30% der Stimmrechte an der Gesellschaft erlangt.[112]

Der auf einen Debt Equity Swap ausgerichtete *Distressed Debt* Investor trägt außerdem das Risiko, dass ein solcher nicht zu den von ihm erhofften Konditionen durchgeführt wird.

Insgesamt sollte der Vorstand versuchen, solche Investoren möglichst frühzeitig zu identifizieren und sie in die geplante Sanierung einbinden. Als Vorteil erweist sich dabei, dass sie in der Regel rational handeln und eine entsprechende Verhandlungsbereitschaft aufweisen und ggf. bereit sind in einer Gläubigerversammlung für die Sanierungspläne zu stimmen oder einen Restrukturierungsvorschlag der Gesellschaft anzunehmen.

3. Altaktionäre

Aus Sicht der Altaktionäre erscheint der Debt Equity Swap zunächst ausschließlich negativ. Ihr Bezugsrecht auf neue Aktien (§ 186 AktG) wird in der Regel ausgeschlossen[113] und sie werden – insbesondere wenn auch noch eine Kapitalherabsetzung[114] durchgeführt wird – erheblich verwässert. Ihnen verbleibt häufig nach Durchführung des Debt Equity Swaps nur noch ein geringer Anteil an der Gesellschaft.[115] Allerdings ist in der Unternehmenskrise fraglich, welchen Wert ihre Beteiligung vor Durchführung des Debt Equity Swaps überhaupt noch hat. Außerdem wird der Debt Equity Swap manchmal die einzige Möglichkeit sein, die Insolvenz abzuwenden. Im Falle einer Insolvenz bliebe den Altgesellschaftern keinerlei Residualwert.

Hinzu kommt ein möglicher Imageverlust für die Großaktionäre, wenn die Gesellschaft Insolvenz anmelden muss.[116] Gelingt hingegen die Sanierung, partizipieren auch sie von der weiteren Wertentwicklung der Gesellschaft.

---

112 Vgl. zur Möglichkeit, durch eine sog. „Sanierungsbefreiung" von der Pflicht zur Abgabe eines Angebots befreit zu werden, unten unter VI. 1. c).

113 Vgl. dazu ausführlich unten III. 2.

114 Vgl. dazu unten III. 1. c).

115 Im Rahmen der Restrukturierung der Solarworld AG, bei der ein Großteil der Restrukturierung darin bestand, dass Anleiheforderungen im Rahmen eines Debt Equity Swaps in Aktien der Gesellschaft getauscht wurden, hielten die Altaktionäre nach Abschluss der Transaktion nur noch 5% der Aktien. Die Verwässerung auf 5% der Altaktionäre nach Durchführung des Debt Equity Swaps stellt einen in Deutschland marktüblichen Wert dar; vgl. *Seibt*, ZIP 2016, 997, 999 (insb. Fußnote 15).

116 Theiselmann/*Schlitt/Ries*, Restrukturierungsrecht, Kap. 9 Rn. 12.

Insgesamt muss der Vorstand alle diese (teilweise gegenläufigen) Interessen der Beteiligten in Einklang bringen und ein Konzept für den Debt Equity Swap entwickeln, dass allen Beteiligten attraktiv erscheint. Dann kann die Transaktion für die Gesellschaft erfolgreich werden.

III. Gesellschaftsrechtliche Umsetzung

Die gesellschaftsrechtliche Umsetzung des Debt Equity Swaps erfolgt mittels Sachkapitalerhöhung (§ 183 AktG; siehe dazu unter 1. sowie zur Problematik der Bewertung der Sacheinlage unter 3.).[117] Die verbriefte Anleiheforderung stellt dabei die Sacheinlage dar.[118] Der Beschluss über die Sachkapitalerhöhung fällt in die Kompetenz der Hauptversammlung und somit der Altaktionäre. Die Altaktionäre fassen also keinen expliziten Beschluss über den Debt Equity Swap, sondern stimmen mittelbar im Rahmen der Sachkapitalerhöhung darüber ab. Ein Debt Equity Swap ist folglich nicht ohne die Zustimmung der Altaktionäre möglich.

Sollte die Gesellschaft bereits überschuldet sein, wird in der Regel vorab zusätzlich eine Kapitalherabsetzung (in Form der vereinfachten Kapitalherabsetzung; §§ 229 ff. AktG) durchgeführt, um eine sog. Buchsanierung durchzuführen (siehe dazu unter 1. c)). Die Kapitalherabsetzung ist allerdings kein zwingender Bestandteil eines Debt Equity Swaps.[119]

Neben dem Beschluss über die Sachkapitalerhöhung ist auch ein Beschluss über den Ausschluss des Bezugsrechts der Altaktionäre auf die neuen Aktien erforderlich (§ 186 Abs. 3 AktG), da diese den ehemaligen Anleihegläubigern und nicht den Altaktionären zugeteilt werden sollen (siehe dazu unter 2.).

---

117 Ganz hM; vgl. nur Theiselmann/*Schlitt/Ries*, Restrukturierungsrecht, Kap. 9 Rn. 21.; *Schmidt/Schlitt*, Der Konzern 2009, 279 f.; *Löbbe*, FS Winter 2011, 423, 428; *Toth-Feher/Schick*, ZIP 2004, 491, 495; *Friedl*, BB 2012, 1102, 1103; *von Sydow/Bayer*, AG 2005, 635, 636; KölnerKommAktG/*Arnold* § 27 Rn. 54 ff.; **aA** wohl Schlussantrag des Generalanwalts *Tesauro* in der Sache Meilicke gegen ADV-ORGA, ZIP 1992, 1036, 1041 sowie im Zusammenhang mit Zwangsumwandlungen nach § 5 Abs. 3. Nr. 5 1. Var SchVG auch **aA** *Maier-Reimer*, FS Goette 2011, 299, 308 ff.

118 Zu Forderungen als taugliche Sacheinlage vgl. sogleich unten unter 1. a).

119 *Friedl*, BB 2012, 1102, 1104.

1. Sachkapitalerhöhung – Einordnung und allgemeine Überlegungen/Grundsätze

a) Forderungen als taugliche Sacheinlage

Voraussetzung für eine Sachkapitalerhöhung ist allerdings zunächst, dass überhaupt eine Sacheinlage geleistet werden soll.

Die in der Anleihe verbriefte Forderung gegen die Gesellschaft müsste also eine taugliche Sacheinlage im Sinne der Vorschriften über die Sachkapitalerhöhung sein.

Sacheinlage ist jede Einlage, die nicht durch Einzahlung des Ausgabebetrages der Aktien zu leisten ist (§ 183 Abs. 1 Satz 1 i. V. m. § 27 Abs. 1 AktG). Allerdings kommen als Sacheinlage nur Vermögensgegenstände in Betracht, deren wirtschaftlicher Wert feststellbar ist (§ 27 Abs. 2 AktG sowie Art. 7 Satz 1 Kapitalrichtlinie[120]).

Zu beachten sind die Grundsätze der Kapitalaufbringung. Demnach muss der AG Aktivvermögen in der gleichen Höhe[121] zugeführt werden, in welcher das Grundkapital erhöht wird. Die Sacheinlage muss also die Haftungsmasse der AG in Form des Grundkapitals mehren und der Gegenwert der ausgegebenen Aktien muss dem Wert der Sacheinlage entsprechen.

(Geld)Forderungen gegen Dritte sind sacheinlagefähig, sofern sie abtretbar und entstanden sind.[122] Dies gilt jedenfalls dann, wenn ihnen ein wirtschaftlicher Wert zukommt, was bei Darlehensforderungen der Fall ist.[123]

Beim bedingten Kapital (§ 194 Abs. 3 AktG) sowie beim genehmigten Kapital (§ 205 Abs. 4 AktG) ist die Einlagefähigkeit von Forderungen sogar gesetzlich anerkannt.

Allerdings geht es vorliegend um die Sacheinlage von Forderungen, die gegen die Gesellschaft selbst – und nicht gegen Dritte – gerichtet sind.

---

120 Zweite Richtlinie 77/91/EWG des Rates vom 13. Dezember 1976 zur Koordinierung der Schutzbestimmungen, die in den Mitgliedstaaten den Gesellschaften im Sinne des Artikels 58 Absatz 2 des Vertrages im Interesse der Gesellschafter sowie Dritter für die Gründung der Aktiengesellschaft sowie für die Erhaltung und Änderung ihres Kapitals vorgeschrieben sind, um diese Bestimmungen gleichwertig zu gestalten (aufgehoben; für die Definition allerdings noch relevant).

121 Daraus ergibt sich bereits die Hauptschwierigkeit einer Sachkapitalerhöhung, nämlich die richtige Bewertung der Sacheinlage; vgl. dazu ausführlich unten III. 3.

122 *Wiedemann* in GroßKomm AktG, 4. Auflage, § 183 Rn. 39.

123 MüKoAktG/*Peifer* § 183 Rn. 13.

Bei gegen die Gesellschaft selbst gerichteten (Geld)Forderungen erscheint die Einlagefähigkeit zunächst zweifelhaft.

Durch die Einbringung wird der AG nämlich kein „frisches“ Kapital oder eine äquivalente Sache zugeführt. Stattdessen wird die AG „nur“ von einer Verbindlichkeit befreit. Der wirtschaftliche Effekt für die AG ist jedoch ähnlich.[124] Die AG wird von ihrer Rückzahlungspflicht sowie etwaigen Zinszahlungen befreit und erhöht ihre Eigenkapitalquote, verbessert ihre Liquidität und somit unter Umständen auch ihr (Kredit)Rating. Dies führt wiederum dazu, dass die AG zukünftig günstiger Fremdkapital aufnehmen kann.[125]

Statt des Umtauschvorgangs hätte der AG beispielsweise auch eine Barleistung zufließen können, mit der sie die Verbindlichkeiten tilgt oder mit der Bareinlageforderung gegen diese aufrechnet.[126] Der Effekt wäre wirtschaftlich identisch. Dies wäre zwar eine verdeckte Sacheinlage und damit unzulässig[127], verdeutlicht jedoch den wirtschaftlichen Effekt der Forderungseinbringung für die AG.

Bilanzrechtlich wird auf der Passivseite Fremdkapital in Eigenkapital getauscht. Die Verbindlichkeiten der AG werden ausgebucht und stattdessen Eigenkapital eingebucht.[128] Dadurch werden bisher gebundene Aktiva in der Bilanz frei.

Gesetzlich soll die Zulässigkeit dieses Verfahrens im Rahmen eines Debt Equity Swaps ferner auch durch § 225a Abs. 2 Satz 1 InsO anerkannt sein.[129]

Die Einlagefähigkeit von (Geld)Forderungen gegen die Gesellschaft selbst ist daher inzwischen allgemein anerkannt.[130]

---

124 *Löbbe* in FS Winter 2011, 423, 428. Zur verdeckten Sacheinlage vgl. etwa MüKo-AktG/*Schürnbrand* § 183 Rn. 41 ff.

125 Vgl. zu den Motiven seitens der Gesellschaft bereits oben II. 1.

126 *Hefermehl/Bungeroth* in Geßler/Hefermehl/Eckardt/Kropff, AktG, § 183 Rn. 13.

127 *Arnold* in FS Hoffmann-Becking 2013, 29, 30.

128 *Kraft/Scholz* in Münchener Hdb. AG § 57 Rn. 86. Zum Streit hinsichtlich der Höhe des zuzuführenden Eigenkapitals und damit der Bewertung der Sacheinlage siehe unten VI. Außerdem zur bilanziellen Betrachtung: *Redeker*, BB 2007, 673, 674.

129 *Kraft/Scholz* in Münchener Hdb. AG § 57 Rn. 85.

130 BGH, Urteil vom 15.01.1990 – II ZR 164/88 („IBH/Lemmerz“) = BGHZ 110, 47 = ZIP 1990, 156 = BB 1990, 382 = DB 1990, 311; *Löbbe* in FS Winter 2011, 423, 428; MüKoAktG/*Peifer* § 183 Rn. 14 f.; *Toth-Feher/Schick*, ZIP 2004, 491, 495; *von Sydow/Bayer*, AG 2005, 635, 636; *Ekkenga*, ZGR 2009, 581, 589.

b) Besonderheiten der Sach*kapitalerhöhung*

Das Verfahren der *Sach*kapitalerhöhung beinhaltet im Vergleich zu einer *Bar*kapitalerhöhung einige Besonderheiten.

Dabei steht naturgemäß vor allem die Sacheinlage im Vordergrund.

Soll eine Sacheinlage geleistet werden, so besteht ein hohes Gefahrenpotenzial für (Alt)aktionäre und Gesellschaftsgläubiger.[131] Dies resultiert im Wesentlichen aus möglichen Fehlbewertungen der Sacheinlage.[132] Durch eine Überbewertung der Sacheinlage kann der Inferent einen unangemessen hohen Anteil an der Gesellschaft erhalten und es kommt zu „Quersubventionen" zulasten der Altaktionäre.[133] Die Gefahr für die Gläubiger der Gesellschaft besteht darin, dass ein möglicherweise zu hoher Haftungsfonds signalisiert wird.[134]

Aufgrund dieser Gefahr gibt es diverse besondere formelle und materielle Vorgaben bei einer Sachkapitalerhöhung. Diese betreffen vor allem die Transparenz des Sachkapitalerhöhungsverfahrens und die (Werthaltigkeits)Prüfung der Sacheinlage[135].

Bereits im Rahmen der Hauptversammlungseinladung muss ausdrücklich bekanntgemacht werden, dass eine *Sach*kapitalerhöhung beschlossen werden soll, und der Beschlussvorschlag muss im Wortlaut veröffentlicht werden (§ 183 Abs. 1 Satz 2 AktG). Diese Bekanntmachungsvorschrift hat Hinweis- und Warnfunktion für die Altaktionäre.[136]

Der Sachkapitalerhöhungsbeschluss muss den Gegenstand der Sacheinlage, die Person, von der die Gesellschaft den Gegenstand erwirbt, und den Nennbetrag bzw. bei Stückaktien die Zahl, der bei der Sacheinlage zu gewährenden Aktien enthalten (§ 183 Abs. 1 Satz 1 AktG). Im Falle eines Debt Equity Swaps muss die Anleiheforderung also genau bezeichnet werden. Theoretisch muss jeder Anleihegläubiger als Inferent in dem Kapitalerhöhungsbeschluss namentlich benannt werden. In der Praxis fungiert allerdings ein Kreditinstitut als zentrale Abwicklungsstelle und bringt die Anleiheforderung in die Gesellschaft als

---

131 Vgl. zum Schutzzweck der Kautelen im Rahmen einer Sachkapitalerhöhung auch unten unter III. 3. b).

132 Vgl. zur Bewertung der Sacheinlage ausführlich unten unter III. 3.

133 MüKoAktG/*Schürnbrand* § 183 Rn. 1.

134 MüKoAktG/*Schürnbrand* § 183 Rn. 1.

135 Teilweise wird die Notwendigkeit der Sacheinlageprüfung bei einem Debt Equity Swap bereits in Abrede gestellt; vgl. dazu ausführlich unten unter III. 3. c) aa).

136 Hüffer/*Koch* AktG § 183 Rn. 10; *Hefermehl* in Geßler/Hefermehl/Eckardt/Kropff, AktG, § 183 Rn. 50; MüKoAktG/*Schürnbrand* § 183 Rn. 38.

Sacheinlage ein[137]; das Kreditinstitut ist dann als Inferent im Kapitalerhöhungsbeschluss zu benennen.[138]

Der Wert der Sacheinlage muss grds. durch ein externes Wertgutachten belegt werden (§ 183 Abs. 3 AktG).[139] Alternativ kann davon abgewichen werden, wenn der Wert der Sacheinlage anderweitig zuverlässig ermittelt werden kann (vgl. § 183a i. V. m. § 33a AktG).[140] Dies kann praktisch entweder über den Börsenkurs oder durch ein aktuelles Sachverständigengutachten erfolgen.

Bei der späteren Anmeldung des Kapitalerhöhungsbeschlusses sind die entsprechenden Unterlagen beizufügen (§ 184 Abs. 2 AktG): Entweder das Gutachten des externen Prüfers oder alternativ die Unterlagen, aus denen sich der Wert der Sacheinlage ebenso zuverlässig ermitteln lässt.

c) Fakultativ: Vorherige Kapitalherabsetzung

Häufig ist vor der effektiven (Sach)Kapitalerhöhung eine nominelle Kapitalherabsetzung erforderlich, um die Grundkapitalziffer an die tatsächliche wirtschaftliche Situation der Gesellschaft anzupassen.[141]

Wird die Kapitalherabsetzung mit einer anschließenden effektiven Kapitalerhöhung kombiniert, spricht man von einem sogenannten Kapitalschnitt.[142]

Die vorherige Kapitalherabsetzung ist zwar kein zwingender Bestandteil des Debt Equity Swaps[143], allerdings ist sie für den Erfolg der Sanierung regelmäßig dann erforderlich, wenn bereits eine Unterbilanz vorliegt.[144]

Durch die Verrechnung des Grundkapitals mit Verlusten kann die Unterbilanz beseitigt werden (sog. Buchsanierung). Ist die Gesellschaft bereits überschuldet, bedarf es einer Kapitalherabsetzung auf Null.[145]

---

137 Vgl. zur Abwicklung mittels Einschaltung einer Investmentbank als zentrale Abwicklungsstelle unten unter V. 4.

138 *Friedl*, BB 2012, 1102, 1103.

139 Str.; vgl. dazu ausführlich unten unter III. 3.

140 Vgl. zum Verfahren nach § 183a i. V. m. § 33a AktG unten unter III. 3. d) bb).

141 *von Oppen/Richers*, CFL 2015, 95.

142 *Marsch-Barner* in Spindler/Stilz, AktG, § 229 Rn. 30; *Haberstock/Greitemann* in Hölters, AktG, § 229 Rn. 20; MüKoAktG/*Oechsler* § 229 Rn. 5; *Knecht/Haghani* in Buth/Hermanns, Restrukturierung, Sanierung, Insolvenz § 18 Rn. 29.

143 *Friedl*, BB 2012, 1102, 1104.

144 *Schmidt/Schlitt*, Der Konzern 2009, 279, 283; *Redeker*, BB 2007, 673, 674.

145 *Schmidt/Schlitt*, Der Konzern 2009, 279, 283; *Friedl*, BB 2012, 1102, 1104; *Redeker*, BB 2007, 673, 674. Zu den gesellschaftsrechtlichen, kapitalmarktrechtlichen und börsenzulassungsrechtlichen Konsequenzen einer Kapitalherabsetzung auf Null vgl. ausführlich *Reger/Stenzel*, NZG 2009, 1210.

Die Kapitalherabsetzung kann als ordentliche Kapitalherabsetzung (§§ 222 ff. AktG) oder als vereinfachte Kapitalherabsetzung (§§ 229 ff. AktG) erfolgen.[146]

Im Rahmen der Unternehmenssanierung wird regelmäßig eine vereinfachte Kapitalherabsetzung durchgeführt.[147] Dies hängt mit den gegenüber der ordentlichen Kapitalherabsetzung geringeren Gläubigerschutzvorschriften zusammen.[148] So ist bei der ordentlichen Kapitalherabsetzung den Gläubigern der Gesellschaft auf deren Verlangen Sicherheit zu leisten (§ 225 Abs. 1 AktG).[149] In einer Krisensituation wird die Gesellschaft aber häufig nicht die Möglichkeit haben, sämtliche Forderungen zu besichern. Daher wird in der Regel die vereinfachte Kapitalerhöhung gewählt. Die vereinfachte Kapitalerhöhung ist jedoch nur zulässig, wenn sie dazu dienen soll, Wertminderungen auszugleichen, sonstige Verluste zu decken oder Beträge in die Kapitalrücklage einzustellen (§ 229 Abs. 1 Satz 1 AktG) und nachdem der Teil der gesetzlichen Rücklage und der Kapitalrücklage, um den diese zusammen über zehn von Hundert des nach der Herabsetzung verbleibenden Grundkapitals hinausgehen, sowie die Gewinnrücklagen vorweg aufgelöst sind (§ 229 Abs. 2 Satz 1 AktG).

Der Beschluss über die vereinfachte Kapitalherabsetzung bedarf einer Mehrheit von 75 % des vertretenen Grundkapitals (§ 229 Abs. 3 AktG i. V. m. § 222 Abs. 1 AktG).

d) Alternativen zur ordentlichen Kapitalerhöhung

aa) Ausnutzung eines genehmigten Kapitals (§§ 202 ff. AktG)

Als Alternative zum zeitintensiven und aufgrund möglicher Anfechtungsklagen transaktionsunsicheren Direktbeschluss über die Sachkapitalerhöhung bietet sich die Ausnutzung eines genehmigten Kapitals an (vgl. §§ 202 ff. AktG).[150]

---

146 Vgl. zu beiden Alternativen *Vaupel/Reers*, AG 2010, 93, 103.

147 *Schmidt/Schlitt*, Der Konzern 2009, 279, 283; *Friedl*, BB 2012, 1102, 1104; *Redeker*, BB 2007, 673, 674; *von Oppen/Richers*, CFL 2015, 95.

148 § 229 Abs. 3 AktG verweist nicht auf die Gläubigerschutzvorschrift § 225 AktG.

149 Als Sicherheitsleistung kommen beispielsweise die Hinterlegung von Geld oder Wertpapieren, die Verpfändung von beweglichen Sachen, die Bestellung von Hypotheken oder die Verpfändung von Grundschulden in Betracht (§ 232 Abs. 1 BGB); *Vaupel/Reers*, AG 2010, 93, 103.

150 vgl. zu Änderungsvorschlägen zum genehmigtem Kapital *de lege ferenda*: *Meyer/Weber*, CFL 2012, 249, 257 f.

Dabei sind sowohl Sacheinlagen[151] als auch der Ausschluss des Bezugsrechts[152] ebenso möglich wie bei der ordentlichen Kapitalerhöhung.

Die Vorteile der Ausnutzung des flexiblen Instruments des genehmigten Kapitals liegen auf der Hand: Die zeit- und kostenintensive Vorbereitung, Einberufung und Durchführung der Hauptversammlung entfällt. Außerdem wird das Anfechtungsrisiko minimiert: Der Hauptversammlungsbeschluss über das genehmigte Kapital kann zwar im Rahmen der üblichen Anfechtungsfrist unmittelbar nach der Hauptversammlung angefochten werden, allerdings ist die Anfechtungsfrist zum Zeitpunkt der Ausnutzung des genehmigten Kapitals bereits abgelaufen. Es verbleibt lediglich das Restrisiko einstweiliger Rechtsschutzverfahren gegen den Ausnutzungsbeschluss.[153]

Allerdings ist die Ausnutzung eines genehmigten Kapitals nicht für jede Sanierung geeignet, da das genehmigte Kapital auf 50 % des bisherigen Grundkapitals beschränkt ist. Dieses Volumen ist häufig in Sanierungssituationen nicht ausreichend.[154]

Außerdem besteht seitens der Aktionäre häufig eine starke Zurückhaltung, den Vorstand im Rahmen des genehmigten Kapitals zu einem umfassenden Bezugsrechtsausschluss zu ermächtigen.[155]

Sollte die Gesellschaft jedoch über ein ausreichendes genehmigtes Kapital verfügen, wird der Vorstand aus vorgenannten Gründen in der Regel eine Ausnutzung des genehmigten Kapitals für den Debt Equity Swap bevorzugen.

---

151 Die Zulässigkeit von Sacheinlagen muss in dem Beschluss der Hauptversammlung über das genehmigte Kapital bereits enthalten sein. Die konkreten Festsetzungen der Sacheinlage können jedoch an den Vorstand delegiert werden (§ 205 Abs. 2 Satz 1 AktG), der die Entscheidung nur mit Zustimmung des Aufsichtsrates treffen soll (§ 205 Abs. 2 Satz 2 AktG).

152 Das Bezugsrecht kann entweder im Beschluss über die Schaffung des genehmigten Kapitals direkt ausgeschlossen werden (Direktausschluss; § 203 Abs. 1 Satz 1 i. V. m. § 186 Abs. 3 und 4 AktG) oder der Vorstand kann ermächtigt werden, mit Zustimmung des Aufsichtsrates das Bezugsrecht auszuschließen (Ausschlussermächtigung; § 203 Abs. 2 i. V. m. § 186 Abs. 4 AktG).

153 Vgl. dazu *Schlitt/Seiler*, ZHR 2002, 544.

154 *Schmidt/Schlitt*, Der Konzern 2009, 279, 281; *Friedl*, BB 2012, 1102, 1104.

155 *Schmidt/Schlitt*, Der Konzern 2009, 279, 281.

bb) Ausnutzung eines bedingten Kapitals (§§ 192 ff. AktG)

Die Ausnutzung eines bedingten Kapitals (§§ 192 ff. AktG) stellt keine Alternative dar.[156]

Ein bedingtes Kapital kann unter anderem geschaffen werden, um die Gewährung von Umtausch- oder Bezugsrechten an Gläubiger von Wandelschuldverschreibungen sicherzustellen (§ 192 Abs. 2 Nr. 1 AktG). Üben die Inhaber der Wandelschuldverschreibung ihr Wandlungsrecht aus, können durch Ausnutzung des bedingten Kapitals die neuen Aktien geschaffen werden. Allerdings muss im Beschluss über das bedingte Kapital der Zweck des bedingten Kapitals genannt und näher konkretisiert werden. Zulässig ist dabei die Bezugnahme auf einen (ggf. auch zukünftigen) Beschluss über die Ausgabe einer Wandelschuldverschreibung nach § 221 AktG.

Bei einem „klassischen" Debt Equity Swap spielen Wandelanleihen allerdings keine Rolle. Denkbar wäre höchstens, statt eines Tauschs in Aktien einen Tausch in Wandelanleihen vorzunehmen (sog. *Debt Convertible Swap*[157]). Indem beispielsweise eine Pflichtwandelanleihe im Austausch angeboten würde, ließe sich so mittel- bis langfristig das gleiche Ergebnis erzielen wie bei einem Debt Equity Swap. Dann wäre die Absicherung der Wandlungsrechte mittels bedingtem Kapital möglich; bei einem „klassischen" Debt Equity Swap stellt das bedingte Kapital keine Alternative dar.

2. Bezugsrechtsausschluss zugunsten der Anleihegläubiger

Ein wichtiger Teil des Debt Equity Swaps ist der Ausschluss des Bezugsrechts der Altaktionäre auf die neuen Aktien im Rahmen des Hauptversammlungsbeschlusses über die Sachkapitalerhöhung (§ 186 Abs. 3 AktG).[158] Der Bezugsrechtsausschluss ist notwendig, da die neuen Aktien nicht den Altaktionären, sondern den Anleihegläubigern im Austausch gegen ihre Anleihen zugeteilt werden sollen.

Der Bezugsrechtsausschluss ist vom Vorstand besonders sorgsam vorzubereiten, da in ihm ein hohes Anfechtungsrisiko steckt, welches die gesamte

---

156 vgl. zu Änderungsvorschlägen im Zusammenhang mit bedingten Kapitalia *de lege ferenda*: *Meyer/Weber*, CFL 2012, 249, 258 ff.

157 Zu dieser Alternative zum Debt Equity Swap vgl. ausführlich unten unter § 5.

158 *Schmidt/Schlitt*, Der Konzern 2009, 279, 281; *Scheunemann/Hoffmann*, DB 2009, 983, 984; *Vaupel/Reers*, AG 2010, 93, 95 und 99; *Löbbe*, FS Winter 2011, 423, 431.

Transaktion vereiteln oder jedenfalls verzögern kann.[159] Mögliche Anfechtungsgründe sind ein Verstoß gegen die formellen und materiellen Voraussetzungen eines Bezugsrechtsausschlusses (§ 243 Abs. 1 AktG)[160] sowie eine Überbewertung der einzubringenden Anleiheforderung (§ 255 Abs. 2 AktG analog)[161]. Dieses Anfechtungsrecht wird zwar vielfach kritisiert[162], ist jedoch *de lege lata* vom Vorstand frühzeitig bei der (Zeit)planung zu berücksichtigen.

a) Das Bezugsrecht als Aktionärsgrundrecht

Das Bezugsrecht nach § 186 AktG gibt dem Aktionär den gesetzlichen Anspruch gegen die Gesellschaft, im Falle einer Kapitalerhöhung weitere Aktien zu erwerben.[163] Das gesetzliche Bezugsrecht wird auch als „Mitgliedsgrundrecht"[164] oder „mitgliedschaftliches Grundrecht"[165] bezeichnet. Jeder Aktionär hat danach das Recht, bei einer Kapitalerhöhung auf sein Verlangen, ein seinem Anteil an dem bisherigen Grundkapital entsprechenden Teil (*pro rata*) der neuen Aktien zu erhalten (§ 186 Abs. 1 S. 1 AktG). Dies gilt auch bei einer Sachkapitalerhöhung.

Das Bezugsrecht dient also dem Schutz der (Alt)aktionäre vor „Verwässerung" ihres Anteils.[166] Es ermöglicht jedem Aktionär, seine Beteiligungsquote an der Gesellschaft zu erhalten. Dadurch behält der Aktionär nicht nur seine Stimmquote in der Hauptversammlung, sondern auch seine Beteiligung am Vermögen der Gesellschaft und am ausschüttungsfähigen Gewinn. Außerdem droht bei börsennotierten Unternehmen bei einer Kapitalerhöhung ein entsprechender Kursverlust, der so kompensiert wird.

---

159 *Ekkenga* in Ekkenga/Schröer, Handbuch der AG-Finanzierung, Kap. 15 Rn. 18; *Löbbe*, FS Winter 2011, 423, 430. Vgl. speziell zu den zeitlichen Verzögerungen bei einer Anfechtung: Theiselmann/*Schlitt/Ries*, Restrukturierungsrecht, Kap. 9 Rn. 26.

160 Vgl. zu den formellen und materiellen Anforderungen an einen Bezugsrechtsausschluss sogleich unter b) sowie zu (Anfechtungs)risiken unter c).

161 Vgl. zur analogen Anwendung des § 255 Abs. 2 AktG bei Sachkapitalerhöhungen sowie diesem Anfechtungsrecht insgesamt sogleich unter c).

162 Theiselmann/*Schlitt/Ries*, Restrukturierungsrecht, Kap. 9 Rn. 25; *Meyer/Weber*, CFL 2012, 249, 257 f.; *Cahn/Hutter/Kaulamo/Meyer/Weiß*, WM 2014 1309, 1313 mit Änderungsvorschlägen *de lege ferenda*.

163 *Schlitt/Seiler*, WM 2003, 2175, 2176; MüKoAktG/*Schürnbrand* § 186 Rn. 22; Hüffer/*Koch* AktG § 186 Rn. 1 und 4; *Servatius* in Spindler/Stilz, AktG, § 186 Rn. 7.

164 *Wiedemann* in GroßKomm AktG § 186 Rn. 13.

165 MüKoAktG/*Schürnbrand* § 186 Rn. 1.

166 *Schlitt/Seiler*, WM 2003, 2175, 2176.

Insbesondere bei großen börsennotierten Unternehmen erfolgt die Kapitalerhöhung unter Einschaltung einer oder mehrerer Emissionsbanken (sog. Fremdemission).[167] Hintergrund dieser Praxis ist eine Vereinfachung des Verfahrens für die Gesellschaft und die Erhöhung der Transaktionssicherheit.[168] Die Gesellschaft beauftragt eine Investmentbank als professionellen Dienstleister, der für sie die Abwicklung der Kapitalerhöhung mit den Altaktionären übernimmt.[169] Dazu zeichnen die Emissionsbanken zunächst alle neuen Aktien und dienen sie sodann den Altaktionären zum Bezug an. Die Abwicklung ist dabei für die Investmentbank kostengünstiger als für die Gesellschaft selbst.[170] Außerdem wird die Einlage auf die Aktien zunächst von der Investmentbank geleistet. Dies erhöht die Transaktionssicherheit, da so die Aufbringung des Erhöhungsbetrages gewährleistet ist und die Kapitalerhöhung zeitnah im Handelsregister eingetragen werden kann.[171]

Dieses Verfahren wäre formal betrachtet als Bezugsrechtsausschluss einzustufen.[172] Der Gesetzgeber erkennt allerdings das Bedürfnis der Praxis nach dieser Transaktionsgestaltung an und billigt ausdrücklich das Verfahren des mittelbaren Bezugsrechts, sofern die Bank sich tatsächlich verpflichtet, die neuen Aktien den Altaktionären zum Bezug anzubieten (vgl. § 186 Abs. 5 AktG).[173]

Darüber hinaus ist ein (ggf. auch teilweiser) Ausschluss des Bezugsrechts, wie er für den Debt Equity Swap notwendig ist, allerdings unter bestimmten Voraussetzungen zulässig.[174]

b) Zulässigkeit eines Bezugsrechtsausschlusses

In bestimmten Konstellationen hat die Gesellschaft ein besonderes Interesse daran, das Bezugsrecht auszuschließen und die neuen Aktien anderweitig zu

---

167 *Schlitt/Seiler*, WM 2003, 2175, 2178; MüKoAktG/*Schürnbrand* § 186 Rn. 149; *Apfelbacher/Niggemann* in Hölters, AktG, § 186 Rn. 89.

168 MüKoAktG/*Schürnbrand* § 186 Rn. 149; *Apfelbacher/Niggemann* in Hölters, AktG, § 186 Rn. 90. *Schlitt/Seiler*, WM 2003, 2175, 2178 bezeichnen eine unmittelbare Platzierung der Aktien durch die Gesellschaft als „mit großen Unsicherheiten belastet".

169 MüKoAktG/*Schürnbrand* § 186 Rn. 149; *Apfelbacher/Niggemann* in Hölters, AktG, § 186 Rn. 90.

170 MüKoAktG/*Schürnbrand* § 186 Rn. 149.

171 *Apfelbacher/Niggemann* in Hölters, AktG, § 186 Rn. 90.

172 *Schlitt/Seiler*, WM 2003, 2175, 2178; MüKoAktG/*Schürnbrand* § 186 Rn. 149.

173 Dogmatisch handelt es sich um eine gesetzliche Fiktion; *Schlitt/Seiler*, WM 2003, 2175, 2178.

174 Hüffer/*Koch* AktG § 186 Rn. 20; siehe zu den Voraussetzungen sogleich unter 2. b).

platzieren.[175] Insbesondere bei Sachkapitalerhöhungen, wie vorliegend, kann nur der Eigentümer der konkreten Sache die Leistung erbringen. Bei einem Debt Equity Swap können nur die Inhaber der Anleihe diese als Sacheinlage einbringen. Für solche Fälle hat der Gesetzgeber den Bezugsrechtsausschluss als Ausnahme anerkannt.[176]

Der Bezugsrechtsausschluss ist an strenge Voraussetzungen geknüpft. Das Gesetz selbst enthält jedoch lediglich formelle Voraussetzungen für den Bezugsrechtsausschluss (vgl. § 186 Abs. 3 und 4 AktG). Die Rechtsprechung hat im Wege der Rechtsfortbildung zusätzliche materielle Voraussetzungen entwickelt, an denen die Zulässigkeit zu messen ist.[177]

Ein Bezugsrechtsausschluss ist somit zulässig, wenn die folgenden formellen und materiellen Voraussetzungen erfüllt sind.

aa) Formelle Voraussetzungen

Die formellen Voraussetzungen des Bezugsrechtsausschlusses enthält § 186 Abs. 3 und 4 AktG:

Der Bezugsrechtsausschluss muss zwingend im Rahmen des Kapitalerhöhungsbeschlusses beschlossen werden (§ 186 Abs. 3 Satz 1 AktG). Ein separater Beschluss ist nicht zulässig.[178]

Vorbehaltlich strengerer[179] Satzungsanforderungen bedarf der Ausschluss einer Dreiviertelmehrheit bezogen auf das vertretene Grundkapital (§ 186 Abs. 3 Satz 2 und 3 AktG).[180]

Vorab ist die Absicht, das Bezugsrecht durch die Hauptversammlung auszuschließen,[181] ordnungsgemäß bekanntzumachen (§ 186 Abs. 4 Satz 1 AktG). Insbesondere ist dies auf die Tagesordnung, welche mit der Hauptversammlungseinladung veröffentlicht wird, aufzunehmen.[182]

---

175 MüKoAktG/*Schürnbrand* § 186 Rn. 73.

176 MüKoAktG/*Schürnbrand* § 186 Rn. 73.

177 Vgl. dazu im Überblick MüKoAktG/*Schürnbrand* § 186 Rn. 88 ff.

178 RGZ 118, 67, 70; OLG Oldenburg, Urteil vom 17.03.1994 - 1 U 15193 = NJW-RR 1995, 1313; MüKoAktG/*Schürnbrand* § 186 Rn. 74.

179 Lockerungen der Mehrheitserfordernisse können in der Satzung nicht vorgesehen werden.

180 Für Unternehmen des Finanzsektors gelten geringere Mehrheiten, sofern sich der Stabilisierungsfonds an ihnen beteiligt (§ 7 Abs. 3 FMStBG).

181 § 186 Abs. 4 Satz 1 AktG ist unpräzise und stellt nicht auf die „Absicht", sondern auf die „Ausschließung" ab (vgl. Hüffer/*Koch* AktG § 186 Rn. 22, MüKoAktG/*Schürnbrand* § 186 Rn. 79).

182 *Rebmann* in Heidel § 186 AktG Rn. 36.

Besonders wichtig ist für den Vorstand die Erstellung eines schriftlichen Berichts über den Grund des Ausschlusses und die Begründung für den vorgeschlagenen Ausgabebetrag – bzw. das Umtauschverhältnis –, den er der Hauptversammlung zugänglich machen muss (§ 186 Abs. 4 Satz 2 AktG). Dadurch soll der Hauptversammlung eine sachgerechte Entscheidung ermöglicht werden.[183] Ungeklärt ist, was unter „zugänglich machen" zu verstehen ist und wie der Bericht zu veröffentlichen ist. Es ist jedenfalls zu empfehlen, den Bericht möglichst frühzeitig zur Verfügung zu stellen.[184] Es empfiehlt sich insbesondere die Beifügung – jedenfalls auszugsweise – zur Einladung der Hauptversammlung.[185]

Inhaltlich muss der Bericht so detailliert und verständlich sein, dass er den Aktionären die Möglichkeit bietet, auf dieser Grundlage über den Bezugsrechtsausschluss abzustimmen. Der Bericht bietet insofern eine „Entscheidungsbasis".[186]

Bei einem geplanten Debt Equity Swap enthält der Bericht[187] üblicherweise zunächst eine detaillierte Beschreibung der Situation der Gesellschaft; gegebenenfalls einschließlich der Gründe, welche den Restrukturierungsbedarf hervorgerufen haben. Außerdem wird das Sanierungskonzept erläutert.

Der Bericht muss die Nachteile, die den Altaktionären aus dem Bezugsrechtsausschluss entstehen, enthalten.[188] Nur so werden die Aktionäre umfangreich aufgeklärt und können eine sachgerechte Entscheidung über den Vorschlag treffen.

Kern des Berichts ist die Rechtfertigung des Bezugsrechtsausschlusses.

Er muss die rechtlichen und wirtschaftlichen Gründe für den Bezugsrechtsausschluss sowie mögliche Alternativen nennen.[189] Er darf dabei nicht allgemein gehalten sein, sondern muss die konkreten Gründe benennen.[190]

---

183 Hüffer/*Koch* AktG § 186 Rn. 23; BGHZ 83, 319, 326 = NJW 1982, 2444 („Holzmann").

184 Hüffer/*Koch* AktG § 186 Rn. 23, MüKoAktG/*Schürnbrand* § 186 Rn. 85 f., *Wiedemann* in GroßKomm AktG § 186 Rn. 120 f.

185 MüKoAktG/Schürnbrand § 186 Rn. 86; **aA** Hüffer/*Koch* § 186 Rn. 23, wobei auch dieser eine Zusendung aus Vorsichtsgründen in der Praxis annimmt.

186 *Wiedemann* in GroßKomm AktG § 186 Rn. 117.

187 vgl. aus der Praxis z.B. der Bericht des Vorstandes der Solarworld AG im Rahmen der Einladung zur außerordentlichen Hauptversammlung vom 07.08.2013 (Seite 10 ff.); abrufbar unter http://www.solarworld.de/fileadmin/sites/sw/ir/pdf/aohv/aohv_1/sw_aohv_einladung_2013-final.pdf.

188 MüKoAktG/*Schürnbrand* § 186 Rn. 81.

189 *Rebmann* in Heidel § 186 AktG Rn. 36; MüKoAktG/*Schürnbrand* § 186 Rn. 81.

190 MüKoAktG/*Schürnbrand* § 186 Rn. 82.

Dabei ist zunächst das Interesse der Gesellschaft am Bezugsrechtsausschluss darzulegen sowie die weiteren materiellen Voraussetzungen (Geeignetheit und Erforderlichkeit des Bezugsrechtsausschlusses zur Erreichung dieses Zweckes sowie Verhältnismäßigkeit; siehe dazu ausführlich sogleich unter bb)).[191]

Außerdem muss der Bericht den vorgeschlagenen Ausgabebetrag (im Falle eines Debt Equity Swaps das „Umtauschverhältnis") begründen. Dabei muss der Vorstand konkret die Berechnungsgrundlage und die Bewertungskriterien benennen.[192] Insgesamt muss der Bericht faktisch begründen, warum der Debt Equity Swap und der damit verbundene Bezugsrechtsausschluss für die Gesellschaft notwendig und praktisch unumgänglich sind.

Der Vorstandsbericht bildet die Basis für eine eventuelle gerichtliche Überprüfung.[193] Aufgrund seiner Bedeutung ist er entsprechend sorgsam vorzubereiten und zu erstellen.

bb) Materielle Voraussetzungen

(i) Grundsatz

Neben diesen formellen Kriterien hat die Rechtsprechung im Rahmen der richterlichen Rechtsfortbildung auch materielle Kriterien entwickelt.

Die Rechtsprechung hat ihren Ursprung im Kali und Salz-Urteil aus dem Jahre 1978.[194] Der BGH hat darin seine Lehre vom sachlichen Grund entwickelt.[195] Ausgangspunkt ist laut BGH, dass ein Bezugsrechtsausschluss ein schwerwiegender Eingriff in das Recht des einzelnen Aktionärs ist.[196] Dieser bedürfe einer materiellen Rechtfertigung. Der BGH formuliert insofern, dass der Bezugsrechtsausschluss auch bei gebührender Berücksichtigung der Folgen für die ausgeschlossenen Aktionäre durch sachliche Gründe im Interesse der Gesellschaft gerechtfertigt sein müsse; maßgeblich ist eine *ex ante* Sicht zum Zeitpunkt der

---

191 *Rebmann* in Heidel § 186 AktG Rn. 36; *Servatius* in Spindler/Stilz, AktG, § 186 Rn. 27.

192 MüKoAktG/*Schürnbrand* § 186 Rn. 83; Hüffer/*Koch* AktG § 186 Rn. 24.

193 *Löbbe*, FS Winter 2011, 423, 432; *Servatius* in Spindler/Stilz, AktG, § 186 Rn. 25.

194 BGH, Urteil vom 13.03.1978 – II ZR 142/76 = BGHZ 71,40 = NJW 1978, 1316 = WM 1978, 401 (dazu statt vieler *Lutter*, ZGR 1979, 401). Zuvor schon RGZ 132, 149, 163 („Victoria") und BGHZ 21, 354 („Minimax") sowie BGHZ 33, 175 („Minimax II"). Vgl. zur historischen Entwicklung der Rechtsprechung: *Wiedemann* in GroßKomm AktG § 186 Rn. 134 ff. sowie *Veil* in Schmidt/Lutter, AktG, § 186 Rn. 30 ff.

195 Zur Kritik an der Lehre vom sachlichen Grund: MüKoAktG/*Schürnbrand* § 186 Rn. 93.

196 BGH aaO Rn. 10.

Beschlussfassung.[197] Dies schließe auch eine Abwägung der Interessen und der Verhältnismäßigkeit von Zweck und Mittel ein. Entgegen einiger Stimmen in der Literatur[198] hat der BGH in seiner „Siemens/Nold-Entscheidung“[199] diese Kriterien nicht etwa revidiert oder abgemildert, sondern aufrechterhalten.[200]

Somit lassen sich (grob) vier Kriterien zur materiellen Zulässigkeit eines Bezugsrechtsausschlusses zusammenfassen: (1) Der Bezugsrechtsausschluss muss im Gesellschaftsinteresse liegen (2) zur Erreichung dieses Zweckes muss der Bezugsrechtsausschluss geeignet und (3) erforderlich sowie (4) verhältnismäßig in Relation zum Interesse der Altgesellschafter an ihrem Bezugsrecht sein.

Entscheidend ist, ob ein am Gesellschaftszweck zu messendes sinnvolles unternehmerisches Konzept die Mitgliedschaft der Aktionäre in angemessener Weise berücksichtigt oder nicht.[201]

Das Interesse der Gesellschaft ist zwar im Zweifel Gewinnmaximierung[202], allerdings wird bei einem Debt Equity Swap in der Regel die Sanierung der Gesellschaft angestrebt.

Die sodann vorzunehmende Verhältnismäßigkeitsprüfung erfolgt nach „allgemeinen“ Regeln.

Geeignet ist der Bezugsrechtsausschluss, wenn er ein taugliches Mittel zur Erreichung des Zwecks darstellt.

Erforderlich ist der Bezugsrechtsausschluss, wenn es kein schonenderes Mittel gibt. Das bedeutet, es darf keine Alternative geben, die mit einem geringeren Eingriff in das Bezugsrecht auskommt und zugleich dem Gesellschaftszweck ebenso gut oder besser dient.[203]

Die Interessenabwägung fällt zugunsten des Bezugsrechtsausschlusses aus, wenn die Interessen der Gesellschaft diejenigen der einzelnen Altaktionäre an ihrem Bezugsrecht überwiegen.

Am Ende der Interessenabwägung steht nochmals die Frage nach Alternativen, um die drohende Einbuße der Altaktionäre besser zu berücksichtigen.[204]

---

197 BGH aaO Rn. 12.

198 *Goette*, ZGR 2012, 505, 511 f.; *Röhricht*, ZGR 1999, 445, 472.

199 BGHZ 136, 133 = NJW 1997, 2815.

200 Sehr deutlich: *Ekkenga*, ZGR 2009, 581, 610; MüKoAktG/*Schürnbrand* § 186 Rn. 92; *Löbbe*, FS Winter 2011, 423, 433.

201 *Servatius* in Spindler/Stilz, AktG, § 186 Rn. 43.

202 MüKoAktG/*Schürnbrand* § 186 Rn. 98.

203 MüKoAktG/*Schürnbrand* § 186 Rn. 102.

204 MüKoAktG/*Schürnbrand* § 186 Rn. 102; vgl. zu konkreten Alternativen unten unter III. 2. d).

(ii) Materielle Zulässigkeit des Bezugsrechtsausschlusses bei einem Debt Equity Swap

Die Frage der materiellen Zulässigkeit des Bezugsrechtsausschlusses bei einem Debt Equity Swap ist Gegenstand einer umfangreichen Diskussion.

(1) Meinungsstand

Verbreitet ist die Ansicht, dass der Debt Equity Swap im Rahmen einer Sanierung generell (materiell) zulässig sei.[205]

Als Alternative sei allenfalls denkbar, dass die zur Tilgung erforderlichen Mittel durch eine Barkapitalerhöhung ohne Ausschluss des Bezugsrechts beschafft würden. Es sei allerdings davon auszugehen, dass sich die (Alt)aktionäre im Falle einer Krise der Gesellschaft sowieso nicht an einer solchen Kapitalerhöhung beteiligten. Insofern seien die materiellen Anforderungen erfüllt, wenn nur die Gläubiger bereit seien, einen Sanierungsbeitrag zu leisten.[206]

Die Gegenansicht sieht die materielle Zulässigkeit des Bezugsrechtsausschlusses im Rahmen eines Debt Equity Swaps problematischer.[207]

Teilweise wird gefordert, dass die Gesellschaft darlegen müsse, dass keine Möglichkeit der Schuldentilgung ohne Bezugsrechtsausschluss bestehe, insbesondere durch eine Bezugsrechtsbarkapitalerhöhung oder eine gemischte Bar- und Sachkapitalerhöhung mit Überkreuz-Bezugsrechtsausschluss.[208] Die Gesellschaftsorgane hätten allerdings einen gerichtlich nur eingeschränkt überprüfbaren Beurteilungsspielraum.[209]

Ähnlich wird teilweise auch gefordert, der pauschale Hinweis auf die Zulässigkeit des Bezugsrechtsausschlusses im Rahmen des Debt Equity Swaps sei nicht ausreichend.[210] Es sei stets eine Einzelfallprüfung durch den Vorstand

---

205 Im Ergebnis: *Schmidt/Schlitt*, Der Konzern 2009, 279, 281; Theiselmann/*Schlitt/Ries*, Restrukturierungsrecht, Kap. 9 Rn. 24; *Redecker*, BB 2007, 673, 675; *von Sydow/Bayer*, AG 2005, 635, 637; *Halasz/Kloster*, WM 2006, 2152, 2157; *Toth-Feher/Schick*, ZIP 2004, 491, 495; *Vaupel/Reers*, AG 2010, 93, 95 (speziell zum Debt Equity Swap; in sich jedoch unschlüssig, da zuvor zu einer Kapitalerhöhung mit Bezugsrechtsausschluss etwas zurückhaltender); *Servatius* in Spindler/Stilz, AktG, § 186 Rn. 45; KölnerKommAktG/*Lutter* § 186 Rn. 80; *Burg/Marx*, CFL 2010, 364; teilweise auch MüKoAktG/*Schürnbrand* § 186 Rn. 125. Speziell zum Debt Equity Swap bei Anleihen: *Friedl*, BB 2012, 1102, 1103.

206 *Schmidt/Schlitt*, Der Konzern 2009, 279, 281.

207 *Scheunemann/Hoffmann*, DB 2009, 983, 984; *Löbbe*, FS Winter 2011, 423, 433.

208 *Scheunemann/Hoffmann*, DB 2009, 983, 984.

209 *Scheunemann/Hoffmann*, DB 2009, 983, 984.

210 *Löbbe*, FS Winter 2011, 423, 433.

vorzunehmen. Dabei habe der Vorstand zu prüfen, ob nicht auch alternative Gestaltungen, insbesondere die bereits zuvor genannten, in Betracht kämen. Es sei allerdings zuzugeben, dass im Falle einer kriselnden und vielleicht sogar insolvenzgefährdeten Gesellschaft häufig davon auszugehen sei, dass die Altaktionäre sich nicht mehr an einer ordentlichen Kapitalerhöhung beteiligen würden.[211] Im Rahmen der Verhältnismäßigkeitsprüfung wird sogar von einer „abstrakten Grundregel“[212] gesprochen, wonach ein Bezugsrechtsausschluss in einer Krisensituation stets verhältnismäßig sei. Der Vorstand müsse seine Überlegungen in seinem Bericht zur Begründung des vorgeschlagenen Bezugsrechtsausschlusses nach § 186 Abs. 4 Satz 2 AktG darlegen.[213]

Allerdings schränkt diese Ansicht selbst ein, dass an die Darlegungs- und Beweislast der Gesellschaft in einer Krisensituation keine allzu hohen Anforderungen gestellt werden dürften und den Organen ein gewisser Beurteilungsspielraum zuzubilligen sei.[214]

Höhere Rechtfertigungsanforderungen seien allerdings anzuwenden, wenn der Bezugsrechtsausschluss beispielsweise zum Verlust einer Sperrminorität einzelner Aktionäre führe.[215]

Abschließend wird empfohlen, die Gesellschaft müsse sich mit Gestaltungsalternativen in Form der gemischten Kapitalerhöhung und der Barkapitalerhöhung mit anschließender Sachkapitalerhöhung bei Nichtausübung des Bezugsrechts befassen. Dies sei unter Umständen sogar rechtlich geboten.[216]

Teilweise wird versucht, durch den Vorschlag einer Gesetzesänderung Rechtssicherheit herbeizuführen:[217]

Anknüpfend an die Regelung für 10%-Kapitalerhöhungen (§ 186 Abs. 3 Satz 4 AktG) sei auch eine Ausnahmeregelung für sanierungsdienliche Debt Equity Swaps *de lege ferenda* einzuführen.[218] Dabei solle eine „typisierte Interessenabwägung“ gesetzlich festgelegt werden. Letztlich müsse der Debt Equity Swap „sanierungsdienlich“ sein. Das Merkmal der Sanierungsdienlichkeit solle im Optimalfall in der Satzung der Gesellschaft definiert werden dürfen.[219]

---

211 *Löbbe*, FS Winter 2011, 423, 434.
212 *Löbbe*, FS Winter 2011, 423, 435.
213 *Löbbe*, FS Winter 2011, 423, 435.
214 *Löbbe*, FS Winter 2011, 423, 434.
215 *Löbbe*, FS Winter 2011, 423, 436.
216 *Löbbe*, FS Winter 2011, 423, 437.
217 *Cahn/Hutter/Kaulamo/Meyer/Weiß*, WM 2014, 1309, 1311 ff.
218 *Cahn/Hutter/Kaulamo/Meyer/Weiß*, WM 2014, 1309, 1311.
219 *Cahn/Hutter/Kaulamo/Meyer/Weiß*, WM 2014, 1309, 1312.

Ansonsten solle jedenfalls ein Expertengutachten die Sanierungsdienlichkeit des Debt Equity Swaps bestätigen.[220]

(2) Stellungnahme
Die zuvor dargestellten Auffassungen lassen sich letztlich auf die Frage(n) reduzieren, welche Bemühungen die Gesellschaft unternehmen muss, um mögliche Alternativen zu prüfen und wie weit dies gerichtlich überprüfbar ist und welcher Beurteilungsspielraum insbesondere dem Vorstand dabei zusteht.

Die Gesellschaft bzw. der Vorstand muss sich also zunächst (hypothetisch) fragen, wie sich die (Alt)aktionäre im Falle einer regulären Kapitalerhöhung ohne Bezugsrechtsausschluss verhalten würden: Gelänge eine zufriedenstellende und ausreichende Platzierung der neuen Aktien? Würden genügend Altaktionäre ihr Bezugsrecht ausüben? Oder falls die Gesellschaft als Alternative eine Barkapitalerhöhung mit anschließender Sachkapitalerhöhung in Betracht zieht: Würden so viele Altaktionäre auf ihr Bezugsrecht verzichten, dass genügend Aktien für die anschließende Sachkapitalerhöhung verfügbar sind? Dabei muss die Gesellschaft außerdem stets das Risiko eines Scheiterns der Transaktion und der Folgen reflektieren. Besonders schwierig sind diese Fragen bei großen Publikumsgesellschaften. Zu denken wäre an eine Befragung der Aktionäre.[221] Problematisch ist allerdings insofern schon, dass der Gesellschaft häufig gar nicht alle Aktionäre namentlich bekannt sind. Eine Kommunikation wäre allenfalls über die einzelnen Depotbanken denkbar. Außerdem wäre eine Befragung nicht nur kosten- sondern auch zeitintensiv. In einer Sanierungssituation, in der möglicherweise sogar schon akute Insolvenzgefahr besteht, dauert dies zu lange. Eine Befragung aller Aktionäre scheidet somit praktisch aus.

Man wird jedoch von der Gesellschaft verlangen müssen, dass sie jedenfalls ihre Großaktionäre konsultiert, ob diese ihr Bezugsrecht ausüben würden. Bei der Frage, welche (Groß)aktionäre konsultiert werden müssen, kann die Gesellschaft sich an den Meldepflichtigen nach § 33 WpHG orientieren. Dies gilt jedenfalls für solche Gesellschaften, deren Aktien an einem organisierten Markt zugelassen sind, da nur für sie der Anwendungsbereich der Vorschrift eröffnet ist (§ 33 Abs. 4 WpHG). Die Gesellschaft muss somit jeden Aktionär befragen,

---

220 *Cahn/Hutter/Kaulamo/Meyer/Weiß*, WM 2014, 1309, 1312.

221 Für eine Befragung im Zweifelsfall auch *Vaupel/Reers*, AG 2010, 93, 95, die jedoch auch auf die tatsächlichen Schwierigkeiten einer solchen Befragung hinweisen.

der die Überschreitung der 3%-Grenze gemeldet hat. Diese Aktionäre sind für die Gesellschaft leicht identifizierbar und ihre Anzahl überschaubar.[222]

Bei Gesellschaften, für die § 33 WpHG keine Anwendung findet (also insbesondere solche, deren Aktien nicht an einem organisierten Markt zugelassen sind), wird man im Einzelfall entscheiden müssen. Handelt es sich um eine Gesellschaft mit wenigen, der Gesellschaft bekannten Aktionären, muss sie alle Aktionäre konsultieren. Handelt es sich um eine Gesellschaft mit großem Streubesitz, ist der Gesellschaft ein größerer Beurteilungsspielraum einzuräumen.

Stellt sich bei einer (zumutbaren) Konsultation heraus, dass die Großaktionäre nicht bereit sind, neues Eigenkapital bereitzustellen, darf die Gesellschaft von einer Alternativlosigkeit des Bezugsrechtsausschlusses ausgehen. Signalisieren die Großaktionäre hingegen ihre Bereitschaft, einen (ausreichenden) Sanierungsbeitrag zu leisten, darf die Gesellschaft das Bezugsrecht nicht ausschließen.

Im Falle einer akut insolvenzgefährdeten Gesellschaft sollten jedoch abweichend andere Maßstäbe gelten und das Bezugsrecht einfacher ausgeschlossen werden dürfen. Dies gilt jedenfalls dann, wenn „akut" bedeutet, dass der zeitliche Aufwand einer Bezugsrechtsemission zu groß oder nicht erfolgsversprechend wäre und die Gesellschaft bis zum Abschluss zahlungsunfähig wäre.

Ausgangspunkt dieser Überlegung ist der Schutzzweck des Bezugsrechts. Das Bezugsrecht schützt die Altaktionäre vor Verwässerung.[223] Im Falle einer akuten Insolvenzgefahr ist jedoch der Wert der Gesellschaft und damit auch der Anteil des einzelnen Aktionärs, der verwässert wird, stark gesunken und droht wertlos zu werden. Selbst wenn ihr Anteil stark verwässert wird, so überwiegt dennoch das Interesse am Erhalt der Gesellschaft. Dies ist letztlich auch im Interesse der Altaktionäre, da ihre Beteiligung ansonsten wertlos würde.[224]

Insgesamt wäre eine gesetzliche Klarstellung, wie von teilweise[225] vorgeschlagen, begrüßenswert. Eine gesetzliche Regelung schafft Rechtssicherheit und in diesem Fall einen sanierungsfreundlichen Rechtsrahmen. Allerdings ist der konkrete Vorschlag auf den zweiten Blick nicht geeignet. Zwar nennen die Autoren konkret das Merkmal der Sanierungsdienlichkeit als Voraussetzung, jedoch bedarf auch dies der Definition. Diese Definition liefern die Autoren zwar gleich

222 Die BaFin erhielt im Jahr 2014 insgesamt 6.111 Stimmrechtsmitteilungen (vgl. Jahresbericht 2014 der BaFin, S. 227; abrufbar unter: https://www.bafin.de/SharedDocs/Downloads/DE/Jahresbericht/dl_jb_2014.pdf?__blob=publicationFile&v=8).

223 Vgl. dazu ausführlich bereits oben unter III. 2. a).

224 In diese Richtung auch: *Ekkenga*, Hdb. AG-Finanzierung Kap. 15 Rn. 40; *Löbbe*, FS Winter 2011, 423, 436; *Cahn/Hutter/Kaulamo/Meyer/Weiß*, WM 2014, 1309, 1312.

225 *Cahn/Hutter/Kaulamo/Meyer/Weiß*, WM 2014, 1309, 1311 ff.

mit, allerdings handelt es sich dabei letztlich um nichts anderes als eine Verhältnismäßigkeitsprüfung, bei der dem Vorstand ein gewisser Einschätzungsspielraum zugestanden wird. Damit wird die erwünschte Rechtssicherheit nicht herbeigeführt. Praktikabler erscheint daher der Vorschlag *de lege ferenda*, den Unternehmen die Definition einer Sanierungsdienlichkeit in der Satzung vorab selbst zu überlassen und unternehmensspezifisch auszugestalten.[226] Beispielsweise, indem der Eintritt eines Sanierungsfalles an das Unterschreiten bestimmter Finanzkennzahlen geknüpft wird. Durch die Ausgestaltung im Rahmen der Satzung wären die Interessen der (Alt)aktionäre beim Bezugsrechtsausschluss von vorneherein besser gewahrt, da sie bei der Definition der Sanierungsdienlichkeit eines Debt Equity Swaps mitwirken könnten.[227] Es bliebe allerdings abzuwarten, wie viele Gesellschaften von einer solchen Möglichkeit Gebrauch machen und sich frühzeitig abstrakt mit einer eigenen Krise befassen würden.

cc) *Alternative Transaktionsgestaltungen im Zusammenhang mit einem Bezugsrechtsausschluss*

Im Rahmen der Prüfung der Erforderlichkeit eines Bezugsrechtsausschlusses wurde bereits festgestellt, dass vom Vorstand stets auch andere Transaktionsgestaltungen zu prüfen sind, die mit einem weniger gravierenden Eingriff in das Bezugsrecht der Altaktionäre auskommen.[228] Durch eine Transaktionsgestaltung, die das Bezugsrecht der Altaktionäre stärker berücksichtigt, kann das Anfechtungsrisiko reduziert werden.[229]

An dieser Stelle sollen in knapper Form die vom Vorstand in Erwägung zu ziehenden alternativen Transaktionsgestaltungen im Zusammenhang mit dem Bezugsrechtsausschluss dargestellt werden, die auch bei einem Debt Equity Swap grundsätzlich in Betracht kommen.

(i) Barkapitalerhöhung mit Bezugsrecht und ggf. anschließender Sachkapitalerhöhung

In Betracht kommt, zunächst eine Bezugsrechtsemission durchzuführen, die mit einer anschließenden Sachkapitalerhöhung in der Weise verbunden wird, dass die nicht ausgeübten Bezugsrechte den (Anleihe)Gläubigern angeboten werden,

---

226 *Cahn/Hutter/Kaulamo/Meyer/Weiß*, WM 2014, 1309, 1312.

227 *Cahn/Hutter/Kaulamo/Meyer/Weiß*, WM 2014, 1309, 1312.

228 Unter 2. a) bb).

229 Zum Anfechtungsrisiko vgl. bereits oben unter 2. a) sowie ausführlich sogleich unter 3. c).

die sodann als Gegenleistung für diese neuen Aktien/Bezugsrechte die Forderung als Sacheinlage einbringen können.

Üben die Altaktionäre ihre Bezugsrechte in großem Umfang aus, so kann die Gesellschaft die Erlöse nutzen, um die Anleihe zu tilgen oder zurückzuerwerben.[230] Aus Sicht der Gesellschaft, die durch den Debt Equity Swap eine ganz bestimmte Anleihe(schuld) tilgen möchte, ist diese Variante also genauso gut geeignet.[231]

Üben die Altaktionäre ihre Bezugsrechte in nicht ausreichendem Umfang aus, sodass die nicht ausgeübten Bezugsrechte bei dieser Transaktionsgestaltung nun den Anleiheinhabern als Gegenleistung für ihre Anleiheforderung angeboten werden sollen, stellt sich die Frage, ob bei dieser nachgeschalteten Sachkapitalerhöhung nunmehr erneut ein Bezugsrecht der Altaktionäre zu beachten ist. Die dargestellte Transaktionsgestaltung kann allerdings als einheitlicher Kapitalerhöhungsvorgang ausgestaltet werden, sodass die Bezugsrechte der Altaktionäre durch die vorgeschaltete Bezugsrechtskapitalerhöhung als gewahrt gelten.[232]

(ii) Kombination von Bar- und Sachkapitalerhöhung

Eine weitere Gestaltungsmöglichkeit ist die Beschlussfassung sowohl über eine Sach- als auch über eine Barkapitalerhöhung (sog. gemischte Bar-/Sachkapitalerhöhung).

Die zusätzliche Barkapitalerhöhung dient dazu, den Vorwurf des unzulässigen Bezugsrechtsausschlusses zu entkräften und das Anfechtungsrisiko dadurch zu minimieren, dass den Altaktionären die Möglichkeit gegeben wird, ihre Beteiligungsquote aufrecht zu erhalten und Verwässerungen zu vermeiden.[233]

Dabei gibt es zwei Gestaltungsvarianten: Entweder es werden zwei getrennte Kapitalerhöhungsbeschlüsse oder beide Kapitalerhöhungen werden in einem Beschluss gefasst.

Werden zwei Kapitalerhöhungsbeschlüsse gefasst – über die Sachkapitalerhöhung und über die zusätzliche Barkapitalerhöhung – ist ein sogenannter „gekreuzter Bezugsrechtsausschluss" zu beschließen. Bei der Barkapitalerhöhung

---

230 Vgl. zum Rückerwerb von Anleihen (sog. Debt Buy Back) ausführlich unten unter § 6.

231 Aus Sicht eines Anleihegläubigers, der es auf eine bestimmte Beteiligungsquote durch den Debt Equity Swap abgesehen hat, ist diese Transaktionsgestaltung allerdings möglicherweise nicht attraktiv.

232 *Löbbe*, FS Winter 2011, 423, 445 mit Verweis auf das Praxisbeispiel des Debt Equity Swaps der BVB Borussia Dortmund GmbH & Co KGaA.

233 Theiselmann/*Schlitt/Ries*, Restrukturierungsrecht, Kap. 9 Rn. 24; *Burg/Marx*, CFL 2010, 364.

ist das Bezugsrecht des Sacheinlegers auszuschließen und bei der Sachkapitalerhöhung ist das Bezugsrecht der übrigen Aktionäre auszuschließen.[234]

Bei dieser Gestaltungsvariante werden also der Bezugsrechtsausschluss und die damit verbundenen Schwierigkeiten nicht gänzlich vermieden. Allerdings fällt die Begründung der sachlichen Rechtfertigung so leichter und die Anfechtungsrisiken werden minimiert.[235] Der Vorstandsbericht zum Bezugsrechtsausschluss kann gegebenenfalls knapper ausfallen.

Bei der zweiten Gestaltungsvariante werden Bar- und Sachkapitalerhöhung in einem Beschluss zusammengefasst.[236]

In der Praxis wird dabei eine Barkapitalerhöhung beschlossen und bestimmten Aktionären wird die Option eingeräumt, ihre Bareinlage durch eine Sacheinlage in Form der umzuwandelnden Forderung zu ersetzen.[237]

Ein Bezugsrechtsausschluss und die damit verbundenen Schwierigkeiten werden so vermieden.

Voraussetzung für beide Gestaltungsvarianten ist allerdings, dass der Anleihegläubiger schon vor Durchführung der Transaktion in signifikantem Umfang an der Gesellschaft beteiligt ist.

(iii) Nachgeschaltete Barkapitalerhöhung mit Bezugsrecht

Denkbar ist auch, nach der Sachkapitalerhöhung noch eine Barkapitalerhöhung durchzuführen, bei der auch die Altaktionäre wieder „zugelassen“ sind. Dies dient allerdings lediglich der „Beschwichtigung“ der Altaktionäre, wodurch Anfechtungsrisiken und die Anforderungen an die materielle Rechtfertigung minimiert werden sollen.

Ein Bezugsrechtsausschluss im Rahmen der Sachkapitalerhöhung bleibt weiterhin erforderlich.

c) Transaktionsrisiken bei einem Bezugsrechtsausschluss

Das Ziel bei der Planung und dargestellten Ausgestaltung des Bezugsrechtsausschlusses ist es stets, die damit verbundenen Transaktionsrisiken möglichst zu minimieren. Die Transaktionsrisiken liegen dabei in den Anfechtungsrechten

---

234 *Löbbe*, FS Winter 2011, 423, 437; *Lutter*, ZGR 1979, 406 f.

235 Hüffer/*Koch* AktG § 186 Rn. 35 geht davon aus, dass sich bei dieser Gestaltungsvariante die Zulässigkeit des Bezugsrechtsausschlusses „von selbst“ ergebe.

236 Vgl. dazu ausführlich *Löbbe*, FS Winter 2011, 423, 438 ff.

237 *Löbbe*, FS Winter 2011, 423, 439 unter Bezugnahme auf KG, ZIP 2010, 1849, 1851.

der Altaktionäre, welche die Transaktion vereiteln oder jedenfalls zeitlich verzögern können (vgl. dazu sogleich).

Als möglicher Anfechtungsgrund kommt zunächst ein Verstoß gegen die zuvor dargestellten formellen und materiellen Voraussetzungen des Bezugsrechtsausschlusses in Betracht (§ 243 Abs. 1 AktG). Genügt also beispielsweise der Vorstandsbericht zum Bezugsrechtsausschluss nicht den gesetzlichen Vorgaben oder ist der Bezugsrechtsausschluss nicht materiell gerechtfertigt, ist der Bezugsrechtsausschluss per Anfechtung angreifbar.

Ein weiterer Anfechtungsgrund ergibt sich bei falscher Bewertung der Sacheinlage. Ein solches Anfechtungsrecht ergibt sich allerdings nicht unmittelbar aus dem Gesetz. Bei einer *Bar*kapitalerhöhung besteht ein Anfechtungsrecht bei einem sich aus dem Kapitalerhöhungsbeschluss ergebenden unangemessen niedrigen Ausgabebetrag oder Mindestbetrag, unterhalb dessen die neuen Aktien nicht ausgegeben werden sollen (§ 255 Abs. 2 AktG). Ziel dieses Anfechtungsrechts ist die Komplettierung des Minderheitenschutzes vor Verwässerung.[238]

Eine solche Anfechtungsklage ist begründet, wenn der Wert der Aktien nach vernünftiger kaufmännischer Berechnung verfehlt und die Verfehlung nach den Umständen des Einzelfalles für die Aktionäre nicht hinnehmbar ist.[239] Es muss also der tatsächliche Wert der Aktien ermittelt und geprüft werden, ob im Einzelfall plausible Gründe vorliegen, von diesem Wert abzuweichen.[240]

Im Falle einer *Sach*kapitalerhöhung ergibt sich das Anfechtungsrecht der Altaktionäre bei Bezugsrechtsausschluss jedoch nicht unmittelbar aus § 255 Abs. 2 AktG. § 255 Abs. 2 AktG stellt nämlich auf den im Kapitalerhöhungsbeschluss enthaltenen Ausgabebetrag oder den Mindestbetrag, unter dem die neuen Aktien nicht ausgegeben werden dürfen, ab.[241] Der Beschluss über eine Sachkapitalerhöhung enthält jedoch keinen Ausgabebetrag oder Mindestbetrag.

Die analoge Anwendung des § 255 Abs. 2 AktG auf den Bezugsrechtsausschluss bei Sachkapitalerhöhungen ist inzwischen allerdings allgemein anerkannt.[242]

---

238 MüKoAktG/*Koch* § 255 Rn. 2.

239 MüKoAktG/*Koch* § 255 Rn. 17.

240 Dazu ausführlich und insbesondere zu der Frage, inwiefern ein Börsenkurs zu beachten ist: MüKoAktG/*Koch* § 255 Rn. 17 ff.

241 Vgl. dazu ausführlich MüKoAktG/*Koch* § 255 Rn. 11 ff.

242 MüKoAktG/*Koch* § 255 Rn. 12 und 26; Hüffer/*Koch* AktG § 255 Rn. 16; Henssler/Strohn/*Drescher* AktG § 255 Rn. 5; *Englisch* in Hölters, AktG, § 255 Rn. 18; *K. Schmidt* in GroßKomm AktG § 255 Rn. 5; BGH, Urteil vom 13.03.1978 – II ZR 142/76 („Kali und Salz") = BGHZ 71, 40, 50.

An die Stelle des Ausgabebetrages tritt dabei der Wert der Sacheinlage.[243] Letztlich ist der Wert der Sacheinlage mit dem Wert der dafür ausgegebenen Aktien zu vergleichen. Es erfolgt insofern eine Relationsbewertung und Überprüfung des richtigen Umtauschverhältnisses. Dabei müssen beide Objekte bewertet werden: Die Schuldnergesellschaft sowie die Sacheinlage in Form der Anleiheforderung.[244]

Eine Anfechtungsklage nach § 255 Abs. 2 AktG analog verzögert die gesamte Transaktion – auch im Falle ihrer Unbegründetheit – jedenfalls zeitlich. Zwar tritt keine direkte Registersperre ein und der Kapitalerhöhungsbeschluss ist grundsätzlich, trotz erhobener Anfechtungsklage eintragungsfähig, allerdings wird das Registergericht in diesem Falle häufig sicherheitshalber den Beschluss zunächst nicht eintragen (sog. faktische Registersperre).[245]

Die Gesellschaft kann zwar im Rahmen eines Freigabeverfahrens (§ 246a AktG) die Eintragung des Kapitalerhöhungsbeschlusses gerichtlich durchsetzen, wenn die Voraussetzungen für einen positiven Freigabebeschluss vorliegen. In materieller Hinsicht ergeht ein Freigabebeschluss, wenn die Klage unzulässig oder offensichtlich unbegründet ist (§ 246a Abs. 2 Nr. 1 AktG) oder der Kläger nicht mindestens Aktien im anteiligen Betrag von 1000 Euro[246] seit Einberufung der Hauptversammlung hält und dies nachweist (§ 246a Abs. 2 Nr. 2 AktG) oder eine Interessenabwägung ein vorrangiges Vollzugsinteresse der Gesellschaft ergibt (§ 246a Abs. 2 Nr. 3 AktG). Auch im Erfolgsfalle verzögert ein solches Freigabeverfahren die Transaktion allerdings um fünf bis acht Monate.[247] Hinzu kommen die Kosten eines solchen Verfahrens. Dies ist umso gravierender, da die finanziellen und personellen Ressourcen der Gesellschaft bei einer notwendigen Restrukturierung oftmals begrenzt sind.

243 BGH, Urteil vom 13.03.1978 – II ZR 142/76 („Kali und Salz") = BGHZ 71, 40 = NJW 1978, 1316 = WM 1978, 401 (dazu statt vieler *Lutter*, ZGR 1979, 401).

244 Zu Bewertungsschwierigkeiten hinsichtlich der einzubringenden Forderung beim Debt Equity Swap im Rahmen der Kapitalaufbringungskontrolle vgl. ausführlich unten III. 3.

245 MüKoAktG/*Hüffer/Schäfer* § 243 Rn. 135; Hüffer/*Koch*, AktG § 243 Rn. 53; *Würthwein* in Spindler/Stilz, AktG, § 234, Rn. 52 ff.

246 Dabei ist nicht auf den Börsenwert, sondern auf den anteiligen Nennbetrag des Grundkapitals abzustellen; *Dörr* in Spindler/Stilz, AktG, § 246a Rn. 26.

247 *Schmidt/Schlitt*, Der Konzern 2009, 279, 281. § 246a Abs. 3 Satz 6 AktG ordnet zwar an, dass die Entscheidung drei Monate nach Antragstellung ergehen *soll*, allerdings ist diese Regelung nicht bindend; *Dörr* in Spindler/Stilz, AktG, § 246a Rn. 18.

Dies verdeutlicht die Risiken bei einem Bezugsrechtsauschluss und unterstreicht die Notwendigkeit, diesen sorgsam vorzubereiten und zu begründen.

d) Fazit zum Bezugsrechtsausschluss

Der Bezugsrechtsausschluss ist in den meisten Konstellationen des Debt Equity Swaps unumgänglich.

Das damit verbundene Anfechtungsrecht bietet vor allem sogenannten räuberischen Aktionären Gelegenheit, eigene Interessen gegen die Gesellschaft durchzusetzen und somit den Erfolg der gesamten Restrukturierung zu gefährden. Umso sorgsamer sollte der Vorstand den Bezugsrechtsausschluss vorbereiten und in seinem Bericht begründen. Unabhängig davon ist der Vorstand jedoch gut beraten, wenn er das Verhalten solcher opponierender Aktionäre einschließlich der Dauer eines Freigabeverfahrens stets in seinem Zeitplan für die Anleiherestrukturierung einplant.

3. Bewertung der Anleihe(forderung)

a) Einleitung

Besonderer Beachtung bedarf, wie bereits erwähnt, die Bewertung der Anleihe(forderung).[248] Die Bewertung der Anleihe(forderung) als Sacheinlage gilt als „Zentralproblem" der gesamten Transaktion.[249]

Es muss der tatsächliche Wert der Anleihe(forderung) ermittelt und festgesetzt werden, mit dem die Anleihe als Sacheinlage eingebracht werden kann. Die verbriefte Anleiheforderung muss dem Wert der im Gegenzug bei einem Debt Equity Swap auszugebenden neuen Aktien entsprechen.[250] Hintergrund ist der Grundsatz der realen Kapitalaufbringung.[251]

Die Bewertung der Anleihe(forderung) erfolgt, indem der Anleiheschuldner als Unternehmen selbst bewertet wird. Der Wert der Anleihe(forderung) ist nämlich abhängig von der Rückzahlungswahrscheinlichkeit und somit der Bonität und Liquidität des Anleiheschuldners. Soll also der Wert der Anleihe festgestellt werden, muss dafür der Unternehmenswert der Gesellschaft als

---

248 Bereits die Notwendigkeit der Werthaltigkeitsprüfung wird bei einem Debt Equity Swap teilweise abgelehnt; vgl. dazu ausführlich unten unter III. 3. c) aa).

249 *Priester*, DB 2010, 1445, 1450.

250 Ob die Prüfung sich lediglich auf den geringsten Ausgabebetrag oder auch auf ein eventuelles korporatives Agio erstrecken muss, siehe sogleich unter III. 3. c) bb).

251 Siehe dazu sogleich unter 3. b).

Anleiheschuldner ermittelt werden. Bei einem Debt Equity Swap geht es allerdings nicht nur um die Ermittlung des Wertes der Anleihe(forderung), sondern auch um die Ermittlung des richtigen Umtauschverhältnisses, also wie viele Aktien die ehemaligen Anleihegläubiger im Umtausch erhalten sollen. Dazu ist auch der Wert der einzelnen Aktien der Gesellschaft zu ermitteln. Auch dazu ist somit eine Unternehmensbewertung notwendig; schließlich stellt der Unternehmenswert letztlich den Wert aller ausgegebener Aktien der Gesellschaft dar.

Von besonderer Bedeutung ist die Bewertung der Anleihe(forderung) dabei auch, da sie an mehreren Punkten während des Debt Equity Swaps relevant ist:

Erstens obliegt die Bewertung zunächst Vorstand und Aufsichtsrat[252] im Rahmen einer internen Prüfung (§ 183 Abs. 3 i. V. m. § 34 Abs. 1 AktG).[253] Diese Prüfung dient auch als Basis für die Verhandlungen mit dem oder den Sacheinlegern bzw. als Grundlage für das Angebot zu einem Debt Equity Swap an die Anleihegläubiger. Bei Fehlbewertungen in diesem Stadium drohen allerdings noch keine Konsequenzen.[254]

Zweitens ist grundsätzlich eine externe Werthaltigkeitsprüfung durch einen gerichtlich bestellten Prüfer erforderlich (§ 183 Abs. 3 AktG). Dieser verfasst einen schriftlichen Prüfungsbericht, der sowohl der Gesellschaft als auch dem Registergericht zugestellt wird. Der Bericht ist beim Registergericht von jedermann einsehbar (§ 183 Abs. 3 i. V. m. § 34 Abs. 3 AktG).

Die Gesellschaft hat jedoch die Möglichkeit, statt der externen Werthaltigkeitsprüfung ein sog. vereinfachtes Verfahren (§ 183a Abs. 1 Satz 1 AktG i. V. m. § 33a Abs. 1 AktG) durchzuführen, wenn sich die Werthaltigkeit der Anleihe(forderung) auf andere Weise sicher und zuverlässig ermitteln lässt. In Betracht kommt dabei die Bewertung durch einen unabhängigen und qualifizierten Sachverständigen oder bei übertragbaren Wertpapieren der Rückgriff auf einen gewichteten Durchschnittsmarktpreis (z.B. einem Börsenkurs), zu dem sie während der letzten drei Monate vor dem Tag ihrer Einbringung an einem oder mehreren organisierten Märkten im Sinne von § 2 Abs. 11 WpHG gehandelt worden sind (§ 183a Abs. 1 Satz 1 i. V. m. § 33a Abs. 1 lit. 2 AktG).[255] Letzteres

252 MüKoAktG/*Schürnbrand* § 183 Rn. 58; *Servatius* in Spindler/Stilz, AktG, § 183 Rn. 34.

253 Im Falle einer vereinfachten Sachkapitalerhöhung (§ 183a AktG) entfällt die Pflicht zur internen Prüfung; vgl. *Servatius* in Spindler/Stilz, AktG, § 183a, Rn. 32.

254 Sollte sich die falsche Bewertung perpetuieren, käme später gegebenenfalls eine Vorstandhaftung in Betracht (§ 93 AktG).

255 Vgl. dazu sogleich unten unter 3. d) bb).

scheidet allerdings immer dann aus, wenn die Anleihe nicht an einem organisierten Markt, sondern im Freiverkehr – wie in der Praxis üblich[256] – gehandelt wird.

In der Praxis wird neben dem Gutachten über die Werthaltigkeit häufig noch ein Gutachten über das richtige Umtauschverhältnis eingeholt (sog. Umtauschgutachten).[257]

Drittens hat das Registergericht eine eigene Prüfungskompetenz. Es kann die Eintragung der Kapitalerhöhung ablehnen, wenn es zu dem Ergebnis kommt, dass der Wert der Anleihe(forderung) nicht unwesentlich hinter dem Ausgabebetrag zurückbleibt (§ 184 Abs. 3 Satz 1 AktG).[258] Diese Prüfungskompetenz entfällt allerdings, wenn das vereinfachte Verfahren nach § 183a AktG gewählt wird.[259] Das Registergericht darf dann nur noch prüfen, ob die Voraussetzungen für das vereinfachte Verfahren erfüllt sind und ob keine offenkundige und erhebliche Überbewertung vorliegt (§ 184 Abs. 3 Satz 2 i. V. m. § 38 Abs. 3 AktG).

Besonders wichtig ist die richtige Bewertung der Anleihe(forderung) auch im Hinblick auf die drohenden Transaktionsrisiken:

Wird die Kapitalerhöhung trotz Überbewertung der Anleihe(forderung) fälschlicherweise in das Handelsregister eingetragen und durchgeführt, droht den ehemaligen Anleihegläubigern nachträglich das Risiko der Differenzhaftung.[260]

Das Aktiengesetz enthält zwar für die Aktiengesellschaft – anders als beispielsweise bei der GmbH – keine ausdrückliche Regelung für die Differenzhaftung, jedoch ist diese auch bei der Aktiengesellschaft allgemein anerkannt. Begründet wird dies sowohl mit einer Analogie zu §§ 9, 56 Abs. 2 GmbHG als auch mit einer Herleitung aus §§ 9 Abs. 1, 36a Abs. 2 Satz 3, 188 Abs. 2 Satz 1 AktG.[261]

---

256 *Friedl* BB 2012, 1102, 1105; Theiselmann/*Lürken*, Restrukturierungsrecht, Kap. 5 Rn. 14.

257 Vgl. etwa Debt Equity Swap der LensWista AG Wandelschuldverschreibungen 2006/2011 sowie der Ex Oriente Lux AG Schuldverschreibung; dort ausdrücklich als „Umtauschgutachten" bezeichnet. Zum Umtauschverhältnis vgl. bereits oben unter 3. a).

258 *Wentzler*, Finanzbetrieb 2009, 446, 451; MüKoAktG/*Schürnbrand* § 188 Rn. 52.

259 MüKoAktG/*Peifer* § 183a Rn. 10.

260 *Schmidt/Schlitt*, Der Konzern 2009, 279, 285.

261 BGH Urteil vom 06.12.2011 – II ZR 149/10 = BGHZ 191, 364, Rn. 16; *Verse*, ZGR 2012, 875, 878.

Der Inferent – also die ehemaligen Anleihegläubiger – haftet dabei gegenüber der Gesellschaft verschuldensunabhängig in Höhe des Betrages, den der Wert der Sacheinlage hinter dem angenommenen Einbringungswert (also dem Wert der Aktien, die er im Austausch erhalten hat) zurück bleibt. Ihm droht also eine Nachschusspflicht in bar.[262] Dieses Risiko wird umso tangibler, wenn die Restrukturierung scheitert und ein Insolvenzverfahren eröffnet werden muss. Dann könnte beispielsweise der Insolvenzverwalter den Differenzhaftungsanspruch gegenüber den ehemaligen Anleihegläubigern geltend machen und wenn die Sanierung der Gesellschaft final scheitert, verlieren sie ihre Einlage komplett und müssen sogar noch nachzahlen.

Neben diesem Risiko für die ehemaligen Anleihegläubiger besteht in diesem Zusammenhang ein weiteres Risiko für die Gesellschaft, nämlich das Anfechtungsrecht der (Alt)aktionäre gemäß § 255 Abs. 2 AktG analog.[263] Dabei handelt es sich zwar nicht um eine Regelung, die in direktem Zusammenhang mit der Kapitalaufbringungskontrolle steht. Die Norm gibt den Altaktionären aber im Falle einer Kapitalerhöhung mit Bezugsrechtsausschluss das Recht, den Kapitalerhöhungsbeschluss anzufechten, wenn sie der Auffassung sind, dass die Sacheinlage überbewertet ist.[264] Ein solches Anfechtungsrisiko ist vor allem vor dem Hintergrund des reibungslosen und zügigen Transaktionsablaufs relevant. Die richtige Bewertung der Sacheinlage ist daher auch unter diesem Gesichtspunkt zu beachten.

Im Rahmen der Sacheinlageprüfung und -bewertung drohen somit vermutlich die größten Risiken im Rahmen der gesamten Transaktion.

Dabei ist es besonders problematisch, dass es dabei gleich zwei größere Unsicherheiten gibt:

Zum einen, ob überhaupt eine Bewertung der Anleihe(forderung) erfolgen muss oder nicht stets eine Einbringung zum Nennwert zulässig ist[265] und zum anderen – falls doch eine Bewertung erforderlich ist – die Frage, ob ein eventuell vereinbartes Agio ebenfalls abgedeckt sein muss.[266] Zur Beantwortung dieser Streitfragen ist es allerdings zunächst erforderlich, den Schutzzweck der Bewertung klarzustellen.

---

262 *Redeker*, BB 2007, 673.

263 Vgl. dazu bereits oben unter III. 2. c).

264 Der Wert der Sacheinlage als Prüfungsgegenstand tritt im Rahmen der analogen Anwendung an die Stelle des Ausgabebetrages; vgl. MüKoAktG/*Koch* § 255 Rn. 12.

265 Vgl. dazu sogleich unter c) aa).

266 Vgl. dazu sogleich unter c) bb).

b) Schutzzweck der Bewertung

Hintergrund der notwendigen Bewertung und Prüfung der Sacheinlage ist die Sicherstellung der Einhaltung des Grundsatzes der realen Kapitalaufbringung.[267]

Der Grundsatz der realen Kapitalaufbringung besagt, dass das im Handelsregister eingetragene Grundkapital der AG auch tatsächlich – also real – aufgebracht werden muss und der AG zur freien Verfügung überlassen wurde.[268] Das ist eine Reaktion auf den Ausschluss der persönlichen Haftung der Gesellschafter bei Kapitalgesellschaften. Es dient mithin zunächst dem Gläubigerschutz. Die Gläubiger müssen sich darauf verlassen dürfen, dass das Grundkapital der AG jedenfalls zum Zeitpunkt der Ausgabe der neuen Aktien[269] durch entsprechend werthaltige Einlagen aufgebracht ist und sich im Vermögen der AG befindet. Insofern spricht man in Bezug auf das aufgebrachte Grundkapital auch von einer Art „Verlustpolster".[270] Dies bedeutet jedoch nicht, dass das Grundkapital dauerhaft im Vermögen der AG verbleiben muss; der Vorstand der AG kann darüber fast frei verfügen. Lediglich eine Ausschüttung an die Gesellschafter ist nicht möglich.

Die Sicherstellung dieses Grundsatzes ist bei Sacheinlagen besonders schwierig und bietet Missbrauchspotenzial.

Durch eine Überbewertung von Sacheinlagen wird in der Bilanz der Gesellschaft eine nicht bestehende Eigenkapitalausstattung suggeriert. Dadurch erhöht sich augenscheinlich die Haftungsmasse der Gesellschaft und damit auch ihre Kreditwürdigkeit – insbesondere aus Sicht zukünftiger Gesellschaftsgläubiger.

Dem ließe sich zwar entgegenhalten, dass zukünftige Gesellschaftsgläubiger ohnehin keinen Anspruch darauf haben, dass die eingelegten Gegenstände noch im Vermögen der Gesellschaft vorhanden sind.[271] Dennoch müssen sie sich darauf verlassen dürfen, dass der Gesellschaft jedenfalls originär entsprechende Vermögenswerte zugeflossen sind. Durch eine korrekte Bewertung der Sacheinlage lassen sich diese Probleme vermeiden.

---

267 *Wansleben*, WM 2012, 2083, 2090.

268 Beim Debt Equity Swap handelt es sich um einen reinen Passivtausch, sodass hier argumentiert werden könnte, dass die Sacheinlage niemals zur freien Verfügung des Vorstands geleistet wurde. Es herrscht jedoch Einigkeit, dass ein Debt Equity Swap daran nicht scheitert. Vgl. zu den dazu vertretenen Konstruktionen: *Ekkenga*, ZGR 2009, 581, 594.

269 Gleiches gilt selbstverständlich für den Zeitpunkt der Gründung.

270 *Röhricht* in GroßKomm AktG § 27 Rn. 2.

271 *Wansleben*, WM 2012, 2083, 2091.

Die Kapitalaufbringungsprüfung dient somit zunächst dem Schutz der gegenwärtigen und zukünftigen Gesellschaftsgläubiger.[272]

Ob auch ein Schutz der Aktionäre bezweckt ist, war zwar früher stark umstritten[273], wird jedoch mittlerweile überwiegend angenommen.[274]

Zunächst dienten die Sachverständigenprüfung und der anschließend einsehbare Prüfbericht der Information der Aktionäre.[275] Dies gelte umso mehr, da die Sachkapitalerhöhung in der Regel mit einem Bezugsrechtsausschluss der Altaktionäre einhergehe.[276]

Die Sachverständigenprüfung solle auch „Quersubventionierungen" des Sacheinlegers zulasten der Altaktionäre verhindern.[277] Insbesondere gegenüber künftigen Aktionären[278] habe die Kapitalaufbringungskontrolle eine ähnliche Funktion wie gegenüber den Gesellschaftsgläubigern. Nur durch die Sicherstellung der realen Kapitalaufbringung werde ihnen eine korrekte Bewertung der Gesellschaft und somit eine realistische Beurteilung ihrer Investition ermöglicht. Ansonsten bestünde die Gefahr, dass sie überteuerte Aktien erwerben.[279]

Somit ist festzuhalten, dass die Werthaltigkeitsprüfung sowohl den (gegenwärtigen als auch zukünftigen) Gesellschaftsgläubigern als auch den (gegenwärtigen und zukünftigen) Aktionären der Gesellschaft dient.

---

272 Ganz hM, vgl. *Cahn/Simon/Theiselmann*, CFL 2010, 238, 240; Hüffer/*Koch* AktG, 13. Auflage 2018, § 183 Rn. 16; *Veil* in Schmidt/Lutter, AktG, § 183 Rn. 26; *Stein/Fischer*, ZIP 2014, 1362, 1364; *Servatius* in Spindler/Stilz, AktG, § 183 Rn. 40; *Priester*, DB 2010, 1445, 1447.

273 **AA** noch KölnerKommAktG/*Lutter*, 2. Auflage 1995, § 183 Rn. 52; MüKoAktG/*Peifer*, 3. Auflage 2011, § 183 Rn. 64; *Hüffer* AktG, 9. Auflage 2010, § 183 Rn. 16.

274 Ganz hM, vgl. *Hirte*, Kapitalgesellschaftsrecht Rn. 5.53; Hüffer/*Koch* AktG, 13. Auflage 2018, § 183 Rn. 16; *Veil* in Schmidt/Lutter, AktG, § 183 Rn. 26; *Stein/Fischer*, ZIP 2014, 1362, 1364; *Servatius* in Spindler/Stilz, AktG, § 183 Rn. 40; *Bayer*, FS Ulmer 2003, S. 21, 33; *Priester*, DB 2010, 1445, 1447 (allerdings für einen subsidiären Schutzzweck).

275 MüKoAktG/*Schürnbrand* § 183 Rn. 57.

276 *Servatius* in Spindler/Stilz, AktG, § 183 Rn. 40.

277 Hüffer/*Koch* AktG § 183 Rn. 16; *Habersack/Verse*, Europäisches Gesellschaftsrecht § 6 Rn. 77 (wenngleich zur Frage, ob auch ein evtl. vereinbartes korporatives Agio von der Prüfung erfasst sein muss).

278 Es bietet sich an dieser Stelle eine Differenzierung zwischen bestehenden und künftigen Aktionären an, wie von *Cahn/Simon/Theiselmann*, CFL 2010, 238, 240 vorgeschlagen.

279 *Cahn/Simon/Theiselmann*, CFL 2010, 238, 240.

c) *Umfang der Bewertung*

Mit diesen Erkenntnissen können nun die bereits eingangs aufgeworfenen Streitfragen erörtert werden: 1. Ist überhaupt eine Bewertung erforderlich oder kann der Debt Equity Swap stets zum Nennwert erfolgen? (siehe dazu unter aa)) und 2. Muss die Sacheinlage auch ein Agio abdecken? (siehe dazu unter bb)).

aa) Bewertungsmethode – insbesondere Zulässigkeit eines „Debt Equity Swaps zum Nennwert“

Sehr umstritten ist die konkrete Bewertung der Sacheinlage. Dabei lautet die Kernfrage: Muss überhaupt eine Bewertung und ggf. eine Abwertung der Forderung erfolgen oder kann die Forderung stets zu ihrem Nennwert eingebracht werden?

Die Diskussion über eine grundsätzliche Einbringung zum Nennwert wurde im Jahr 2010 durch einen Beitrag von *Cahn/Simon/Theiselmann*[280] wieder aufgegriffen. Sie fordern, dass ein Debt Equity Swap immer zum Nennwert möglich sein solle. Die Bewertung der Forderung entfalle dementsprechend. Diese These wurde bereits früher vertreten[281], aber galt inzwischen eigentlich als überholt.[282]

Selbstverständlich ist zunächst, dass die Forderung mit ihrem Nennwert, also in voller Höhe eingebracht werden kann, wenn keine Notwendigkeit für eine Abwertung der Forderung besteht.

Umstritten ist jedoch, wann eine solche Abwertung vorzunehmen ist, beziehungsweise, ob sich eine Abwertung sogar grundsätzlich verbietet.

(i) Meinungsstand

Dabei lassen sich die verschiedenen Meinungen in zwei große Gruppen einordnen:

Auf der einen Seite steht die noch immer vorherrschende Auffassung[283], wonach stets eine Bewertung der Sacheinlage zu erfolgen hat und die Forderung

---

280 CFL 2010, 238; vgl. auch im Anschluss *dies.* DB 2010, 1629; *dies.* DB 2012, 501; *Cahn/Hutter/Kaulamo/Meyer/Weiß*, WM 2014, 1309 sowie die Erwiderungen von *Priester*, DB 2010, 1445 und *Ekkenga*, DB 2012, 331. Ebenfalls jüngst für die Einbringung zum Nennwert: *Wansleben*, WM 2012, 2083.

281 *Honsell*, FS Frotz 1993, 307, 316f.; *Gessler*, FS Möhring 1975, 173, 179; *Meilicke*, DB 1989, 1069, 1072 ff.

282 *Ekkenga*, DB 2012, 331 spricht insofern plakativ von „Wiederbelebungsversuche(n) am untauglichen Objekt“ und der „längst beerdigt geglaubte(n) These“.

283 Auch die Gegenauffassung bezeichnet diese Meinung als herrschend: vgl. *Cahn/Simon/Theiselmann*, CFL 2010, 238, 242.

möglicherweise nicht mit ihrem Nennwert, sondern nur mit Abschlägen eingebracht werden kann, sobald die Forderung nicht mehr „vollwertig" ist.[284] Bei einer Unternehmenskrise wäre danach ggf. eine erhebliche Wertberichtigung vorzunehmen.

Innerhalb dieser Meinung werden verschiedene Auffassung vertreten, wann die Forderung nicht mehr als vollwertig anzusehen ist.[285]

Diese Auffassung wird vorliegend als „Vollwertigkeitsthese" bezeichnet.

Auf der anderen Seite steht die sich möglicherweise wieder im Vordringen befindliche „Nennwertthese".[286] Die in der Anleihe verbriefte Forderung sei stets und unabhängig von der wirtschaftlichen Situation der Gesellschaft in voller Höhe einlagefähig.[287] Als Konsequenz daraus entfalle die Notwendigkeit einer Sachverständigenprüfung sogar ganz.[288]

(1) Die „Vollwertigkeitsthese"

Nach herrschender Meinung in Schrifttum[289] und Rechtsprechung[290] ist eine (externe) Bewertung der Forderung grundsätzlich erforderlich.

---

284 Hüffer/*Koch* AktG § 27 Rn. 17; MüKoAktG/*Pentz* § 27 Rn. 29; *Benz* in Spindler/Stilz, AktG, § 27 Rn. 23 und 37; *Ekkenga*, DB 2012, 331; *Priester*, DB 2010, 1445; *Arnold*, FS Hoffmann-Becking 2013, 29, 35 ff.; *Wiedemann*, FS Hoffmann-Becking 2013, 1387, 1391 ff.; *Seibt/Schulz*, CFL 2012, 313, 326 f.; BGH, Urteil vom 26.03.1984 – II ZR 14/84 = BGHZ 90, 370, 373 = DB 1984, 1338; BGH, Urteil vom 18.02.1991 – II ZR 104/90 = BGHZ 113, 335, 341 f. = DB 1991, 1060.

285 Siehe dazu im Detail unten unter c) aa) (1) (a).

286 *Cahn/Simon/Theiselmann*, CFL 2010, 238; *dies* DB 2010, 1629; *dies.* DB 2012, 501; *Cahn/Hutter/Kaulamo/Meyer/Weiß*, WM 2014, 1309; *Simon*, CFL 2010, 448, 451; *Wansleben*, WM 2012, 2083; *Meier-Reimer*, FS Goette 2011, 299, 306 ff. so bereits früher: *Karollus*, WM 1994, 589; *Honsell*, FS Frotz 1993, 307, 316 f.; *Gessler*, FS Möhring 1975, 173, 179; *Meilicke*, DB 1989, 1069, 1072 ff.

287 Siehe Nachweise in der Fußnote zuvor.

288 Siehe Nachweise in der Fußnote zuvor sowie im Detail unten unter b) aa) (2).

289 KölnerKommAktG/*Arnold* § 27 Rn. 55 ff. und Rn. 69; *ders.* In FS Hoffmann-Becking 2013, S. 29; *Bayer* in Schmidt/Lutter, AktG, § 27 Rn. 20; MüKoAktG/*Pentz* § 27 Rn. 29 und Rn. 37; *Lohse* in Bürgers/Körber AktG § 27 Rn. 14; *Benz* in Spindler/Stilz, AktG, § 27 Rn. 37; Hüffer/*Koch* AktG § 27 Rn. 17; siehe dazu sogleich unter (a).

290 BGH, Urteil vom 15.01.1990 II ZR 164/88 = BGHZ 110, 47 = BB 1990, 382 = DB 1990, 311 = NJW 1990, 982 = WM 1990, 222 („IBH/Lemmerz") sowie BGH, Urteil vom 21.02.1994 II ZR 60/93 = BGHZ 125, 141 = BB 1994, 882 = DB 1994, 1025 = NJW 1994, 1477 = WM 1994, 791 = ZIP 1994, 701; siehe dazu sogleich unter (b).

(a) Schrifttum

Das Schrifttum argumentiert, dass es sich bei einem Debt Equity Swap gesellschaftsrechtlich um eine Sachkapitalerhöhung handele und das Gesetz zwingend eine Bewertung der Forderung vorsehe (§ 183 Abs. 3 AktG i. V. m. § 34 AktG). Hintergrund dieser Vorschrift sei der Grundsatz der realen Kapitalaufbringung, welcher unter anderem die vollständige, werthaltige und kontrollierte Aufbringung des Nennkapitals fordere.[291] Einlagefähig seien nur Sacheinlagen, deren wirtschaftlicher Wert feststellbar sei (§ 27 Abs. 2 AktG). Die Feststellung dieses Wertes sei Aufgabe der externen Prüfung (bzw. der Sachverständigenprüfung im Rahmen des § 183a AktG). Habe die Forderung keinen oder nur einen verminderten Wert, sei sie (teilweise) nicht einlagefähig. In diesem Falle habe eine Wertberichtigung zu erfolgen und eine Einbringung in voller Höhe sei nicht realisierbar.

Wann eine solche Wertberichtigung vorzunehmen ist, ist innerhalb der Vollwertigkeitsthese allerdings umstritten. Einigkeit herrscht zunächst jedoch insofern, dass eine Einbringung zum Nennwert möglich ist, wenn die Gesellschaft auch ohne Kapitalerhöhung in der Lage wäre, die Forderung zu begleichen.[292] Jedenfalls dann ist die Forderung als „vollwertig" anzusehen.

Wann eine Forderung vollwertig ist, wird jedoch (innerhalb der Vollwertigkeitsthese) unterschiedlich beurteilt:

Teilweise wird dazu eine bilanzielle Betrachtung vorgenommen und somit auf die Vermögensausstattung der Gesellschaft als Anleiheschuldner abgestellt.[293] Dazu bedarf es in der Regel einer Bewertung des Anleiheschuldners.[294] Zur Begründung wird auf den Hintergrund des Vollwertigkeitserfordernisses zurückgegriffen:[295] Ein Debt Equity Swap sei – obwohl kein frisches Kapital zugeführt werde – nur durchführbar, da man davon ausgehe, dass dadurch bisher neutralisiertes Aktivvermögen freigesetzt werde. Sei aber gar nicht genügend Aktivvermögen vorhanden, welches freigesetzt werden könne, so sei auch der Debt Equity Swap nicht oder jedenfalls nicht in voller Höhe durchführbar. Der

291 *Priester*, DB 2010, 1445, 1446; so auch schon oben unter 3. a).

292 BGHZ 110, 47, 62; *Bayer* in Schmidt/Lutter, AktG, § 27 Rn. 20; MüKoAktG/*Pentz* § 27 Rn. 29; Hüffer/*Koch* AktG § 27 Rn. 17; *Ekkenga*, ZGR 2009, 581, 599; *ders.* DB 2012, 331; *Arnold*, FS Hoffmann-Becking 2013, 29, 33 und 44; *Priester*, DB 2010, 1445.

293 *Priester*, DB 2010, 1445; *Ekkenga*, DB 2012, 331.

294 Wie bereits oben (unter 3. a)) dargestellt, hängt die Bewertung der Anleihe(forderung) letztlich von der Unternehmensbewertung des Anleiheschuldners ab.

295 Vgl. zum Folgenden: *Priester*, DB 2010, 1445.

„Schlüssel" zur richtigen Bewertung der Forderung sei daher eine Betrachtung der Aktivseite der Bilanz.

Maßgeblich sei also die Vermögensausstattung der Gesellschaft. Dabei sei zunächst auf die Buchwerte abzustellen, „jedenfalls solange wegen positiver Fortführungsprognose Going-Concern-Maßstäbe angelegt werden können".[296] Auf Zerschlagungswerte sei nicht abzustellen. Umstritten ist, ob stille Reserven aufzudecken sind. Teilweise wird argumentiert, stille Reserven seien aufzudecken, da diese bei einer Veräußerung „gehoben" würden.[297] Teilweise wird allerdings auch argumentiert, dass die nach den historischen Anschaffungspreisen ermittelten und fortgeschriebenen Buchwerte bei der Ermittlung des Vermögensstatus der Gesellschaft zugrunde zu legen seien.[298] Ein Vermögenstransfer zu Marktkonditionen, denen objektive Daten für eine Neubewertung zu entnehmen wären, fände beim Debt Equity Swap gar nicht statt und es komme auf eine strikt handelsbilanzielle Betrachtung an.[299]

Der Nachweis der Vollwertigkeit erfolge durch eine testierte oder zumindest „bescheinigte" Bilanz und stille Reserven – so sie denn als berücksichtigungsfähig angesehen werden – und ein eventueller Firmenwert seien durch ein Sachverständigengutachten nachzuweisen.[300]

Dieses Ergebnis entspreche auch den (eingangs dargestellten[301]) Schutzzwecken der Bewertung.

Die Aktionäre der Gesellschaft werden durch die Bewertung der Anleihe(forderung) davor geschützt, dass die ehemaligen Anleihegläubiger nach Durchführung des Debt Equity Swaps eine Beteiligungsquote an der Gesellschaft erhalten, die nicht ihrer tatsächlichen Einlageleistung entspricht, was zu Quersubventionen zulasten der Altaktionäre führen würde, sofern die Anleihe(forderung) tatsächlich nicht in voller Höhe werthaltig war.[302]

Für die aktuellen Gesellschaftsgläubiger sei es allerdings irrelevant, zu welchem Wert die Anleihe(forderung) eingebracht werde, da nach Durchführung des Debt Equity Swaps ein Konkurrent um die (möglicherweise knappen) Mittel

296 *Priester*, DB 2010, 1445, 1448.
297 *Priester*, DB 2010, 1445, 1448.
298 *Ekkenga*, DB 2012, 331, 336.
299 *Ekkenga*, DB 2012, 331, 336.
300 *Priester*, DB 2010, 1445, 1449.
301 Vgl. oben unter 3. b).
302 *Priester*, DB 2010, 1445, 1447 und 1450.

der Gesellschaft wegfalle, da dieser sich nun in die nachrangige Aktionärsstellung begebe.[303] Aus deren Sicht sei der Debt Equity Swap daher stets ein Vorteil.[304]

Für zukünftige Gläubiger sei die richtige Bewertung allerdings umso wichtiger, da sie ansonsten durch eine zu hohe Haftkapitalziffer über das Verlustdeckungspotenzial getäuscht würden.[305]

Teilweise wird aber auch ein viel engeres Verständnis der Vollwertigkeit angelegt. Danach sind Wertberichtigungen bereits bei Zweifeln an der Erfüllung des Anspruchs vorzunehmen.[306]

Damit wird an Maßstäbe angeknüpft, welche für die Einbringung von Forderungen gegen Dritte oder gegen Gesellschafter im Rahmen des Kapitalschutzes gelten. In der Praxis wird der Begriff der Vollwertigkeit (möglicherweise aus Vorsichtsgründen) so ausgelegt.[307]

(b) Rechtsprechung

Die höchstrichterliche Rechtsprechung bewertet die Vollwertigkeit der Forderung anhand des Vermögensstatus der Gesellschaft.

Der BGH hat in ständiger Rechtsprechung entschieden, dass die Umwandlung einer (Darlehens)forderung gegen die Gesellschaft in Gesellschaftsanteile nur unter den für Sacheinlagen geltenden Vorschriften möglich ist.[308] Die Umwandlung der (Darlehens)forderung könne allerdings nur in der Höhe erfolgen, in der die Gesellschaft die Forderung entsprechend ihrem Leistungsvermögen erfüllen

---

303 Dieses Argument scheint allerdings unabhängig von der Feststellung des Einlagewertes zu sein. Vielmehr soll es darlegen, dass die übrigen Gläubiger gegenüber demjenigen Gläubiger, der seine Forderung als Sacheinlage einbringt, niemals benachteiligt sind – selbst wenn er einen proportional zu hohen Anteil an der Gesellschaft für seine eingebrachte Forderung erhält.

304 *Priester*, DB 2010, 1445, 1449.

305 *Priester*, DB 2010, 1445, 1449.

306 KölnerKommAktG/*Arnold*, 3. Auflage 2010, § 27 Rn. 69; *Bayer* in Schmidt/Lutter, AktG, 1. Auflage 2008, § 27 Rn. 18; *Heidinger* in Spindler/Stilz, AktG, 1. Auflage 2007, § 27 Rn. 23, 35; *Röhricht* in GroßKomm AktG § 27 Rn. 81, 72.

307 *Cahn/Simon/Theiselmann*, CFL 2010, 238, 243 mit Verweis auf KölnerKommAktG/*Arnold*, 3. Auflage 2010, § 27 Rn. 69; *Bayer* in Schmidt/Lutter, AktG, 1. Auflage 2008, § 27 Rn. 18; *Heidinger* in Spindler/Stilz, AktG, 1. Auflage 2007, § 27 Rn. 23, 35; *Röhricht* in GroßKomm AktG § 27 Rn. 81, 72.

308 BGH, Urteil vom 15.01.1990 – II ZR 164/88 Rz. 23 f. = BGHZ 110, 47 = BB 1990, 382 = DB 1990, 311 = NJW 1990, 982 = WM 1990, 222 („IBH/Lemmerz") sowie BGH, Urteil vom 21.02.1994 – II ZR 60/93 Rz. 13 = BGHZ 125, 141 = BB 1994, 882 = DB 1994, 1025 = NJW 1994, 1477 = WM 1994, 791 = ZIP 1994, 701.

könne; denn danach bemesse sich ihre Werthaltigkeit.[309] Im Falle einer Überschuldung der Gesellschaft sei offensichtlich, dass die Forderung nicht vollwertig sei. Ob die Gesellschaft überschuldet sei, sei „anhand eines Vermögensstatus der Gesellschaft (Überschuldungsbilanz) festzustellen, in dem ihre Vermögenswerte mit den Verkehrs- und Liquidationswerten ausgewiesen sind. Etwa vorhandene stille Reserven sind demnach zu berücksichtigen".[310]

(2) Die „Nennwertthese"

Die Gegenansicht fordert die Zulässigkeit einer generellen Einbringung der Forderung zum Nennwert und somit auch den Wegfall der Bewertung der Forderung.[311]

Diese „Nennwertthese" geht von einer bilanziellen Betrachtung aus. Dabei betrachtet sie allerdings die bilanziellen Auswirkungen des Debt Equity Swaps für die Gesellschaft und nicht wie fälschlicherweise – so jedenfalls die Vertreter der Nennwertthese – die herrschende Meinung (also die „Vollwertigkeitsthese"), die auf die Folgen beim Inferenten abstellt.[312] Die Gesellschaft habe schließlich die Forderung bisher in ihrer Bilanz mit dem Nennwert passivieren müssen.[313] Die Einlageleistung, welche die Gesellschaft erhalte, sei somit die Entlastung von der bisher in voller Höhe passivierten Forderung.[314] Eventuelle Zweifel an der vollständigen Begleichung der Verbindlichkeit führten nicht dazu, dass die Gesellschaft die Forderung in ihrer eigenen Bilanz abwerten dürfe.[315] Im Vergleich zur Einbringung von Forderungen gegen Dritte ergebe sich der Unterschied, dass solche Forderungen vor der Einbringung in der Bilanz der Gesellschaft nicht enthalten seien.[316] Eine Anknüpfung an den bisherigen Wertansatz in der Bilanz der Gesellschaft sei daher dort nicht möglich und nicht erforderlich.[317] Daher sei es logisch, dass Forderungen gegen Dritte im Moment der Einbringung zu bewerten und gegebenenfalls mit Abschlägen zu bilanzieren

---

309 Vgl. Fußnote zuvor.

310 BGH, Urteil vom 21.02.1994 – II ZR 60/93 Rz. 13 = BGHZ 125, 141 = BB 1994, 882 = DB 1994, 1025 = NJW 1994, 1477 = WM 1994, 791 = ZIP 1994, 701.

311 *Cahn/Simon/Theiselmann*, CFL 2010, 238; *dies* DB 2010, 1629; *dies.* DB 2012, 501; *Cahn/Hutter/Kaulamo/Weiß*, WM 2014, 1309; *Simon*, CFL 2010, 448, 451; *Wansleben*, WM 2012, 2083; *Maier-Reimer*, FS Goette 2011, 299, 306 ff.; *Karollus*, WM 1994, 589.

312 *Cahn/Simon/Theiselmann*, CFL 2010, 238, 243.

313 *Cahn/Simon/Theiselmann*, CFL 2010, 238, 243.

314 *Cahn/Simon/Theiselmann*, CFL 2010, 238, 243.

315 *Cahn/Simon/Theiselmann*, CFL 2010, 238, 243; *Wansleben*, WM 2012, 2083, 2086.

316 *Wansleben*, WM 2012, 2083, 2086.

317 *Wansleben*, WM 2012, 2083, 2086.

seien.[318] Forderungen gegen die Gesellschaft selbst seien aber, wie bereits gezeigt, ursprünglich mit dem Nennwert passiviert worden.[319] Insofern unterliege die herrschende Meinung „einem Missverständnis“, wenn sie letztlich für Forderungen gegen Dritte und für Forderungen gegen die Gesellschaft die gleichen Bewertungsmaßstäbe ansetze.[320]

Es wird daher eine teleologische Reduktion der Vorschriften über die Sachkapitalerhöhung bei Debt Equity Swaps gefordert.[321] Die Vorschriften seien auf die Publizitätsvorschriften zu beschränken und die Werthaltigkeitsprüfung müsse entfallen.[322] Dieses Ergebnis entspreche auch den Interessenlagen der Gesellschaftsgläubiger und der Aktionäre.[323]

Für die aktuellen Gläubiger der Gesellschaft sei ein Debt Equity Swap immer vorteilhaft. Dadurch falle nämlich ein Konkurrent um das unter Umständen knappe Gesellschaftsvermögen weg, sodass sich die Befriedigungsaussichten der übrigen Gläubiger verbesserten.[324] Der umwandelnde Gläubiger verschaffe sich auch keinesfalls eine gegenüber den anderen Gläubigern bessere Position.[325] Er gebe seine Gläubigerstellung auf und wechsle stattdessen in die nachrangige Position des Eigenkapitalgebers. Seine Chance auf eventuelle Wertsteigerungen seiner neuen Anteile sei das Spiegelbild des erhöhten Risikos, welches er eingehe.[326]

In Bezug auf (auch zukünftige) Gesellschaftsgläubiger sei die Einhaltung der Publizitätsvorschriften ausreichend.[327] So werde der Eindruck vermieden, dass die Gesellschaft zusätzliche Vermögenswerte erhalten habe, welche möglicherweise zur Tilgung sonstiger Verbindlichkeiten verwendet werden könnten.[328]

Außerdem sei eine Wertberichtigung der Forderung geradezu kontraproduktiv für den Gläubigerschutz.[329] Könne die Forderung nur mit einem Abschlag

318 *Wansleben*, WM 2012, 2083, 2086.
319 *Wansleben*, WM 2012, 2083, 2086.
320 *Wansleben*, WM 2012, 2083, 2086.
321 *Cahn/Simon/Theiselmann*, CFL 2010, 238. Später wurde diese Auffassung von *Cahn/Hutter/Kaulamo/Weiß*, WM 2014, 1309 (einschränkend) als „jedenfalls *de lege ferenda*“ erstrebenswert bezeichnet.
322 *Cahn/Simon/Theiselmann*, CFL 2010, 238.
323 *Cahn/Simon/Theiselmann*, CFL 2010, 238, 240 ff.
324 *Cahn/Simon/Theiselmann*, CFL 2010, 238, 244.
325 *Cahn/Simon/Theiselmann*, CFL 2010, 238, 244.
326 *Cahn/Simon/Theiselmann*, CFL 2010, 238, 245.
327 *Cahn/Simon/Theiselmann*, CFL 2010, 238, 246 und 247.
328 *Cahn/Simon/Theiselmann*, CFL 2010, 238, 246.
329 *Cahn/Simon/Theiselmann*, CFL 2010, 238, 245.

eingebracht werden, entstehe der Gesellschaft in Höhe des nicht werthaltigen Teils ein Ertrag[330], welcher gegebenenfalls für Gewinnausschüttungen – im Rahmen der Grenzen des § 150 AktG – zur Verfügung stehe.[331] Die Kapitalbindung im Sinne der Gläubiger sei somit beeinträchtigt.

Der Schutz der Aktionäre als Zweck der Kapitalaufbringungskontrolle wird zwar von den Vertretern der Nennwertthese bereits bestritten, aber dennoch ergäben sich auch aus Sicht der Aktionäre keine Bedenken gegen eine Einbringung zum Nennwert.[332] Entweder die Gesellschaft könne die Forderung erfüllen, sodass diese unstreitig vollwertig und mit ihrem Nennwert einzubringen sei, oder aber sie könne sie nicht (vollständig) erfüllen. Dann sei das Eigenkapital aufgebraucht und ein Residualwert, welcher den Aktionären zustehe, bestünde nicht mehr.[333] Außerdem diene die Werthaltigkeitskontrolle nicht der Festlegung eines angemessenen Ausgabebetrages für die neuen Aktien.[334] Der weitere Schutz der (Alt)aktionäre erfolge insofern über den im Kapitalerhöhungsbeschluss festzusetzenden Ausgabebetrag, beziehungsweise die Vereinbarung eines Agios.[335] Außerdem erfolge eine materielle Zulässigkeitsprüfung im Rahmen des notwendigen Bezugsrechtsausschlusses.

Ein weiteres Argument für die Nennwertthese sei § 194 Abs. 1 Satz 2 AktG.[336] Danach gilt der Umtausch von Schuldverschreibungen gegen Bezugsaktien nicht als Sacheinlage, sodass auch eine Sacheinlageprüfung entfällt. Dabei intendiert § 194 Abs. 1 Satz 2 AktG allerdings eigentlich die Absicherung von Wandelanleihen bzw. des Wandlungsrechts ihrer Inhaber.[337] Der Unterschied zwischen einer Wandelschuldverschreibung und der hier vorliegenden Transaktion liege lediglich im Zeitpunkt der Vereinbarung über die Umwandlung der Anleiheforderung in Eigenkapital.[338] Bei Wandelschuldverschreibungen werde bereits bei Emission ein Wandlungsrecht vereinbart; bei einem nachträglich vereinbarten Debt Equity Swap erst später. § 194 Abs. 1 Satz 2 AktG enthalte einen

---

330 Vgl. zu steuerrechtlichen Folgen dieses Ertrages ausführlich unten unter VII. 1.

331 *Cahn/Simon/Theiselmann*, CFL 2010, 238, 245.

332 *Cahn/Simon/Theiselmann*, CFL 2010, 238, 246 f.

333 *Cahn/Simon/Theiselmann*, CFL 2010, 238, 246.

334 *Cahn/Simon/Theiselmann*, CFL 2010, 238, 247.

335 *Cahn/Simon/Theiselmann*, CFL 2010, 238, 247; *Cahn/Hutter/Kaulamo/Meyer/Weiß*, WM 2014, 1309, 1310.

336 Dazu ausführlich *Karollus*, ZIP 1994, 589, 591 ff.

337 Vgl. zu § 194 Abs. 1 Satz 2 AktG noch im Rahmen der Darstellung des Debt Convertible Swaps unten unter § 5 III. 2. b).

338 *Cahn/Simon/Theiselmann*, CFL 2010, 238, 249.

„verallgemeinerungsfähigen Rechtsgedanken", sodass bei der Einbringung von Anleihen gegen Aktien nie eine Werthaltigkeitsprüfung erfolgen müsse.[339]

Ferner fordere die Kapitalrichtlinie ebenfalls keine Werthaltigkeitskontrolle.[340]

Nach der Nennwertthese ist die Werthaltigkeitskontrolle also weder zum Schutz der Gesellschaftsgläubiger noch zum Schutz der Aktionäre erforderlich. Folglich müsse sie – gegebenenfalls im Rahmen einer teleologischen Reduktion – entfallen. Die Einbringung der Forderung habe stets zum Nennwert zu erfolgen.

(ii) Stellungnahme

Die Nennwertthese erscheint zunächst schlüssig und im Sinne der Rechtssicherheit begrüßenswert. Bewertungsschwierigkeiten und Bewertungsrisiken würden so vermieden. Außerdem schafft sie einen Anreiz für Debt Equity Swaps und wirkt insofern sanierungsfreundlich, was grundsätzlich positiv zu bewerten ist.

Fraglich ist allerdings, ob die Einbringung zum Nennwert *de lege lata* überhaupt zulässig ist. Der Debt Equity Swap ist als Sachkapitalerhöhung einzuordnen.[341] Das Aktienrecht kennt lediglich zwei Arten von Einlagen: Bareinlage und Sacheinlage. Dies ist abschließend. Eine Mischform gibt es nicht. Die Sacheinlage definiert sich über eine Abgrenzung zur Bareinlage. Forderungen gegen die Gesellschaft sind keine Bareinlagen, sodass sie in Abgrenzung dazu als Sacheinlage zu qualifizieren sind.[342]

Für Sachkapitalerhöhungen sieht das Aktienrecht zwingende Vorschriften vor. Diese beinhalten unter anderem die Werthaltigkeitsprüfung der Sacheinlage (§ 183 Abs. 3 AktG). Dabei hat der Gesetzgeber selbst bereits Ausnahmen geregelt (vgl. § 183a AktG und § 194 Abs. 1 Satz 2 AktG). Diese Ausnahmen stellen aber nicht etwa gesetzliche Klarstellungen oder gar allgemeine Rechtsgrundsätze dar, sondern zeigen vielmehr, dass der Gesetzgeber die Notwendigkeit gesehen hat, diese Ausnahmeregelungen zu schaffen. Im Umkehrschluss folgt daraus der

---

339 *Karollus*, ZIP 1994, 589, 599.

340 *Cahn/Simon/Theiselmann*, CFL 2010, 238, 250.

341 Ganz hM; vgl. nur Theiselmann/*Schlitt/Ries*, Restrukturierungsrecht, Kap. 9 Rn. 21.; *Schmidt/Schlitt*, Der Konzern 2009, 279 f.; *Löbbe*, FS Winter 2011, 423, 428; *Toth-Feher/Schick*, ZIP 2004, 491, 495; *Friedl*, BB 2012, 1102, 1103; *von Sydow/Bayer*, AG 2005, 635, 636; KölnerKommAktG/*Arnold* § 27 Rn. 54 ff.; **aA** wohl Schlussantrag des Generalanwalts *Tesauro* in der Sache Meilicke gegen ADV-ORGA, ZIP 1992, 1036, 1041.

342 Vgl. dazu bereits ausführlich oben unter III. 1. a).

grundsätzlich obligatorische Charakter der Sacheinlagevorschriften einschließlich der Bewertungsvorschriften für einen Debt Equity Swap.

Insofern besteht auch kein Raum für eine teleologische Reduktion der Sacheinlagevorschriften oder eine Analogie der Ausnahmevorschriften.

Eine Bewertung der Forderung beim Debt Equity Swap ist somit grundsätzlich zwingend. Die „Nennwertthese" ist daher abzulehnen.

Es bleibt somit die Frage, nach welchen Grundsätzen die Forderungsbewertung zu erfolgen hat.

Wie bereits dargestellt[343] werden innerhalb der herrschenden Meinung zwei Ansätze vertreten: Eine Ansicht stellt auf eine (fiktive) Befriedigungsquote und somit auf die Vermögensausstattung der Gesellschaft ab, während die andere Ansicht eine Abwertung der Forderung bereits bei Zweifeln an der Bonität der Gesellschaft vornehmen möchte. Zur Entscheidung zwischen diesen Meinungen sei nochmals daran erinnert, dass das Bewertungserfordernis besteht, da der Gesellschaft im Rahmen der Kapitalerhöhung neue Vermögenswerte in ausreichendem Maße zufließen müssen. Es ist daher zu ermitteln, was aus Sicht der Gesellschaft zufließt. Kurz gesagt ist dies die Forderung selbst. Doch was ist genau damit gemeint?

Es ist nicht auf den Wert abzustellen, den die Forderung für einen Dritten hätte; insbesondere ist kein Marktwert der Forderung zu ermitteln. Damit scheidet eine Übertragung der Grundsätze, welche für Forderungen gegen Dritte (und nicht gegen die Gesellschaft selbst) gelten, aus.

Stattdessen ist zu ermitteln, welchen Wert die Forderung für die Gesellschaft hat. Dabei ist zu betrachten, was der Gesellschaft durch Einbringung der Forderung tatsächlich zufließt. Der Effekt bei der Gesellschaft ist in erster Linie die Befreiung von der Verbindlichkeit. Bilanziell findet ein Passivtausch statt, Fremd- wird in Eigenkapital umgetauscht. Dadurch werden bei der Gesellschaft bisher „gebundene" Aktiva „frei". Die „Befreiung" dieser Aktiva stellt dasjenige dar, was der Gesellschaft zufließt.[344] Also muss praktisch der Wert dieser „Befreiung" ermittelt werden. Dazu müssen die „befreiten" Aktiva der Gesellschaft betrachtet werden. Nur wenn genug Aktiva vorhanden sind, welche

343 Oben unter III. 3. c) aa) (1) (a).

344 So auch ursprünglich *Lutter*, Kapital, Sicherung der Kapitalaufbringung und Kapitalerhaltung in den Aktien- und GmbH-Rechten der EWG, 1964, 234 sowie jüngst *Ekkenga*, ZGR 2009, 581, 598; bezeichnet als sog. „Neutralisierungsthese" (*Priester*, DB 2010, 1445, 1447).

freigesetzt werden können, ist der Debt Equity Swap in voller Höhe (also zum Nennwert) durchführbar.

Daher muss eine Bewertung der Vermögensgegenstände der Gesellschaft und somit eine Ermittlung des Vermögensstatus erfolgen. Decken die Aktiva der Gesellschaft sämtliche Verbindlichkeiten, erfolgt keine Abwertung der Forderung. Falls nicht, muss eine Abwertung erfolgen und es ist eine fiktive Befriedigungsquote zu ermitteln.

Fraglich ist jedoch, welche Bewertungsansätze hinsichtlich der Vermögenswerte gelten sollen. Sind lediglich die Buchwerte zugrunde zu legen oder sind stille Reserven aufzudecken? Sind dabei Zerschlagungswerte oder Fortführungswerte maßgeblich?

Für die Annahme der Buchwerte spricht die Geschlossenheit mit der zuvor dargestellten bilanziellen Betrachtungsweise.[345] Allerdings bilden die Buchwerte den wahren Wert der Vermögenswerte oftmals nicht mal ansatzweise ab. Daher sind stille Reserven aufzudecken und der tatsächliche Wert zugrunde zu legen. Dies erschwert freilich den Nachweis des tatsächlichen Wertes und trägt möglicherweise nicht zur Rechtssicherheit bei. Dies ist jedoch gerechtfertigt, um ein realistisches Vermögensbild zu erhalten. Da die tatsächlichen Werte in der Regel über den Buchwerten liegen, wirkt sich dies zudem sanierungsfreundlich aus. Da der Debt Equity Swap auf die Fortführung des Unternehmens gerichtet ist[346], sind Fortführungswerte und nicht Zerschlagungswerte anzusetzen. Die Bewertung der Vermögensgegenstände obliegt nicht der Gesellschaft selbst, sondern es ist ein Sachverständigengutachten einzuholen. Dies gilt nicht, sofern die Aufdeckung stiller Reserven zur Wertdeckung gar nicht erforderlich ist, da die Gesellschaft auch so über ausreichend Kapital verfügt. In diesem Fall kann auf die testierte Bilanz der Gesellschaft zurückgegriffen werden.[347]

Dieses Ergebnis entspricht auch den Interessen aller Beteiligten, welche durch die Kapitalaufbringungsvorschriften geschützt werden sollen.[348]

Die Altaktionäre werden vor der Überbewertung der Forderung und einer damit einhergehenden aus ihrer Sicht nicht zumutbaren Verwässerung geschützt. Dieser Schutz wird von den Vertretern der Nennwertthese völlig ausgeblendet, was jedoch, wie gezeigt, nicht dem intendierten Schutzzweck der Kapitalaufbringungsvorschriften entspricht.

---

345 So auch *Ekkenga*, DB 2012 331, 336.

346 Siehe oben unter I. und II.

347 So auch *Priester*, DB 2010 1445, 1449.

348 Vgl. dazu oben unter III. 3. b).

Die übrigen aktuellen Gesellschaftsgläubiger verlieren durch den Debt Equity Swap einen Konkurrenten um die möglicherweise knappen Mittel der Gesellschaft. Aus ihrer Sicht wäre daher zwar möglicherweise die sanierungsfreundlichere Nennwertthese begrüßenswerter, allerdings werden sie durch die korrekte Bewertung der Forderung auch nicht schlechter gestellt, sondern können nur „gewinnen".

Auch die künftigen Gesellschaftsgläubiger stehen durch die richtige Bewertung der Sacheinlage besser dar. Sie können sich – wie vom Gesetzgeber intendiert – darauf verlassen, dass das Grundkapital jedenfalls originär tatsächlich aufgebracht wurde. Die Vertreter der Nennwertthese sehen deren Schutz durch eine Offenlegung des Einlagegegenstandes als hinreichend gewahrt an; dies ist jedoch abzulehnen. Auch sie müssen sich auf die Bilanz der Gesellschaft verlassen können und es ist ihnen nicht zumutbar, dass sie die historischen Publizierungen der Gesellschaft einsehen.

Auch aus Gründen der Transaktionssicherheit verbietet sich aus Sicht der Praxis jedes andere Ergebnis.

Wünschenswert wäre daher eine gesetzliche Klarstellung wie sie bereits von *Cahn/Hutter/Kaulamo/Meyer/Weiß*[349] vorgeschlagen wurde. Sie fordern allerdings die gesetzliche Verankerung der Nennwertthese. Nach hier vertretener Ansicht sollte allerdings klargestellt werden, dass es sich beim Umtausch von Anleihe(forderungen) in Grundkapital stets um eine Sachkapitalerhöhung handelt und die damit verbundenen Vorschriften grundsätzlich – sofern das Gesetz keine Ausnahmen, wie beispielsweise in Form des § 194 Abs. 1 Satz 2 AktG vorsieht – beachtet werden müssen.

bb) Abdeckung eines Agios

Ist somit stets eine Werthaltigkeitsprüfung vorzunehmen, da sich eine pauschale Einbringung zum Nennwert verbietet, stellt sich die Folgefrage, ob auch ein mögliches Agio von der Sacheinlage abgedeckt sein und im Rahmen der Werthaltigkeitsprüfung berücksichtigt werden muss. Ist lediglich der geringste Ausgabebetrag oder ist auch ein eventuell vereinbartes Agio mit einzubeziehen?

(i) Einleitung

Beim Agio ist zwischen korporativem und schuldrechtlichem Agio zu differenzieren. Beide stellen ein Aufgeld zum geringsten Ausgabebetrag dar.[350] Der

---

349 WM 2014, 1309, 1310 f.

350 *Baums*, FS Hommelhoff 2012, 61.

geringste Ausgabebetrag ist der Nennbetrag der Aktien, oder im Falle von Stückaktien, der auf die einzelne Stückaktie entfallende anteilige Betrag des Grundkapitals (§ 9 Abs. 1 AktG). Er stellt die Untergrenze dar, unterhalb derer eine Aktienausgabe nicht erfolgen darf (Verbot der Unterpariemission).[351] Dagegen können Aktien allerdings zu einem höheren Betrag als dem geringsten Ausgabebetrag ausgegeben werden (sog. Überpariemission). Eine Überpariemission erfolgt in der Praxis, wenn der tatsächliche Wert der Aktien höher liegt als der geringste Ausgabebetrag (beispielsweise wenn der Börsenkurs darüber liegt).[352] Dies erfolgt nicht nur bei Barkapitalerhöhungen, sondern auch bei Sachkapitalerhöhungen, wie sie vorliegend für den Debt Equity Swap erforderlich sind.[353] Liegt der Wert der Sacheinlage über dem geringsten Ausgabebetrag, wird zwischen Gesellschaft und Inferent ein Agio vereinbart.[354]

Wird das Agio förmlich im Kapitalerhöhungsbeschluss festgesetzt, handelt es sich um ein korporatives Agio. In Abgrenzung dazu liegt ein schuldrechtliches Agio vor, wenn es sich bei dem vereinbarten Aufgeld lediglich um eine schuldrechtliche Vereinbarung zwischen den Zeichnern der neuen Aktien und der Gesellschaft handelt.[355] In der Praxis ist es der Regelfall, dass der Ausgabebetrag auf den geringsten Ausgabebetrag gemäß § 9 Abs. 1 AktG festgesetzt wird oder gar kein Ausgabebetrag festgesetzt wird[356], obwohl Gesellschaft und Inferent tatsächlich von einem höheren Wert der Sacheinlage ausgehen.[357] Das Agio wird im Kapitalerhöhungsbeschluss also gar nicht erwähnt; daher spricht man hinsichtlich des schuldrechtlichen Agios auch von einem „verdeckten Agio".[358] Die grundsätzliche Zulässigkeit des schuldrechtlichen Agios ist bereits umstritten. Dies soll jedoch an dieser Stelle nicht weiter vertieft werden.[359] Es wird lediglich untersucht, welche Folgen das Vorliegen eines korporativen oder

351 *Baums*, FS Hommelhoff 2012, 61; Hüffer/*Koch* AktG § 9 Rn. 2; MüKoAktG/*Heider* § 9 Rn. 5.

352 *Stein/Fischer*, ZIP 2014, 1362; *Baums*, FS Hommelhoff 2012, 61, 63.

353 *Baums*, FS Hommelhoff 2012, 61.

354 *Baums*, FS Hommelhoff 2012, 61; *ders.*, Recht der Unternehmensfinanzierung, § 11 Rn. 1.

355 *Baums*, FS Hommelhoff 2012, 61.

356 *Seibt/Schulz* CFL 2012, 313, 328 einschließlich Statistik, wonach dies in 86% der untersuchten Transaktionen der Fall war.

357 Vgl. aus der Praxis die Einladung der Solarworld AG zur außerordentlichen Hauptversammlung am 07. August 2013, S. 37.

358 *Herchen*, Agio und verdecktes Agio im Recht der Kapitalgesellschaften.

359 Vgl. dazu sehr ausführlich: *Herchen*, Agio und verdecktes Agio im Recht der Kapitalgesellschaften sowie *Verse*, ZGR 2012, 875, 882 ff.

schuldrechtlichen Agios für die Kapitalaufbringungsprüfung hat bzw. ob sie ein solches Agio mit umfassen muss.

(ii) Korporatives Agio

Hinsichtlich des korporativen Agios sind die Unsicherheiten inzwischen beseitigt. Der BGH hat entschieden, dass das korporative Agio in die Prüfung mit einzubeziehen ist und sich ein eventueller Differenzhaftungsanspruch auch darauf erstreckt.[360] Begründet wurde dies vom BGH mit einer richtlinienkonformen Auslegung der Kapitalaufbringungsvorschriften. In der zugrunde liegenden Kapitalrichtlinie[361] heißt es nämlich eindeutig, dass sich die Prüfungspflicht auch auf das Agio erstreckt (Art. 10 Abs. 2 i. V. m. Art. 27 Abs. 2 Satz 3). Dies entsprach schon bisher der überwiegenden[362], aber nicht unumstrittenen Meinung[363], sodass das Urteil überwiegend Zustimmung gefunden hat.[364] Wenngleich der BGH sich nicht zur registergerichtlichen Prüfung äußerte, so wird aus dem Urteil zu Recht außerdem gefolgert, dass sich die registergerichtliche Prüfung konsequenterweise ebenfalls auch auf das korporative Agio erstrecken muss.[365] Eine unterschiedliche Bewertung ist abzulehnen, da beide Prüfungen denselben Hintergrund haben und das Registergericht seine Bewertung in der Regel sogar auf dem Prüfbericht aufbaut.

(iii) Schuldrechtliches Agio

Das Urteil des BGH bezog sich allerdings ausschließlich auf das korporative Agio. Ob sich die Feststellungen des BGH auch auf ein schuldrechtliches Agio erstrecken, ist Gegenstand des Schrifttums.[366] Dabei werden ebenfalls die

---

360 BGH, Urteil vom 06.12.2011 – II ZR 149/19 („Babcock") = BGHZ 191, 364 = ZIP 2012, 73 = WM 2012, 39 = BB 2012, 405 = DB 2012, 41 = MDR 2012, 167.

361 Früher: Richtlinie 77/91/EWG des Rates vom 13.12.1976; 2012/30/EU des Europäischen Parlaments und des Rates vom 25.10.2012.

362 OLG Jena, Urteil vom 12.10.2006 – 6 W 452/06 = ZIP 2006, 1989, 1997; *Hoffmann-Becking* in Münchener Hdb. AG § 4 Rn. 39; *Krieger* in Münchener Hdb. AG § 56 Rn. 49; *Priester*, FS Lutter 2000, 617, 622; *Loges/Zimmermann*, WM 2005, 349, 350 ff.; *Baums*, FS Hommelhoff 2012, 61, 69 f.

363 **aA** *Habersack*, FS Konzen 2006, 179, 183 f.; *Hüffer* AktG § 183, 10. Auflage 2012, Rn. 21; KölnerKommAktG/*Lutter* § 183 Rn. 31 sowie OLG Köln, Urteil vom 20.10.2005–18 U 76/04.

364 *Verse*, ZGR 2012, 875, 879; *Servatius* in Spindler/Stilz, AktG, § 183 Rn. 40 ff.

365 *Verse*, ZGR 2012, 875, 881.

366 Dafür: *Carsten Schäfer*, FS Stilz 2014, 525; *ders.*, ZIP 2016, 953; Dagegen: MüKo-AktG/*Schürnbrand* § 183 Rn. 63 und 72; *Servatius* in Spindler/Stilz, AktG, § 183

Auswirkungen auf das Anfechtungsrecht der vom Bezugsrecht ausgeschlossenen Altaktionäre gemäß § 255 Abs. 2 AktG analog erläutert.

(1) Meinungsstand

(a) Pro Abdeckung eines schuldrechtlichen Agios

Teilweise wird vertreten, dass sich aus dem Urteil des BGH über das korporative Agio ergebe, dass auch ein schuldrechtliches Agio von der Kapitalaufbringungskontrolle erfasst sein müsse und ebenfalls der Differenzhaftung unterliege.[367]

Der BGH habe festgestellt, dass zur Vermeidung einer Verwässerung der Wert der Sacheinlage dem Wert der im Gegenzug ausgegebenen Aktien entsprechen müsse.[368] Damit sei zwar noch nicht entschieden, welche Konsequenzen bei Nichteinhaltung drohten. Dieser Verwässerungsschutz könne allerdings nur durch eine entsprechende Kapitalaufbringungskontrolle und ggf. eine Differenzhaftung sichergestellt werden.[369] Im Rahmen dieser Prüfung sei „das gesamte Leistungsversprechen", also auch ein schuldrechtliches Agio, einzubeziehen und ggf. der Differenzhaftung zu unterwerfen.[370] Würde man das schuldrechtliche Agio davon ausnehmen, würde man die Differenzhaftung auf den (nur theoretischen) Fall beschränken, dass die Sacheinlage noch nicht mal den geringsten Ausgabebetrag decke und so die Kapitalaufbringungsvorschriften zur Disposition der Gesellschaft und des Inferenten stellen.[371] Dies entspräche auch nicht der Rechtsprechung des BGH, wonach eine „in das Belieben des Inferenten gestellte Haftung" im Rahmen des Verwässerungsschutzes der Altaktionäre nicht ausreichend sei.[372]

Für eine Übertragung des BGH-Urteils auf das schuldrechtliche Agio spreche weiterhin der Wortlaut von § 255 Abs. 2 AktG und § 186 Abs. 4 Satz 2 AktG, der jeweils von „Ausgabebetrag" und nicht etwa von „sämtliche Zahlungen, die als Gegenleistung für die jungen Aktien gedacht sind" spreche.[373] Der Gesetzgeber

---

Rn. 45; Hüffer/*Koch* § 182 Rn. 22a; *Verse*, ZGR 2012, 875; *Wieneke*, NZG 2012, 136; *Schnorbus/Plassmann*, ZIP 2016, 693, 702 f.; *Gottschalk*, GWR 2012, 121; *Seibt/Schulz*, CFL 2012, 313, 328; *Scholz* in Münchener Hdb. AG § 57 Rn. 61.

367 *Carsten Schäfer*, FS Stilz 2014, 525; *ders.*, ZIP 2016, 953.

368 *Carsten Schäfer*, FS Stilz 2014, 525, 529; *ders.*, ZIP 2016, 953, 954 f. unter Verweis auf BGH, Urteil vom 13.03.1978 – II ZR 142/76 („Kali und Salz") = BGHZ 71, 40, 50.

369 *Carsten Schäfer*, FS Stilz 2014, 525, 530; *ders.*, ZIP 2016, 953, 955.

370 *Carsten Schäfer*, FS Stilz 2014, 525, 529.

371 *Carsten Schäfer*, FS Stilz 2014, 525, 528; *ders.*, ZIP 2016, 953, 954.

372 *Carsten Schäfer*, FS Stilz 2014, 525, 527; *ders.*, ZIP 2016, 953, 954.

373 *Carsten Schäfer*, FS Stilz 2014, 525, 529; *ders.*, ZIP 2016, 953, 955.

habe damit deutlich gemacht, dass er davon ausgehe, dass das gesamte Leistungsversprechen des Inferenten, soweit es zur Abwehr einer Verwässerung erforderlich ist, den Vorschriften der Kapitalaufbringung unterliege.[374] Gegenläufige Interessen des Inferenten seien nicht entscheidend.[375] Als Korrektiv enthielte § 255 Abs. 2 AktG bereits die Einschränkung zugunsten des Inferenten, dass eine Anfechtung nur möglich sei, wenn der Ausgabebetrag *unangemessen* niedrig sei.[376] Damit erhielten Vorstand und Inferent einen gewissen Beurteilungsspielraum, sodass auch deren Interessen hinreichend gewahrt seien.

Insgesamt müsse der Verwässerungsschutz der Altaktionäre somit durch zwei Schutzinstrumente gesichert werden: Das Anfechtungsrecht nach § 255 Abs. 2 AktG sowie die Kapitalaufbringungskontrolle einschließlich Differenzhaftung.[377] Das Anfechtungsrecht alleine sei nicht ausreichend, da sich Bewertungsfehler üblicherweise nicht innerhalb der kurzen Anfechtungsfrist von vier Wochen zeigten.[378]

Als Konsequenz fordert diese Ansicht die obligatorische Festsetzung eines Agios im Kapitalerhöhungsbeschluss, sofern das Agio zum Ausgleich des Anteilswertes erforderlich sei.[379] Damit wird bereits die generelle Zulässigkeit eines schuldrechtlichen Agios für einen solchen Sachverhalt abgelehnt.

(b) Contra Abdeckung eines schuldrechtlichen Agios

Die Gegenansicht möchte das schuldrechtliche Agio ausdrücklich von der Kapitalaufbringungskontrolle und der Differenzhaftung ausnehmen.[380] Das Urteil des BGH sei nicht auf das schuldrechtliche Agio übertragbar.[381] In der Praxis sei die Gestaltungsvariante des schuldrechtlichen Agios seit Langem verbreitet.[382]

---

374 *Carsten Schäfer*, FS Stilz 2014, 525, 529.

375 *Carsten Schäfer*, FS Stilz 2014, 525, 530.

376 *Carsten Schäfer*, FS Stilz 2014, 525, 530; *ders.*, ZIP 2016, 953, 955.

377 *Carsten Schäfer*, FS Stilz 2014, 525, 530; *ders.*, ZIP 2016, 953, 955.

378 *Carsten Schäfer*, FS Stilz 2014, 525, 530; *ders.*, ZIP 2016, 953, 955.

379 *Carsten Schäfer*, FS Stilz 2014, 525, 530; *ders.*, ZIP 2016, 953, 955. So auch *Herchen*, Agio und verdecktes Agio im Recht der Kapitalgesellschaften, S. 208 ff.

380 *Verse*, ZGR 2012, 875; *Wieneke*, NZG 2012, 136; *Schnorbus/Plassmann*, ZIP 2016, 693, 702 f.; *Gottschalk*, GWR 2012, 121, 123; MüKoAktG/*Schürnbrand* § 183 Rn. 63 und 72; *Servatius* in Spindler/Stilz, AktG, § 183 Rn. 45; Hüffer/*Koch* § 182 Rn. 22a; *Stein/Fischer*, ZIP 2014, 1362, 1368; *Seibt/Schulz*, CFL 2012, 313, 328; *Scholz* in Münchener Hdb. AG § 57 Rn. 61.

381 *Verse*, ZGR 2012, 875, 882 ff.

382 *Verse*, ZGR 2012, 875, 882 unter Verweis auf *Hoffmann-Becking*, FS Wiedemann 2002, 999, 1009 („üblich"); *Priester*, FS Lutter 2000, 617, 624 f. („wohl überwiegend") und Musterformulare bei *Hoffmann-Becking*, Beck'sches Formularbuch Bürgerliches,

Vom Schrifttum werde sie – abgesehen von Unsicherheiten bei der bilanziellen Behandlung[383] – überwiegend für unproblematisch erachtet.[384] Auch nach dem Urteil des BGH in Sachen Babcock sei an dieser Auffassung festzuhalten.[385] Die an den Ausgabebetrag anknüpfende Differenzhaftung sei nämlich ein primäres Institut des Gläubigerschutzes.[386] Dies folge daraus, dass auch mit Zustimmung aller Aktionäre nicht auf sie verzichtet werden könne (§ 66 Abs. 1 AktG).[387] Die Gläubiger hätten allerdings keinen Anspruch auf Festsetzung eines Agios, sondern seien nur geschützt, wenn tatsächlich ein solches Agio förmlich festgesetzt würde.[388] Die Altaktionäre seien im Hinblick auf einen Verwässerungsschutz ausreichend durch ihr Anfechtungsrecht nach § 255 Abs. 2 AktG analog geschützt.[389]

(2) Stellungnahme

Das Urteil des BGH ist nicht auf das schuldrechtliche Agio übertragbar. Ein schuldrechtliches Agio muss im Rahmen der Werthaltigkeitsprüfung nicht berücksichtigt werden und eine etwaige Differenzhaftung erstreckt sich nicht auch auf ein schuldrechtliches Agio.

Der BGH hat für das korporative Agio zwar festgestellt, dass dieses Teil des Ausgabebetrages (§ 9 Abs. 2 AktG) und somit der mitgliedschaftlichen

Handels- und Wirtschaftsrecht, 10. Auflage 2010, X.2 mit Anmerkung 4, X.26 mit Anmerkung 5.

383 Dabei geht es um die Frage, ob ein schuldrechtliches Agio in die Kapitalrücklage nach § 272 Abs. 2 Nr. 1 HGB einzustellen ist oder als andere Zulage in die freie Rücklage nach § 272 Abs. 2 Nr. 4 HGB eingestellt werden kann; vgl. dazu ausführlich *Schnorbus/Plassmann*, ZIP 2016, 693.

384 *Verse*, ZGR 2012, 875, 880 unter Verweis auf *Baums*, FS Hommelhoff 2012, 61, 66 und 69; *Hoffmann-Becking* in Münchener Hdb. AG, 4. Auflage 2007, § 4 Rn. 13 ff.; *ders.*, FS Lutter 2000, 453, 465 ff.; *ders.*, FS Wiedemann 2002, 999, 1003 ff.; *Krieger* in Münchener Hdb AG, 4. Auflage 2007, § 56 Rn. 41; *Loges/Zimmermann*, WM 2005, 349, 351; *Lüssow*, Das Agio im GmbH- und Aktienrecht, S. 106 ff.; *Priester*, FS Lutter 2000, 617, 627 ff.; *F. W. Schäfer/Grützediek*, DB 2006, 1040, 1043 f.; *Wieneke*, NZG 2004, 61, 65 f.; *ders.*, NZG 2012, 136, 137 f.; *Ziemons* in Schmidt/Lutter, AktG, 2. Auflage 2010, § 9 Rn. 16 sowie *Maier-Reimer*, FS Bezzenberger 2000, 252, 260 ff.

385 *Verse*, ZGR 2012, 875, 883 f.

386 *Verse*, ZGR 2012, 875, 883.

387 § 66 Abs. 1 AktG bestimmt unter anderem, dass die Aktionäre nicht von ihrer Pflicht zur Leistung der durch den Ausgabebetrag festgesetzten Einlage befreit werden können.

388 *Verse*, ZGR 2012, 875, 884.

389 *Verse*, ZGR 2012, 875, 884.

Leistungspflicht nach § 54 Abs. 1 AktG ist, von der die Aktionäre grundsätzlich nicht befreit werden können (§ 66 Abs. 1 AktG).[390] Weiterhin stellt der BGH fest, dass § 183 Abs. 3 AktG nach seinem Wortlaut die Prüfung der Sacheinlage durch Sachverständige nur auf den geringsten Ausgabebetrag beschränke, indem auf § 34 Abs. 1 Nr. 2 AktG verwiesen werde.[391] Dann nimmt der BGH allerdings eine richtlinienkonforme Auslegung als entscheidende Weichenstellung vor. § 34 Abs. 1 Nr. 2 widerspreche Art. 10 Abs. 2 der sog. Kapitalrichtlinie[392], der verlange, dass der Sachverständigenbericht auch angebe, ob der Wert der Sacheinlage auch dem Mehrbetrag (also dem Agio) entspreche.[393]

Diese Argumentation des BGH ist allerdings auf das schuldrechtliche Agio nicht übertragbar. Die vom BGH zur Auslegung herangezogene Kapitalrichtlinie bezieht sich nämlich auf „*Einlagen auf Aktien*, die nicht Bareinlage sind".[394] Das schuldrechtliche Agio ist aber gerade keine solche „Einlage auf Aktien", sondern ein „sonstiger Beitrag" zur Förderung des Gesellschaftszwecks.[395] Dementsprechend fehlt es auch an einer gesetzlichen Grundlage für die Einbeziehung des schuldrechtlichen Agios in die Kapitalaufbringungsprüfung einschließlich eventueller Differenzhaftung. Eine richtlinienkonforme Auslegung des § 34 Abs. 1 Nr. 2 AktG ist nämlich nicht notwendig und § 34 Abs. 1 Nr. 2 AktG stellt eben nur auf den geringsten Ausgabebetrag ab.

Darüber hinaus sind keine Gründe ersichtlich, die für die von der Gegenansicht[396] geforderte obligatorische Festsetzung eines Agios im Kapitalerhöhungsbeschluss sprechen, wenn dies im Rahmen einer Sachkapitalerhöhung zum Ausgleich des Anteilswerts erforderlich ist. Nähme man eine solche Pflicht an, würde sich das vorliegende Problem bzgl. des schuldrechtlichen Agios von

---

390 BGH aaO Rn. 17.

391 BGH aaO Rn. 19.

392 Zweite Richtlinie 77/91/EWG des Rates vom 13. Dezember 1976 zur Koordinierung der Schutzbestimmungen, die in den Mitgliedstaaten den Gesellschaften im Sinne des Artikels 58 Absatz 2 des Vertrages im Interesse der Gesellschafter sowie Dritter für die Gründung der Aktiengesellschaft sowie für die Erhaltung und Änderung ihres Kapitals vorgeschrieben sind, um diese Bestimmungen gleichwertig zu gestalten, ABl. L 26 vom 31. Januar 1997, S. 1; mittlerweile ersetzt durch Richtlinie (EU) 2017/1132 des Europäischen Parlaments und des Rates vom 14. Juni 2017 über bestimmte Aspekte des Gesellschaftsrechts (dort entspricht der zitierte Art. 10 Kapitalrichtlinie Art. 49).

393 BGH aaO Rn. 19.

394 Vgl. Art. 27 Abs. 1 Kapitalrichtlinie sowie Art. 70 Abs. 1 Richtlinie (EU) 2017/1132.

395 *Baums*, Recht der Unternehmensfinanzierung, § 11 Rn. 8; *ders.*, FS Hommelhoff 2012, 61, 77 ff.

396 *Carsten Schäfer*, FS Stilz 2014, 525, 530; *ders.*, ZIP 2016, 953, 955.

vorneherein nicht stellen, da die Notwendigkeit der Kapitalaufbringungsprüfung und Differenzhaftung beim korporativen Agio inzwischen unstreitig anerkannt ist.[397] Weder der Gläubiger- noch der Aktionärsschutz erfordern allerdings die obligatorische Festsetzung als korporatives Agio. Wie bereits dargelegt, haben die Gläubiger gar keinen Anspruch auf die Festsetzung eines Agios.[398] Sie werden nur durch die Ausschüttungssperre des § 150 AktG geschützt, wenn tatsächlich ein Agio festgesetzt wurde, auf dessen tatsächliche Aufbringung und Erhaltung sie sich verlassen dürfen. Die tatsächliche Vereinbarung eines Agios ist allerdings Sache der Gesellschaft und ggf. ihrer Aktionäre. Die Aktionäre werden durch ihr Anfechtungsrecht aus § 255 Abs. 2 AktG analog geschützt.[399] Dabei haben sie die Möglichkeit, im Falle eines Bezugsrechtsausschlusses die Kapitalerhöhung anzufechten, wenn sie der Meinung sind, dass die Sacheinlage nicht dem Wert der im Gegenzug gewährten Aktien entspricht und insofern „unangemessen" ist. Zur Beurteilung der Angemessenheit kann ein vereinbartes schuldrechtliches Agio herangezogen werden.[400] Die Gegenansicht argumentiert zwar, der Wortlaut des § 255 Abs. 2 AktG spreche von „Ausgabebetrag" und nicht von „sämtliche Zuzahlungen, die als Gegenleistung für die jungen Aktien gedacht sind". Dabei ist allerdings zu beachten, dass § 255 Abs. 2 AktG ohnehin nur analog zur Anwendung kommt und der BGH festgestellt hat, dass an die Stelle des Ausgabebetrags der Wert der Sacheinlage trete und sich daher eine Auslegung eng am Wortlaut verbietet.[401] Entscheidend ist bei einer Sachkapitalerhöhung lediglich, dass der Wert der Sacheinlage, also vorliegend der Anleihe, dem Wert der im Gegenzug ausgegebenen Aktien entspricht; gleichgültig ist, ob der angenommene Wert der Aktien durch die Vereinbarung eines schuldrechtlichen oder eines korporativen Agios festgesetzt wird.

Entscheidungsbasis der Aktionäre, ob sie von ihrem Anfechtungsrecht Gebrauch machen, ist der Vorstandsbericht, in dem die angenommenen Werte sowie Berechnungsgrundlagen und Bewertungskriterien dargelegt werden (§ 186 Abs. 4 Satz 2 AktG).[402] Im Rahmen dessen sind auch die besonderen

---

397 Siehe oben unter (ii).

398 *Verse*, ZGR 2012, 875, 884.

399 Vgl. dazu bereits oben unter III. 2. c).

400 *Schnorbus/Plassmann*, ZIP 2016, 693. 703; *Wieneke*, NZG 2012, 136, 138; *Priester*, FS Lutter 2000, 617, 631; **aA** *Carsten Schäfer*, FS Stilz 2014, 525, 529; *ders.*, ZIP 2016, 953, 955.

401 BGH, Urteil vom 06.12.1978 – II ZR 142/76 („Kali&Salz") = BGHZ 71, 40, 50 = NJW 1978, 1316, 1318.

402 *Servatius* in Spindler/Stilz, AktG, § 186 Rn. 29.

Motive der Gesellschaft darzulegen, um die Angemessenheit darzulegen. Durch diese Offenlegung in Verbindung mit dem Anfechtungsrecht sind die Altaktionäre hinreichend geschützt. Die obligatorische Festsetzung eines (korporativen) Agios zu ihren Gunsten ist daher ebenfalls nicht notwendig.

Ein stattdessen zulässiges schuldrechtliches Agio unterliegt mangels gesetzlicher Grundlage nicht der Kapitalaufbringungskontrolle und keiner eventuellen Differenzhaftung.

(iv) Ergebnis

(1) Ergebnis zum Differenzhaftungsanspruch und Überlegungen zu einem möglichen Vergleich über die Differenzhaftung

Im Ergebnis ist also festzuhalten, dass sich die Kapitalaufbringungskontrolle nicht auch auf ein schuldrechtliches Agio erstrecken muss. Gleiches gilt auch für einen eventuellen Differenzhaftungsanspruch der Gesellschaft gegen die ehemaligen Anleihegläubiger als Inferenten, falls die Sacheinlage nicht entsprechend werthaltig ist. Das Differenzhaftungsrisiko kann auf diese Weise also entsprechend minimiert werden. Deckt der Wert der einzubringenden Anleiheforderung noch nicht mal den geringsten Ausgabebetrag oder soll ein korporatives Agio festgesetzt werden, besteht dennoch ein (Rest)risiko. Aus Sicht der Transaktionspraxis besteht das Bedürfnis nach Risikoallokation auch in Bezug auf die Differenzhaftung. Die Inferenten (also ehemaligen Anleihegläubiger) sind nach Durchführung des Debt Equity Swaps fünf Jahre (Verjährungsfrist des Differenzhaftungsanspruchs gemäß § 9 Abs. 2 GmbHG analog[403]) im Ungewissen, ob sie aufgrund ihrer Differenzhaftung in Anspruch genommen werden, und der Vorstand der Gesellschaft ist dazu angehalten, während dieser Zeit laufend eine mögliche Unterbewertung der Sacheinlage zu überwachen und einen Differenzhaftungsanspruch im Namen der Gesellschaft geltend zu machen.[404] Daher besteht ein beiderseitiges Interesse an einer schnelleren Rechtssicherheit über das (Nicht)Bestehen eines Differenzhaftungsanspruchs. In diesem Zusammenhang hat das Urteil des BGH in Sachen Babcock der Praxis den Weg für eine geeignete Möglichkeit geebnet, um das Risiko der Differenzhaftung praktisch frühzeitig zwischen den Beteiligten aufzuteilen. Wie dargelegt, trifft die Differenzhaftung nach der gesetzlichen Konzeption nur den Sacheinleger, also die Anleihegläubiger. Nach dem Urteil des BGH ist allerdings auch ein Vergleich

403 BGH, Urteil vom 06.12.2011 – II ZR 149/19 („Babcock“) Rn. 41, *Verse*, ZGR 2012, 875, 893 f.; *Scholz* in Münchener Hdb. AG § 57 Rn. 63.

404 *Seibt/Schulz*, CFL 2012, 313, 329.

zwischen Gesellschaft und Sacheinlegern über den Differenzhaftungsanspruch der Gesellschaft zulässig, sofern er wegen tatsächlicher oder rechtlicher Ungewissheit über den Bestand oder Umfang des Anspruchs geschlossen wird und sich dahinter nicht nur eine Befreiung des Inferenten von der Differenzhaftung in der Form eines Vergleichs versteckt.[405] Das Befreiungs- und Aufrechnungsverbot des § 66 Abs. 1 AktG stehe dem im Falle der Ungewissheit über Bestand oder Umfang des Anspruchs nicht entgegen, sofern der Vergleich den Bereich nicht verlasse, der bei objektiver Beurteilung ernstlich zweifelhaft sei.[406] Eine Zustimmung der Hauptversammlung zu dem Vergleich sei ebenfalls nicht erforderlich.[407]

Unter Zugrundelegung des BGH-Urteils ist es auch möglich bereits im Vorfeld der Transaktion Absprachen über die Verteilung des Risikos der Differenzhaftung zu treffen. Konkret ist es möglich, dass die Gesellschaft mit den Inferenten (also den Anleihegläubigern) vereinbart, dass die Inferenten sich durch Zahlung einer Prämie bereits vor Durchführung des Debt Equity Swaps von der potenziellen Differenzhaftung „freikaufen"; quasi als vorweggenommener Vergleich (sog. „Prämienlösung").[408]

Voraussetzung ist dabei unter Berücksichtigung des BGH-Urteils lediglich, dass Unsicherheiten über einen möglichen Differenzhaftungsanspruch und die Bewertung der Sacheinlage bestehen. Insbesondere bei Debt Equity Swaps in Sanierungssituationen sind solche Bewertungsunsicherheiten wahrscheinlich.[409] Ferner muss die Vereinbarung vorsehen, dass die Zahlung der Prämie unabhängig von einer tatsächlichen Überbewertung der Sacheinlage erfolgt.[410] Die Vereinbarung über die Prämie sollte unabhängig von der Kapitalerhöhungsdokumentation (insbesondere der Sacheinlagevereinbarung) geregelt werden.[411] Bei einem Debt Equity Swap einer publikumsplatzierten Anleihe müssten die Anleihegläubiger dazu die zentrale Abwicklungsstelle, die bereits zum Abschluss der Sacheinlagevereinbarung ermächtigt wird, bevollmächtigen, eine entsprechende Vergleichsvereinbarung mit der Gesellschaft abzuschließen. Dabei erscheint es

405 BGH aaO Rn. 22.

406 BGH aaO Rn. 23 unter Berufung auf BGH, Urteil vom 22.09.2011 - IX ZR 1/11 = WM 2011, 2108 Rn. 12; BGH, Urteil vom 09.11.2006 - IX ZR 285/03 = NJW-RR 2007, 263, Rn. 17 und BGH, Urteil vom 22.05.1975 - KZR 9/74 = BGHZ 65, 147, 151 f.

407 BGH aaO Rn. 25 ff.

408 *Seibt/Schulz*, CFL 2012, 313, 330 f.

409 *Seibt/Schulz*, CFL 2012, 313, 330.

410 *Seibt/Schulz*, CFL 2012, 313, 331.

411 *Seibt/Schulz*, CFL 2012, 313, 331.

allerdings aus Vermarktungsgründen unpraktikabel, die Prämie als zusätzliche Barzahlung zu vereinbaren, da die Anleihegläubiger in der Regel nicht bereit sein werden, zusätzliche Barmittel aufzuwenden. Denkbar wäre daher, dass jeder Anleihegläubiger nur einen Teil seiner Anleiheforderung in Aktien umtauscht und der Restbetrag für die Prämie verwendet wird. Beträgt der angenommene Einbringungswert (Zeitwert) einer Anleihe beispielsweise 60% (also z.B. 600 Euro von 1000 Euro Nennwert), so wäre es denkbar, dass nur neue Aktien im Gegenwert von beispielsweise 550 Euro im Gegenzug ausgegeben werden. Die Differenz in Höhe von 50 Euro würde die Prämie darstellen. Die Anleihegläubiger müssten der Gesellschaft diese Restverbindlichkeit in Höhe von 50 Euro trotzdem erlassen bzw. sie auf die Gesellschaft übertragen, obwohl sie dafür keine Aktien im Gegenzug erhielten. Für die Festlegung der Höhe der Prämie ist die Realisierungswahrscheinlichkeit und die Höhe eines möglichen Differenzhaftungsanspruchs heranzuziehen.[412] So müssten die Anleihegläubiger keine zusätzliche Barzahlung leisten und hätten sofortige Rechtssicherheit, dass sie keiner Differenzhaftung unterliegen werden.

(2) Konsequenzen für die Angemessenheitsprüfung im Rahmen des § 255 Abs. 2 AktG (analog)

Im Rahmen der Angemessenheitsprüfung im Rahmen des § 255 Abs. 2 AktG ist hingegen ein schuldrechtliches Agio zu berücksichtigen. Darüber hinaus ist bei dem Anfechtungsrecht nach § 255 Abs. 2 AktG analog zu berücksichtigen, dass bei der Bewertung der Unangemessenheit nicht ausschließlich der Wert der Sacheinlage zu betrachten ist, sondern auch die Interessen der Gesellschaft an der konkreten Sacheinlage zu berücksichtigen sind. Ein Anfechtungsgrund (sowie eine Differenzhaftung und eine Eintragungsverweigerungsmöglichkeit durch das Registergericht) besteht nur, wenn die Bewertung der Sacheinlage für die vom Bezugsrecht ausgeschlossenen Aktionäre objektiv nicht hinnehmbar ist.[413] Im Falle einer finanziellen Restrukturierung der Gesellschaft ist zu berücksichtigen, dass Anleihen (manchmal sogar nur eine einzige Anleihe) häufig einen Großteil der Verbindlichkeiten der Gesellschaft ausmachen. Soll die Gesellschaft erfolgreich saniert werden, ist die Restrukturierung der Anleihe besonders

412 *Seibt/Schulz*, CFL 2012, 313, 331; ein ausgewogenes Verhältnis zwischen Prämienhöhe und den genannten Kriterien ist notwendig, da der Vorstand ansonsten Gefahr läuft nicht im Unternehmensinteresse und mit unternehmerischem Ermessen gehandelt zu haben. Bei einem ausgewogenen Verhältnis ist sein Handeln jedenfalls durch die *Business Judgement Rule* geschützt (§ 93 Abs. 1 Satz 2 AktG).

413 MüKoAktG/*Koch* § 255 Rn. 26.

wichtig. Dazu müssen die Anleihegläubiger für das Restrukturierungskonzept gewonnen werden. Dies kann sich durchaus in einem – im Vergleich zum tatsächlichen Wert – etwas erhöhten Einlagewert niederschlagen, um den Anleihegläubigern einen Anreiz zum Debt Equity Swap zu liefern. Dieser Wert ist dann für die Altaktionäre nicht unangemessen niedrig und von ihnen im Interesse der Gesellschaft hinzunehmen.

d) Verfahren der Bewertung

Nachdem der Prüfungsumfang definiert wurde, soll nun kurz das Verfahren der Werthaltigkeitsprüfung dargestellt werden. Der Ablauf des Verfahrens der Werthaltigkeitsprüfung ist davon abhängig, ob die Gesellschaft eine „normale" Sachkapitalerhöhung durchführen möchte oder von der Möglichkeit der vereinfachten Sachkapitalerhöhung (§ 183a AktG) Gebrauch machen möchte.

Beide Optionen sind bei einem Debt Equity Swap grundsätzlich denkbar.

aa) „Normale" Sachkapitalerhöhung

Bei einer „normalen" Sachkapitalerhöhung ist eine externe Prüfung durch einen gerichtlich bestellten Gutachter erforderlich.[414] Die Initiative zur Beauftragung des Prüfers liegt beim Vorstand.[415] Die Prüfer werden vom Registergericht auf Vorschlag der Gesellschaft ernannt. Die Prüfung hat vor der Anmeldung des Beschlusses der Kapitalerhöhung zu erfolgen, da der Prüfbericht der Anmeldung des Beschlusses der Kapitalerhöhung beizufügen ist (§ 184 Abs. 2 AktG).

Der schriftliche Prüfbericht ist neben dem Registergericht auch dem Vorstand auszuhändigen (§ 183 Abs. 3 Satz 2 i. V. m. § 34 Abs. 3 Satz 1 AktG). Beim Registergericht kann der Prüfbericht von jedermann eingesehen werden (§ 183 Abs. 3 Satz 2 i. V. m. § 34 Abs. 3 Satz 2 AktG).

Der Prüfbericht erleichtert zudem die registergerichtliche Kontrolle der Werthaltigkeit.[416]

---

414 Vgl. zu Prüfungspflichten des Sachkapitalerhöhungsprüfers *Heutz/Parameswaran*, ZIP 2011, 1650.

415 MüKoAktG/*Schürnbrand* § 183 Rn. 59.

416 MüKoAktG/*Schürnbrand* § 183 Rn. 57; Henssler/Strohn/*Hermanns* AktG § 183 Rn. 23.

bb) Vereinfachte Sachkapitalerhöhung (§ 183a AktG)

Wenn die Gesellschaft das vereinfachte Verfahren der Sachkapitalerhöhung nach § 183a AktG wählt[417], entfällt die Pflicht zur Durchführung einer externen Werthaltigkeitsprüfung.[418]

Voraussetzung für die Anwendung des vereinfachten Verfahrens ist, dass der Wert der Sacheinlage auch auf andere Art und Weise als durch das externe Gutachten zuverlässig ermittelt werden kann.[419]

Bei einem Debt Equity Swap von Anleihen kommen dabei insbesondere zwei Fälle in Betracht, in denen das vereinfachte Verfahren zulässig ist:

Zum einen kommt das vereinfachte Verfahren in Betracht, wenn die Sacheinlage ein übertragbares Wertpapier oder Geldmarktinstrument im Sinne des § 2 Abs. 1 und 2 WpHG ist, das mit dem gewichteten Durchschnittspreis bewertet werden kann, zu dem es während der letzten drei Monate vor dem Tag seiner tatsächlichen Einbringung auf einem oder mehreren organisierten Märkten im Sinne von § 2 Abs. 11 WpHG gehandelt worden ist (§ 183a Abs. 1 Satz 1 i. V. m. § 33a Abs. 1 Nr. 1 AktG). Die Anleihe ist ein übertragbares Wertpapier im Sinne des § 2 Abs. 1 und 2 WpHG, da sie dort ausdrücklich aufgeführt ist (§ 2 Abs. 1 Satz 1 Nr. 3 lit. a WpHG). Allerdings werden die meisten Anleihen im Freiverkehr der Börsen und somit nicht an einem organisierten Markt im Sinne von § 2 Abs. 11 WpHG gehandelt.[420] Ansonsten käme das vereinfachte Verfahren in dieser Variante durchaus in Betracht. Es stellt sich jedoch möglicherweise die Problematik, dass der Börsenkurs den tatsächlichen Wert der Anleiheforderung aufgrund der öffentlich bekannten Unternehmenskrise nicht mehr tatsächlich widerspiegelt (§ 183a Abs. 1 Satz 1 i. V. m. § 33a Abs. 2 1. Alt AktG).[421]

Zum anderen kommt das vereinfachte Verfahren in Betracht, wenn eine Bewertung zugrunde gelegt wird, die ein unabhängiger, ausreichend vorgebildeter und erfahrener Sachverständiger nach den allgemein anerkannten Bewertungsgrundsätzen mit dem beizulegenden Zeitwert (*fair value*) ermittelt hat und wenn der Bewertungsstichtag nicht mehr als sechs Monate vor dem Tag der tatsächlichen Einbringung liegt (§ 183a Abs. 1 Satz 1 i. V. m. § 33a Abs. 1 Nr. 2

---

417 Vgl. aus der Praxis etwa der Debt Equity Swap der Online Solutions Marketing AG (https://www.firminform.de/unternehmen/259550/meldungen/8477671.pdf).

418 Korrespondierend entfällt auch die Pflicht zur internen Wertermittlung; vgl. *Servatius* in Spindler/Stilz, AktG, § 183a Rn. 32.

419 MüKoAktG/*Peifer* § 183a Rn. 11.

420 *Friedl* BB 2012, 1102, 1105; Theiselmann/*Lürken*, Restrukturierungsrecht, Kap. 5 Rn. 14.

421 *Friedl* BB 2012, 1102, 1105.

AktG).[422] An die Stelle des externen Gutachtens tritt also praktisch das Sachverständigengutachten. Beim Debt Equity Swap könnte die Gesellschaft also ein solches Gutachten in Auftrag geben.

Möchte die Gesellschaft von dem vereinfachten Verfahren Gebrauch machen, ergeben sich einige Abweichungen im Vergleich zum Verfahren nach § 183 AktG:

Die Hauptversammlung muss zunächst explizit eine vereinfachte Sachkapitalerhöhung beschließen.[423] Nach Beschlussfassung haben Vorstand und Aufsichtsratsvorsitzender den Beschluss ebenfalls dem Registergericht zur Eintragung anzumelden. Dies richtet sich – wie bei der normalen Sachkapitalerhöhung – nach § 184 AktG, sodass es gegenüber der Anmeldung bei der normalen Sachkapitalerhöhung lediglich einige Besonderheiten gibt. So ist statt des externen Gutachtens das Sachverständigengutachten beizufügen (§ 184 Abs. 2 2. Alt. i. V. m. § 37a Abs. 3 AktG) und es sind bestimmte Angaben zu machen und Erklärungen abzugeben:[424] Zunächst ist anzugeben, dass von der Möglichkeit der vereinfachten Sachkapitalerhöhung Gebrauch gemacht wird. Die Sacheinlage ist zu beschreiben und eine Erklärung abzugeben, dass der Wert der Sacheinlage den geringsten Ausgabebetrag der im Gegenzug gewährten Aktien erreicht (§ 37a Abs. 1 Satz 3 AktG).[425] Der Wert, die Quelle der Bewertung sowie die angewandte Bewertungsmethode sind zu benennen. Außerdem müssen Vorstand und Aufsichtsratsvorsitzender erklären, dass ihnen keine neuen Umstände bekannt sind, die darauf hindeuten könnten, dass der tatsächlichen Wert im Vergleich zu dem gewichteten Durchschnittspreis der vergangenen drei Monate bzw. zu dem durch das Sachverständigengutachten ausgewiesenen Zeitwert erheblich niedriger ist (§ 184 Abs. 1 Satz 3 i. V. m. § 37a Abs. 2 AktG).

Beim vereinfachten Verfahren ist allerdings zu beachten, dass nach Beschlussfassung eine vierwöchige Registersperre eintritt, innerhalb derer die

422 Vgl. zum Verhältnis von § 33a Abs. 1 Nr. 1 und Nr. 2 AktG in Bezug auf nicht börsengehandelte Wertpapiere *Leuering*, NZG 2016, 208. Diskutiert wird, ob Wertpapiere, welche zwar theoretisch handelbar sind, aber nicht an der Börse gehandelt werden, auch nicht nach § 33a Abs. 1 Nr. 2 AktG im Rahmen des vereinfachten Verfahrens eingebracht werden können, da es dort heißt „andere als die in Nummer 1 genannten Vermögensgegenstände“. *Leuering* stellt allerdings klar, dass diese Formulierung dem nicht im Wege steht. Die Argumentation ist auf Wertpapiere übertragbar, welche zwar börsengehandelt sind, aber nicht an einem regulierten Markt gehandelt werden.

423 *Servatius* in Spindler/Stilz, AktG, § 183a Rn. 29.

424 Vgl. zum Folgenden: *Servatius* in Spindler/Stilz, AktG, § 183a Rn. 42 ff.

425 Obwohl dies nicht ausdrücklich erwähnt wird, muss die Anmeldung auch diese Erklärungen umfassen; *Servatius* in Spindler/Stilz, AktG, § 183a Rn. 33.

Kapitalerhöhung nicht durchgeführt werden darf (§ 183a Abs. 2 Satz 2 AktG). Dies macht das vereinfachte Verfahren teilweise unattraktiv für die Gesellschaft.[426] Ein Debt Equity Swap im Rahmen einer Sanierung erfolgt häufig unter Zeitdruck, sodass nicht so lange abgewartet werden kann.

Vorteil des vereinfachten Verfahrens ist die eingeschränkte Prüfungskompetenz des Registergerichts. Das Registergericht hat insbesondere keine Prüfungskompetenz mehr hinsichtlich des Wertes der Sacheinlage. Das Gericht prüft nur noch, ob die Voraussetzungen des vereinfachten Verfahrens vorliegen (§ 184 Abs. 3 Satz 2 i. V. m. § 38 Abs. 3 Satz 1 AktG). Lediglich bei einer offenkundigen und erheblichen Überbewertung der Sacheinlage kann das Gericht die Eintragung ablehnen (§ 184 Abs. 3 Satz 2 i. V. m. § 38 Abs. 3 Satz 2 AktG). Dieser Vorteil wird jedoch relativiert, da der Wert der Sacheinlage selbstverständlich auch im Verfahren nach § 183a AktG korrekt ermittelt werden muss und ansonsten dieselben Risiken wie im Verfahren nach § 183 AktG drohen; insbesondere die Anfechtung der Aktionäre und eine Differenzhaftung.

e) *Fazit zur Bewertung der Sacheinlage*

Die wesentlichen Punkte für die Bewertung der Anleiheforderung lassen sich wie folgt zusammenfassen:

Abgesehen von den gesetzlich vorgesehenen Ausnahmen ist stets eine Bewertung der Anleiheforderung erforderlich – sei es in Form einer externen Werthaltigkeitsprüfung oder durch ein Sachverständigengutachten, falls die Gesellschaft eine vereinfachte Sachkapitalerhöhung nach § 183a AktG durchführen möchte.

Die Prüfung hat sich darauf zu erstrecken, ob der Wert der Anleiheforderung dem Gegenwert der im Gegenzug auszugebenden Aktien entspricht. Dabei ist allerdings lediglich ein korporatives Agio in die Werthaltigkeitsprüfung mit einzubeziehen. Ein schuldrechtliches Agio muss nicht abgedeckt sein. Insgesamt ist dem Vorstand bei der Ermittlung des richtigen Einbringungswertes ein gewisser Einschätzungsspielraum zu gewähren und Abweichungen müssen am Kriterium der Unangemessenheit für die Altaktionäre gemessen werden. So soll dem Vorstand ein kleiner Verhandlungsspielraum mit den Anleihegläubigern gewährt werden.

Eine teleologische Reduktion der Sacheinlagevorschriften in Form eines Wegfalls der Prüfungsvorschriften ist *de lege lata* nicht möglich und eine prinzipielle Einbringung der Anleihe zu ihrem Nennwert verbietet sich.

---

426 *Servatius* in Spindler/Stilz, AktG, § 183a Rn. 40.

IV. Mitwirkung der Anleihegläubiger

Mit der gesellschaftsrechtlichen Einordnung wurde festgestellt, welche Beschlüsse seitens der Gesellschaft, also der (Alt)aktionäre im Rahmen der Hauptversammlung, zu fassen sind. Daneben muss der Vorstand für die Realisierung des Debt Equity Swaps noch die Zustimmung der Anleihegläubiger ersuchen. Dafür hat er zwei Möglichkeiten:

Entweder er richtet ein öffentliches Umtauschangebot an alle Anleihegläubiger (sog. *exchange tender offer*)[427] oder er initiiert ein kollektives Restrukturierungsverfahren nach dem Schuldverschreibungsgesetz.[428]

1. Öffentliches Umtauschangebot (*exchange tender offer*)

Wenn das SchVG keine Anwendung findet oder die Gesellschaft kein Verfahren nach dem SchVG durchführen möchte, kann sie den Anleihegläubigern ein öffentliches Umtauschangebot (*Exchange Tender Offer)* machen.

a) Inhalt und Veröffentlichung des Angebots

Inhalt der Veröffentlichung ist ein Angebot an alle Anleihegläubiger, ihre Anleihen der Gesellschaft zum Umtausch gegen Aktien der Gesellschaft anzubieten oder (je nach Ausgestaltung) direkt den Auftrag zum Umtausch zu erteilen.[429]

Dabei werden zum einen die genauen Modalitäten des Umtauschs – also das Umtauschverhältnis – bekannt gegeben und zum anderen die technische Abwicklung der Transaktion erläutert. Ferner wird der vorgesehene Zeitplan bekannt gegeben; insbesondere die Annahmefrist für die Anleihegläubiger.

Das Angebot wird von der Gesellschaft in der Regel auf deren Homepage und im Bundesanzeiger veröffentlicht. Zur weiten Verbreitung erfolgt zudem ggf. eine Veröffentlichung in der Tagespresse und über ein elektronisches Verbreitungsmedium (z.B. DGAP[430]). Den Anleihegläubigern wird das Angebot über deren jeweilige Depotbanken bekanntgemacht.

---

427 Siehe dazu sogleich unter 1.

428 Siehe dazu sogleich unter 2.

429 Methodisch geht es somit um die Frage, worin das Angebot und worin die Annahme liegt. Hintergrund ist, dass die Gesellschaft sich ggf. erst zu einem späteren Zeitpunkt tatsächlich binden möchte.

430 Deutsche Gesellschaft für Ad Hoc Publizität mbH (www.dgap.de): Internetplattform zur Verbreitung von Kapitalmarktinformationen und zur Unternehmenskommunikation.

Bei dieser Transaktionsform ist die Abwicklung über eine oder mehrere beauftragte Bank(en) als zentrale Abwicklungsstelle praktisch unverzichtbar.[431] Daher wird die zentrale Abwicklungsstelle in dem Angebot benannt und dargelegt, welche Erklärungen und Ermächtigungen die Anleihegläubiger abgeben möchten, wenn sie am Debt Equity Swap teilnehmen möchten.[432]

b) Ausgestaltungsmöglichkeiten

Bei der genauen Ausgestaltung des Angebots bieten sich für die Gesellschaft diverse Gestaltungsmöglichkeiten. Häufig wird das Angebot zum Debt Equity Swap unter Bedingungen gestellt. Beispielsweise, dass die notwendige Sachkapitalerhöhung bis zu einem bestimmten Datum in das Handelsregister eingetragen und damit wirksam wird. Auf diese Weise lässt sich eine Verknüpfung der beiden zueinander zu bringenden Seiten – Gesellschaft und Anleihegläubiger – herstellen.

Außerdem kann die Gesellschaft Mindestannahmeschwellen, unterhalb derer der Debt Equity Swap nicht durchgeführt wird, festlegen.

Maximalannahmeschwellen sind ebenfalls möglich. Solche kommen dann in Betracht, wenn die Gesellschaft nicht die gesamte Anleihe in Aktien tauschen will, sondern nur einen Teil in Aktien tauschen möchte (sog. Teilumtauschangebote). Grund dafür kann beispielsweise die Ausnutzung eines in der Höhe begrenzten genehmigten Kapitals sein. Die Gesellschaft wird sich in diesem Fall die Ablehnung einzelner Umtauschanträge oder eine quotale Zuteilung vorbehalten.

c) Zustimmung der Anleihegläubiger

Die Anleihegläubiger können sodann dem Umtauschangebot zustimmen. Dabei gibt es zwei verschiedene Gestaltungsvarianten: Je nach Ausgestaltung der *exchange tender offer* als tatsächliches Angebot oder als bloße *invitatio ad offerendum* an die Anleihegläubiger, ihre Anleihen zum Umtausch in Aktien anzubieten, müssen die Anleihegläubiger entweder die Annahme des Angebots erklären oder ihre Anleihen der Gesellschaft anbieten, wenn sie am Debt Equity Swap teilnehmen möchten.

---

431 Vgl. zur technischen Abwicklung und der Rolle der zentralen Abwicklungsstelle sogleich unter V. 4.

432 Vgl. dazu sogleich unten unter c).

Neben der eigentlichen „Annahmeerklärung" sind von den Anleihegläubigern weitere Erklärungen abzugeben, welche die tatsächliche Durchführung des Debt Equity Swaps betreffen. Dazu wird den Anleihegläubigern ein vorformuliertes Formular zur Verfügung gestellt, welches sie über ihre Depotbank an die zentrale Abwicklungsstelle übersenden. Darin ermächtigen sie in der Regel ihr depotführendes Institut, ihre Anleihe zunächst in eine Interims-ISIN umzubuchen. Außerdem wird das depotführende Institut ermächtigt, die Anleihe später auf das Depot der zentralen Abwicklungsstelle zu übertragen, welche die Anleihe später als fremdnützige Treuhänderin als Sacheinlage in die Gesellschaft einbringt und den eigentlichen Swap durchführt. Die Anleihegläubiger ermächtigen dazu die zentrale Abwicklungsstelle, die Anleihe als Sacheinlage in eigenem Namen, aber als fremdnützige Treuhänderin, in die Gesellschaft einzubringen und die neuen Aktien treuhänderisch für sie zu zeichnen. Außerdem bevollmächtigen die Anleihegläubiger die zentrale Abwicklungsstelle ggf. zum Abschluss der Einlageverpflichtung mit der Gesellschaft.[433] Damit ermöglichen die Anleihegläubiger die in der Praxis gängige Abwicklung des Debt Equity Swaps über eine Bank als zentrale Abwicklungsstelle.[434]

2. Verfahren nach dem Schuldverschreibungsgesetz

a) Einleitung

Das Schuldverschreibungsgesetz bietet die Möglichkeit, Anleihen in einem geordneten Verfahren kollektiv zu restrukturieren. Die Anleihegläubiger erklären dabei ihre Zustimmung zum Debt Equity Swap qua Mehrheitsbeschluss im Rahmen der Gläubigerversammlung.[435] Ein Debt Equity Swap ist als Restrukturierungsmöglichkeit im Schuldverschreibungsgesetz ausdrücklich vorgesehen (vgl. § 5 Abs. 3 Nr. 5 1. Var SchVG).

b) Anwendungsbereich des Schuldverschreibungsgesetzes

Um ein Verfahren nach dem Schuldverschreibungsgesetz durchzuführen, muss allerdings dessen Anwendungsbereich eröffnet sein. Dieser besteht aus sachlichen, örtlichen und zeitlichen Kriterien.[436]

---

433 *Friedl*, BB 2012, 1102, 1105; vgl. dazu auch unten unter V. 2 b) cc).

434 Vgl. dazu unten V. 4.

435 Zur Beschlussfassung im Rahmen der Gläubigerversammlung vgl. unten unter 2. c).

436 Vgl. zu den Kriterien für die Anwendbarkeit des SchVG insgesamt *Artzinger-Bolten/Wöckener* in Hopt/Seibt, Schuldverschreibungsrecht, 1. Teil SchVG § 1 sowie *Wilken/Schaumann/Zenker*, S. 20 ff.

aa) Sachlicher Anwendungsbereich

Der sachliche Anwendungsbereich des SchVG ist eröffnet, wenn es sich um eine nach deutschem Recht begebene inhaltsgleiche Schuldverschreibung aus Gesamtemission handelt (§ 1 Abs. 1 SchVG).

Es ergeben sich somit zwei Voraussetzungen: Die Wahl deutschen Rechts und das Vorliegen einer inhaltsgleichen Schuldverschreibung aus Gesamtemission.

(i) Wahl deutschen Rechts

Zunächst muss das deutsche Recht als Wertpapierrechtsstatut für die Anleihe gewählt worden sein. Dem steht es nicht entgegen, wenn lediglich einzelne Klauseln ausländischem Recht unterliegen, solange die Anleihe im Wesentlichen deutschem Recht unterliegt.[437] Damit wird auch deutlich, dass der Sitz oder das Herkunftsland des Emittenten nicht mehr entscheidend ist. Einziges Kriterium in dieser Hinsicht ist die Wahl deutschen Rechts.

(ii) Inhaltsgleiche Schuldverschreibung aus Gesamtemission

Es muss sich außerdem um „inhaltsgleiche Schuldverschreibungen aus Gesamtemission" handeln. Gesamtemissionen werden üblicherweise eingeteilt in Teilschuldverschreibungen mit einer bestimmten Stückelung (Schuldverschreibungen).[438] Damit ist die Emission einer Vielzahl untereinander austauschbarer, also inhaltsgleicher, Schuldverschreibungen, deren Kapitalmarktfähigkeit vorausgesetzt werden kann, gemeint.[439] Inhaltsgleich sind die Schuldverschreibungen, wenn sie auf denselben (Anleihe)bedingungen beruhen und gleiche Rechte für alle Schuldverschreibungen vorsehen.[440] Aufgrund ihrer Inhaltsgleichheit sind sie untereinander austauschbar und somit fungibel. Aus Sicht der Praxis besonders relevant ist es, dass auch im Falle von mehreren Tranchen einer Anleihe, welche zu unterschiedlichen Zeitpunkten emittiert werden, Inhaltsgleichheit jedenfalls dann vorliegt, wenn für sie die gleichen Bedingungen gelten.[441] Das SchVG findet dabei Anwendung auf alle Arten von

437 LBS/*Bliesener/Schneider*, Bankrechtskommentar, 17. Kap., § 1 SchVG Rn. 4 ff; *Kessler*, BB 2014, 2572, 2576; *Kessler/Rühle*, BB 2014, 907, 910.

438 RegE, BT-Drs. 16/12814, S. 16.

439 LBS/*Bliesener/Schneider*, Bankrechtskommentar, 17. Kap., § 1 SchVG Rn. 10; *Hartwig-Jacob* in Frankfurter Kommentar zum SchVG, § 1 Rn. 111; *M. Müller* in Heidel § 1 SchVG Rn. 2.

440 LBS/*Bliesener/Schneider*, Bankrechtskommentar, 17. Kap., § 1 SchVG Rn. 10.

441 LBS/*Bliesener/Schneider*, Bankrechtskommentar, 17. Kap., § 1 SchVG Rn. 13.

Schuldverschreibungen. Dies sind nicht nur die „klassischen Schuldverschreibungen“ in Form der Inhaberschuldverschreibung, der Orderschuldverschreibung und der Namensschuldverschreibung[442], sondern auch für bestimmte Derivate, sofern sie als Schuldverschreibung ausgestaltet sind. Die vorliegende Arbeit befasst sich jedoch primär mit „klassischen“ Anleihen, welche unproblematisch vom sachlichen Anwendungsbereich erfasst sind.[443]

Irrelevant sind eine mögliche Börsennotierung, die genaue Art der Verbriefung und die Art der Schuldverschreibung.[444]

(iii) Ausnahme für Pfandbriefe und öffentlich-rechtliche Anleiheschuldner

Das SchVG findet allerdings keine Anwendung auf Pfandbriefe und Schuldverschreibungen, die von öffentlich-rechtlichen Schuldnern emittiert oder garantiert werden (§ 1 Abs. 2 Satz 1 SchVG).[445]

Gleiches gilt auch für Anleihen ausländischer Staaten oder sonstiger öffentlich-rechtlicher oder völkerrechtlicher Emittenten, die nach deutschem Recht begeben sind.[446]

(iv) Keine weiteren sachlichen Anwendungsvoraussetzungen

Nach dem SchVG (1899) waren Beschlüsse der Gläubiger nur zur Abwendung einer Zahlungseinstellung oder eines Insolvenzverfahrens zulässig.[447] Eine solche Beschränkung enthält das neue SchVG nicht mehr. Vielmehr ist es eines der erklärten Ziele der Reform, eine kollektive Restrukturierung bereits frühzeitig zu ermöglichen.[448]

bb) Örtlicher Anwendungsbereich

Einen örtlichen Anwendungsbereich im engeren Sinne enthält das SchVG im Gegensatz zum SchVG (1899) nicht. Einziges Kriterium in diese Hinsicht ist die Wahl deutschen Rechts. Das SchVG gilt sowohl für Inlandsanleihen, also Anleihen inländischer Schuldner als auch für Auslandsanleihen, also Anleihen

---

442 Vgl. zu diesen Dreien: LBS/*Bliesener/Schneider*, Bankrechtskommentar, 17. Kap., § 1 SchVG Rn. 16 ff.

443 Vgl. dazu *Wilken/Schaumann/Zenker*, S. 23 f.

444 *Wilken/Schaumann/Zenker*, S. 22.

445 Vgl. dazu ausführlich LBS/*Bliesener/Schneider*, Bankrechtskommentar, 17. Kap., § 1 SchVG Rn. 28 ff.

446 *M. Müller* in Heidel § 1 SchVG Rn. 5.

447 *Schlitt/Schäfer*, AG 2009, 477, 479; *Wilken/Schaumann/Zenker*, S. 22 f.

448 RegE, BT-Drs. 16/12814, S. 13.

ausländischer Schuldner.[449] Darin liegt eine deutliche Erweiterung im Vergleich zum alten SchVG (1899). Dieses galt ausschließlich für in Deutschland von dort ansässigen Emittenten begebenen Schuldverschreibungen (§ 1 Abs. 1 SchVG (1899)).[450] Dies war aus Sicht der Praxis sehr unglücklich und machte das SchVG (1899) unattraktiv, da Anleihen aus steuerlichen Gründen sehr oft über ausländische Finanzierungstöchter emittiert werden.[451]

cc) Zeitlicher Anwendungsbereich (und Möglichkeit eines Opt-In für Altanleihen)

Das SchVG gilt für alle seit Inkrafttreten des Gesetzes am 05. August 2009 begebenen Schuldverschreibungen (§ 24 Abs. 1 Satz 1 SchVG).

Für davor emittierte Schuldverschreibungen gilt grundsätzlich das SchVG (1899) (§ 24 Abs. 1 Satz 2 SchVG).

Allerdings besteht für solche „Altanleihen" die Möglichkeit für die Anleihegläubiger mit Zustimmung des Anleiheschuldners, durch einen sog. Opt-In-Beschluss die Anwendung des neuen SchVG zu beschließen (§ 24 Abs. 2 SchVG).[452] Dabei gibt es zwei Möglichkeiten: Entweder beschließen die Anleihegläubiger die Änderungen der Anleihebedingungen und erklären darin die Anwendung des SchVG (sog. Gesamtoption) oder sie beschließen den Austausch der Schuldverschreibung gegen eine neue Schuldverschreibung mit geänderten Anleihebedingungen, in denen das neue SchVG für anwendbar erklärt wird (sog. Austauschoption).[453]

Diese Möglichkeit besteht allerdings nur bei Anleihen, welche die Voraussetzungen des § 1 SchVG erfüllen; also insbesondere deutschem Recht unterliegen. Zwischenzeitlich hat eine sehr restriktive Auslegung der Opt-In-Möglichkeit durch das OLG Frankfurt am Main für erhebliche Rechtsunsicherheit in der Praxis gesorgt.[454] Nach Auffassung des OLG Frankfurt am Main bestehe diese Möglichkeit nur für Anleihen, die bisher dem SchVG (1899) unterlagen oder für solche, bei denen bisher die Zulässigkeit von

---

449 LBS/*Bliesener/Schneider*, Bankrechtskommentar, 17. Kap., § 1 SchVG Rn. 3.

450 *Schlitt/Schäfer*, AG 2009, 477, 478.

451 *Schlitt/Schäfer*, AG 2009, 477, 478 sowie RegE, BT-Drs. 16/12814, S. 13.

452 Formulierungsvorschlag für einen solchen Opt-In-Beschluss bei Theiselmann/*Lürken*, Restrukturierungsrecht, Kap. 5 Rn. 54.

453 LBS/*Bliesener/Schneider*, Bankrechtskommentar, 17. Kap., § 24 SchVG Rn. 5; *M. Müller* in Heidel § 24 SchVG Rn. 2.

454 OLG Frankfurt am Main, Beschluss vom 27.03.2012 – 5 AktG 3/11 = ZIP 2012, 725 = BB 2012, 1305.

Mehrheitsentscheidungen vorgesehen waren. Dies führte in der Praxis dazu, dass ein Opt-In für Anleihen ausländischer Schuldner nicht möglich war, da für solche das SchVG (1899) wie bereits dargelegt keine Anwendung fand. Diese Auslegung war kontraproduktiv zu dem Ziel der Reform, das SchVG auch für ausländische Emittenten attraktiv zu machen. Dementsprechend wurde die Entscheidung des OLG Frankfurt am Main in der Literatur überwiegend scharf kritisiert.[455] Erfreulicherweise ist der BGH der restriktiven Auffassung des OLG Frankfurt am Main inzwischen entgegen getreten.[456] Der BGH hat ausdrücklich erklärt, dass eine Möglichkeit zum Opt-In auch für Anleihen bestehe, die bisher nicht dem SchVG (1899) unterlägen.[457] Teilweise wird befürchtet, das OLG Frankfurt am Main könnte sich der Rechtsprechung des BGH nicht unterwerfen, da es für Altanleihen ausländischer Emittenten im Freigabeverfahren (§ 20 Abs. 3 Satz 4 SchVG i. V. m. § 246a AktG) eine Monopolkompetenz als Eingangs- und Letztinstanz habe.[458]

Im Rahmen des Opt-In Beschlusses können nach richtiger Ansicht direkt auch weitere Restrukturierungsmaßnahmen beschlossen werden.[459]

c) Beschlussfassung über den Debt Equity Swap im Rahmen der Gläubigerversammlung

Die Beschlussfassung über den Debt Equity Swap erfolgt in der Gläubigerversammlung qua Mehrheitsbeschluss. Die Gläubigerversammlung ist das zentrale Beschlussorgan der Anleihegläubiger. Als Alternative zur physischen Gläubigerversammlung besteht die Möglichkeit zur Abstimmung ohne Versammlung (§ 18 SchVG; „virtuelle Versammlung").

455 *Lürken*, GWR 2012, 227; *Paulus*, EWiR 2012, 259; *ders.* WM 2012, 1109; Theiselmann/*Lürken*, 2. Auflage 2013, Restrukturierungsrecht, Kap. 5 Rn. 34. Vgl. zur Problematik bereits zuvor sehr ausführlich *Baums/Schmidtbleicher*, ZIP 2012, 204.

456 BGH, Urteil vom 01.07.2014 II ZR 381/13 = ZIP 2014, 1876 = BGHZ 202, 7 = WM 2014, 1810 = BB 2014, 2572; bestätigt durch BGH, Beschluss vom 02.12.2014 – II ZB 2/14 = ZIP 2015, 473. Vgl. dazu auch Anmerkung *Friedl*, BKR 2014, 511, 514 sowie *Grell/Splittgerber/Schneider*, DB 2015, 111.

457 BGH aaO Leitsatz a). Entwurf einer gesetzlichen Klarstellung bei *Arbeitskreis Reform des Schuldverschreibungsrechts*, ZIP 2014, 845, 848 f. und 857.

458 *Wilken/Schaumann/Zenker*, S. 30.

459 *Kusserow*, WM 2011, 1645, 1646 ff.; Wilken/*Schaumann/Zenker*, S. 30 f.

aa) Einberufung der Gläubigerversammlung

Der Vorstand der Gesellschaft als Anleiheschuldner kann die Gläubigerversammlung selbst einberufen (§ 9 Abs. 1 Satz 1 1. Alt SchVG).[460] Zwar fehlt es an einer konkreten Kompetenzzuweisung an den Vorstand wie beispielsweise § 121 Abs. 2 AktG, der die Einberufungskompetenz für die Hauptversammlung der AG *expressis verbis* dem Vorstand zuweist, sodass auf die allgemeine Vertretungsmacht abzustellen ist. Dies bedeutet, dass grundsätzlich jeder Vertretungsberechtigte der Gesellschaft, also unter Umständen beispielsweise auch ein Prokurist, die Gläubigerversammlung einberufen könnte.[461] Allerdings wird zur Vermeidung möglicher Anfechtungsklagen[462] zu einem Beschluss des gesamten Vorstands als Kollegialorgan über die Einberufung der Gläubigerversammlung geraten.[463]

Der Vorstand als Einberufender wird später auch den Vorsitz in der Gläubigerversammlung innehaben (§ 15 Abs. 1 SchVG). Die Einberufungsfrist beträgt mindestens 14 Tage. Aus praktischer Sicht ist allerdings die Pflicht zur Veröffentlichung der Einladung im Bundesanzeiger (§ 12 Abs. 2 Satz 1 SchVG)[464] zu beachten, die einen Vorlauf von zwei bis drei Werktagen erfordert. Diese Zeit ist entsprechend einzuplanen.[465] Zu beachten ist außerdem die Veröffentlichung einer entsprechenden Tagesordnung (§ 13 SchVG). Sämtliche Beschlussgegenstände einschließlich eines Beschlussvorschlages müssen in der Tagesordnung enthalten sein. Ist ein Beschlussgegenstand nicht in der Tagesordnung enthalten, so kann kein Beschluss erfolgen (§ 13 Abs. 2 Satz 3 SchVG). Eine Begründungs- und Berichtspflicht ist gesetzlich nicht vorgesehen, wird sich allerdings in der Praxis anbieten, um die Anleihegläubiger von der Zustimmung zu überzeugen.[466] Sofern die Änderung der Anleihebedingungen beschlossen werden soll, ist der Wortlaut der neuen Anleihebedingungen anzugeben.[467]

---

460 Neben dem Anleiheschuldner steht diese Kompetenz auch dem gemeinsamen Vertreter der Anleihegläubiger (§ 9 Abs. 1 Satz 1 2. Alt SchVG) oder Anleihegläubigern zu, die zusammen mindestens fünf Prozent der ausstehenden Anleihe halten und bestimmte Gründe oder Interessen vortragen (vgl. § 9 Abs. 1 Satz 2 und 3 SchVG).

461 *Wilken/Schaumann/Zenker*, S. 51.

462 Die Beschlüsse der Gläubigerversammlung sind anfechtbar (§ 20 SchVG); vgl dazu noch unten unter V. 3.

463 *Wilken/Schaumann/Zenker*, S. 50.

464 Weiterhin ist auch die Pflicht zur Veröffentlichung nach § 49 Abs. 2 Nr. 1 WpHG zu berücksichtigen.

465 *Wilken/Schaumann/Zenker*, S. 51.

466 *Wilken/Schaumann/Zenker*, S. 60.

467 *Schmidtbleicher* in Frankfurter Kommentar zum SchVG, § 13 Rn. 2.

Die Tagesordnung muss also ausdrücklich die geplante Beschlussfassung über einen Debt Equity Swap vorsehen.

bb) Beschlussfassung der Gläubigerversammlung

Die Gläubigerversammlung ist beschlussfähig, wenn die Anwesenden wertmäßig mindestens 50% der ausstehenden Schuldverschreibungen vertreten (§ 15 Abs. 3 Satz 1 SchVG). In den Anleihebedingungen kann theoretisch ein höheres Quorum festgelegt werden, wovon jedoch in der Praxis kein Gebrauch gemacht wird.[468] Die Beschlussfähigkeit wird durch den Versammlungsleiter festgestellt. Ist die Gläubigerversammlung nicht beschlussfähig, was bei Anleihen mit großem Streubesitz den Regelfall darstellt[469], kann der Versammlungsleiter eine zweite Gläubigerversammlung einberufen (§ 15 Abs. 3 Satz 2 SchVG). Die erste Versammlung kann dann allerdings als Informationsveranstaltung genutzt werden.[470]

Die zweite Gläubigerversammlung ist grundsätzlich und unabhängig von Teilnahmequoten beschlussfähig (§ 15 Abs. 3 Satz 3 SchVG). Allerdings ist zu beachten, dass Beschlüsse, zu deren Wirksamkeit eine qualifizierte Mehrheit erforderlich ist (§ 5 Abs. 4 Satz 2 SchVG; wie der Beschluss über einen Debt Equity Swap), voraussetzt, dass mindestens 25% der ausstehenden Anleihen vertreten sind (§ 15 Abs. 3 Satz 3 2. Halbsatz i. V. m. § 5 Abs. 4 Satz 2 SchVG).

Die notwendigen Abstimmungsmehrheiten sind abhängig davon, was konkret beschlossen werden soll. Grundsätzlich ist die einfache Mehrheit ausreichend (§ 5 Abs. 4 Satz 1 SchVG). Eine qualifizierte Mehrheit von 75% der anwesenden Stimmrechte ist erforderlich bei wesentlichen Änderungen der Anleihebedingungen (§ 5 Abs. 4 Satz 2 SchVG).[471] Ein Debt Equity Swap stellt eine wesentliche Änderung der Anleihebedingungen dar, sodass eine qualifizierte Mehrheit von 75% der anwesenden Stimmrechte erforderlich ist (ausdrücklich § 5 Abs. 4 Satz 2 i. V. m. Abs. 3 Nr. 5 SchVG).

Als Alternative zur Präsenzversammlung bietet das SchVG die Möglichkeit der Beschlussfassung ohne Versammlung (§ 18 SchVG).

Dieses Verfahren ist völlig neu und soll insbesondere eine effiziente Möglichkeit für Anleiheschuldner zur kosten- und zeitsparenden Restrukturierung bieten.[472] Das Verfahren ist jedoch bisher in der Praxis wenig erprobt und es

468 *Wilken/Schaumann/Zenker*, S. 72.
469 *Wilken/Schaumann/Zenker*, S. 73.
470 *Wilken/Schaumann/Zenker*, S. 73.
471 Vgl. dazu noch unten unter V. 2. b).
472 RegE, BT-Drs. 16/12814, S. 24.

besteht Rechtsunsicherheit hinsichtlich einiger wichtiger Fragen, weshalb Anleiheschuldnern von diesem Verfahren bisher noch abzuraten ist.[473]

cc) Möglichkeiten des Anleiheschuldners zur Einwirkung auf das Abstimmungsverhalten der Gläubigerversammlung

In der Praxis wird der Anleiheschuldner nach Möglichkeiten suchen, wie er das Abstimmungsverhalten der Gläubigerversammlung zu seinen Gunsten beeinflussen kann.

Dabei bieten sich zwei Herangehensweisen an: Entweder er versucht Einfluss auf die Zusammensetzung der Gläubigerversammlung zu nehmen, indem er dafür sorgt, dass möglichst viele Anleihegläubiger teilnahme- und stimmberechtigt sind, bei denen er davon ausgeht, dass sie in seinem Sinne abstimmen werden oder der Anleiheschuldner versucht, Einfluss auf das Abstimmungsverhalten aller oder einzelner Anleihegläubiger zu nehmen, indem er alle oder einzelne Anleihegläubiger zur Zustimmung incentiviert.

Rechtlich müssen sich solche Beeinflussungsstrategien insbesondere am Gleichbehandlungsgebot (§ 4 Satz 2 SchVG), einer möglichen Inhaltskontrolle im Rahmen einer Anfechtungsklage (§ 20 Abs. 1 Satz 1 SchVG) sowie dem Verbot des Stimmenkaufs (§ 6 Abs. 2 SchVG) messen lassen.[474]

(i) Einflussnahme auf die Zusammensetzung der Gläubigerversammlung

Der Anleiheschuldner kann zunächst versuchen, auf die Zusammensetzung der Gläubigerversammlung Einfluss zu nehmen. Aus seiner Sicht ist es erstrebenswert, die Gläubigerversammlung mit möglichst vielen Personen zu besetzen, bei denen er davon ausgeht oder sicher weiß, dass sie seinen Beschlussvorschlag unterstützen.

Die Stimmrechte in der Gläubigerversammlung entsprechen der quotalen Verteilung der zu sanierenden Anleihe (§ 6 Abs. 1 Satz 1 SchVG) oder kurz gesagt: Das Stimmrecht knüpft an die Inhaberschaft der Anleihe an. Also wird der Anleiheschuldner versuchen, dass die Anleihe von möglichst vielen aus seiner Sicht kooperativen Investoren gehalten wird. Darüber hinaus hat der Anleiheschuldner aufgrund des erforderlichen Beschlussquorums[475] ein allgemeines

---

473 *Wilken/Schaumann/Zenker*, S. 78 f. Vgl. zu Gläubigerrechten und Emittentenpflichten bei der Abstimmung ohne Versammlung *Bertelmann/Schönen*, ZIP 2014, 353.

474 *Grell/Splittgerber/Schneider*, DB 2015, 111, 112.

475 Die (erste) Gläubigerversammlung ist erst beschlussfähig, wenn mindestens 50% der ausstehenden Anleihen anwesend oder rechtskräftig vertreten sind. Die zweite Gläubigerversammlung kann ebenfalls nur über einen Debt Equity Swap abstimmen,

Interesse an der Steigerung der Präsenz auf der Gläubigerversammlung. Auch unter diesem Aspekt ist es für den Anleiheschuldner erstrebenswert, dass die Anleihe von Investoren gehalten wird, die auch tatsächlich an der Gläubigerversammlung teilnehmen.

Dabei wäre zunächst daran zu denken, dass der Anleiheschuldner – entsprechende Liquidität vorausgesetzt – versucht, die Anleihe möglichst selbst über die Börse oder unmittelbar von anderen Anleihegläubigern zu erwerben[476] und dann in der Gläubigerversammlung mit abstimmt. Allerdings ist der Anleiheschuldner selbst – sowie ein mit ihm verbundenes Unternehmen – nicht stimmberechtigt; das Stimmrecht ruht (§ 6 Abs. 1 Satz 2 SchVG).[477] Dies gilt auch, wenn die Anleihe für Rechnung des Anleiheschuldners oder für ein mit ihm verbundenes Unternehmen gehalten wird.

In Betracht käme sodann noch die Übertragung eventueller vom Anleiheschuldner selbst gehaltener Anleiheanteile an einen Investor, der das Stimmrecht in der Gläubigerversammlung im Sinne des Anleiheschuldners ausübt.[478] Allerdings ist zu beachten, dass sämtliche Stimmrechte, die dem Anleiheschuldner mittelbar oder unmittelbar zuzurechnen sind, ruhen sollen (§ 6 Abs. 1 SchVG). Mit diesem weiten Verständnis soll die „Ruhensregelung“ ausdrücklich gegen missbräuchliche Gestaltungsvarianten geschützt werden.[479] Dennoch erscheint es unter Beachtung bestimmter Vorkehrungen möglich, diese Gestaltungsvariante rechtssicher durchzuführen. Die Intention des Gesetzes ist es, dass der Anleiheschuldner keinen Einfluss auf die Ausübung der Stimmrechte in der Gläubigerversammlung ausüben darf. Eine Übertragung im Sinne einer Veräußerung der Anleihe an einen Investor ist allerdings nicht verboten. Die Veräußerung sollte jedoch dauerhafter Natur sein, das heißt, ein zeitnaher Rückerwerb sollte nicht stattfinden und die Übertragung sollte nicht etwa an Bedingungen geknüpft sein. Bedingungen sind dabei nicht nur im Rechtssinne zu verstehen, sondern umfassen auch Vereinbarungen zwischen Anleiheschuldner und dem Investor, insbesondere über die Ausübung der Stimmrechte in der Gläubigerversammlung. Eine informelle Absprache im Vorfeld der Veräußerung erscheint

---

wenn 25% anwesend oder rechtskräftig vertreten sind; vgl. dazu bereits oben unter 2. c) bb).

476 Dies wäre zunächst ein sog. Debt Buy Back; vgl. dazu ausführlich unten unter § 6.

477 Hintergrund ist die Vermeidung eines möglichen Interessenkonflikts; vgl. RegE, BT-Drs. 16/12814, S. 19.

478 *Seibt*, ZIP 2016, 997, 1000 unter Verweis auf das Praxisbeispiel der Restrukturierung der Singulus Technologies AG Anleihe 2012/2020.

479 RegE, BT-Drs. 16/12814, S. 19.

unproblematisch. Es muss dabei primär sichergestellt werden, dass keine mittelbare oder unmittelbare Zurechnung der Stimmrechte an den Anleiheschuldner mehr besteht. Der Anleiheschuldner trägt allerdings das Risiko, dass der Investor entgegen seiner Erwartungen das Stimmrecht nicht in seinem Sinne ausübt.

Eine weitere Möglichkeit, Einfluss auf die Zusammensetzung der Gläubigerversammlung zu nehmen, ist die Akquisition von weiteren Investoren, welche der Anleiheschuldner animiert, die Anleihe von Dritten (ggf. über die Börse) zu erwerben, um am Restrukturierungskonzept teilzunehmen und ggf. einen entsprechenden Gewinn zu realisieren oder eine andere Strategie zu verfolgen (z.B. *loan to own*).[480] Diese Strategie erscheint im Hinblick auf das zuvor bereits Gesagte zur Übertragung der Anleihe auf Investoren erst recht unproblematisch.

Bei der gezielten Ansprache einzelner Investoren müssen Gesellschaft und Investor ihre Kommunikation allerdings stets im Hinblick auf das Verbot des Insiderhandels (Art. 7 und 8 MAR) und des Verbots der Weitergabe von Insiderinformationen (Art. 10 MAR) überprüfen.[481] Das bedeutet, dass sie den potentiellen Investoren im Rahmen der Ansprache keinerlei Insiderinformationen zukommen lassen dürfen, die diese dann in ihre Entscheidung über den Erwerb der Anleihe mit einfließen lassen.[482]

(ii) Einflussnahme auf das Abstimmungsverhalten der Anleihegläubiger

Weitaus problematischer sind Vorhaben des Anleiheschuldners, direkt auf das Abstimmungsverhalten aller oder einzelner Anleihegläubiger Einfluss nehmen zu wollen.

Dabei geht es üblicherweise um das Inaussichtstellen eines finanziellen Anreizes (sog. Incentivierung). Dabei ist entscheidend, wovon die Zahlung dieses Incentives abhängig gemacht wird.

Drei Gestaltungsvarianten sind denkbar:[483]

1. Die unterschiedslose Gewährung einer Prämie an sämtliche Anleihegläubiger, sofern die gewünschten Änderungen der Anleihebedingungen wirksam beschlossen werden.

---

480 *Seibt*, ZIP 2016, 997, 1000; vgl. zu solchen Strategien bereits oben unter § 3 II.

481 *Seibt*, ZIP 2016, 997, 1000.

482 Vgl. dazu auch § 3 III (allerdings zu Problemen der Weitergabe von Insiderinformationen an die aktuellen Anleihegläubiger).

483 *Schnorbus/Ganzer*, WM 2014, 155, 157.

2. Die Zahlung einer Prämie nur an diejenigen Anleihegläubiger, die an der Abstimmung teilgenommen haben und nur für den Fall, dass die Änderungen wirksam beschlossen werden.
3. Die Zahlung einer Prämie nur an diejenigen Anleihegläubiger, die für die gewünschten Änderungen stimmen und nur, wenn diese wirksam beschlossen werden.

Diese Gestaltungen sind insbesondere am Verbot des Stimmenkaufs (§ 6 Abs. 2 SchVG) zu messen. Danach darf niemand dafür, dass eine stimmberechtigte Person bei einer Gläubigerversammlung nicht oder in einem bestimmten Sinne stimmt, Vorteile als Gegenleistung anbieten, versprechen oder gewähren. Dabei wird überwiegend davon ausgegangen, dass dem Gesetzgeber bei der Formulierung ein Redaktionsversehen unterlaufen ist. Nach dem Wortlaut des Gesetzes sind sämtliche Vorteile erfasst. Der Gesetzgeber habe aber wohl lediglich *besondere* Vorteile von dem Verbotstatbestand verbieten wollen.[484] Dafür spricht, dass der Gesetzgeber ausdrücklich betont, der Verbotstatbestand entspreche inhaltlich § 405 Abs. 3 Nr. 7 AktG.[485] In § 405 Abs. 3 Nr. 7 AktG heißt es ausdrücklich „*besondere* Vorteile". Zulässigerweise wird daher hinsichtlich der Auslegung und Interpretation auf die gefestigten Erkenntnisse zu § 405 Abs. 3 Nr. 7 AktG zurückgegriffen. Ein „besonderer Vorteil" liegt danach nur vor, wenn der Vorteil nur einer bestimmten Gruppe von Stimmberechtigten angeboten wird und für sie damit eine Sondervergünstigung darstellt.[486]

Daraus lassen sich folgende Rückschlüsse für die vorgenannten Möglichkeiten der Incentivierung ziehen:

Das Angebot muss originär jedem stimmberechtigten Anleihegläubiger gemacht werden. Jeder muss die Gelegenheit haben, die Prämie anzunehmen. Dabei ist auch die Verknüpfung mit einem konkreten Abstimmungsverhalten zulässig. Gleiches gilt insofern ohnehin für das Abstimmungsergebnis insgesamt.

Damit sind jegliche Prämienversprechen des Anleiheschuldners zulässig, sofern sie allen Anleihegläubigern angeboten wurden. Als „Extremfall" ist somit auch die oben unter 3. aufgeführte Gestaltungsvariante zulässig, wonach eine

---

484 *Schmidtbleicher* in Friedl/Hartwig-Jacob SchVG, § 6 Rn. 35; *Vogel* in Preuße SchVG, § 6 Rn. 23; *Schnorbus/Ganzer*, WM 2014, 155, 157.

485 RegE, BT-Drs. 16/12814, S. 19.

486 *Schnorbus/Ganzer*, WM 2014, 155, 157 f. mit Verweis u.a. auf die aktienrechtliche Literatur: KölnerKommAktG/*Altenhain* § 405 Rn. 56; MüKoAktG/*Schaal* § 405 Rn. 98 f.; *Bersmann* in Heidel § 405 AktG Rn. 10; *Pelz in* Bürgers/Körber AktG § 405 Rn. 12.

Prämie nur an diejenigen Anleihegläubiger gezahlt werden soll, die für den Beschluss stimmen und nur in dem Falle, dass die Änderung wirksam beschlossen wird.[487]

Sodann sind auch keine Verstöße gegen eventuelle Gleichbehandlungsgrundsätze zu befürchten. Das SchVG enthält keinen strengen Gleichbehandlungsgrundsatz im Hinblick auf die Anleihegläubiger, sondern nur hinsichtlich der Anleihebedingungen. Zu beachten wäre zudem noch das allgemeine Gleichbehandlungsgebot nach § 48 Abs. 1 Nr. 1 WpHG, wonach ebenfalls lediglich Chancengleichheit vorliegen muss[488]; dies wäre jedoch vorliegend mit dem Angebot an alle Anleihegläubiger ebenfalls gegeben.

d) De lege lata kein unmittelbarer Debt Equity Swap im Verfahren nach dem Schuldverschreibungsgesetz

In der Praxis wird der Gläubigerversammlung allerdings kein Beschlussvorschlag über einen „unmittelbaren" Debt Equity Swap unterbreitet, obwohl der Debt Equity Swap in § 5 Abs. 3 Nr. 5 1. Var SchVG ausdrücklich vorgesehen ist. Statt direkt Aktien im Austausch gegen die Anleihe, erhalten die Anleihegläubiger zunächst nur ein Erwerbsrecht, das sie ausüben müssen, um (neue) Aktien des Anleiheschuldners zu erhalten (sog. „Zwei-Stufen-Modell"[489]).[490] Üben sie das Erwerbsrecht nicht aus, erhalten sie einen Barausgleich, welcher aus der Verwertung des Erwerbsrechts durch die zentrale Abwicklungsstelle abzüglich Kosten und Provisionen finanziert wird. Die Verwertung der Erwerbsrechte erfolgt, indem sich entweder ein Investor bereits im Vorfeld bereit erklärt, nicht ausgeübte Erwerbsrechte zu erwerben (ähnlich einer Backstop-Vereinbarung[491]) oder

---

487 *Schnorbus/Ganzer*, WM 2014, 155, 158 f. So auch ohne nähere Begründung: *Schmidtbleicher* in Friedl/Hartwig-Jacob, SchVG, § 6 Rn. 35; *Vogel* in Preuße, SchVG, § 6 Rn. 23. **aA** wohl *Thole*, ZIP 2014, 2365, 2367.

488 *Kiem* in Habersack/Mülbert/Schlitt, Handbuch der Kapitalmarktinformation, § 12 Rn. 9; *Mülbert* in Assmann/Uwe H. Schneider, WpHG, § 30a (a.F.) Rn. 10.

489 Begriff nach *Schneider*, AG 2016, 341, 345.

490 Erstmals beim Debt Equity Swap der Pfleiderer AG; vgl. auch Debt Equity Swap der Solarworld AG (nicht beanstandet von OLG Köln, Beschluss vom 13.01.2014 – I-18-U 174/13 = ZIP 2014, 268) sowie jüngst Debt Equity Swap der Singulus Technologies AG.

491 Bei einer Backstop-Vereinbarung im Rahmen einer Bezugsrechtskapitalerhöhung verpflichtet sich im Vorfeld der Transaktion ein Investor, nicht ausgeübte Bezugsrechte zu erwerben und auszuüben. Dadurch erhält der Investor die Chance auf den Erwerb (weiterer) Aktien der Gesellschaft und die Gesellschaft hat Planungssicherheit; vgl. dazu auch *Gehling*, ZIP 2011, 1699, 1699 f.

durch ein zusätzliches Angebot an die übrigen Anleihegläubigern oder sonstigen Gläubigern, bevor eine Verwertung über die Börse erfolgt.[492] Die Preisbildung für die Erwerbsrechte kann über ein marktübliches Bookbuilding-Verfahren erfolgen.[493]

Hintergrund dieser Vorgehensweise sind verfassungsrechtliche Bedenken gegen die oktroyierte unmittelbare Umwandlung in Aktien aufgrund eines Mehrheitsbeschlusses sowie Unklarheiten im Hinblick auf die Pflicht zur Veröffentlichung eines Wertpapierprospekts.

aa) Verfassungsrechtliche Bedenken gegen den oktroyierten unmittelbaren Debt Equity Swap qua Mehrheitsbeschluss

Durch den Mehrheitsbeschluss werden normalerweise alle Anleihegläubiger – also auch solche, die gegen den Debt Equity Swap gestimmt haben – gezwungenermaßen Aktionäre des Anleiheschuldners – mit allen damit verbundenen Rechten und Pflichten.

In dieser Zwangswandlung von Schuldverschreibungen in Aktien wird teilweise ein Verstoß gegen die negative Vereinigungsfreiheit des Art. 9 Abs. 1 GG gesehen.[494] Art. 9 Abs. 1 GG schützt nämlich neben der positiven Vereinigungsfreiheit auch die Entscheidungsfreiheit, einer privatrechtlichen Vereinigung fernzubleiben (sog. negative Vereinigungsfreiheit).[495] Gestützt wird diese These unter anderem auf Aussagen des Gesetzgebers selbst im Zusammenhang mit anderen Gesetzgebungsverfahren. In § 225a Abs. 2 Satz 2 und § 230 Abs. 2 InsO (jeweils Regelungen über den Debt Equity Swap im Insolvenzplanverfahren) ist

492 So etwa beim Debt Equity Swap der Solarworld AG Schuldverschreibung 2010/2017; vgl. Bekanntmachung über die Beschlussfassung der zweiten Gläubigerversammlung (Restrukturierung) vom 6. August 2013 Ziff. 2.4.; abrufbar unter https://www.bundesanzeiger.de/ebanzwww/wexsservlet?session.sessionid=8bef66f53481a4bd7f943dce7ed918ac&page.navid=detailsearchlisttodetailsearchdetail&fts_search_list.selected=3e0e9eff38acc695&fts_search_list.destHistoryId=31440.

493 Vgl. Debt Equity Swap der Singulus Technologies AG (http://www.singulus.de/fileadmin/media/pdf/capital_increase/Singulus_Technologies_AG_Erwerbsangebot__27062016__secured__97429644_1___97429732_1_.pdf).

494 So *Friedl/Schmidtbleicher* in Friedl/Hartwig-Jacob SchVG, § 5 Rn. 44 ff.; *Schmidtbleicher*, Die Anleihegläubigermehrheit, S. 203 f.; **aA** *Maier-Reimer*, FS Goette 2011, 299; *Thole*, ZIP 2014, 2365; LBS/*Bliesener/Schneider*, Bankrechtskommentar, 17. Kap., § 5 SchVG Rn. 43 ff.; *Baums*, Recht der Unternehmensfinanzierung, § 48 Rn. 34; differenzierend *Friedl*, BB 2012, 1102, 1103; *Kessler/Rühle*, BB 2014, 907, 912. Ausdrücklich offen lassend *Wilken/Schaumann/Zenker*, S. 41.

495 *Höfling* in Sachs, GG, Art. 9 Rn. 22; *Bauer* in H. Dreier, GG, Bd. I, Art. 9 Rn. 46.

ausdrücklich klargestellt, dass eine Umwandlung von Forderungen in Gesellschaftsanteile nicht gegen den Willen des Schuldners erfolgen darf. Eine ähnliche Regelung enthält § 9 Abs. 1 Satz 2 KredReorG.[496] Es erscheint daher in der Tat inkonsequent, wenn der Gesetzgeber offenbar unterschiedliche Auffassungen zur augenscheinlich identischen Problematik vertritt. Insofern wird pointiert festgestellt, die Auffassungen schienen innerhalb des Bundesjustizministeriums auseinanderzulaufen.[497] In der Gesetzesbegründung zu § 225a Abs. 2 Satz 2 InsO findet sich allerdings zum einen kein Hinweis auf verfassungsrechtliche Hindernisse[498], aufgrund derer man von einer Zwangsumwandlung abgesehen hat, und zum anderen der ausdrückliche Hinweis darauf, dass eine Umwandlung nach § 5 Abs. 3 Nr. 5 1. Var SchVG vom Verbot der Zwangsumwandlung nicht erfasst ist.[499] Auch das Bundesverfassungsgericht hat in der Vergangenheit zu ähnlichen Sachverhalten Stellung bezogen.[500] Dabei hat das Bundesverfassungsgericht offenbar insbesondere eine Art Sonderstatus von börsennotierten Gesellschaften, deren Aktien frei handelbar sind, im Zusammenhang mit einer Zwangsinkorporierung und deren Zulässigkeit nach Art. 9 GG konstatiert. So heißt es in BVerfGE 100, 289 insbesondere: „Im Wirtschaftsleben wird die Aktie jedoch überwiegend als bloßes Vermögensrecht angesehen. Das ist umso mehr gerechtfertigt, als sich aus dem Erwerb voll eingezahlter Aktien bestehender Aktiengesellschaften für den Aktionär mitgliedschaftliche Pflichten in aller Regel nicht ergeben."

In BVerfGE 50, 290, 355 f. knüpfte das Bundesverfassungsgericht daran an und führte wie folgt aus: „Ob das Schutzgut und der Inhalt des Art. 9 Abs. 1 GG eine Anwendung der Gewährleistung auch auf größere Kapitalgesellschaften zulassen, kann zweifelhaft erscheinen. Im Unterschied zu dem Typus der Vereinigung, den das Grundrecht der Vereinigungsfreiheit seiner Geschichte und

---

496 Das Gesetz zur Reorganisation von Kreditinstituten (KredReorG) gilt zwar nur für Kreditinstitute im Sinne des § 1 Abs. 1 KWG mit Sitz im Inland (§ 1 Abs. 1 KredReorG), kann jedoch vorliegend als Auslegungshilfe dienen.

497 *Schmidtbleicher*, Die Anleihegläubigermehrheit, S. 203.

498 Im DiskE zu § 9 Abs. 1 Satz 2 KredReorG hat der Gesetzgeber jedoch offenbar ein Problem mit der negativen Koalitionsfreiheit (gemeint war wohl die negative Vereinigungsfreiheit) gesehen; vgl. *Friedl/Schmidtbleicher* in Friedl/Hartwig-Jacob SchVG, § 5 Rn. 44.

499 BT-Drs. 17/5712, S. 31.

500 BVerfGE 4, 7, 26; BVerfGE 100, 289; BVerfGE 50, 290, 355 f.; vgl. dazu auch im vorliegenden Zusammenhang *Maier-Reimer*, FS Goette 2011, 299, 303 f., *Friedl/Schmidtbleicher* in Friedl/Hartwig-Jacob SchVG, § 5 Rn. 47 f.

seiner heutigen Geltung nach primär schützen will, tritt bei diesen das personale Element bis zur Bedeutungslosigkeit zurück."

Das Bundesverfassungsgericht knüpft seine Auffassung somit an zwei Argumente: Zum einen den Charakter der Aktie als Vermögensrecht, aus dessen Erwerb sich in aller Regel keinerlei mitgliedschaftliche Pflichten mehr ergeben, sofern die Aktie voll eingezahlt ist und zum anderen an den unpersönlichen Charakter großer Publikumsgesellschaften. Hinsichtlich des unpersönlichen Charakters großer Publikumsgesellschaften sind die Ausführungen des Bundesverfassungsgerichts nachvollziehbar. Die Annahme, dass aus dem Erwerb der Aktien keinerlei weitere Pflichten folgen, ist jedoch zweifelhaft. Dabei ist insbesondere an das hier bereits als großes Risiko identifizierte Differenzhaftungsrisiko der Neuaktionäre zu denken.[501] Wie gezeigt, kann daraus im *worst case* für den ehemaligen Anleihegläubiger und Neuaktionär eine verschuldensunabhängige Nachschusspflicht in bar bestehen, wenn sich im Nachhinein herausstellt, dass die Anleihe(forderung) nicht den angenommenen Einbringungswert hatte. Dieses Risiko wird umso größer, wenn die Gesellschaft final doch noch Insolvenz anmelden muss: Dann sind die (neuen) Aktien wertlos und die ehemaligen Anleihegläubiger müssen zusätzlich sogar noch eine Nachzahlung leisten. Auf die Wertermittlung und das Umtauschverhältnis hatten die Anleihegläubiger keinerlei Einfluss. Außerdem ist es ihnen in der Regel unmöglich, die Annahme des korrekten Wertes der Anleihe(forderung) zu kontrollieren – dies gilt insbesondere für Kleinanleger. Zwar handelt es sich bei der Verpflichtung zur Zahlung des Differenzbetrages nicht um eine klassische Pflicht, die aus der Aktionärsstellung folgt, allerdings ist sie jedenfalls im Falle der Sachkapitalerhöhung mit der vom Bundesverfassungsgericht selbst genannten Einzahlungspflicht der Aktionäre (§ 54 AktG) vergleichbar.

Außerdem ist im Zusammenhang mit Aktionärspflichten zu beachten, dass die Rechtsprechung diese in der Vergangenheit stets ausgeweitet hat; dies gilt insbesondere für die Treuepflichten der Aktionäre.[502] Unter diesen beiden Gesichtspunkten erscheint die Annahme des Bundesverfassungsgerichts durchaus zweifelhaft.

---

501 Vgl. dazu bereits oben unter III. 3. a).

502 So auch *Friedl/Schmidtbleicher* in Friedl/Hartwig-Jacob, SchVG, § 5 Rn. 50, die richtigerweise auch feststellen, dass Aktionäre in bestimmten Konstellationen einer sinnvollen Sanierung der Aktiengesellschaft nicht im Wege stehen dürfen, während es eine solche Treuepflicht für Anleihegläubiger nicht gibt.

Wie gezeigt folgen aus dem Zwangsumtausch der Schuldverschreibungen in Aktien für die ehemaligen Gläubiger durchaus Pflichten und Risiken, die durch die erzwungene Mitgliedschaft begründet werden.

Es kann auch nicht argumentiert werden, dass alle Anleihegläubiger mit ihrer Investition in eine Schuldverschreibung, deren Bedingungen einen solchen Mehrheitsbeschluss zulassen, mit einer Zwangsumwandlung rechnen mussten.[503] Darin kann kein Einverständnis oder Ähnliches zu einer späteren zwangsweisen Umwandlung gesehen werden. Dies folgt unter anderem aus dem unterschiedlichen Charakter von Fremd- und Eigenkapitalinvestitionen und damit verbundenen Zielen der Investoren.

Nichts anderes gilt im Falle von großen Publikumsgesellschaften mit liquidem Börsenhandel, der es den Neuaktionären ermöglicht, die Aktien unverzüglich wieder zu veräußern.[504] Dies folgt schon daraus, dass der Börsenkurs der Aktien unmittelbar nach Durchführung des Debt Equity Swaps in der Regel unter Druck geraten dürfte und eine Veräußerung nur mit weiteren finanziellen Abschlägen für die Neuaktionäre möglich ist.

Somit ist festzuhalten, dass ein direkter Debt Equity Swap gegen die negative Vereinigungsfreiheit des Art. 9 Abs. 1 GG verstößt. Der Gesetzgeber ist daher aufgefordert, in § 5 Abs. 3 Nr. 5 1. Var SchVG eine Klarstellung aufzunehmen und den von der Praxis bisher, soweit ersichtlich, ausschließlich gewählten Weg über Erwerbsrechte zu kodifizieren.

bb) Notwendigkeit und Zeitpunkt der Veröffentlichung eines Wertpapierprospekts

Ein weiterer Grund für die Lösung der Praxis über Bezugsrechte ist die bisher ungeklärte Frage, zu welchem Zeitpunkt ein Wertpapier(angebots)prospekt (§ 3 Abs. 1 WpPG) zu veröffentlichen ist.

Wie noch ausführlich zu zeigen sein wird, ist bereits die grundsätzliche Pflicht zur Veröffentlichung eines Wertpapier(angebots)prospekts bei einem geplanten Debt Equity Swap einer Anleihe umstritten.[505] Streitpunkt dabei ist die Frage, ob in dem Angebot des Debt Equity Swaps an die Anleihegläubiger ein öffentliches Angebot im Sinne von § 2 Nr. 4 WpPG liegt.

---

503 *Friedl/Schmidtbleicher* in Friedl/Hartwig-Jacob, SchVG, § 5 Rn. 53. So aber *Baums*, Recht der Unternehmensfinanzierung, § 48 Rn. 34.

504 So wohl *Friedl*, BB 2012, 1102, 1103; *Kessler/Rühle*, BB 2014, 907, 912.

505 Dazu noch ausführlich unten unter VI. 2.

Bei einem Debt Equity Swap im Rahmen eines Verfahrens nach dem SchVG ist darüber hinaus umstritten, ob bereits mit der Einladung zur Gläubigerversammlung bzw. zur Aufforderung zur Stimmabgabe ohne Versammlung ein öffentliches Angebot im Sinne von § 2 Nr. 4 WpPG vorliegt. Konsequenz wäre, dass spätestens einen Tag vor Veröffentlichung der Einladung bzw. der Aufforderung zur Stimmabgabe ohne Versammlung bereits ein von der BaFin gebilligter Wertpapier(angebots) prospekt für die neuen Aktien veröffentlicht werden müsste (§ 3 Abs. 1 WpPG).

Ein öffentliches Angebot ist eine Mitteilung an das Publikum in jedweder Form und auf jedwede Art und Weise, die ausreichende Informationen über die Angebotsbedingungen und die anzubietenden Wertpapiere enthält, um einen Anleger in die Lage zu versetzen, über den Kauf oder die Zeichnung dieser Wertpapiere zu entscheiden (§ 2 Nr. 4 WpPG). Die Einladung zur Gläubigerversammlung bzw. Aufforderung zur Stimmabgabe ohne Versammlung müsste somit diese Voraussetzungen erfüllen. Dabei ist an dieser Stelle zunächst davon auszugehen, dass es sich um eine Mitteilung „an das Publikum" und nicht an einen abgegrenzten Personenkreis handelt (dazu noch ausführlich unten unter VI. 2.). Die Einladung zur Gläubigerversammlung bzw. die Aufforderung zur Stimmabgabe ohne Versammlung enthält außerdem ausreichende Informationen über den geplanten Umtausch und die angebotenen Wertpapiere.[506]

Fraglich ist allerdings, ob es infolge dieser Einladung bzw. Aufforderung zu einer individuellen Anlageentscheidung der Anleihegläubiger als Empfänger der Einladung bzw. Aufforderung kommt. Eine solche individuelle Anlageentscheidung ist notwendige Voraussetzung für das Vorliegen eines öffentlichen Angebots.[507] Es ließe sich insofern argumentieren, dass es sich nicht um die Entscheidung des einzelnen Anleihegläubigers, sondern des Kollektivs handele. Dementsprechend handelte es sich dann nicht um eine Anlageentscheidung des einzelnen Anleihegläubigers, sondern lediglich um eine Mitwirkungshandlung an einem Abstimmungsvorgang, zu dem die Einladung bzw. Aufforderung „aufruft".[508] Es wird daher argumentiert, Grundlage für die Durchführung des Debt Equity Swaps sei der Mehrheitsbeschluss und nicht die Stimmabgabe eines einzelnen Anleihegläubigers.[509] Dieses Ergebnis werde auch bestätigt, wenn man die

---

506 *Becker/Pospiech*, NJW Spezial 2014, 591.

507 *Von Kopp-Colomb/Knobloch* in Assmann/Schlitt/von Kopp-Colomb, WpPG, § 2 Rn. 46.

508 LBS/*Bliesener/Schneider*, Bankrechtskommentar, 17. Kap., § 5 SchVG Rn. 37; *Cahn/Hutter/Kaulamo/Weiß*, WM 2014, 1309, 1314.

509 LBS/*Bliesener/Schneider*, Bankrechtskommentar, 17. Kap., § 5 SchVG Rn. 37; *Cahn/Hutter/Kaulamo/Weiß*, WM 2014, 1309, 1314.

ähnlich gelagerten Sachverhalte bei einer umwandlungsrechtlichen Umtauschtransaktion wie Verschmelzung und Spaltung betrachte.[510] Dabei werde mangels individueller Anlageentscheidung des Einzelnen ebenfalls die Prospektpflicht abgelehnt.[511]

Dementsprechend scheint sich offenbar aktuell die Mehrheit im Schrifttum gegen die Pflicht zur Veröffentlichung eines Angebotsprospekts zum Zeitpunkt der Einladung zur Gläubigerversammlung bzw. der Aufforderung zur Stimmabgabe ohne Versammlung auszusprechen.[512]

Allerdings spricht ein entscheidendes Argument für die Pflicht zur Veröffentlichung des Angebotsprospekts bereits zum Zeitpunkt der Einladung zur Gläubigerversammlung bzw. zum Zeitpunkt der Aufforderung zur Stimmabgabe ohne Versammlung: Sinn und Zweck des Wertpapierprospekts ist es, den Anleger ausreichend zu informieren. Die Gläubigerversammlung bzw. die Abstimmung ohne Versammlung soll im Rahmen eines Mehrheitsbeschlusses über den Debt Equity Swap und somit über eine Investition in Aktien des Anleiheschuldners entscheiden. Im Falle eines unmittelbaren Debt Equity Swaps führt der Mehrheitsbeschluss direkt zum Erwerb der neuen Aktien. Daher stellt sich die Frage, auf welcher Informationsgrundlage der Mehrheitsbeschluss gefasst wird? Die einzelnen Anleihegläubiger müssen sich bei ihrer Stimmabgabe ein umfangreiches Bild über die angebotenen Aktien des Anleiheschuldners machen können. Genau dieses Bild soll der Wertpapierprospekt vermitteln, welcher daher bereits zum Zeitpunkt der Einladung zur Gläubigerversammlung bzw. der Aufforderung zur Stimmabgabe ohne Versammlung gebilligt und veröffentlicht werden muss.[513] Es spielt keine Rolle, dass es sich im Ergebnis um einen Mehrheitsbeschluss handelt. Der Mehrheitsbeschluss beruht schließlich auf der individuellen

---

510 *Cahn/Hutter/Kaulamo/Weiß*, WM 2014, 1309, 1314.

511 *Cahn/Hutter/Kaulamo/Weiß*, WM 2014, 1309, 1314 unter Verweis auf *Schnorbus*, Frankfurter Kommentar zum WpPG, 2011, § 2 Rn. 57 und *Groß*, Kapitalmarktrecht, 5. Auflage 2012, § 2 WpPG Rn. 10.

512 LBS/*Bliesener/Schneider*, Bankrechtskommentar, 17. Kap., § 5 SchVG Rn. 34 ff.; Theiselmann/*Lürken*, Restrukturierungsrecht Kap. 5 Rn. 128 ff.; *Cahn/Hutter/Kaulamo/Weiß*, WM 2014, 1309, 1313 ff.; *Groß*, Kapitalmarktrecht, § 2 WpPG Rn. 10; *Wilken/Schaumann/Zenker*, S. 80 ff.; Schwark/Zimmer/*Heidelbach* § 2 WpPG Rn. 25; *von Oppen/Richers*, CFL 2015, 95. **aA** *Friedl/Schmidtbleicher* in Friedl/Hartwig-Jacob SchVG, § 5 Rn. 63; *Becker/Pospiech*, NJW Spezial 2014, 591, *Schneider*, AG 2016, 341, 344 f. sowie die Verwaltungspraxis der BaFin.

513 So auch mit Hinweis auf ein ansonsten inakzeptables Informationsdefizit: *Friedl/Schmidtbleicher* in Friedl/Hartwig-Jacob, SchVG, § 5 Rn. 63 sowie auch *Becker/Pospiech*, NJW Spezial 2014, 591.

Stimmabgabe und Entscheidung eines jeden teilnehmenden Anleihegläubigers. Diese individuelle Stimmabgabe kann wie gezeigt nur auf der Informationsbasis eines gebilligten Wertpapierprospekts erfolgen.

In der Praxis führen diese Unklarheit sowie die Verwaltungspraxis der BaFin ebenfalls dazu, dass kein unmittelbarer Debt Equity Swap durchgeführt wird, sondern zunächst ein Tausch in Erwerbsrechte (auf Aktien des Anleiheschuldners) erfolgt.[514] Die Anleihegläubiger haben sodann im nächsten Schritt die Möglichkeit, ihre Erwerbsrechte auszuüben und Aktien des Anleiheschuldners zu bekommen. Die Ausübungsfrist für die Erwerbsrechte wird dabei zeitlich etwas nach hinten verlagert, da ohnehin in der Praxis noch das Ergebnis von Freigabeverfahren in Bezug auf Anfechtungsklagen sowohl der Hauptversammlungsbeschlüsse als auch des Beschlusses der Gläubigerversammlung abgewartet werden muss.[515] Da die Erstellung des Wertpapierprospekts zeitaufwendig ist und mehrere Monate in Anspruch nimmt, lässt sich mit dieser Konstruktion die Wartezeit auf die Freigabebeschlüsse produktiv nutzen.[516]

Erst zu Beginn der Ausübungsfrist muss der ehemalige Anleihegläubiger eine individuelle Anlageentscheidung treffen, sodass erst zu diesem Zeitpunkt ein öffentliches Angebot im Sinne von § 2 Nr. 4 WpPG vorliegt. Erst zu diesem Zeitpunkt muss der gebilligte Wertpapierprospekt veröffentlicht werden.[517]

cc) Sonstige Bedenken gegen den oktroyierten unmittelbaren Debt Equity Swap qua Mehrheitsbeschluss

Der unmittelbare Debt Equity Swap qua Mehrheitsbeschluss könnte außerdem gegen das Verbot der Nachschusspflicht (§ 5 Abs. 1 Satz 3 SchVG) verstoßen. Danach darf durch Mehrheitsbeschluss der Anleihegläubiger keine Leistungspflicht der Anleihegläubiger begründet werden.

Aufgrund der drohenden Folgepflichten als (Neu)aktionäre – insbesondere einer möglichen Differenzhaftung – ließe sich argumentieren, dass insofern eine (mittelbare) Leistungspflicht der Anleihegläubiger durch einen Mehrheitsbeschluss zum unmittelbaren Debt Equity Swap begründet wird. Allerdings erfasst das Verbot lediglich einseitige oder zusätzliche finanzielle Leistungspflichten

514 *Schneider*, AG 2016, 341, 345; *von Oppen/Richers*, CFL 2015, 95.

515 Vgl. zu dieser „Freigabephase“ unten unter V. 3.

516 *Becker/Pospiech*, NJW Spezial 2014, 591, 592.

517 Hinsichtlich der Zulässigkeit dieses Vorgehens herrscht insgesamt Einigkeit. Auch die BaFin hat dieses Verfahren in der Praxis (erstmalig im Rahmen des Debt Equity Swaps bei Pfleiderer) gebilligt.

der Anleihegläubiger.[518] Eine mögliche Differenzhaftung wäre lediglich eine mittelbare Folge einer vom SchVG ausdrücklich gebilligten Restrukturierungsmaßnahme in Form des Debt Equity Swaps. Das Gesetz wäre insofern widersprüchlich, wenn man einen Debt Equity Swap nunmehr am Verbot der Verpflichtung zu Leistungen messen würde. Bei einer anderen Auslegung würde § 5 Abs. 3 Satz 1 Nr. 5 SchVG leer laufen.[519] Außerdem beruht die Differenzhaftung darauf, dass die ehemaligen Anleihegläubiger im Rahmen des Debt Equity Swaps zu viele Aktien des Anleiheschuldners erhalten haben, da die Bewertung der Anleiheforderung zu hoch war. Sie müssen lediglich für diese Fehlbewertung zu ihren Gunsten Ausgleich leisten und müssen effektiv nicht mehr zahlen.[520]

Das Verbot der Verpflichtung zur Leistung durch Mehrheitsbeschluss (§ 5 Abs. 1 Satz 3 SchVG) steht dem unmittelbaren Debt Equity Swap somit nicht entgegen.

dd) Zulässigkeit einer Incentivierung zur Ausübung des Erwerbsrechts

Bei der Durchführung dieses Zwei-Stufen-Modells stellt sich die Frage, ob die Gesellschaft die (ehemaligen) Anleihegläubiger zur Ausübung ihrer Erwerbsrechte incentivieren darf.

Eine solche Incentivierung kann dadurch erfolgen, dass denjenigen ehemaligen Anleihegläubigern, die ihr Erwerbsrecht ausüben, wirtschaftlich mehr angeboten wird, als denjenigen, die es nicht ausüben und stattdessen eine Barabfindung aus der Verwertung des Erwerbsrechts erhalten. Unberücksichtigt bleiben sollen dabei die bei Verwertung des Erwerbsrechts abzuziehenden Kosten und Provisionen. Problematisch könnte dabei eine zusätzliche Prämie für diejenigen ehemaligen Anleihegläubiger sein, die ihr Erwerbsrecht tatsächlich ausüben.[521]

Zu messen sind solche Incentivierungen abermals am Verbot des Stimmenkaufs (§ 6 Abs. 2 SchVG) und dem Gleichbehandlungsgebot (§ 4 Satz 2 und § 5 Abs. 2 Satz 2 1. Halbsatz SchVG).[522]

---

518 Preuße/*Vogel*, § 5 SchVG, Rn. 22; *Veranneman*, § 5 SchVG, Rn. 12.

519 Preuße/*Vogel*, § 5 SchVG, Rn. 22.

520 Preuße/*Vogel*, § 5 SchVG, Rn. 22; *Veranneman*, § 5 SchVG, Rn. 12. So im Ergebnis auch LBS/*Bliesener/Schneider*, Bankrechtskommentar, 17. Kap., § 5 SchVG Rn. 65.

521 *Thole*, ZIP 2014, 2365, 2367 spricht in diesem Zusammenhang von einer „Art Risikoprämie".

522 Wie bereits bei der Einflussnahme auf das Abstimmungsverhalten der Gläubigerversammlung; vgl. dazu oben unter IV. 2. c) cc).

Ein verbotener Stimmenkauf liegt allerdings nicht vor, da nicht auf die Stimmabgabe in der Gläubigerversammlung Einfluss genommen wird, sondern lediglich auf die Ausübung des Erwerbsrechts.[523]

Ein Verstoß gegen das Gleichbehandlungsgebot liegt ebenfalls nicht vor.

Das Gleichbehandlungsgebot des § 4 Satz 2 SchVG verbietet lediglich eine Ungleichbehandlung in Bezug auf die kollektive Bindung, also mithin der Anleihebedingungen. Es dient lediglich der Fungibilität der Anleihe und nicht einzelnen Anleihegläubigern.[524]

Das Gleichbehandlungsgebot des § 5 Abs. 2 Satz 2 1. Halbsatz SchVG bezieht sich lediglich darauf, dass die Mehrheitsbeschlüsse der Gläubigerversammlung keine Ungleichbehandlung enthalten dürfen, also für alle Anleihegläubiger dieselben Änderungen vorsehen müssen.[525]

Im Falle einer Incentivierung für die Ausübung des Erwerbsrechts liegt ein Verstoß gegen beide Gleichbehandlungsgebote allerdings nicht vor. Weder sieht die Incentivierung ungleiche Anleihebedingungen vor, noch entsteht durch den Änderungsbeschluss eine Ungleichbehandlung.

Die Incentivierung knüpft lediglich an die Ausübung des Erwerbsrechts an; dies betrifft nur die Abwicklung der Beschlüsse und liegt außerhalb des Anwendungsbereichs des Gleichbehandlungsgebots des SchVG.

Ein Verstoß gegen das Gleichbehandlungsgebot liegt somit nicht vor, wenn der Anleiheschuldner den ehemaligen Anleihegläubigern eine Prämie für die Ausübung des Erwerbsrechts gewährt.[526]

Im Ergebnis verstößt die Gewährung einer Prämie für die Ausübung des Erwerbsrechts nicht gegen das SchVG.[527]

V. Transaktionsablauf

Aufbauend auf den Erkenntnissen und Feststellungen der bisherigen Darstellung werden nun die wesentlichen Transaktionsschritte skizziert.

---

523 *Thole*, ZIP 2014, 2365, 2367.

524 LBS/*Bliesener/Schneider*, Bankrechtskommentar, 17. Kap., § 4 SchVG Rn. 26 ff.

525 LBS/*Bliesener/Schneider*, Bankrechtskommentar, 17. Kap., § 5 SchVG Rn. 66 ff.

526 *Thole*, ZIP 2014, 2365, 2367 f.

527 So auch *Thole*, ZIP 2014, 2365, 2367 f.

Der Debt Equity Swap der Anleihe lässt sich grob in vier Phasen einteilen:[528]

1. Vorbereitungsphase einschließlich Einladung zur Haupt- und ggf. zur Gläubigerversammlung oder Veröffentlichung des öffentlichen Umtauschangebots
2. Beschlussfassung der Hauptversammlung und Zustimmung der Anleihegläubiger
3. Etwaige Freigabephase
4. Abwicklungs- und Umsetzungsphase

Insgesamt ist mit einem Zeitaufwand von mindestens zwölf Monaten zu rechnen.[529]

1. Phase 1: Vorbereitungsphase mit Einladung zur Hauptversammlung und ggf. zur Gläubigerversammlung oder Veröffentlichung des öffentlichen Umtauschangebots

In der Vorbereitungsphase sind neben allgemeinen Vorbereitungshandlungen (siehe dazu unter a)) auch die Ansprache und Zustimmung der Altaktionäre im Rahmen der Hauptversammlung (siehe dazu unter b)) sowie der Anleihegläubiger (siehe dazu unter c)) vorzubereiten. Was hinsichtlich der Einholung der Zustimmung der Anleihegläubiger zu tun ist, richtet sich nach dem gewählten Verfahren: Entweder ist zur Gläubigerversammlung einzuladen bzw. zur Abstimmung ohne Versammlung aufzufordern oder das öffentliche Umtauschangebot vorzubereiten und zu veröffentlichen.

a) Allgemeine Vorbereitungshandlungen

Im Optimalfall kommt es frühzeitig zu Verhandlungen zwischen der Gesellschaft und den Anleihegläubigern, um über die Modalitäten des Debt Equity Swaps, insbesondere das Umtauschverhältnis, Einigkeit zu erzielen. Die Probleme, die sich dabei insbesondere bei publikumsplatzierten Anleihen stellen, sind bereits erörtert worden.[530] Findet das SchVG Anwendung und ist bereits ein gemeinsamer Vertreter der Anleihegläubiger bestellt, dient er der Gesellschaft als Ansprech- und Verhandlungspartner.[531]

528 In Anlehnung an *Seibt*, ZIP 2016, 997, 999 ff.

529 *Wilken/Schauman/Zenker*, S. 20 (4. Schaubild) gehen bei einem Debt Equity Swap durch ein kollektives Restrukturierungsverfahren nach dem SchVG von einer zeitlichen Dauer von zehn bis dreizehn Monaten aus.

530 Siehe unter § 3.

531 Vgl. zum gemeinsamen Vertreter bereits oben unter § 3 III. 1.

Bereits in diesem Stadium muss die Gesellschaft – auch unabhängig davon, ob es zu Gesprächen mit den Anleihegläubigern kommt oder nicht – daher nach hier vertretener Ansicht[532] den Zeitwert der einzubringenden (Anleihe)forderung sowie ein mögliches Umtauschverhältnis ermitteln. Hintergrund ist, dass der tatsächliche Wert der Sacheinlage – also der Anleiheforderung – den Wert der im Gegenzug gewährten Aktien nicht wesentlich unterschreiten darf (§ 183 Abs. 3 i. V. m. § 34 Abs. 1 Nr. 2 AktG).[533] Daher müssen Vorstand und Aufsichtsrat zunächst im Rahmen einer internen Sacheinlageprüfung den Wert der Anleiheforderung ermitteln.[534] Außerdem muss der Wert durch ein Gutachten belegt werden (§ 183 Abs. 3 i. V. m. § 34 Abs. 2 AktG). Entweder durch einen vom Registergericht bestellten externen Prüfer oder – wenn die Gesellschaft von der Möglichkeit der vereinfachten Sachkapitalerhöhung (§ 183a AktG) Gebrauch machen möchte – durch ein Sachverständigengutachten.[535] Wenn die Gesellschaft von der Möglichkeit des § 183a AktG Gebrauch machen möchte, so empfiehlt sich, den sachverständigen Prüfer rechtzeitig zu beauftragen, um frühzeitig ein Bewertungsergebnis zu erhalten. Allerdings ist zu beachten, dass der Bewertungsstichtag nicht länger als sechs Monate vor dem Kapitalerhöhungsbeschluss liegen darf. In der Praxis bietet es sich dabei an, Werthaltigkeitsgutachten von verschiedenen Prüfern einzuholen und den niedrigsten Einbringungswert festzulegen, um Transaktionsrisiken wie mögliche Anfechtungsklagen oder die Differenzhaftung der Neuaktionäre zu minimieren.[536] Zusätzlich kann ein sogenanntes Umtauschgutachten eingeholt werden, welches das richtige Umtauschverhältnis zwischen der einzubringenden Anleihe und den im Gegenzug gewährten neuen Aktien ermittelt.

Auf Basis dieser Verhandlungen und Ergebnisse kann die Hauptversammlung vorbereitet werden.

Außerdem muss, wie bereits dargelegt, in der Regel ein Wertpapierprospekt für die neuen Aktien erstellt werden (§ 3 WpPG).[537] Die Erstellung des

---

532 Vgl. zum Streitstand um eine Einbringung der (Anleihe)forderung zum Nennwert ausführlich oben unter III. 3. c) aa).

533 Vgl. zur Bewertung der Sacheinlage und den Hintergründen oben unter III.

534 *Servatius* in Spindler/Stilz, AktG, § 183 Rn. 34; MükoAktG/*Schürnbrand* § 183 Rn. 58. Im Falle einer vereinfachten Sachkapitalerhöhung (§ 183a AktG) entfällt die Pflicht zur internen Prüfung; vgl. *Servatius* in Spindler/Stilz, AktG, § 183a Rn. 32.

535 Zum Verfahren der vereinfachten Sachkapitalerhöhung nach § 183a AktG siehe unten VI. 2.

536 *Schmidt/Schlitt*, Der Konzern 2009, 279, 285.

537 Vgl. dazu ausführlich unten unter VI. 2. sowie bereits oben unter IV. 2. d) bb).

Wertpapierprospekts muss in dieser Phase ebenfalls koordiniert und begonnen werden.

Daraus folgt, dass der Anleiheschuldner bereits zu Beginn der Transaktion kompetente Berater mandatieren muss. Dies betrifft insbesondere Rechtsanwälte und Wirtschaftsprüfer, ggf. aber auch Restrukturierungs- und andere Berater.

Außerdem sind eine oder mehrere Banken zu beauftragen, welche als zentrale Abwicklungsstelle fungieren und somit den eigentlichen *Swap* für den Anleiheschuldner abwickeln.[538]

b) Einberufung der Hauptversammlung

Ist das Restrukturierungskonzept erstellt und die Eckpunkte des Debt Equity Swaps bekannt, beruft der Vorstand die Hauptversammlung ein, die über die geplante Sachkapitalerhöhung und den damit verbundenen Bezugsrechtsausschluss beschließen soll.[539] Die Frist für die Einberufung der Hauptversammlung beträgt grundsätzlich[540] mindestens dreißig Tage, wobei der Tag der Einberufung nicht mitgerechnet wird (§ 123 Abs. 1 AktG). Der Vorstand muss zunächst prüfen, ob die Satzung der AG die Einbringung von Sacheinlagen überhaupt zulässt (§§ 187 Abs. 1, 27 Abs. 1 AktG).[541] Ist dies nicht der Fall, ist die Satzung durch Hauptversammlungsbeschluss anzupassen. Dieser Beschlussvorschlag ist in die Tagesordnung der Hauptversammlung im Wortlaut aufzunehmen. Der geplante Beschluss über die Sachkapitalerhöhung ist im Rahmen der Hauptversammlungseinladung ebenfalls ausdrücklich und ordnungsgemäß bekanntzumachen (§ 183 Abs. 1 Satz 2 AktG).[542] Gleiches gilt für einen geplanten Bezugsrechtsausschluss (§ 186 Abs. 4 Satz 1 AktG) und ggf. für eine geplante vereinfachte Sachkapitalerhöhung (§ 183a AktG). Sollen weitere flankierende (Kapital)maßnahmen beschlossen werden (z.B. eine vorherige Kapitalherabsetzung[543]), so sind auch diese geplanten Beschlüsse auf die Tagesordnung aufzunehmen.

Möchte die Gesellschaft eine Kapitalerhöhung aus genehmigtem Kapital durchführen[544], so entfällt die vorgenannte Einberufung und spätere

---

538 Vgl dazu ausführlich unten unter V. 4.

539 Die Einberufungskompetenz des Vorstands ergibt sich aus § 121 Abs. 1 AktG.

540 Eine Ausnahme ergibt sich aus § 7 Abs. 1 FMStBG bei der Rekapitalisierung von Unternehmen des Finanzsektors als Konsequenz der Finanzkrise.

541 *Scheunemann/Hoffmann*, DB 2009, 983.

542 *Scholz* in Münchener Hdb. AG § 57 Rn. 1159.

543 Vgl. dazu oben unter III. 1. c).

544 Vgl. zu dieser Alternative oben unter III. 1. d) aa).

Beschlussfassung der Hauptversammlung. Sie wird ersetzt durch den Ausnutzungsbeschluss des Vorstands mit Zustimmung des Aufsichtsrates.[545]

c) Verfahren zur Einholung der Zustimmung der Anleihegläubiger

aa) Alternative 1: Einberufung der Gläubigerversammlung

Strebt die Gesellschaft ein kollektives Restrukturierungsverfahren nach dem SchVG an, so ist auch die Gläubigerversammlung vorzubereiten und einzuberufen. Alternativ kann zu einer Stimmabgabe ohne Versammlung aufgefordert werden (§ 18 SchVG).

Die Einberufungskompetenz fällt vorliegend, wie dargelegt, dem Vorstand des Anleiheschuldners zu.[546] Dabei ist aus Sicherheitsgründen ein Beschluss des gesamten Vorstands einzuholen.[547] Die Einberufungsfrist beträgt mindestens 14 Tage. Aus praktischer Sicht ist allerdings die Pflicht zur Veröffentlichung der Einladung im Bundesanzeiger (§ 12 Abs. 2 Satz 1 SchVG)[548] zu beachten, die einen Vorlauf von zwei bis drei Werktagen erfordert. Diese Zeit ist entsprechend einzuplanen.[549] Der Beschlussvorschlag über den Debt Equity Swap ist ausdrücklich bekannt zu machen (§ 13 Abs. 1 und 2 SchVG). Eine Begründungs- und Berichtspflicht ist gesetzlich nicht vorgesehen, wird sich allerdings in der Praxis anbieten, um die Anleihegläubiger von der Zustimmung zu überzeugen.[550]

Bei der Zeitplanung ist zu beachten, dass die erste Gläubigerversammlung erfahrungsgemäß nicht beschlussfähig sein wird, da in der Regel weniger als die erforderlichen 50 % der ausstehenden Schuldverschreibungen vertreten sein werden (§ 15 Abs. 3 Satz 1 SchVG). Diese erste Gläubigerversammlung kann dann lediglich als Informationsforum genutzt werden.[551] Es ist daher regelmäßig eine zweite Gläubigerversammlung einzuberufen. Diese ist zwar in jedem Fall grundsätzlich beschlussfähig (§ 15 Abs. 3 Satz 3 SchVG). Allerdings handelt es sich bei einem Debt Equity Swap um eine wesentliche Änderung der Anleihebedingungen im Sinne von § 5 Abs. 4 Satz 2 SchVG, sodass auch im Rahmen der zweiten Gläubigerversammlung ein Beschlussquorum von 25% der

---

545 Vgl. dazu MüKoAktG/*Bayer* § 202 Rn. 85 ff.
546 Vgl. dazu oben unter IV. 2. c) aa).
547 Vgl. dazu oben unter IV. 2. c) aa).
548 Weiterhin ist auch die Pflicht zur Veröffentlichung nach § 49 Abs. 2 Nr. 1 WpHG zu berücksichtigen.
549 *Wilken/Schaumann/Zenker*, S. 51.
550 *Wilken/Schaumann/Zenker*, S. 60.
551 *Wilken/Schaumann/Zenker*, S. 73.

ausstehenden Schuldverschreibungen erforderlich ist (§ 15 Abs. 3 Satz 3 Halbsatz 2 SchVG).[552]

bb) Alternative 2: Öffentliches Umtauschangebot (Exchange Tender Offer)

Als Alternative zum Verfahren nach dem SchVG kann ein öffentliches Umtauschangebot (*Exchange Tender Offer*) an alle Anleihegläubiger erfolgen. Dies wird nun veröffentlicht und den Anlegern über ihre Depotbanken zugestellt.[553]

Alternativ kann das Angebot auch erst nach der Hauptversammlung veröffentlicht werden. Wird es vor Beschluss der Hauptversammlung veröffentlicht, wird das Angebot unter die Bedingung der wirksamen Beschlussfassung und Eintragung der Sachkapitalerhöhung gestellt.

Bei beiden Alternativen ist zu berücksichtigen, dass im Zeitpunkt des „öffentlichen Angebots" im Sinne von § 3 Abs. 1 WpPG ein von der BaFin gebilligter Wertpapierprospekt zu veröffentlichen ist. Bei einer *Exchange Tender Offer* ist dies der Zeitpunkt der Veröffentlichung. Bei einem Verfahren nach dem SchVG kann der Zeitpunkt hinausgezögert werden.[554]

2. Phase 2: Beschlussfassung der Hauptversammlung und Zustimmung der Anleihegläubiger

Nach fristgerechter und ordnungsgemäßer Einberufung der Haupt- und Gläubigerversammlung folgen in der zweiten Phase die jeweiligen Beschlussfassungen.

Eine Reihenfolge von Haupt- und Gläubigerversammlung ist nicht vorgeschrieben. Üblicherweise wird eine Verknüpfung allerdings hergestellt, indem die Beschlüsse der zeitlich vorgelagerten Versammlung auf die andere Versammlung Bezug nehmen und ggf. unter die Bedingung einer wirksamen korrespondierenden Beschlussfassung gestellt werden.[555] Wird kein Verfahren nach

---

552 Siehe zur Beschlussfassung im Rahmen der Gläubigerversammlung sogleich unter V. 2. b) bb).

553 Vgl. dazu bereits oben unter IV. 1.

554 Vgl. dazu bereits oben unter IV. 2. d) bb) sowie unten unter VI. 2.

555 Vgl. aus der Praxis: Bekanntmachung über die Beschlussfassung der zweiten Gläubigerversammlung der Solarworld AG vom 5. August 2013 TOP 2.6. Lit. (e) sowie zur Verknüpfung im Falle der Ausnutzung eines genehmigten Kapitals etwa TOP 2.2.8. der Einladung zur Abstimmung ohne Versammlung der Deutsche Forfait AG 2015; der Vollzug der gefassten Beschlüsse wurde dort u.a. unter die aufschiebende Bedingung gestellt, dass Vorstand und Aufsichtsrat den Beschluss über die Ausnutzung des genehmigten Kapitals gegen Sacheinlagen fassen und den Anleiheinhabern einen Debt Equity Swap anbieten.

dem Schuldverschreibungsgesetz durchgeführt, so erfolgt die Zustimmung der Anleihegläubiger im Rahmen der *exchange tender offer* in Form der Annahme des Umtauschangebots gegenüber der Gesellschaft.[556]

a) Beschlussfassung der Hauptversammlung

Die Hauptversammlung muss über die Sachkapitalerhöhung beschließen. Der genaue Inhalt des Kapitalerhöhungsbeschlusses ist in keiner Norm abschließend geregelt.[557] Es ist zwischen obligatorischen und fakultativen Inhalten des Kapitalerhöhungsbeschlusses zu differenzieren. Obligatorisch sind zum einen die „allgemeinen" – d.h. auch bei einer Barkapitalerhöhung festzusetzenden – Angaben: Der Beschluss muss zunächst den Ausgabebetrag der neuen Aktien enthalten (§ 182 Abs. 3 AktG). Außerdem sind der Mindest- und Maximalbetrag[558] und die „Eckpunkte der Kapitalerhöhung"[559] festzusetzen.

Außerdem muss der Hauptversammlungsbeschluss insbesondere die besonderen Festsetzungen bei einer Sachkapitalerhöhung enthalten (§ 183 Abs. 1 Satz 2 AktG): Gegenstand der Sacheinlage, Person des Sacheinlegers und den Nennbetrag, bei Stückaktien die Zahl der bei der Sacheinlage zu gewährenden Aktien. Als Sacheinleger ist bei einem Debt Equity Swap einer Anleihe die Bank zu nennen, die als zentrale Abwicklungsstelle fungiert und die Anleihe(forderungen) für die Anleihegläubiger als Sacheinlage einbringen soll.[560] Falls ein Ausgabebetrag über dem Nennwert (sog. Agio) vorgesehen ist, ist streitig, ob der Beschluss (wenigstens) einen (Mindest)ausgabebetrag nennen muss.[561] Im Falle einer Fremdemission, bei der die neuen Aktien zunächst von einer oder mehrerer Emissionsbanken gezeichnet werden, hat sich jedoch ohnehin die Praxis der Pariemission (d.h. Ausgabe zum Nennwert) durchgesetzt.[562] Insgesamt

---

556 Vgl. dazu bereits oben unter IV.1 sowie sogleich unter V. 2. a) aa).

557 MüKoAktG/*Peifer* § 182 Rn. 34; Hüffer/*Koch* AktG § 182 Rn. 11; *Wagner* in Heidel § 182 AktG Rn. 20.

558 Ausreichend ist auch der Maximalbetrag der Kapitalerhöhung; vgl. *Wagner* in Heidel § 182 AktG Rn. 22; *Koch*/Hüffer AktG § 182 Rn. 12 mwN. Teilweise wird missverständlich die konkrete Angabe des Erhöhungsbetrages verlangt. Diese ist jedoch erst bei der Anmeldung der Durchführung der Kapitalerhöhung dem Registergericht mitzuteilen (vgl. klarstellend: MüKoAktG/*Peifer* § 182 Rn. 36).

559 hM; vgl. Hüffer/*Koch* AktG § 182 Rn. 11; KölnerKommAktG/*Lutter* § 182 Rn. 16; MüKoAktG/*Peifer* § 182 Rn. 35; *Krieger* in Münchener Hdb. AG § 56 Rn. 22; *Wagner* in Heidel § 182 AktG Rn. 21.

560 *Friedl*, BB 2012, 1102, 1103.

561 *Veil* in Schmidt/Lutter, AktG, § 183 Rn. 15; MüKoAktG/*Schürnbrand* § 182 Rn. 49 ff.

562 MüKoAktG/*Schürnbrand* § 182 Rn. 51 (zu Barkapitalerhöhungen).

müssen die Angaben „so vollständig und genau sein, dass der Schutzzweck der Satzungspublizität erreicht wird".[563] Fakultativ sind beispielsweise die Festlegung der Gewinnberechtigung der neuen Aktien oder einer Ausübungsfrist für den Vorstand möglich.[564] Soll von der Möglichkeit des vereinfachten Sachkapitalerhöhungsverfahrens nach § 183a AktG Gebrauch gemacht werden, muss die Hauptversammlung dies explizit beschließen.[565]

Die erforderlichen Mehrheitsverhältnisse des Beschlusses ergeben sich aus § 182 Abs. 1 Satz 1 und § 133 Abs. 1 AktG. Demnach bedarf es einer Mehrheit von mindestens drei Vierteln des bei der Abstimmung vertretenen Grundkapitals (§ 182 Abs. 1 Satz 1 AktG) sowie der einfachen Stimmenmehrheit gemäß § 133 Abs. 1 AktG.[566] Die Satzung kann sowohl eine höhere als auch eine geringere bis hin zur einfachen Mehrheit festschreiben (§ 182 Abs. 1 Satz 2 AktG).[567] Außerdem kann die Satzung zusätzliche Erfordernisse festsetzen (§ 182 Abs. 1 Satz 3 AktG). Bei der Ausgabe von stimmrechtslosen Vorzugsaktien kann die Satzung jedoch nur eine größere Kapitalmehrheit vorsehen (§ 182 Abs. 1 Satz 2 AktG).

Der Bezugsrechtsausschluss muss ebenfalls im Beschluss über die Sachkapitalerhöhung beschlossen werden (§ 186 Abs. 3 Satz 1 AktG).[568]

Neben den in Gesetz oder Satzung aufgestellten Erfordernissen für den Sachkapitalerhöhungsbeschluss muss der Bezugsrechtsausschluss mit einer Mehrheit von mindestens drei Vierteln des bei der Beschlussfassung vertretenen Grundkapitals gefasst werden (§ 186 Abs. 3 Satz 2 AktG), wobei die Satzung wiederum

---

563 Hüffer/*Koch* AktG § 183 Rn. 9. Ähnlich Henssler/Strohn/*Hermanns* AktG § 183 Rn. 17.

564 Hüffer/*Koch* AktG § 182 Rn. 14 f.

565 *Servatius* in Spindler/Stilz, AktG, § 183a Rn. 29. Vgl. zum vereinfachten Verfahren oben unter III. 3 d) bb).

566 Hüffer/*Koch* AktG § 182 Rn. 7.

567 Bei Unternehmen des Finanzsektors gelten als Reaktion auf die Finanzkrise andere Mehrheitserfordernisse: Gemäß § 7 Abs. 2 FMStBG genügt im Rahmen einer Rekapitalisierung i. S. v. § 7 Abs. 1 FMStBG die einfache Mehrheit; auch die Satzung kann insofern keine abweichenden Regelungen treffen. Ferner gelten ebenfalls erleichterte Mehrheitserfordernisse, wenn ein Debt Equity Swap und die dazu notwendige Sachkapitalerhöhung im Rahmen eines Insolvenzplanverfahrens erfolgt (§ 225a Abs. 2 InsO sowie § 222 I Nr. 4 i. V. m. §§ 238a, 244 Abs. 3 InsO; vgl. dazu *Simon/Merkelbach*, NZG 2012, 121).

568 Vgl zum Bezugsrechtsausschluss ausführlich oben unter III. 2.

eine größere Kapitalmehrheit und weitere Erfordernisse bestimmen kann (§ 186 Abs. 3 Satz 3 AktG).

Gegebenenfalls sind weitere Beschlüsse (z.B. eine vorherige Kapitalherabsetzung) zu fassen sowie die Satzung um die Zulässigkeit von Sacheinlagen zu erweitern, falls diese Möglichkeit bisher nicht enthalten ist.

Möglicherweise besteht eine gesellschaftliche Treupflicht der einzelnen Aktionäre zur Zustimmung zu den Beschlussvorschlägen.[569] Dem einzelnen Aktionär ist es aufgrund der unter den Aktionären bestehenden Treupflicht nicht erlaubt, eine sinnvolle und mehrheitlich angestrebte Sanierung der Gesellschaft – einschließlich einer zum Sanierungskonzept gehörenden Kapitalherabsetzung – aus eigennützigen Gründen zu verhindern.[570] Theoretisch kommt eine Zustimmungspflicht auch bei einem Debt Equity Swap in Betracht.[571] Praktisch spielt eine Durchsetzung der Zustimmungspflicht keine Rolle.[572] Zum einen fehlt es in der Regel an der Zeit für die gerichtliche Durchsetzung und zum anderen haben nur die übrigen Aktionäre einen möglichen Anspruch auf Zustimmung und nicht etwa die Gläubiger, die ihre Forderung einbringen möchten.[573]

b) Zustimmung der Anleihegläubiger

Korrespondierend dazu müssen auch die Anleihegläubiger in dieser Phase dem Debt Equity Swap zustimmen. Wie bereits dargelegt, kann die Zustimmung der Anleihegläubiger zum Debt Equity Swap entweder im Rahmen einer *exchange tender offer* oder mittels Mehrheitsbeschlusses im Rahmen der Gläubigerversammlung eingeholt werden.

---

569 Vgl. zu gesellschaftsrechtlichen Treupflichten insbesondere in Sanierungssituationen *Marsch-Barner*, ZIP 1996, 853; *Brinkmann*, WM 2011, 97.

570 BGH, Urteil vom 20.03.1995 – II ZR 205/94 Amtlicher Leitsatz Nr. 2 („Girmes“) = BGHZ 129, 136 = WM 1995, 822 = DB 1995, 1064. Vgl. auch zu Publikumspersonengesellschaften BGH, Urteil vom 19.10.2009 – II ZR 240/08 = BGHZ 183, 1 = NJW 2010, 65 = ZIP 2009, 2289 = WM 2009, 2264 = NZG 2009, 1347 („Sanieren oder Ausscheiden“).

571 Vgl. dazu auch *Redeker*, BB 2007, 673, 675 f.; offen lassend: *Carli/Rieder/Mückl*, ZIP 2010, 1737, 1741.

572 *Schmidt/Schlitt*, Der Konzern 2009, 279, 282; *Carli/Rieder/Mückl*, ZIP 2010, 1737, 1741.

573 *Schmidt/Schlitt*, Der Konzern 2009, 279, 282; *Redeker*, BB 2007, 673, 676; *Carli/Rieder/Mückl*, ZIP 2010, 1737, 1741.

aa) Öffentliches Umtauschangebot (Exchange Tender Offer)

Wird ein öffentliches Umtauschangebot (*Exchange Tender Offer*) von der Gesellschaft gemacht, so wird dies, wie bereits dargestellt[574], veröffentlicht und den Anleihegläubigern über ihre Depotbanken zugestellt.

Anleihegläubiger, die das Angebot zum Debt Equity Swap annehmen möchten, erklären dies nun gegenüber ihrer Depotbank, welche die Annahmeerklärung an die Gesellschaft bzw. die zentrale Abwicklungsstelle weiterleitet.[575]

bb) Verfahren nach dem SchVG: Beschlussfassung der Gläubigerversammlung

Bei einem Verfahren nach dem SchVG erfolgt die Zustimmung mittels Beschluss der Gläubigerversammlung; ähnlich wie der Beschluss der Hauptversammlung. Dabei sind insbesondere die notwendigen Beschlussquoren bei der ersten und ggf. zweiten Gläubigerversammlung zu beachten (vgl. dazu bereits oben unter IV. 2. c) bb) und V. 1. c) aa))

cc) Insbesondere: Ermächtigung zum Abschluss der Sacheinlagevereinbarung

Unabhängig vom gewählten Verfahren ermächtigen die Anleihegläubiger (bzw. ggf. der gemeinsame Vertreter) die zentrale Abwicklungsstelle zum Abschluss der Sacheinlagevereinbarung mit der Gesellschaft. Theoretisch muss die Sacheinlagevereinbarung von jedem Anleihegläubiger, der an der Sachkapitalerhöhung teilnimmt, unterzeichnet werden. In der Praxis unterzeichnet allerdings die zentrale Abwicklungsstelle die Sacheinlagevereinbarung für die Anleihegläubiger, nachdem diese sie zuvor dazu ermächtigt haben.[576]

In der Sacheinlagevereinbarung verpflichten sich die Anleihegläubiger gegenüber der Gesellschaft, ihr die Anleiheforderung zu erlassen oder zu übertragen sowie ihr die Schuldverschreibungsurkunde zu übereignen.[577] Die Sacheinlagevereinbarung muss spätestens vor der Anmeldung der Durchführung der Kapitalerhöhung zum Handelsregister unterzeichnet werden.[578] Konsequenterweise wurde die zentrale Abwicklungsstelle auch als Sacheinleger im Hauptversammlungsbeschluss festgesetzt.[579]

---

574 Siehe oben unter IV. 1 und V. 1. c) bb).

575 Vgl. dazu und zu den weiteren Erklärungen in diesem Rahmen bereits oben unter IV. 1.

576 *Friedl*, BB 2012, 1102, 1104 f.

577 *Friedl*, BB 2012, 1102, 1104.

578 Dies folgt aus der Vorlageverpflichtung des § 188 Abs. 2 Nr. 3 AktG; vgl. MüKo-AktG/*Schürnbrand* § 183 Rn. 27.

579 Vgl. dazu bereits oben unter V. 2. a).

3. Phase 3: Etwaige Freigabephase

Im Anschluss an die Beschlussfassung in der Haupt- und Gläubigerversammlung sollte eine Freigabephase eingeplant werden.

Hintergrund ist die Berücksichtigung von etwaigen Anfechtungsklagen sowohl von Altaktionären gegen die Hauptversammlungsbeschlüsse als auch von Anleihegläubigern gegen die Beschlüsse der Gläubigerversammlung.

Die Altaktionäre können den Beschluss der Hauptversammlung anfechten, wenn sie im Falle eines Bezugsrechtsausschlusses der Auffassung sind, dass die Sacheinlage überbewertet ist (§ 255 Abs. 2 AktG analog).[580] Die Anfechtungsfrist beträgt einen Monat nach Beschlussfassung (§ 246 Abs. 1 AktG). Zwar tritt keine direkte Registersperre ein und der Kapitalerhöhungsbeschluss ist grundsätzlich trotz erhobener Anfechtungsklage eintragungsfähig, allerdings wird das Registergericht in diesem Falle häufig sicherheitshalber den Beschluss zunächst nicht eintragen (sog. faktische Registersperre).[581] Dem kann die Gesellschaft zwar durch ein Freigabeverfahren (§ 246a AktG) entgegentreten und die Eintragung in das Handelsregister durchsetzen, allerdings ist auch damit eine Verzögerung von fünf bis acht Monaten verbunden.[582]

Auch Beschlüsse der Gläubigerversammlung können von einzelnen Anleihegläubigern angefochten werden. Wird ein Beschluss der Gläubigerversammlung angefochten, kann Anfechtungsgrund jeder Verstoß gegen das Gesetz oder die Anleihebedingungen sein (§ 20 Abs. 1 Satz 1 SchVG).[583] Die Anfechtungsfrist beträgt einen Monat nach Bekanntgabe des Beschlusses (§ 20 Abs. 3 SchVG). Wurde eine Anfechtungsklage eines oder mehrerer Anleihegläubiger erhoben, so besteht grundsätzlich eine Vollzugssperre für den gefassten Beschluss (§ 20 Abs. 3 Satz 4 SchVG). Allerdings kann der Anleiheschuldner auch in diesem Verfahren einen Freigabebeschluss erwirken (§ 20 Abs. 3 Satz 4 SchVG i. V. m. § 246a AktG). Dennoch verzögert auch die Erhebung einer solchen Anfechtungsklage die Restrukturierung erheblich.

---

580 Vgl. dazu bereits oben unter III. 2. b).

581 MüKoAktG/*Hüffer/Schäfer* § 243 Rn. 135; Hüffer/*Koch* AktG § 243 Rn. 53; *Würthwein* in Spindler/Stilz, AktG, § 234, Rn. 52 ff.

582 *Schmidt/Schlitt*, Der Konzern 2009, 279, 281.

583 Die Nichtigkeit von Beschlüssen sieht das SchVG anders als das AktG (§§ 241 und 242 AktG) nicht vor; LBS/*Bliesener/Schneider*, Bankrechtskommentar, 17. Kap., § 20 SchVG Rn. 10 ff. Allerdings hat der BGH bereits die Nichtigkeit eines Beschlusses wegen eines groben Gesetzesverstoßes angenommen; vgl. BGHZ 202, 7 Rn. 19.

Da in der Praxis Anfechtungsklagen (ggf. von sog. „räuberischen Aktionären/Anleihegläubigern") die Regel sind, sollte die vorgenannte Dauer bis zur Erwirkung der Freigabebeschlüsse entsprechend einkalkuliert werden.[584]

4. Phase 4: Abwicklungs- und Umsetzungsphase

Nachdem die Beschlüsse rechtskräftig geworden sind bzw. Freigabebeschlüsse erwirkt wurden, kann mit der Abwicklung und Umsetzung des eigentlichen Debt Equity Swaps begonnen werden.

Es gilt, die Anleihe einschließlich aller verbundenen Rechte auf die Gesellschaft zu übertragen und den Anleihegläubigern und zukünftigen Aktionären die neuen Aktien zu übertragen.

Auf der einen Seite muss also die Anleihe als Sacheinlage in die Gesellschaft eingebracht werden. Die Anleihegläubiger müssen die Verfügungsbefugnis über die Anleihe auf die Gesellschaft übertragen; dazu gibt es drei Möglichkeiten[585]: Entweder die Anleihegläubiger übereignen die Schuldverschreibungsurkunde gemäß § 929 ff. BGB. Dabei müssen sich die Parteien sowohl über den Übergang des Eigentums an der Urkunde einig sein als auch den Besitz an der Urkunde übertragen. Da Anleihen in der Regel globalverbrieft sind und die Globalurkunde üblicherweise bei einer Wertpapiersammelbank (in Deutschland Clearstream Banking AG) liegt und der Inferent nur mittelbaren Besitz hat, wird die Übergabe durch die Übertragung des Herausgabeanspruchs (§ 931 BGB) ersetzt. Die Wertpapiersammelbank führt sodann eine Umstellung des Besitzmittlungsverhältnisses durch.[586] Die zweite theoretische Möglichkeit ist die Abtretung aller Rechte aus der Anleihe an die Gesellschaft (§ 398 BGB).[587] In der Praxis erfolgt in der Regel ein Erlass und Verzicht auf alle aus der Anleihe resultierenden Rechte.[588]

---

584 Vgl. aus der Praxis etwa die Restrukturierung der Solarworld AG, wo sowohl die Beschlüsse der Hauptversammlung als auch der Gläubigerversammlung angefochten wurden und (erfolgreich) Freigabeverfahren durchgeführt werden mussten; OLG Köln, Beschlüsse vom 13.01.2014 – 18 U 175/13 (bzgl. der Beschlüsse der Hauptversammlung) und 18 U 174/13 (bzgl. der Beschlüsse der Gläubigerversammlung).

585 Vgl. zum Folgenden *Friedl*, BB 2012, 1102, 1105.

586 *Friedl*, BB 2012, 1102, 1105.

587 *Friedl*, BB 2012, 1102, 1105; MüKoAktG/*Habersack* § 793 Rn. 31 f.

588 So etwa beim Debt Equity Swap der Solarworld AG; vgl. Einladung zur außerordentlichen Hauptversammlung vom 07.08.2013 (S. 6); abrufbar unter http://www.solarworld.de/fileadmin/sites/sw/ir/pdf/aohv/aohv_1/sw_aohv_einladung_2013-final.pdf sowie beim Debt Equity Swap der Singulus Technologies AG; vgl. Einladung zur außerordenltichen Hauptversammlung am 16.02.2016 (S. 23); abrufbar

Auf der anderen Seite müssen die neuen Aktien auf die ehemaligen Anleihegläubiger „übertragen“ werden. Die neuen Aktien müssen dazu zunächst von den Anleihegläubigern gezeichnet werden (§ 185 AktG).

Zum Abschluss erfolgt der Austausch beider Leistungen.

In der Praxis erfolgen beide Vorgänge über ein Kreditinstitut als zentrale Abwicklungsstelle.[589] Dazu weisen die Anleihegläubiger ihre jeweilige Depotbank an, die Anleihe auf das Kreditinstitut als zentrale Abwicklungsstelle zu übertragen.[590] Die zentrale Abwicklungsstelle wird von den Anleihegläubigern zudem bevollmächtigt, die Anleihe in die Gesellschaft einzubringen. Die Einbringung erfolgt im eigenen Namen, aber als fremdnützige Treuhänderin für Rechnung der einzelnen Anleihegläubiger.[591] Gleichzeitig wird die zentrale Abwicklungsstelle bevollmächtigt, die neuen Aktien treuhänderisch für die Anleihegläubiger zu zeichnen. Sodann erhält die Abwicklungsstelle die neuen Aktien als fremdnützige Treuhänderin mit der Verpflichtung zur Weiterleitung der neuen Aktien an die teilnehmenden Anleihegläubiger.

Zum Abschluss der Transaktion folgt die Anmeldung der Durchführung der Kapitalerhöhung zum Handelsregister und die Eintragung der Kapitalerhöhung in das Handelsregister (*Closing*).

Nach vertragsgemäßer Weiterleitung der neuen Aktien an die ehemaligen Anleihegläubiger und neuen Aktionäre ist der Debt Equity Swap vollendet.

Erfolgt im Rahmen eines Verfahrens nach dem SchVG zunächst ein Tausch in Erwerbsrechte statt unmittelbar in Aktien[592], so wird diese Phase modifiziert: Die (ehemaligen) Anleihegläubiger erhalten zunächst das Erwerbsrecht und es beginnt die Ausübungsfrist für das Erwerbsrecht. Daher muss in diesem Fall der von der BaFin gebilligte Wertpapierprospekt erst zu diesem Zeitpunkt – bzw. einen Tag vor Beginn der Ausübungsfrist (§ 14 Abs. 1 WpPG) – veröffentlicht werden.[593]

Nach Ablauf der Ausübungsfrist werden eventuelle nicht ausgeübte Erwerbsrechte verwertet – sei es durch Verkauf über die Börse oder an ausgewählte

---

unter http://www.singulus.de/fileadmin/_migrated/content_uploads/Singulus_aoHV_2016_Einladung_mit_Vorstandsbericht_Finale_Fassung_01.pdf.

589 *Friedl*, BB 2012, 1102, 1105.

590 Diese Anweisung erfolgt in der Regel im Rahmen der Annahme des Umtauschangebots; vgl. dazu bereits oben IV. 1.

591 Siehe beispielsweise das Bezugsangebot an die Anleihegläubiger der Schuldverschreibung der DF Deutsche Forfait AG vom 18. Mai 2015.

592 Vgl. zu dieser Gestaltungsoption und den Hintergründen oben unter IV. 2. d).

593 Vgl. IV. 2. d) bb).

Investoren.[594] Diejenigen ehemaligen Anleihegläubiger, die ihr Erwerbsrecht nicht ausgeübt haben, erhalten den Erlös aus der Verwertung des Erwerbsrechts (abzüglich Kosten).

5. Rechtsfolge

Mit Abschluss des Debt Equity Swaps werden die ehemaligen Anleihegläubiger Aktionäre der Gesellschaft. Grundsätzlich haben sie dabei dieselben Rechte und Pflichten wie die übrigen Aktionäre. Allerdings tragen sie immer noch das Risiko einer Nachschusspflicht in bar im Rahmen der Differenzhaftung, falls sich die Bewertung der Forderung als zu hoch herausstellt.[595]

Auf der anderen Seite ist die Gesellschaft durch die Einbringung nunmehr selbst Inhaber der Forderung geworden; sie hat praktisch einen Anspruch gegen sich selbst.[596] Normalerweise führt diese Konstellation zum Erlöschen der Forderung durch Konfusion. Aufgrund des starken sachenrechtlichen Einschlags gilt dies jedoch nicht für Inhaberpapiere wie Anleihen.[597] Die verbriefte Forderung besteht somit beim Anleiheschuldner gegen sich selbst fort; die Forderung „ruht".[598] Theoretisch kann der Anleiheschuldner die Anleihe auch abermals in Umlauf bringen, sodass die verbriefte Forderung wieder auflebt.[599] Erst wenn der Anleiheschuldner die Schuldverschreibungsurkunde vernichtet oder einzieht und entwertet, erlischt auch die Forderung.[600]

VI. Kapitalmarktrechtliche Aspekte

Bereits frühzeitig bei der Planung müssen bei einem Debt Equity Swap einer Anleihe einige Regelungen des Kapitalmarktrechts beachtet werden.

---

594 Vgl. dazu bereits oben unter IV. 2. d).

595 Vgl. dazu bereits oben unter III. 3 a).

596 Dies gilt nicht, wenn die Sacheinlage erfolgte, indem die (ehemaligen) Anleiheinhaber lediglich auf ihre Rechte aus der Anleihe verzichtet haben und der Gesellschaft die Forderung erlassen haben.

597 RGZ 147, 233, 243 f.; *Ekkenga*, ZGR 2009, 581, 590 f.; *Friedl*, BB 2012, 1102; Staudinger/*Marburger* § 793 Rn. 20; Palandt/*Sprau* § 793 Rn. 9; *Pleyer*, WM 1979, 850, 852 f.; *Baums*, Recht der Unternehmensfinanzierung, § 48 Rn. 20.

598 RGZ 147, 233, 243 f.; *Ekkenga*, ZGR 2009, 581, 590 f.; *Friedl*, BB 2012, 1102; Staudinger/*Marburger* § 793 Rn. 20; Palandt/*Sprau* § 793 Rn. 9; *Pleyer*, WM 1979, 850, 852f.; *Baums*, Recht der Unternehmensfinanzierung, § 48 Rn. 20.

599 *Pleyer*, WM 1979, 850, 853.

600 *Friedl*, BB 2012, 1102, 1106.

Insbesondere bei Gesellschaften, deren Aktien und/oder Anleihen am regulierten Markt gehandelt werden.

Konkret betrifft dies mögliche Verpflichtungen aus dem Wertpapiererwerbs- und Übernahmegesetz (WpÜG)[601] sowie eine mögliche Prospektpflicht in Bezug auf die neuen Aktien nach dem Wertpapierprospektgesetz (WpPG)[602] sowie Publizitätspflichten nach der EU-Marktmissbrauchsverordnung (MAR) und des Wertpapierhandelsgesetzes (WpHG)[603]. Auch die Regelungen des Insiderrechts sind zu beachten; diese wurden bereits oben ausführlich erläutert.[604]

1. Pflichtangebot gemäß § 35 WpÜG

Bei Gesellschaften, deren Aktien am organisierten Markt zugelassen sind[605], muss jeder, der die Kontrolle über die Gesellschaft erlangt, den übrigen Aktionären ein Pflichtangebot auf Erwerb ihrer Aktien machen (§ 35 Abs. 2 Satz 1 WpÜG). Dazu hat er der Bundesanstalt für Finanzdienstleistungsaufsicht (BaFin) eine Angebotsunterlage zu übermitteln und nach Gestattung durch die BaFin unverzüglich zu veröffentlichen (§ 35 Abs. 2 Satz 1 i. V. m. § 14 Abs. 2 Satz 1 WpÜG). Zudem hat er die Kontrollerlangung unverzüglich, spätestens innerhalb von sieben Kalendertagen, zu veröffentlichen (§ 35 Abs. 1 WpÜG). Dabei können diese Pflichten selbstverständlich nur die ehemaligen Anleihegläubiger und zukünftigen Aktionäre treffen und nicht die Gesellschaft selbst. Allerdings muss der den Debt Equity Swap planende Vorstand die Interessenlage der einzelnen Anleihegläubiger für eine gelungene Transaktion im Blick halten und berücksichtigen.[606]

Eine Kontrollerlangung im Sinne des WpÜG liegt vor, sobald eine Person unmittelbar oder mittelbar 30 % der Stimmrechte an der Gesellschaft hält (§ 29 Abs. 2 WpÜG).

Hintergrund dieser Vorschrift ist der Minderheitenschutz.[607] Durch einen neuen Hauptaktionär besteht für die Minderheitsaktionäre die Gefahr, dass dieser die Unternehmensausrichtung aktiv beeinflusst und ändert und es vor allem zu Vermögens- und Gewinnverlagerungen zu ihren Lasten kommt.[608] Durch das

---

601 Dazu unter 1.
602 Dazu unter 2.
603 Dazu unter 3.
604 Vgl. unter § 3 III.
605 Vgl. Anwendungsbereich des WpÜG in § 2 Abs. 1 WpÜG.
606 Vgl. dazu schon oben unter II. 2. sowie allgemein unter § 3.
607 MüKoAktG/*Schlitt* § 35 WpÜG Rn. 5 f.
608 MüKoAktG/*Schlitt* § 35 WpÜG Rn. 5.

Pflichtangebot können sie ihre Aktien marktgerecht veräußern und erhalten die Möglichkeit zum *Exit*.

Im Falle der Nichtbeachtung der Pflichten aus § 35 Abs. 1 und 2 WpÜG drohen dem Verpflichteten weitreichende Sanktionen:[609]

Zunächst kommt ein Bußgeld in Betracht (§ 60 Abs. 3 WpÜG). Die Höhe des Bußgeldes ist abhängig davon, gegen welche Pflicht genau verstoßen wurde und beträgt bis zu einer Million Euro.[610] Außerdem tritt ein Rechtsverlust ein. In der Zeit, in der die Pflichten aus § 35 Abs. 1 und 2 WpÜG nicht erfüllt werden, bestehen die Rechte aus den betreffenden Aktien nicht (§ 59 Satz 1 WpÜG). Dies betrifft beispielsweise den konkreten Dividendenanspruch.[611] Außerdem entsteht ein Zinsanspruch der Aktionäre (§ 38 WpÜG): Die Aktionäre haben einen Anspruch auf Verzinsung der im Rahmen des Pflichtangebots geschuldeten Gegenleistung in Höhe von fünf Prozent über dem Basiszinssatz pro Jahr.[612]

Die Pflichten des WpÜG können dabei nicht nur denjenigen treffen, der unmittelbar Aktien der (Ziel)gesellschaft hält (vgl. dazu unter a)), sondern auch Personen, denen die Aktien zugerechnet werden (vgl. dazu unter b)). Dabei kommt sogar bereits eine Zurechnung vor Durchführung des Debt Equity Swaps in Betracht.

a) Verpflichtung einzelner Anleihegläubiger zur Abgabe eines Pflichtangebots (§ 35 Abs. 2 WpÜG)

Die vorgenannten Pflichten treffen nach Durchführung des Debt Equity Swaps somit zunächst nur denjenigen ehemaligen Anleihegläubiger, der dann mindestens 30 % der Aktien der Gesellschaft hält.

Falls im Rahmen der Restrukturierung zunächst eine Kapitalherabsetzung vorgenommen wurde, erhalten die ehemaligen Anleihegläubiger nach der Sachkapitalerhöhung einen prozentual größeren Anteil an der Gesellschaft, weshalb das Risiko zur Abgabe eines Pflichtangebots steigt.[613] Dennoch betrifft dieses Risiko primär Großgläubiger der Gesellschaft oder solche, die bereits zuvor in signifikantem Umfang an der Gesellschaft beteiligt waren.

---

609 Vgl. Überblick bei MüKoAktG/*Schlitt* § 35 WpÜG Rn. 229 ff.; *Möller*, AG 2002, 170, 174 ff.

610 Vgl. dazu im Detail MüKoAktG/*Schlitt* § 35 WpÜG Rn. 234 ff. sowie MüKoAktG/*Schaal* § 60 WpÜG Rn. 11 ff.

611 MüKoAktG/*Schlitt* § 59 WpÜG Rn. 28 f.

612 MüKoAktG/*Schlitt* § 38 WpÜG Rn. 1 und 36; *Möller*, AG 2002, 170, 175.

613 *Wentzler*, FB 2009, 446, 450.

b) Verpflichtung der Anleihegläubiger zur Abgabe eines Pflichtangebots (§ 35 Abs. 1 WpÜG) aufgrund acting in concert (§ 30 Abs. 2 WpÜG)

Eine Kontrollerlangung kommt jedoch nicht nur in Betracht, wenn die Aktien unmittelbar gehalten werden, sondern auch wenn diese dem oder den Anleihegläubiger(n) zugerechnet werden (§ 30 WpÜG). Der Verpflichtete muss dazu noch nicht mal selbst Aktionär der Gesellschaft sein. Eine Zurechnung erfolgt beispielsweise, wenn die Aktien von einer Tochtergesellschaft gehalten werden (§ 30 Abs. 1 S. 1 Nr. 1 WpÜG) oder von einem Dritten für Rechnung des Bieters (§ 30 Abs. 1 S. 1 Nr. 1 WpÜG) gehalten werden.

Bei der Durchführung eines Debt Equity Swaps einer Anleihe kommt eine Zurechnung außerdem vor allem aufgrund eines sogenannten *acting in concert* (§ 30 Abs. 2 WpÜG) in Betracht. Ein solches *acting in concert* liegt vor, wenn der „Bieter" – das heißt in diesem Falle der Anleihegläubiger[614] – sein Verhalten in Bezug auf die Zielgesellschaft aufgrund einer Vereinbarung oder in sonstiger Weise mit Dritten abstimmt; ausgenommen sind Vereinbarungen in Einzelfällen (§ 29 Abs. 2 S. 1 WpÜG). Dann würden ihm die Aktien des oder der anderen, mit denen er sein Verhalten abstimmt, zugerechnet und er könnte so die Kontrollschwelle von 30 % überschreiten. Eine solche Abstimmung kann zeitlich bereits vor Durchführung des Debt Equity Swaps vorliegen, weshalb die Pflichten des WpÜG bereits im Vorfeld der Transaktion virulent werden.

aa) Nach Durchführung des Debt Equity Swaps

Nach Durchführung des Debt Equity Swaps können auch vermeintliche Kleingläubiger zur Abgabe eines Pflichtangebots verpflichtet sein, falls sie ihr Verhalten in Bezug auf die Schuldnergesellschaft mit den übrigen Anleihegläubigern abstimmen (§ 30 Abs. 2 WpÜG; *acting in concert*).

Im Falle einer Anleihe mit großem Streubesitz ist dieses Risiko allerdings eher gering, da die Anleihegläubiger ihr Verhalten höchstens im Rahmen einer Gläubigerversammlung nach dem SchVG abstimmen werden. In diesem Falle greift allerdings das Einzelfallprivileg (§ 30 Abs. 2 Satz 1 2. Halbsatz WpÜG), sodass grundsätzlich kein *acting in concert* vorliegt.[615]

614 Vgl. zur Irreführung des Begriffs „Bieter" MükoAktG/*Schlitt* § 35 WpÜG Rn. 45.
615 *Friedl*, BB 2012, 1102, 1107.

bb) Vor Durchführung des Debt Equity Swaps

Die Pflichten nach § 35 WpÜG können die Anleihegläubiger außerdem bereits vor Durchführung des Debt Equity Swaps treffen. Dies klingt zunächst überraschend, allerdings ist für die Pflichten nach § 35 WpÜG eine gegenwärtige Aktionärsstellung nicht erforderlich. Denkbar ist auch hier eine Zurechnung von Stimmrechten im Rahmen des *acting in concert* (§ 30 Abs. 2 WpÜG). In Betracht kommt eine Zurechnung der Stimmrechte der (Alt)aktionäre, wenn sich die Anleihegläubiger im Vorfeld der Transaktion mit ihnen abstimmen. Eine solche Abstimmung ist insbesondere deshalb denkbar, wenn die Anleihegläubiger (ggf. in Zusammenarbeit mit dem Vorstand der AG) Einfluss auf die Altaktionäre nehmen und diese von einer Zustimmung überzeugen wollen.[616] Dabei kommen drei Konstellationen in Betracht, in denen ein *acting in concert* möglicherweise vorliegt:[617]

1. Abstimmung in Bezug auf die Sachkapitalerhöhung
2. Die Entsendung bestimmter Personen in den Aufsichtsrat
3. Drohung mit Insolvenz

(i) Abstimmung mit den (Alt)aktionären in Bezug auf die Sachkapitalerhöhung

Die (Alt)aktionäre müssen im Rahmen der Hauptversammlung mehrere Beschlüsse fassen, um den Debt Equity Swap zu ermöglichen. Konkret sind dies die (fakultative) Kapitalherabsetzung, die Sachkapitalerhöhung sowie der Bezugsrechtsausschluss.[618]

Umwandlungswillige Anleihegläubiger sind dabei auf die Zustimmung der (Alt)aktionäre angewiesen und werden möglicherweise im Vorfeld der Hauptversammlung versuchen, Einfluss auf die (Alt)aktionäre auszuüben bzw. sie von ihrem Sanierungskonzept zu überzeugen.[619]

Liability Management Transaktionen gehen zwar nicht von den Anleihegläubigern aus, sondern von der Gesellschaft selbst. Allerdings führt der Vorstand zu Beginn der geplanten Restrukturierung oftmals Gespräche mit den

---

616 *Redeker*, BB 2007, 673, 678; *Halász/Kloster*, WM 2006, 2152, 2157; *von Sydow/Beyer*, AG 2005, 635, 637 ff.

617 *von Sydow/Beyer*, AG 2005, 635, 639 ff.

618 Vgl. dazu bereits oben unter III.

619 *Redeker*, BB 2007, 673, 678; *Halász/Kloster*, WM 2006, 2152, 2157; *von Sydow/Beyer*, AG 2005, 635, 637 ff.

Anleihegläubigern, um sie vom Restrukturierungskonzept zu überzeugen. Wenn die Anleihegläubiger sodann vom Debt Equity Swap überzeugt sind, ist es denkbar, dass sie wiederrum ebenfalls versuchen, die (Alt)aktionäre von einem Debt Equity Swap zu überzeugen und dazu an sie herantreten. Diese Kommunikation zwischen Anleihegläubigern und (Alt)aktionären führt möglicherweise zu einem abgestimmten Abstimmungsverhalten im Rahmen der Hauptversammlung. Dies stellt grundsätzlich ein *acting in concert* im Sinne von § 30 Abs. 2 WpÜG dar, da es sich um eine konkrete Abstimmung von Verhalten in Bezug auf die Zielgesellschaft (also den Anleiheschuldner) – nämlich die Abstimmung in der Hauptversammlung – aufgrund einer Vereinbarung zwischen Anleihegläubiger und (Alt)aktionären handelt.[620]

Allerdings könnte vorliegend das Einzelfallprivileg des § 30 Abs. 2 Satz 1 2. Halbsatz WpÜG eingreifen. Dagegen könnte zwar sprechen, dass es sich in der Regel um mehrere Beschlüsse handelt.[621] Diese Betrachtung wird jedoch der Besonderheit eines Debt Equity Swaps nicht gerecht. Vielmehr sind sämtliche im Rahmen des Debt Equity Swaps zu fassende Beschlüsse als einheitlicher Vorgang zu werten.[622] Das Einzelfallprivileg ist somit auf den Fall der Abstimmung mit den (Alt)aktionären in Bezug auf die für den Debt Equity Swap erforderlichen Hauptversammlungsbeschlüsse anwendbar.[623] Erst wenn eine nachhaltige, darüber hinaus gehende Abstimmung erfolgt, kommt ein *acting in concert* in Betracht.[624]

(ii) Die Entsendung bestimmter Personen in den Aufsichtsrat

Im Vorfeld der Transaktion werden die (Anleihe)gläubiger möglicherweise versuchen, auf die Zusammensetzung des Aufsichtsrates und somit auf die Gesellschaft Einfluss auszuüben, indem sie ihnen nahestehende Personen mithilfe der (Alt)aktionäre in den Aufsichtsrat wählen lassen.[625] Dieses Verhalten könnte ebenfalls zu einer Zurechnung nach § 30 Abs. 2 Satz 1 Halbsatz 2 WpÜG führen. Zu differenzieren ist dabei zwischen der Entsendung einzelner

---

620 *Redeker*, BB 2007, 673, 678; *Halász/Kloster*, WM 2006, 2152, 2157; *von Sydow/Beyer*, AG 2005, 635, 637 ff.

621 So *von Sydow/Beyer*, AG 2005, 635, 639 f.

622 *Redeker*, BB 2007, 673, 678; *Halász/Kloster*, WM 2006, 2152, 2157.

623 *Redeker*, BB 2007, 673, 678; *Halász/Kloster*, WM 2006, 2152, 2157.

624 *Halasz/Kloster*, WM 2006, 2152, 2158.

625 Dieser Fall dürfte jedoch nur im Falle von Großgläubigern, die große Anleihepakete besitzen, relevant sein.

Aufsichtsratsmitglieder, der Entsendung der Mehrheit der Aufsichtsratsmitglieder sowie der Absprache über den Aufsichtsratsvorsitzenden.

Bei der Entsendung einzelner Aufsichtsratsmitglieder dürfte kein *acting in concert* vorliegen.[626] Dabei handelt es sich nämlich um eine einzelne Maßnahme, sodass das Einzelfallprivileg (§ 30 Abs. 2 Satz 1 Halbsatz 2 WpÜG) grundsätzlich greift. Diese Einzelfallmaßnahme könnte jedoch die Gesellschaft nachhaltig beeinflussen, da das Aufsichtsratsmitglied ab dann im Aufsichtsrat die Interessen der Anleihegläubiger vertritt. Nach teleologischer Auslegung läge möglicherweise aufgrund des fortwirkenden Charakters der Wahl kein Einzelfall im Sinne des § 30 Abs. 2 Satz 1 Halbsatz 2 WpÜG mehr vor.[627] Allerdings wird ein einzelnes Aufsichtsratsmitglied alleine keine Entscheidungen des Aufsichtsrats durchsetzen können[628] und allenfalls die Interessen der Anleihegläubiger mit Überzeugungskraft argumentativ vertreten können.[629]

Insgesamt liegt daher bei der Entsendung einzelner Aufsichtsratsmitglieder kein abgestimmtes Verhalten im Sinne von § 30 Abs. 1 Satz 1 Halbsatz 2 WpÜG vor.

Anders könnte der Fall jedoch gelagert sein, wenn eine Absprache über mehrere Aufsichtsratsmitglieder erfolgt, die zusammen die Mehrheit im Aufsichtsrat bilden.

Teilweise wird in diesem Falle ein abgestimmtes Verhalten angenommen und das Einzelfallprivileg abgelehnt, da die (Anleihe)gläubiger auf diese Weise mittelbar das Management der Gesellschaft bestimmen könnten und so die Gesellschaft mittelbar kontrollieren würden.[630] Diese Auffassung dürfte allerdings nach einem zwischenzeitlich ergangenen Urteil des BGH nicht mehr vertretbar sein.[631] In dem zugrunde liegenden Fall stand zwar primär die Abstimmung über die Wahl eines Aufsichtsratsvorsitzenden im Mittelpunkt, allerdings betont der BGH das gesetzliche Leitbild der unabhängigen Aufsichtsratsmitglieder.[632] Die Aufsichtsratsmitglieder seien nicht weisungsgebunden und nicht als „Vertreter"

---

626 *von Sydow/Beyer*, AG 2005, 635, 641 f.; *Halasz/Kloster*, WM 2006, 2152, 2156.

627 *von Sydow/Beyer* aaO differenzieren begrifflich insofern zwischen „quantitativ" und „qualitativ".

628 Die gesetzliche Mindestzahl der Aufsichtsratsmitglieder beträgt drei, wobei die Satzung eine höhere Zahl vorsehen kann (§ 95 Satz 1 und 2 AktG) und in der Praxis bei den hier in Rede stehenden großen Gesellschaften eine höhere Anzahl üblich ist.

629 *von Sydow/Beyer*, AG 2005, 635, 641.

630 *von Sydow/Beyer*, AG 2005, 635, 642.

631 BGH, Urteil vom 18.09.2006 – II ZR 137/05 = WM 2006, 2080.

632 BGH aaO Rn. 25.

derjenigen Aktionäre anzusehen, auf deren Vorschlag sie gewählt wurden. Aufgrund des BGH-Urteils ist auch die Abstimmung über die Wahl des Aufsichtsratsvorsitzenden nicht als *acting in concert* zu bewerten. Der BGH betont richtigerweise[633], dass die Wahl des Aufsichtsratsvorsitzenden eine Angelegenheit des Aufsichtsrates ist, und nicht in die Kompetenz der Hauptversammlung fällt.[634] § 30 Abs. 2 Satz 1 WpÜG erfasse allerdings nur Vereinbarungen über die Ausübung von Stimmrechten aus Aktien, also über die Stimmrechtsausübung in der Hauptversammlung, welche gerade nicht über die Wahl des Aufsichtsratsvorsitzenden abstimmt.

Sämtliche Absprachen über die Entsendung und Wahl von Aufsichtsratsmitgliedern sind daher in Bezug auf ein *acting in concert* aus übernahmerechtlichen Gesichtspunkten bei einem Debt Equity Swap unbedenklich.

(iii) Drohung mit Insolvenzantrag

Als weiteren Anwendungsbereich für eine Zurechnung nach § 30 Abs. 1 Satz 1 WpÜG wird eine mögliche Drohung der Gläubiger mit der Fälligstellung der Verbindlichkeiten und anschließender Stellung eines Insolvenzantrags diskutiert, um eine Zustimmung der (Alt)aktionäre zu erzwingen.[635] Bei Anleiheforderungen ist ein solches „Fälligstellen" zwar nicht ohne Weiteres möglich, allerdings kann der Verstoß gegen sog. *Covenants* aus den Anleihebedingungen zu einem außerordentlichen Kündigungsrecht der Anleihegläubiger führen und käme damit einer Fälligstellung sonstiger Verbindlichkeiten gleich.[636] Außerdem kann bereits ein fälliger Zinsanspruch die Gesellschaft in finanzielle Bedrängnis bringen, sodass das Szenario einer Insolvenzdrohung realistisch wird.

Zu Recht wird allerdings eine Zurechnung nach § 30 Abs. 1 Satz 1 WpÜG abgelehnt.[637] Es fehle bereits am nötigen Abstimmungsvorgang zwischen den Gläubigern und den Aktionären, da die Aktionäre lediglich vor die Wahl gestellt werden, ob sie der Sachkapitalerhöhung zustimmen oder die Insolvenz der Gesellschaft riskieren. Eine Abstimmung zwischen den Parteien findet gerade nicht statt.[638]

---

633 Zustimmend auch *Halász/Kloster*, WM 2006, 2152, 2156.

634 BGH aaO Rn. 24.

635 *von Sydow/Beyer*, AG 2005, 635, 640.

636 Vgl. dazu schon oben unter § 2 II. 1.

637 *von Sydow/Beyer*, AG 2005, 635, 640.

638 Zweifelnd *Halász/Kloster*, WM 2006, 2152, 2158 f., die das Motiv einer Abstimmung (in diesem Falle die Drohung) als irrelevant ansehen.

c) *Befreiung von der Pflicht zur Abgabe eines Pflichtangebots (§ 37 WpÜG)*

Sollte die Pflicht zur Abgabe eines Pflichtangebots allerdings gegeben sein, gibt es für den oder die Anleihegläubiger die Möglichkeit, bei der Bundesanstalt für Finanzdienstleistungsaufsicht (BaFin) eine Befreiung von dieser Pflicht (sog. Dispens) zu beantragen (§ 37 WpÜG).

Formell muss der Antrag bei der BaFin schriftlich innerhalb von sieben Tagen nach Kontrollerlangung oder bereits vor Kontrollerlangung gestellt werden (§ 8 WpÜG-AngebotsVO).

Materielle Voraussetzung für die Befreiung ist das Vorliegen eines Befreiungsgrundes. Die Befreiungsgründe sind in § 37 Abs. 1 WpÜG abschließend aufgezählt.[639] Eine Befreiungsentscheidung kann demnach ergehen, sofern dies im Hinblick auf die Art der Erlangung, die mit der Erlangung der Kontrolle beabsichtigte Zielsetzung, ein nach der Erlangung der Kontrolle erfolgendes Unterschreiten der Kontrollschwelle, die Beteiligungsverhältnisse an der Zielgesellschaft oder die tatsächliche Möglichkeit zur Ausübung der Kontrolle unter Berücksichtigung der Interessen des Antragstellers und der Inhaber der Aktien der Zielgesellschaft gerechtfertigt erscheint (§ 37 Abs. 1 WpÜG). Die Befreiungsgründe werden durch die WpÜG-Angebotsverordnung konkretisiert.[640]

Bei einer Restrukturierung durch einen Debt Equity Swap kommt insbesondere eine Befreiung in Betracht, wenn die Erlangung der Kontrolle im Zusammenhang mit der Sanierung der Zielgesellschaft steht (§ 9 Satz 1 Nr. 3 WpÜG-AngebotsVO).[641] Schließlich wird die Gesellschaft einen Debt Equity Swap häufig erst in Erwägung ziehen, wenn die wirtschaftliche Situation eine Restrukturierung der Verbindlichkeiten und somit eine Sanierung der Gesellschaft erfordert.[642] Diese Befreiung hat drei Voraussetzungen: Die

---

639 MüKoAktG/*Schlitt* § 37 WpÜG Rn. 18; *Krause/Pötzsch/Seiler* in Assmann/Pötzsch/Uwe H. Schneider, WpÜG, § 37 Rn. 20.

640 MüKoAktG/*Schlitt* § 37 WpÜG Rn. 20 ff.; *Krause/Pötzsch/Seiler* in Assmann/Pötzsch/Uwe H. Schneider, WpÜG, § 37 Rn. 23 ff.

641 Vgl. dazu aus der Praxis auch die Befreiungsentscheidung der BaFin vom 30.01.2014 zugunsten von Herrn Dr. Frank Asbeck und der Solar Holding Beteiligungsgesellschaft mbH in Bezug auf die Zielgesellschaft SolarWorld AG (abrufbar unter https://www.bafin.de/SharedDocs/Downloads/DE/Befreiungsentscheidung/solarworld_0116.pdf?__blob=publicationFile&v=1). Im Rahmen der Restrukturierung der SolarWorld AG wurde unter anderem auch ein Debt Equity Swap einer Anleihe durchgeführt.

642 *von Sydow/Beyer*, AG 2005, 635, 642.

Sanierungsbedürftigkeit der Zielgesellschaft, ihre Sanierungsfähigkeit und die Erbringung eines Sanierungsbeitrages durch den Bieter:[643] Was unter Sanierungsbedürftigkeit zu verstehen ist, ist gesetzlich nicht definiert.[644] Inzwischen hat sich jedoch eine gewisse Verwaltungspraxis der BaFin entwickelt. Die BaFin nimmt eine Sanierungsbedürftigkeit an, wenn bestandsgefährdende Risiken im Sinne des § 322 Abs. 2 Satz 3 HGB bestehen oder drohen.[645] Bestandsgefährdende Risiken im Sinne des § 322 Abs. 2 Satz 3 HGB sind gegeben, wenn ernsthaft zu befürchten ist, dass das Unternehmen seinen Geschäftsbetrieb nicht mehr fortsetzen kann und damit die Gefahr einer Insolvenz oder Liquidation besteht; der Prognosezeitraum beträgt dabei grundsätzlich ca. zwölf Monate.[646] Der Antragsteller trägt dabei die Beweislast. Die BaFin verlangt dazu in der Regel den Bestätigungsvermerk zum Jahresabschluss durch den Abschlussprüfer oder durch einen unabhängigen Wirtschaftsprüfer.[647]

Zweite Voraussetzung ist die Sanierungsfähigkeit der Gesellschaft. Der Antragsteller muss dazu ein Sanierungskonzept vorlegen, das objektiv geeignet ist, den Fortbestand der Gesellschaft zu sichern.[648] Die Geeignetheit des vorgelegten Sanierungskonzeptes wird häufig durch ein Gutachten eines Wirtschaftsprüfers nachgewiesen.[649] Dabei kann häufig auf ein ohnehin bereits in Auftrag gegebenes Sanierungsgutachten zurückgegriffen werden.[650]

Als dritte Voraussetzung muss der Antragsteller einen eigenen Sanierungsbeitrag leisten. Dazu muss der Antragsteller die Sanierung der Zielgesellschaft

643 MüKoAktG/*Schlitt* § 37 WpÜG Anh. Rn. 17.

644 *Krause/Pötzsch/Seiler* in Assmann/Pötzsch/Uwe H. Schneider, WpÜG-AngVO, § 9 Rn. 23.

645 *Krause/Pötzsch/Seiler* in Assmann/Pötzsch/Uwe H. Schneider, WpÜG-AngVO, § 9 Rn. 24; *Seiler*, CFL 2010, 102, 103 sowie die Auswertung der auf der Homepage der BaFin veröffentlichten Entscheidungen nach §§ 36, 37 WpÜG (abrufbar unter https://www.bafin.de/SharedDocs/Veroeffentlichungen/DE/Liste/WPUeG/li_befreiung_wpueg_36_37.html).

646 Im Detail vgl. *Krause/Pötzsch/Seiler* in Assmann/Pötzsch/Uwe H. Schneider, WpÜG-AngVO, § 9 Rn. 24 ff.

647 *Krause/Pötzsch/Seiler* in Assmann/Pötzsch/Uwe H. Schneider, WpÜG-AngVO, § 9 Rn. 27.

648 MüKoAktG/*Schlitt* § 37 WpÜG Anh. Rn. 21.

649 MüKoAktG/*Schlitt* § 37 WpÜG Anh. Rn. 22.

650 *Krause/Pötzsch/Seiler* in Assmann/Pötzsch/Uwe H. Schneider, WpÜG-AngVO, § 9 Rn. 32.

zunächst auch tatsächlich beabsichtigen.[651] Die Durchführung des Debt-Equity Swaps kann ein solcher Sanierungsbeitrag sein.[652]

Sind die Tatbestandvoraussetzungen erfüllt, liegt die Entscheidung über die Befreiung im Ermessen der BaFin.

d) *Abschließende Bewertung des Risikos eines Pflichtangebots nach § 30 Abs. 1 WpÜG*

Das Risiko zur Abgabe eines Pflichtangebots nach § 30 Abs. 1 WpÜG ist somit für die meisten Anleihegläubiger gering. Da die möglichen Zurechnungstatbestände abgelehnt wurden, dürften Kleingläubiger von Anleihen mit großem Streubesitz in dieser Hinsicht nichts zu befürchten haben. Großgläubiger mit entsprechender Kontrollmehrheit – sei es weil sie nach dem Debt Equity Swap alleine über 30 % der Stimmrechte halten oder aufgrund einer Zurechnung aufgrund von weitgehenden Abstimmungen mit anderen Großgläubigern oder Aktionärsgruppen die Kontrolle erlangen – werden das Risiko eines Pflichtangebots ohnehin detailliert prüfen und gegebenenfalls von der Möglichkeit einer Sanierungsbefreiung (§ 37 WpÜG i. V. m. § 9 Satz 1 Nr. 3 WpÜG-AngebotsVO) Gebrauch machen, falls sie nicht die komplette Übernahme der Gesellschaft anstreben.

Sollte ein Anleihegläubiger eine Sanierungsbefreiung benötigen, ist bei der Transaktion der mit dieser verbundene zeitliche Vorlauf zu berücksichtigen.[653]

2. Prospektpflicht nach dem Wertpapierprospektgesetz (WpPG)

Bei einem Debt Equity Swap sollen die Anleihegläubiger ihre Anleiheforderung in neue Aktien der Gesellschaft tauschen. Dabei sind die Pflichten zur Veröffentlichung eines Angebots- und eines Zulassungsprospekts bezüglich der neuen Aktien zu beachten.

Eine Prospektpflicht hat zur Folge, dass ein entsprechender Wertpapierprospekt zu erstellen, von der Bundesanstalt für Finanzdienstleistungsaufsicht (BaFin) zu billigen und anschließend zu veröffentlichen ist (§ 3 Abs. 1 WpPG).

Die Erstellung eines solchen Wertpapierprospekts ist zeit- und kostenintensiv.[654] Üblicherweise wird die Gesellschaft in der Restrukturierungssituation sowohl unter Zeit- als auch unter Kostendruck stehen. Die Frage nach der

---

651 MüKoAktG/*Schlitt* § 37 WpÜG Anh. Rn. 23; *Redeker*, BB 2007, 673, 679.

652 Ausdrücklich *Krause/Pötzsch/Seiler* in Assmann/Pötzsch/Uwe H. Schneider, WpÜG-AngVO, § 9 Rn. 34.

653 *Schmidt/Schlitt*, Der Konzern 2009, 279, 286.

654 *von Oppen/Richers*, CFL 2015, 95.

Prospektpflicht ist somit von hoher Bedeutung; insbesondere da die rechtliche Bewertung teilweise umstritten ist.[655]

a) *Pflicht zur Veröffentlichung eines Angebotsprospekts (§ 3 Abs. 1 WpPG)*

Wertpapiere dürfen grundsätzlich – sofern keine der Ausnahmen in § 3 Abs. 2 und 3 oder § 4 Abs. 1 WpPG einschlägig ist[656] – im Inland erst öffentlich angeboten werden, wenn zuvor ein gebilligter Wertpapierprospekt veröffentlicht wurde (§ 3 Abs. 1 WpPG).

Das „Angebot" an die Anleihegläubiger, ihre Anleihe in (neue) Aktien der Gesellschaft zu tauschen, könnte ein solches öffentliches Angebot i. S. v. § 3 Abs. 1 WpPG sein, welches die Pflicht zur Veröffentlichung eines Angebotsprospekts zur Folge hat. Voraussetzung der Prospektpflicht ist, neben dem hier unterstellten Inlandsbezug[657], das Vorliegen eines öffentlichen Angebots. Ein öffentliches Angebot von Wertpapieren ist eine Mitteilung an das Publikum in jedweder Form und auf jedwede Art und Weise, die ausreichende Informationen über die Angebotsbedingungen und die anzubietenden Wertpapiere enthält, um einen Anleger in die Lage zu versetzen, über den Kauf oder die Zeichnung dieser Wertpapiere zu entscheiden (Legaldefinition § 2 Nr. 4 WpPG).[658]

Diese Definition lässt sich in vier Komponenten aufschlüsseln:[659] 1) Mitteilung in jedweder Form und auf jedwede Art und Weise 2) an das Publikum, d.h. öffentlich 3) mit ausreichender Information über die Angebotsbedingungen und die anzubietenden Wertpapiere, um die Anleger in die Entscheidungslage zu versetzen sowie 4) eine konkrete Erwerbsmöglichkeit.

Es muss also zunächst eine Mitteilung in jedweder Form und auf jedwede Art und Weise vorliegen. Die Definition macht deutlich, dass es sich nicht um ein Angebot im zivilrechtlichen Sinne handeln muss. Die Norm geht bewusst von

---

655 Noch umstrittener – insbesondere hinsichtlich der Frage des Zeitpunktes der Veröffentlichungspflicht – ist dies bei einem Debt Equity Swap nach dem SchVG; vgl. dazu und zu Lösungsstrategien der Praxis bereits ausführlich oben unter IV. 2. d) bb).

656 Die Ausnahmen spielen bei einer Retailanleihe mit breit gestreuten Investoren und einer Stückelung von unter 100.000 Euro in der Regel keine Rolle.

657 Vgl. dazu *Von Kopp-Colomb/Knobloch* in Assmann/Schlitt/von Kopp-Colomb, WpPG, § 3 Rn. 6 ff.

658 *von Kopp-Colomb/Knobloch* in Assmann/Schlitt/von Kopp-Colomb, WpPG, § 2 Rn. 31.

659 In Anlehnung an die Gliederung bei *von Kopp-Colomb/Knobloch* in Assmann/Schlitt/von Kopp-Colomb, WpPG, § 2 Rn. 34 ff.

einem weiten Definitionsansatz aus; es reicht beispielsweise eine bloße *invitatio ad offerendum* aus.[660] Ebenso kommt es nicht auf eine bestimmte Form an. Die „Mitteilung" muss dem Anleger außerdem ausreichende Informationen über die Angebotsbedingungen und die anzubietenden Wertpapiere mitteilen, um ihn in die Lage zu versetzen, über den Kauf und die Zeichnung der Wertpapiere zu entscheiden.[661] Außerdem muss richtigerweise eine konkrete Erwerbsmöglichkeit gegeben sein, welche sodann eine individuelle Anlageentscheidung des Angebotsempfängers nach sich zieht.[662] Dabei kann sich die konkrete Erwerbsmöglichkeit auch auf Wertpapiere beziehen, die zum Zeitpunkt des Angebots noch nicht existieren.[663]

Bei dem „Angebot" zur Durchführung eines Debt Equity Swaps an die Anleihegläubiger liegen drei der vier Voraussetzungen unstreitig vor – namentlich die Mitteilung in jedweder Form, die Informationen über das Angebot sowie die konkrete Erwerbsmöglichkeit. Einzig problematisch ist das Definitionsmerkmal „an das Publikum/öffentlich". Es ließe sich argumentieren, dass sich das Angebot lediglich an einen sog. begrenzten Personenkreis[664] richtet; nämlich an die Inhaber einer ganz bestimmten Anleihe, die umgetauscht werden soll,[665] und damit kein Angebot „an das Publikum" vorliegt.[666] Die Unterscheidung zwischen Angeboten „an das Publikum" und solchen an einen lediglich „begrenzten Personenkreis" erfolgt jedoch nicht nach quantitativen, sondern nach qualitativen Kriterien.[667]

Qualitative Kriterien können beispielsweise das Informationsbedürfnis der angesprochenen Personen und der Zweck der Prospektpflicht sein.

---

660 *von Kopp-Colomb/Knobloch* in Assmann/Schlitt/von Kopp-Colomb, WpPG, § 2 Rn. 34; *Grosjean* in Heidel § 2 WpPG Rn. 13; *Groß*, Kapitalmarktrecht, § 2 WpPG Rn. 10.

661 *Von Kopp-Colomb/Knobloch* in Assmann/Schlitt/von Kopp-Colomb, WpPG, § 2 Rn. 42.

662 *Von Kopp-Colomb/Knobloch* in Assmann/Schlitt/von Kopp-Colomb, WpPG, § 2 Rn. 46.

663 *Von Kopp-Colomb/Knobloch* in Assmann/Schlitt/von Kopp-Colomb, WpPG, § 2 Rn. 46.

664 Begrifflich knüpft diese Argumentation an § 2 Nr. 2 VerkProspG (a.F.) an.

665 Bzw. ggf. an die Inhaber mehrerer bestimmter Anleihen, falls die Gesellschaft entsprechend viele Anleihen emittiert hat und diese alle umwandeln möchte. Dies ändert jedoch vorliegend nichts an der Argumentation.

666 So *Cahn/Hutter/Kaulamo/Weiß*, WM 2014, 1309, 1313 ff.

667 Vgl. dazu *Von Kopp-Colomb/Knobloch* in Assmann/Schlitt/von Kopp-Colomb, WpPG, § 2 Rn. 38 ff.; *Cahn/Hutter/Kaulamo/Weiß*, WM 2014, 1309, 1314.

Die Prospektpflicht im Rahmen eines Debt Equity Swaps einer Anleihe wird daher teilweise mit dem Zweck der Prospektpflicht abgelehnt.[668]

Zweck der Prospektpflicht sei, die mit dem Angebot angesprochenen Anleger in die Lage zu versetzen, eine informierte Anlageentscheidung zu treffen[669]. Ein Anleihegläubiger habe seine Investitionsentscheidung, in Wertpapiere des Emittenten[670] zu investieren, bereits mit Erwerb der Anleihe getätigt.[671] Durch den Debt Equity Swap investiere er keine neuen Mittel, sondern es verändere sich nur die Natur seines getätigten Investments. Eine Investitionsentscheidung im Sinne des Prospektrechts sei damit nicht zu treffen.[672] Somit bestünde mangels Informationsbedürfnisses keine Notwendigkeit für die Veröffentlichung eines Wertpapierangebotspropekts.

Diese Argumentation überzeugt allerdings nicht. Sie verkennt die grundlegenden Unterschiede zwischen einer Eigenkapital- und einer Fremdkapitalinvestition. Das Eigenkapital ist im Vergleich zum Fremdkapital nachrangig. Spiegelbildlich zu dem damit einhergehenden erhöhten Risiko für den Eigenkapitalinvestor besteht ein höheres Renditepotenzial für ihn. Die Rendite des Fremdkapitalgebers hingegen ist beschränkt und kalkulierbarer. Insgesamt sind Eigenkapitalgeber daher grundsätzlich wesentlich risikoaffiner im Vergleich zu Fremdkapitalgebern. Die Nachrangigkeit und das unterschiedliche Renditepotenzial werden bei einer Unternehmenskrise umso bedeutsamer. Das Ausfallrisiko und damit das Risiko des Totalverlustes für die Eigenkapitalgeber steigen, während die Fremdkapitalgeber im Falle einer drohenden Insolvenz immerhin noch auf eine quotale Befriedigung hoffen dürfen. Gelingt hingegen die Sanierung, erhalten die Eigenkapitalinvestoren oftmals eine vielfach höhere Rendite. Einige Anleihegläubiger werden außerdem bewusst ihre Anleihe nicht in Aktien wandeln wollen, sondern bleiben lieber Fremdkapitalgeber und hoffen auf eine erfolgreiche Sanierung und spätere volle Befriedigung ihrer verbrieften Forderung (sog. *freerider*-Problematik).[673]

Außerdem ist zu beachten, dass die Anlageentscheidung der einzelnen Anleihegläubiger, in Wertpapiere des Anleiheschuldners zu investieren, unter Umständen bereits längere Zeit zurück liegt und zu einem Zeitpunkt erfolgte, als

---

668 *Cahn/Hutter/Kaulamo/Weiß*, WM 2014, 1309, 1314.

669 *Cahn/Hutter/Kaulamo/Weiß*, WM 2014, 1309, 1313.

670 Nichts anderes gelte für den Fall eine Anleiheemission über ein Emissionsvehikel; *Cahn/Hutter/Kaulamo/Weiß*, WM 2014, 1309, 1315 (Fußnote 30).

671 *Cahn/Hutter/Kaulamo/Weiß*, WM 2014, 1309, 1314 f.

672 *Cahn/Hutter/Kaulamo/Weiß*, WM 2014, 1309, 1315.

673 *Schlitt/Schäfer*, AG 2009, 477, 478. Vgl. dazu bereits oben unter § 3 II.

der Anleiheschuldner wirtschaftlich solider war als er es zum jetzigen Zeitpunkt ist, zu dem er die Restrukturierung seiner Verbindlichkeiten anstrebt.

Auch nach qualitativen Kriterien handelt es sich daher um ein öffentliches Angebot im Sinne von § 3 Abs. 1 WpPG.

Im Ergebnis geht auch die BaFin von einer Prospektpflicht nach § 3 Abs. 1 WpPG im Falle eines Angebots zum Debt Equity Swap an die Anleihegläubiger aus.[674] Dies dürfte aus Sicht der Praxis der entscheidende Faktor sein. Das „Angebot“ an die Anleihegläubiger, einen Debt Equity Swap durchzuführen, unterliegt damit der Prospektpflicht nach § 3 Abs. 1 WpPG. Die Gesellschaft muss daher frühzeitig die Erstellung, Billigung und Veröffentlichung organisieren und planen. Dies umfasst auch die rechtzeitige Mandatierung entsprechender Rechtsberater.

b) Pflicht zur Veröffentlichung eines Zulassungsprospekts (§ 3 Abs. 4 WpPG und Art. 1 Abs. 5 lit. a) VO (EU) 2017/1129 („neue ProspektVO“))

Davon unabhängig besteht auch die Pflicht zur Veröffentlichung eines Zulassungsprospekts, sofern das Kapitalerhöhungsvolumen mehr als 20% des Grundkapitals beträgt und die Zulassung der neuen Aktien an einem geregelten Markt erfolgen soll (§ 4 Abs. 4 WpPG und Art. 1 Abs. 5 lit. a) VO (EU) 2017/1129[675]). Allerdings ist der Zulassungsantrag erst innerhalb eines Jahres nach Ausgabe der neuen Aktien zu stellen (§ 69 Abs. 2 BörsenzulassungsVO), sodass die Erstellung und Veröffentlichung des Zulassungsprospekts ebenfalls bis dato aufgeschoben werden kann.

Die zeitliche Problematik ist somit bei einem Zulassungsprospekt nicht so gravierend wie bei dem zuvor behandelten Angebotsprospekt. Dies macht nochmals die Erheblichkeit der zuvor diskutierten Frage nach der Notwendigkeit des Angebotsprospekts deutlich.

---

674 Offenbar gefestigte Verwaltungspraxis der BaFin ohne explizite Veröffentlichung dieser Auffassung; siehe *Friedl/Schmidtbleicher* in Frankfurter Kommentar zum SchVG, § 5 Rn. 61; Schwark/Zimmer/*Heidelbach* § 2 WpPG Rn. 25 (insb. Fußnote 10); *Cahn/Hutter/Kaulamo/Weiß*, WM 2014, 1309, 1314; LBS/*Bliesener/Schneider*, Bankrechtskommentar, 17. Kap., § 5 SchVG Rn. 39.

675 Verordnung (EU) 2017/1129 des Europäischen Parlamentes und des Rates vom 14. Juni 2017 über den Prospekt, der beim öffentlichen Angebot von Wertpapieren oder deren Zulassung zum geregelten Markt zu veröffentlichen und zur Aufhebung der Richtlinie 2033/71/EG („neue ProspektVO“).

3. Publizitätspflichten

Die Beteiligten haben außerdem die anwendbaren Publizitätspflichten zu berücksichtigen. Insbesondere hat die Gesellschaft die Pflicht zur Veröffentlichung von Insiderinformationen (Art. 17 Abs. 1 MAR) im Rahmen einer sog. Ad-Hoc-Mitteilung (sog. Ad-Hoc-Mitteilungspflicht) zu beachten. Die Ad-Hoc-Mitteilungspflicht kann sich sowohl auf die Aktie als auch auf die Anleihe selbst beziehen. Von der Mitteilungspflicht sind nämlich inzwischen[676] auch Wertpapiere erfasst, die im Freiverkehr gehandelt werden; die meisten Anleihen werden im Freiverkehr gehandelt, sodass diese Änderung durch die MAR besonders praxisrelevant ist.[677]

Veröffentlichungspflichtig sind Insiderinformationen im Sinne von Art. 7 Abs. 1 MAR, also nicht öffentlich bekannte präzise Informationen, die direkt oder indirekt einen Emittenten oder ein Finanzinstrument betreffen und die, wenn sie öffentlich bekannt würden, erhebliches Kursbeeinflussungspotenzial hätten.

Die (geplante) Durchführung eines Debt Equity Swaps stellt sowohl im Hinblick auf die Anleihe als auch die Aktien der Gesellschaft eine solche veröffentlichungspflichtige Insiderinformation dar, sobald die Durchführung hinreichend wahrscheinlich ist. Dabei sind auch einzelne Zwischenschritte möglicherweise zu veröffentlichen.

Bereits die bloße Restrukturierungs*absicht* im Vorfeld der Transaktion kann eine veröffentlichungspflichtige Insiderinformation sein. Zieht die Gesellschaft nämlich einen Debt Equity Swap in Erwägung, würden die Kapitalmarktteilnehmer daraus Rückschlüsse in Bezug auf die Anleihe und ggf. die Aktien der Gesellschaft ziehen. Wie eingangs[678] dargelegt, ist der Debt Equity Swap nämlich primär ein Sanierungsinstrument, sodass die Anleger auf einen möglichen Zahlungsausfall und wirtschaftliche Schwierigkeiten der Gesellschaft schließen könnten. Dadurch würde der Kurs der Anleihe und ggf. der Aktie sinken, sodass ein Kursbeeinflussungspotenzial gegeben wäre. Da der Debt Equity Swap mittels Sachkapitalerhöhung umgesetzt wird, ergibt sich auch bereits aus der (Sach)

---

676 Vgl. zum Anwendungsbereich vor Inkrafttreten der MAR: Fuchs/*Pfüller*, WpHG, § 15 (a.F.) Rn. 63.

677 *Friedl* BB 2012, 1102, 1105; Theiselmann/*Lürken*, Restrukturierungsrecht, Kap. 5 Rn. 14.

678 Siehe oben unter II.

kapitalerhöhung grundsätzlich eine veröffentlichungspflichtige Insiderinformation.[679]

Die Gesellschaft hat allerdings die Möglichkeit, die Veröffentlichung auf eigene Verantwortung im Rahmen einer sog. Selbstbefreiung zunächst aufzuschieben, sofern dazu berechtigte Interessen bestehen und eine Irreführung der Marktteilnehmer ausgeschlossen ist (Art. 17 Abs. 4 MAR).[680] Im Bezug auf die geplante Sachkapitalerhöhung ist aber spätestens mit Veröffentlichung der Beschlussvorschläge an die Hauptversammlung eine entsprechende Ad-Hoc-Mitteilung zu veröffentlichen.[681] Erfolgt die Sachkapitalerhöhung mittels Ausnutzung eines genehmigten Kapitals, so muss die Ad-Hoc-Mitteilung spätestens erfolgen, wenn Vorstand und Aufsichtsrat darüber beschließen.[682] Ebenfalls veröffentlichungspflichtig sind (spätestens) die Einladungen zur Gläubigerversammlung bzw. die Veröffentlichung des Umtauschangebots sowie die Ergebnisse beider Varianten. Nach Abschluss des Debt Equity Swaps ist ebenfalls eine entsprechende Ad-Hoc-Mitteilung zu veröffentlichen.

Der Vorstand der Gesellschaft muss somit bei einem Debt Equity Swap laufend prüfen, ob eine Ad-Hoc-Veröffentlichungspflicht zum gegenwärtigen Zeitpunkt besteht, ggf. eine Selbstbefreiung machen und diese intern dokumentieren.

Nach Durchführung der Kapitalerhöhung hat die Gesellschaft zudem die Veröffentlichungspflicht der geplanten Ausgabe der neuen Aktien an die ehemaligen Anleihegläubiger im Bundesanzeiger zu beachten (§ 49 Abs. 1 Satz 1 Nr. 2 WpHG).

Außerdem muss die Gesellschaft die nunmehr veränderte Gesamtzahl der Stimmrechte ebenfalls veröffentlichen (§ 41 WpHG).

Zu berücksichtigen sind außerdem die Meldepflichten einzelner Aktionäre bei Überschreiten bestimmter Beteiligungsschwellen (§§ 33 ff. WpHG).

---

679 *Schmidt/Schlitt*, Der Konzern 2009, 279, 286; Theiselmann/*Schlitt/Ries*, Restrukturierungsrecht, Kap. 9 Rn. 50.

680 Vgl. zur alten Rechtslage im Detail zum Zeitpunkt der Ad Hoc Pflicht bei Kapitalerhöhungen sowie einer möglichen Selbstbefreiung: Fuchs/*Pfüller*, WpHG § 15 (a.F.) Rn. 230 ff. sowie zur Möglichkeit der Selbstbefreiung nach der MAR: *Retsch*, NZG 2016, 1201.

681 *Schmidt/Schlitt*, Der Konzern 2009, 279, 286; Theiselmann/*Schlitt/Ries*, Restrukturierungsrecht, Kap. 9 Rn. 50.

682 *Schmidt/Schlitt*, Der Konzern 2009, 279, 286; Theiselmann/*Schlitt/Ries*, Restrukturierungsrecht, Kap. 9 Rn. 50.

VII. Steuerliche Aspekte

Besonderer Beachtung bei der Planung und Durchführung des Debt Equity Swaps bedürfen auch die steuerlichen Folgen der Transaktion.

Durch Auslösung steuerpflichtiger Ereignisse kann der Erfolg der gesamten Restrukturierung gefährdet werden; die wirtschaftliche Situation der Gesellschaft kann sich dadurch sogar noch verschlechtern.[683]

Neben der Betrachtung der steuerlichen Auswirkungen für die Gesellschaft sind auch die steuerlichen Folgen für die ehemaligen Anleihegläubiger und Neuaktionäre zu betrachten. Zwar sind diese aus Sicht der Gesellschaft eigentlich irrelevant, sollten jedoch bei der Planung berücksichtigt werden, da die Anleihe nur mit (einer mehrheitlichen) Zustimmung der Anleihegläubiger restrukturiert werden kann und diese ihre Zustimmung auch von den steuerlichen Folgen für sich selbst abhängig machen werden.

1. Auf Ebene der Gesellschaft

Zentrales steuerliches Problem aufseiten der Gesellschaft sind die ertragssteuerlichen Auswirkungen des Debt Equity Swaps und ein dabei möglicherweise erwirtschafteter und steuerpflichtiger Ertrag.

Ein solcher Ertrag kann dadurch entstehen, dass die Anleiheforderung mit einem niedrigeren Wert als ihrem Nennwert als Sacheinlage eingebracht wird. In der Krise der Gesellschaft dürfte dies wie bereits dargelegt der Regelfall sein. Dann erzielt die Gesellschaft nämlich einen Ertrag in Höhe der Differenz zwischen Nennbetrag der Anleihe und tatsächlichem Einbringungswert (sog. Sanierungsgewinn). Durch den Debt Equity Swap wird die Gesellschaft nämlich in voller Höhe von der (Anleihe)verbindlichkeit befreit, aber muss nicht den vollen Nennbetrag dafür aufwenden, sondern nur den verminderten Einbringungswert (in Form von Aktien als Gegenleistung).[684]

Somit ist auch unter steuerlichen Gesichtspunkten[685] die Bewertung der Anleiheforderung der entscheidende Aspekt.[686]

---

683 Theiselmann/*Meiisel*, Restrukturierungsrecht, Kap. 9 Rn. 76.

684 *Schmidt/Schlitt*, Der Konzern 2009, 279, 288; *Friedl*, BB 2012, 1102, 1107 f.; Theiselmann/*Meiisel*, Restrukturierungsrecht, Kap. 9 Rn. 76; *Scheunemann/Hoffmann*, DB 2009, 983, 985; *Carli/Rieder/Mückl*, ZIP 2010, 1737, 1741.

685 Bereits unter gesellschaftsrechtlichen Gesichtspunkten war dieser Aspekt als Kernproblem des Debt Equity Swaps identifiziert worden (vgl. oben unter III. 3.).

686 Theiselmann/*Meiisel*, Restrukturierungsrecht, Kap. 9 Rn. 74 und 76.

Kommt man sodann zur Feststellung eines grundsätzlich körperschafts- und gewerbesteuerpflichtigen Sanierungsgewinnes aufseiten der Gesellschaft, stellt sich die Frage nach dahingehenden Vermeidungsstrategien. Zunächst kann die Gesellschaft den Gewinn mit Verlustvorträgen oder laufenden Verlusten verrechnen. Allerdings ist eine vollständige Verrechnung nur bis zu einer Höhe von 1 Million Euro zulässig. Darüber hinausgehende Gewinne können nur noch zu 60% mit Verlusten verrechnet werden (sog. Mindestbesteuerung gemäß §§ 8 Abs. 1 KStG i. V. m. 10d EStG,). In der Praxis führt die Mindestbesteuerung jedenfalls bei der Restrukturierung einer Anleihe in der Regel dazu, dass eine Steuerpflicht grundsätzlich nicht vermieden werden kann, obwohl möglicherweise sogar ausreichend Verlustvorträge und laufende Verluste zur Verrechnung bestehen.

Früher bot sich in solchen Fällen ein Rückgriff auf den sog. Sanierungserlass des Bundesministeriums für Finanzen an.[687] Damit war es möglich, die Steuer zunächst abweichend festzusetzen (§ 163 AO) und unter Widerrufsvorbehalt zu stunden (§ 222 AO) sowie final gänzlich zu erlassen (§ 227 AO).[688] Hinsichtlich der Anwendbarkeit des Sanierungserlasses auf die vorliegenden Fälle bestand jedoch Rechtsunsicherheit, was in der Praxis dazu führte, dass vorab eine verbindliche Auskunft (§ 89 Abs. 2 AO) der zuständigen Finanzämter eingeholt wurde, was häufig mehrere Wochen in Anspruch nahm.[689]

Der Große Senat des Bundesfinanzhofs hat den Sanierungserlass jedoch inzwischen für verfassungswidrig erklärt, da er gegen den Grundsatz der Rechtmäßigkeit der Verwaltung verstoße.[690] Zwar hatte das Bundesministerium für Finanzen daraufhin die Finanzverwaltungen angewiesen, den Sanierungserlass auf Altfälle, in denen die Gläubiger zum Stichtag 8. Februar 2017[691] endgültig auf ihre Forderungen verzichtet haben, dennoch anzuwenden.[692] Dies wurde

687 Erlass des Bundesministeriums für Finanzen vom 27.03.2003 BStBl I 2003, 240 (ergänzt durch BStBl I 2010, 18); abrufbar unter http://datenbank.nwb.de/Dokument/Anzeigen/96556/bzw. http://datenbank.nwb.de/Dokument/Anzeigen/356343/.

688 Theiselmann/*Meiisel*, Restrukturierungsrecht, Kap. 9 Rn. 94.

689 *Schmidt/Schlitt*, Der Konzern 2009, 279, 288; Theiselmann/*Meiisel*, Restrukturierungsrecht, Kap. 9 Rn. 104.

690 BFH, Beschluss vom 28.11.2016 – GrS 1/15 = ZIP 2017, 338 = DStR 2017, 305 = EWiR 2017, 149 (mit Anmerkung *Möhlenkamp*) = DStRK 2017, 91 (mit Anmerkung *Holzner*) = NJW-Spezial 2017, 175.

691 An diesem Stichtag wurde das Urteil des Großen Senats des BFH veröffentlicht.

692 BMF-Schreiben vom 27. April 2017 – BStBl. I 2017, 741.

zwischenzeitlich ebenfalls vom BFH als in gleicher Weise verfassungswidrig erklärt.[693]

Der Gesetzgeber hat allerdings außergewöhnlich schnell auf diese Rechtsprechung reagiert und noch vor Ablauf der 18. Legislaturperiode eine neue gesetzliche Regelung verabschiedet.[694] Das Inkrafttreten des Gesetzes ist allerdings noch abhängig von der Genehmigung bzw. Feststellung der Europäischen Kommission, dass die geplanten Neuregelungen nicht gegen das europarechtliche Verbot staatlicher Beihilfen[695] verstoßen und keine mit dem Binnenmarkt unvereinbare Beihilfen darstellen (Art. 6 Abs. 2 des Gesetzes).[696] Inhaltlich sieht die neue gesetzliche Regelung vor, dass die erfassten Sanierungserträge[697] bereits *ipso jure* steuerfrei sind und es keines Antrags des Steuerpflichtigen oder einer Ermessensentscheidung der Finanzverwaltung bedarf.[698] Jedenfalls ein Verstoß gegen den Grundsatz der Gesetzmäßigkeit der Verwaltung wie beim Sanierungserlass ist damit nicht mehr zu befürchten. Es ist allerdings die vorgenannte Entscheidung der Europäischen Kommission abzuwarten, bis endgültig Rechtssicherheit in dieser Hinsicht gegeben ist.[699]

Aus steuerlicher Sicht ist außerdem die Problematik des sog. schädlichen Beteiligungserwerbs (§ 8c KStG und § 10a Satz 10 GewStG) zu berücksichtigen. Erlangt ein Anleihegläubiger durch den Debt Equity Swap unmittelbar oder mittelbar eine Beteiligung von über 50% an der Gesellschaft, gehen Verlustvorträge und anteilige laufende Verluste vollständig unter. Bei einer Beteiligung zwischen 25 und 50% gehen diese jedenfalls anteilig unter. Bei einer Anleihe dürfte sich die Problematik zunächst nicht stellen, da selten ein einziger Anleihegläubiger nach Durchführung des Debt Equity Swaps eine Beteiligung von über 25% an der Gesellschaft haben wird. Allerdings kommt ein schädlicher Beteiligungserwerb auch durch wechselseitige Zurechnung in Betracht, wenn die umtauschenden Anleihegläubiger als „eine Gruppe von Gläubigern mit gleichgerichteten

---

693 BFH, Urteile vom 23.08.2017 – I R 52/14 und X 38/15.

694 Art. 2 bis 4 des Gesetzes gegen schädliche Steuerpraktiken im Zusammenhang mit Rechteüberlassungen vom 24.06.2017 – BGBl. I 2017, 2074.

695 Art. 107 Abs. 1 des Vertrages über die Arbeitsweise der Europäischen Union (AEUV).

696 Vgl. zum europarechtlichen Verbot der Beihilfe (Art, 107 Abs. 1 AEUV) in diesem Zusammenhang *Geerling/Hartmann*, DStR 2017, 752, 755 ff.

697 Der Debt Equity Swap ist von der gesetzlichen Neuregelung erfasst; vgl. *Kahlert/Schmidt*, DStR 2017, 1897, 1900.

698 *Kahlert/Schmidt*, DStR 2017, 1897.

699 Für eine „rasche Entscheidung" der Europäischen Kommission auch *Kahlert/Schmidt*, DStR 2017, 1897, 1903.

Interessen" angesehen werden können.[700] Die Annahme einer solchen Gruppe setzt in der Regel eine Abstimmung voraus. Das gleichgerichtete Interesse könnte höchstens im gemeinsamen Streben nach einem möglichst hohen (Rest) ertrag aus der Anleihe liegen. Allerdings handelt es sich insofern nur um ein gleichartiges und nicht um ein gleichgerichtetes Interesse. Ein gleichgerichtetes Interesse setzt voraus, dass die Anleihegläubiger sich abstimmen und die Ausrichtung der Gesellschaft zukünftig beeinflussen möchten. Dies dürfte allerdings bei den Anleihegläubigern in der Regel nicht der Fall sein; selbst wenn es sich um eine Restrukturierung nach dem SchVG und der Beschluss über den Debt Equity Swap im Rahmen der Gläubigerversammlung gefasst wurde, so ist diese Form der Abstimmung nicht ausreichend.[701]

Als Alternative zur Vermeidung der Steuerpflicht bietet sich zudem die Durchführung eines sog. Debt Mezzanine Swaps (bei Anleihen Debt Convertible Swap) an. Dabei wird die Anleihe in ein mezzanines Finanzinstrument – bei Anleihen also eine Wandel- oder Optionsanleihe – getauscht.[702] Aufseiten der Gesellschaft stellt dies einen steuerneutralen Passivtausch dar, sodass kein Sanierungsgewinn entsteht.[703]

2. Auf Ebene der Anleihegläubiger bzw. Neuaktionäre

Die steuerlichen Folgen für die Gläubiger bzw. Neuaktionäre stellen sich spiegelbildlich zu den Folgen für die Gesellschaft dar.

Es ist zwischen dem werthaltigen und dem nichtwerthaltigen Teil der Anleiheforderung zu differenzieren: Hinsichtlich des werthaltigen Teils der Forderung handelt es sich um einen erfolgsneutralen Aktivtausch. In Höhe des nicht werthaltigen Teils der Anleiheforderung entsteht dem Gläubiger und Neuaktionär ein steuerwirksamer Aufwand.[704] War der Gläubiger bereits vor Durchführung des Debt Equity Swaps mit mindestens 25% an der Gesellschaft beteiligt, ist die steuerliche Abzugsfähigkeit grundsätzlich ausgeschlossen (§ 8b Abs. 3 Sätze 4 bis 8 KStG).[705]

---

700 Vgl. zum Folgenden auch im Detail *Friedl*, BB 2012, 1102, 1107.

701 *Friedl*, BB 20012, 1102, 1107.

702 *Scheunemann/Hoffmann*, DB 2009, 983, 985; Theiselmann/*Meiisel*, Restrukturierungsrecht, Kap. 9 Rn. 107. Zum Debt Mezzanine Swap/Debt Convertible Swap noch ausführlich unten unter § 5.

703 *Weitnauer*, Handbuch Venture Capital, Teil H I. 2. c) cc) Rn. 18; Theiselmann/*Meiisel*, Restrukturierungsrecht, Kap. 9 Rn. 107.

704 *Schmidt/Schlitt*, Der Konzern 2009, 279, 287.

705 Vgl. dazu Theiselmann/*Meiisel*, Restrukturierungsrecht, Kap. 9 Rn. 110 ff.

Dies dürfte allerdings bei Anleiheforderungen und großen Publikumsgesellschaften selten der Fall sein.

VIII. Fazit

Der Debt Equity Swap einer Anleihe bedarf seitens des durchführenden Vorstands des Anleiheschuldners der Befassung mit vielen verschiedenen rechtlichen und wirtschaftlichen Aspekten.

Bereits zu Beginn der Planungsphase muss sich der Anleiheschuldner mit sehr facettenreichen Rechtsfragen auseinandersetzen. Diese betreffen nicht nur die auf seiner Seite durchzuführenden gesellschaftsrechtlichen Umsetzungsmaßnahmen und die notwendigen Vereinbarungen mit den Anleihegläubigern, sondern vor allem auch entscheidende kapitalmarktrechtliche und steuerrechtliche Gesichtspunkte. So muss nach hier vertretener Ansicht grundsätzlich ein Wertpapierprospekt für die neuen Aktien veröffentlicht werden.

Ein zu versteuernder Sanierungsgewinn kann sämtliche Vorteile des Debt Equity Swaps egalisieren und die Gesellschaft möglicherweise in noch größere Liquiditätsschwierigkeiten bringen. Konnte früher zur Steuervermeidung auf den sog. Sanierungserlass zurückgegriffen werden, so ist dies nach dem Beschluss des BFH[706] nicht mehr möglich; die gesetzliche Neuregelung hängt noch von einer Zustimmung der Europäischen Kommission ab. Die Berücksichtigung der steuerlichen Folgen des Debt Equity Swaps ist daher inzwischen noch wichtiger geworden.

Die Einholung der Zustimmung zum Debt Equity Swap von den Altaktionären erfolgt als Hauptversammlungsbeschluss über eine Sachkapitalerhöhung. Damit sind alle Vorschriften des Aktiengesetzes für Sacheinlagen zu beachten; dies betrifft insbesondere die Notwendigkeit einer korrekten Wertermittlung der Anleiheforderung. Die Anleiheforderung kann daher nur mit ihrem Zeitwert als werthaltige Sacheinlage eingebracht werden – befindet sich der Anleiheschuldner in einer Krise, sind möglicherweise größere Bewertungsabschläge notwendig. Dementsprechend bedarf die Bewertung der Anleiheforderung allerhöchster Sorgfalt und eine Überbewertung ist dringend zu vermeiden.

Ähnlich sorgsam muss der Anleiheschuldner den nötigen Bezugsrechtsausschluss im Rahmen der Sachkapitalerhöhung vorbereiten und begründen. Nach hier vertretener Ansicht kann die materielle Zulässigkeit des

---

706 BFH, Beschluss vom 28.11.2016 – GrS 1/15 = ZIP 2017, 338 = DStR 2017, 305 = EWiR 2017, 149 (mit Anmerkung *Möhlenkamp*) = DStRK 2017, 91 (mit Anmerkung *Holzner*) = NJW-Spezial 2017, 175.

Bezugsrechtsausschlusses auch in Sanierungssituationen nicht einfach unterstellt werden, sondern bedarf einer detaillierten Rechtfertigung und Abwägung. Dabei muss der Anleiheschuldner sich insbesondere mit alternativen Transaktionsgestaltungen auseinandersetzen, die das gesetzliche Bezugsrecht der Altaktionäre weniger tangieren.

Für die Zustimmung der Anleihegläubiger hat die Reform des Schuldverschreibungsrechts mit Inkrafttreten des neuen Schuldverschreibungsgesetzes 2009 den Prozess vielfach erleichtert und hat somit die Bedürfnisse der Praxis jedenfalls teilweise erfüllt. Emittenten von Schuldverschreibungen haben so eine vereinfachte Möglichkeit, ihre Anleihen kollektiv zu restrukturieren. Die Problematik, dass einige Anleihegläubiger sich nicht an einer Restrukturierung beteiligen möchten und einige Teilschuldverschreibungen „unrestrukturiert" bestehen bleiben, entfällt. Dennoch ist der Gesetzgeber zu Nachbesserungen aufgefordert. Die Darstellung hat gezeigt, dass einige Kernpunkte bei der Restrukturierung von Anleihen aktuell unklar und umstritten sind. Die Arbeitsgruppe zur Reform des Schuldverschreibungsrechts hat bereits Vorschläge für eine erste Überarbeitung des Schuldverschreibungsgesetzes gemacht.[707] Wünschenswert wäre es insbesondere, wenn der Gesetzgeber Klarheit über die Möglichkeit eines unmittelbaren Debt Equity Swaps schaffen würde und die Lösung über Bezugsrechte entweder obsolet oder kodifiziert würde. Dies betrifft zum einen die Frage nach dem Zeitpunkt der Prospektpflicht und zum anderen eine Auseinandersetzung mit der Frage der Verfassungswidrigkeit des direkten Debt Equity Swaps – wenngleich der Gesetzgeber an dieser Stelle selbstverständlich nicht die Letztentscheidungskompetenz über die verfassungsrechtliche Zulässigkeit hat.

Für die Ansprache der Anleihegläubiger außerhalb eines kollektiven Restrukturierungsverfahrens wie nach dem SchVG hat die Praxis ein praktikables Verfahren in Form der *Exchange Tender Offers* entwickelt.

Die Einschaltung eines oder mehrerer Kreditinstitute als zentrale Abwicklungsstelle(n) ist dabei obligatorisch.

Beachtet der Anleiheschuldner die zuvor dargestellten Gesichtspunkte und bereitet den Debt Equity Swap unter Zuhilfenahme kompetenter Berater und Kreditinstitute sorgfältig mit einem realistischen Zeitplan vor, so kann der Debt Equity Swap für alle Beteiligten zum Erfolgsmodell werden: Der Anleiheschuldner reduziert seine Verbindlichkeiten und erhält die Chance auf einen nachhaltigen *Turnaround*; die ehemaligen Anleihegläubiger erhalten Aktien einer nun soliden und profitablen Gesellschaft und auch die Altaktionäre profitieren von der Wertsteigerung ihrer – wenn auch verwässerten – Anteile.

---

707 ZIP 2014, 845.

§ 5 Der Debt Convertible Swap

Abstract:
A Debt Convertible Swap is an alternative to the Debt Equity Swap, which was described above. The difference is that the issuer offers the bondholders a new convertible bond instead of shares in exchange.

Keywords: Wandelschuldverschreibung, Sachkapitalerhöhung, Bedingtes Kapital, Werthaltigkeitsprüfung, Incentivised Conversion Offers, Prospektpflicht

I. Einleitung

Als Alternative zum Debt Equity Swap bietet sich der Debt Convertible Swap an. Statt den Anleihegläubigern einen unmittelbaren Tausch ihrer Anleihen in Aktien anzubieten, bietet die Gesellschaft dabei einen Tausch in Wandelanleihen (sog. *Convertibles*) an[708].[709] Die Anleihegläubiger erhalten somit im Tausch gegen die ausstehende Anleihe zunächst eine Wandelanleihe. Später können sie entscheiden, ob sie ihr Wandlungsrecht ausüben und Aktien der Gesellschaft bekommen möchten oder ob sie die Rückzahlung der Wandelanleihe nebst Zinsen verlangen, sofern die im Austausch angebotene Wandelanleihe als „klassische" Wandelanleihe ausgestaltet ist, bei der das Wandlungsrecht dem Anleihegläubiger zusteht.

Neben der „klassischen" Wandelanleihe gibt es verschiedene Ausgestaltungsformen von Wandelanleihen. So gibt es umgekehrte Wandelanleihen, bei denen das Wandlungsrecht nicht dem Anleihegläubiger, sondern der Gesellschaft zusteht sowie bedingte und unbedingte Pflichtwandelanleihen.[710] Diese flexiblen Ausgestaltungsmöglichkeiten machen die Emission von Wandelanleihen und somit einen Debt Convertible Swap für die Gesellschaft besonders interessant, da sich die Wandelanleihe so nach den konkreten Bedürfnissen der Gesellschaft strukturieren lässt. Insbesondere ist es durch eine entsprechende Ausgestaltung möglich, die Wandelanleihe als bilanzielles oder regulatorisches Eigenkapital zu

---

708 Die Ausführungen sind auf den Tausch einer Wandelanleihe gegen eine neue Wandelanleihe („*convertible convertible swap*") übertragbar.

709 *Friedl*, BB 2012, 1102, 1106; Theiselmann/*Meiisel*, Restrukturierungsrecht, Kap. 9 Rn. 107 insbesondere im Hinblick auf steuerliche Aspekte.

710 Vgl. zu den verschiedenen Formen von Wandelanleihen sogleich unter II.

bilanzieren und die laufenden Zinszahlungen trotzdem steuerlich als Betriebsausgaben geltend zu machen.[711]

Hinsichtlich der steuerlichen Gestaltung bietet der Debt Convertible Swap einen weiteren Vorteil im Vergleich zum Debt Equity Swap: Beim Umtauschvorgang besteht nicht die Gefahr eines steuerpflichtigen (Sanierungs)gewinns, wenn die ausstehende Anleihe nicht vollständig werthaltig ist und nur mit Abschlägen eingebracht werden kann.[712] Da es sich nämlich beim Austausch der ausstehenden Anleihe in die Wandelanleihe um einen bloßen Austausch von Verbindlichkeiten handelt, kann dadurch kein steuerpflichtiger Ertrag erzielt werden.[713]

Allerdings stellen sich bei der gesellschaftsrechtlichen Umsetzung der Transaktion rechtliche Schwierigkeiten. Diese Schwierigkeiten ergeben sich vor allem daraus, dass die umzutauschende Anleihe abermals eine Sacheinlage darstellt und die damit verbundenen Vorschriften über Sacheinlagen zu beachten sind.

Besonders problematisch erscheint dabei eine Transaktionsgestaltung, in der die Hauptversammlung den Vorstand (statt eines Direktbeschlusses) zunächst lediglich ermächtigt, die im Austausch angebotene Wandelanleihe bei Bedarf zu emittieren und gleichzeitig ein bedingtes Kapital zur Absicherung der Wandlungsrechte beschließen soll. Der Gesetzgeber hat es in diesem Falle nämlich bisher versäumt, eine entsprechende Verzahnung zwischen der Ermächtigung des Vorstands zur Ausgabe der Wandelanleihe (§ 221 Abs. 2 Satz 1 AktG) und der dabei in der Regel notwendigen Unterlegung mit einem bedingten Kapital (§§ 192 ff. AktG) zu regeln. Die Darstellung wird zeigen, dass diese gesellschaftsrechtlichen Schwierigkeiten jedoch in der Praxis lösbar sind.[714]

Die folgende Darstellung fasst die wirtschaftlichen Hintergründe des Debt Convertible Swaps zusammen (unter II.), bevor die gesellschaftsrechtliche Umsetzung problematisiert wird (unter III.). Ausführlich dargestellt wird der Transaktionsablauf des „gestreckten“ Debt Convertible Swaps, d.h. wenn der Vorstand von der Hauptversammlung lediglich ermächtigt wird, die Wandelanleihe (im Austausch) auszugeben und gleichzeitig aber schon ein bedingtes

711 Vgl. dazu noch unten unter VII. 2 a).
712 Zur Werthaltigkeit vgl. oben unter § 4 VII. 1.
713 Vgl. dazu noch unten unter VII. 2 a).
714 Siehe dazu ausführlich unter III.

Kapital geschaffen werden soll (unter IV.). Relevant sind bei einem Debt Convertible Swap vor allem auch die bilanziellen und steuerlichen Hintergründe, die unter VII. dargestellt werden.

II. Wirtschaftliche Hintergründe

Die Vorteile des Debt Convertible Swaps aus Sicht der Gesellschaft liegen unter anderem in den flexiblen Ausgestaltungsmöglichkeiten hinsichtlich der im Umtausch anzubietenden Wandelanleihe. Hervorzuheben sind dabei zunächst sog. umgekehrte Wandelanleihen, die nicht dem Inhaber der Wandelanleihe, sondern dem Emittenten das Recht einräumen, statt der Rückzahlung Aktien zu liefern.[715] Außerdem hervorzuheben sind die bedingten und unbedingten Pflichtwandelanleihen. Bei unbedingten Pflichtwandelanleihen besteht ebenfalls keine Wahlmöglichkeit der Anleihegläubiger, sondern es kommt spätestens bei Fälligkeit zur Wandlung. Bei bedingten Pflichtwandelanleihen (sog. *Contingent Convertibles* („*CoCos/CoCo-Bonds*") oder *Conditional Mandatory Exchangable Notes* („*CoMEN*"))[716] kommt es automatisch zur Wandlung, wenn bestimmte Bedingungen/Ereignisse (sog. *trigger events*) eintreten[717]; so ist ein „Debt Equity Swap auf Vorrat"[718] möglich. Von Kreditinstituten können die bedingten Pflichtwandelanleihen so ausgestaltet werden, dass sie als regulatorisches Eigenkapital im Sinne von „Basel III"[719] angegeben werden können.[720] Diese Vielfalt bietet der Gesellschaft außerdem die Möglichkeit, die Wandelanleihe so auszugestalten,

---

715 Vgl. dazu ausführlich *Florstedt*, ZHR 180 (2016), 152; *Rubner/Pospiech*, NJW-Spezial 2016, 399.

716 Vgl. ausführlich zu *CoCo-Bonds/CoMEN*: *Schlitt/Brandi/Schröder/Gemmel/Ernst*, CFL 2011, 105; *Florstedt*, ZHR 2016, 152; *Nodoushani*, WM 2016, 589; *Harder/Möhlenkamp*, ZIP 2016, 1093; *Bader*, AG 2014, 472, 480 ff.; *Rubner/Pospiech*, NJW-Spezial 2016, 399.

717 *Bader*, AG 2014, 472, 480.

718 BT-Drs. 852/11, S. 19.

719 Regulierungsstandard des Basler Ausschusses der Bank für internationalen Zahlungsausgleich („BIZ"), der in der Europäischen Union durch eine Verordnung, die sog. Capital Requirement Regulation („CRR"; Verordnung (EU) Nr. 575/2013) und die Richtlinie über Eigenkapitalanforderungen/Capital Requirements Directive IV („CRD IV"; Richtlinie 2013/36/EU) umgesetzt wurde; vgl. *Bader*, AG 2014, 472, 480 sowie zu „Basel III" insgesamt *Winterfeld/Rümker* in Schimansky/Bunte/Lwowski BankR-Hdb., § 124a Rn. 227 ff. sowie zum Entwurf von „Basel IV" Rn. 244 ff.

720 *Schlitt/Brandi/Schröder/Gemmel/Ernst*, CFL 2011, 105, 111 ff.; *Bader*, AG 2014, 472, 480 f.

dass sie bilanzielles Eigenkapital darstellt, aber steuerlich als Fremdkapital gewertet wird, sodass die zu zahlenden Zinsen als Betriebsausgaben steuerlich abzugsfähig sind.[721] Durch die bilanzielle Abbildung als Eigenkapital steigert die Gesellschaft ihre Eigenkapitalquote, was sich positiv auf ihr Rating und damit ihre Möglichkeiten zur Kapitalakquise auswirken sowie bei der Einhaltung bestimmter *Covenants* helfen kann.[722]

Trotz dieser Auswirkungen auf die Eigenkapitalquote der Gesellschaft geht mit dem Debt Convertible Swap zunächst keine Verwässerung und Kontrollverlust der Altaktionäre einher, da zunächst keine neuen Aktien ausgegeben werden.[723] Da zunächst keine neuen Aktien ausgegeben werden, stellt sich die Frage nach der Kapitalaufbringung tatsächlich erst, wenn das Wandlungsrecht ausgeübt wird.[724] Erst dann wird auch das Risiko der Differenzhaftung virulent.[725] Bei klassischen Wandelanleihen haben die Anleihegläubiger es mithin selbst in der Hand, ob sie dieses Risiko mit Abgabe der Wandlungserklärung auf sich nehmen.

Ein weiterer großer Vorteil im Vergleich zum Debt Equity Swap stellen die unmittelbaren steuerlichen Folgen des Debt Convertible Swaps dar.

So kann die Umwandlung des bisherigen Fremdkapitals steuerneutral ausgestaltet werden, sodass anders als beim Debt Equity Swap ein nicht werthaltiger Anteil der Anleihe nicht zu einem steuerpflichtigen Gewinn (sog. Sanierungsgewinn) bei der Gesellschaft führt und die Vorteile der Transaktion wieder aufwiegt.[726]

III. Gesellschaftsrechtliche Umsetzung

Der Vorstand muss die Hauptversammlung ersuchen, zwei Beschlüsse zu fassen, um die Durchführung des Debt Convertible Swaps zu ermöglichen: Erstens bedarf die Ausgabe der Wandelanleihe, die im Austausch angeboten werden soll, eines Beschlusses der Hauptversammlung (§ 221 Abs. 1 Satz 1 und 2 AktG);

---

721 Vgl. zu den Kriterien zur Sicherstellung der steuerlichen Abzugsfähigkeit: Theiselmann/*Meiisel*, Restrukturierungsrecht, Kap. 9 Rn. 123.

722 *Rusch/Brocker*, ZIP 2012, 2193.

723 *Carli/Rieder/Mückl*, ZIP 2010, 1737, 1742 f.

724 *Seiler* in Spindler/Stilz, AktG, § 221 Rn. 7.

725 *Seiler* in Spindler/Stilz, AktG, § 221 Rn. 8.

726 Theiselmann/*Meiisel*, Restrukturierungsrecht, Kap. 9 Rn. 135. Vgl. zu den steuerlichen Folgen der Transaktion ausführlich unten unter VII. Zu den diesbzgl. Problemen bei einem Debt Equity Swap vgl. oben unter § 4 VII. 1.

entweder als Direktbeschluss oder als Ermächtigung des Vorstands, die Wandelanleihe bei Bedarf ausgeben zu können. Dieser Beschluss muss explizit die Ausgabe der Wandelanleihe (auch) gegen Sachleistung[727] sowie den Ausschluss des Bezugsrechts der Altaktionäre auf die Wandelanleihe bzw. die Ermächtigung des Vorstands, dieses ausschließen zu dürfen, enthalten.[728] Zweitens wird zur Absicherung der Wandlungsrechte der zukünftigen Wandelanleiheninhaber im Rahmen derselben Hauptversammlung üblicherweise ein bedingtes Kapital (§§ 192 ff. AktG) beschlossen.[729] Wie noch zu zeigen sein wird, sind dabei die Vorschriften über Sacheinlagen (insbesondere §§ 194 f. AktG) zu beachten, wobei sich rechtliche Schwierigkeiten bei der Kombination einer bloßen Vorstandsermächtigung zur Ausgabe einer Wandelanleihe gegen Sacheinlage und deren Absicherung durch ein bedingtes Kapital ergeben.[730]

1. Beschluss über die Ausgabe der Wandelschuldverschreibung bzw. Ermächtigung des Vorstands zur Ausgabe der Wandelschuldverschreibung (§ 221 AktG)

Zunächst muss die Hauptversammlung über die Ausgabe der Wandelanleihe Beschluss fassen, die im Austausch angeboten werden soll. Dabei kann sie entweder im Rahmen eines Direktbeschlusses den Vorstand anweisen, sofort eine Wandelanleihe zu begeben oder den Vorstand „auf Vorrat" ermächtigen, bei Bedarf eine Wandelanleihe zu emittieren (vgl. § 221 Abs. 2 AktG). Die Ermächtigung und damit verbundene Delegation der Entscheidung über die Ausgabe an den Vorstand stellt in der Praxis den Regelfall dar.[731] Auch bei einem Debt Convertible Swap wird sich in der Regel die Ermächtigung des Vorstands anbieten, da er nur so kurzfristig und flexibel ein Umtauschangebot machen kann, was den aktuellen Marktgegebenheiten, z.B. in puncto Zinssituation, Aktienkurs der Gesellschaft und Kurswert der umzutauschenden Anleihe und der auszugebenden Wandelanleihe, entspricht. Die Entscheidung über die Ausgabe von Wandelanleihen fällt in die Kompetenz der Hauptversammlung, da durch das mit der Wandelanleihe verknüpfte Wandlungsrecht eine Möglichkeit zum Bezug

727 Die umzutauschende Anleihe stellt eine Sachleistung dar; vgl. dazu noch unten unter III. 1. b).
728 Vgl. dazu unten unter III. 1.
729 Vgl. dazu unten unter III. 2.
730 Vgl. dazu ausführlich unten unter III. 2. c).
731 *Drinhausen/Keinath*, BB 2011, 1736; *Juretzek*, DStR 2014, 431; *Seibt*, CFL 2010, 165, 167.

von Aktien der Gesellschaft besteht, wodurch eine Verwässerungsgefahr sowie eine Kollision mit dem Bezugsrecht der Altaktionäre auf neue Aktien entsteht.[732]

a) Ausschluss des Bezugsrechts der Aktionäre auf die Wandelanleihe

Aus diesem Grunde haben die Altaktionäre außerdem grundsätzlich ein Bezugsrecht auf die Wandelanleihe (§ 221 Abs. 4 AktG). Da die Wandelanleihe Inhabern einer anderen Anleihe (und somit nicht den Altaktionären) im Rahmen des Debt Convertible Swaps im Austausch angeboten werden soll, ist dieses Bezugsrecht im Hauptversammlungsbeschluss[733] ausdrücklich auszuschließen. Ermächtigt die Hauptversammlung den Vorstand lediglich zur Ausgabe einer Wandelanleihe, so kann sie ihn alternativ auch ermächtigen, im Rahmen des Ausnutzungsbeschlusses das Bezugsrecht auszuschließen.[734] Aufgrund des Verweises in § 221 Abs. 4 Satz 2 AktG auf § 186 AktG sind bei dem Ausschluss des Bezugsrechts auf Wandelanleihen dieselben formellen und materiellen Voraussetzungen wie bei einem Bezugsrechtsausschluss im Rahmen einer ordentlichen Kapitalerhöhung zu beachten.[735]

Formell bedeutet dies, dass der Vorstand einen Bericht vorlegen muss, der die Gründe für den Bezugsrechtsausschluss und die wesentlichen Konditionen der Anleihe erläutert.[736] Dieser Bericht ist abermals im Rahmen der Hauptversammlungseinladung im Wesentlichen bekanntzumachen (entsprechend § 124 Abs. 2 Satz 2 AktG) und auszulegen.[737] Soll die Hauptversammlung den Vorstand nur zur Ausgabe einer Wandelanleihe ermächtigen (§ 221 Abs. 2 AktG), sind die Anforderungen an den Vorstandsbericht abgemildert. Der Vorstandsbericht muss lediglich eine generell-abstrakte Umschreibung des Vorhabens enthalten

---

732 MüKoAktG/*Habersack* § 221 Rn. 129; *Seibt*, CFL 2010, 165, 167.

733 Die Notwendigkeit zum Bezugsrechtsausschluss im selben Hauptversammlungsbeschluss folgt aus § 221 Abs. 4 Satz 2 i. V. m. § 186 Abs. 3 Satz 1 AktG.

734 Das Gesetz geht zwar davon aus, dass die Hauptversammlung selbst über den Bezugsrechtsausschluss entscheidet. Im Falle einer Vorstandsermächtigung ist jedoch auch eine Delegation der Entscheidung an den Vorstand analog § 203 Abs. 2 Satz 1 AktG zulässig; vgl. nur BGH AG 2006, 246, 247; BGH AG 2007, 863 Rn. 2; BGHZ 181, 144 Rn. 14 = NZG 2009, 986 sowie *Schlitt/Hemeling* in Habersack/Mülbert/Schlitt, Unternehmensfinanzierung am Kapitalmarkt, § 12 Rn. 47; Hüffer/*Koch* AktG § 221 Rn. 39; MüKoAktG/*Habersack* § 221 Rn. 171 und 173; *Seibt*, CFL 2010, 165, 167.

735 Vgl. zu den formellen und materiellen Voraussetzungen eines Bezugsrechtsausschlusses ausführlich oben unter § 4 III. 2. c).

736 *Seiler* in Spindler/Stilz, AktG, § 221 Rn. 87.

737 *Seiler* in Spindler/Stilz, AktG, § 221 Rn. 87.

und begründen, warum die dem Vorstand eröffnete Möglichkeit, das Bezugsrecht auf Wandelanleihen auszuschließen, im Gesellschaftsinteresse liegt.[738] Bei einem geplanten Debt Convertible Swap ist somit das Vorhaben - soweit schon bekannt - lediglich abstrakt zu skizzieren. Es bietet sich an, darzulegen, dass die neuen Wandelanleihen den Inhabern von ausstehenden Anleihen im Austausch angeboten werden sollen und dies zur Optimierung der Finanzierungsstruktur der Gesellschaft beitragen soll und somit im Gesellschaftsinteresse liegt.[739] Soll der Debt Convertible Swap als Sanierungselement eingesetzt werden, so ist die Sanierungsbedürftigkeit und -fähigkeit der Gesellschaft sowie die Notwendigkeit des Debt Convertible Swaps für die Sanierung darzulegen. Dabei gilt wie beim Debt Equity Swap, dass daraus nicht automatisch die Rechtfertigung des Bezugsrechtsausschlusses folgt.[740] Vielmehr muss der Vorstand darlegen, warum andere Sanierungsoptionen aus seiner Sicht nicht in Betracht kommen. Dabei ist ihm ein gewisser Ermessensspielraum zuzubilligen, der umso größer wird desto akuter die Insolvenzgefahr ist.[741] Die Konditionen der Wandelanleihe können später vom Vorstand festgesetzt werden und müssen daher in diesem Stadium noch nicht erläutert und begründet werden.[742]

In materieller Hinsicht bedarf der Bezugsrechtsausschluss bei Wandelanleihen der gleichen Rechtfertigung wie im Rahmen einer ordentlichen Kapitalerhöhung[743]; das heißt, er muss zu Erreichung des deklarierten Zwecks geeignet, erforderlich und angemessen sein.[744]

b) Ausgabe gegen Sachleistung

Neben dem Bezugsrechtsausschluss ist bei der Beschlussfassung der Hauptversammlung über die Wandelanleihe zu beachten, dass die umzutauschende Anleihe beziehungsweise die in ihr verbriefte Forderung gegen die Gesellschaft,

---

738 MükoAktG/*Habersack* § 221 Rn. 180.

739 Vgl. etwa Bericht des Vorstands der Klöckner & Co SE zu Tagesordnungspunkt 7 der Hauptversammlung am 12.05.2017; Seite 3 (abrufbar unter http://www.kloeckner.com/de/dl/KCO/VS_Bericht_Punkt_7.pdf).

740 Vgl. dazu oben unter § 4 III 2. c) bb) (ii).

741 So bereits oben unter § 4 III. 2. c) bb) (ii) (2).

742 MükoAktG/*Habersack* § 221 Rn. 180.

743 MükoAktG/*Habersack* § 221 Rn. 185.

744 *Seiler* in Spindler/Stilz, AktG, § 221 Rn. 88; vgl. dazu die detaillierte Darstellung zum Bezugsrechtsausschluss bei einer ordentlichen (Sach)kapitalerhöhung oben unter § 4 III. 2. c) bb).

wie bereits oben dargelegt, eine Sacheinlage bzw. eine Sachleistung darstellt.[745] Daher muss die Hauptversammlung ausdrücklich die Ausgabe der Wandelanleihe gegen Erbringung einer Sachleistung beschließen bzw. diese Entscheidung an den Vorstand delegieren. Auf den ersten Blick erscheint dies problematisch, da die Ausgabe der Wandelanleihe gegen Erbringung einer Sachleistung im Gesetz nicht vorgesehen ist. Dennoch ist die Emission einer Wandelanleihe gegen Erbringung einer Sachleistung allgemein anerkannt.[746] Dies folge bereits daraus, dass die Wandelanleihe bis zum Zeitpunkt der Ausübung des Wandlungsrechts wie eine normale Anleihe anzusehen und dabei die Ausgabe gegen Sachleistung unumstritten möglich sei.[747]

2. Beschluss eines bedingten Kapitals (§§ 192 ff. AktG) zur Absicherung der Wandlungsrechte

a) *Grundsätzliches*

Zur Absicherung der Wandlungsrechte der Zeichner der Wandelanleihe wird in der Regel im Rahmen derselben Hauptversammlung ein bedingtes Kapital (§§ 192 ff. AktG) beschlossen.[748] Zwar ist die Emission einer Wandelanleihe auch ohne vorherigen Beschluss eines bedingten Kapitals möglich[749], doch werden die Zeichner der Wandelanleihe in der Praxis auf eine entsprechende Absicherung ihrer Wandlungsrechte bestehen.[750]

Zur Absicherung kommen grundsätzlich auch die Schaffung eines genehmigten Kapitals sowie die Unterlegung mit zurückerworbenen eigenen Aktien in Betracht.[751] Insbesondere die Absicherung mittels eines genehmigten Kapitals[752] wird den Bedürfnissen der Praxis allerdings nicht hinreichend gerecht. Anders als beim bedingten Kapital ist das Bezugsrecht der Altaktionäre beim

---

745 Siehe oben ausführlich unter § 4 III. 1.

746 *Kopp/Metzner*, AG 2012, 856, 863 (Fußnote 47); *Schnorbus/Trapp*, ZGR 2010, 1023, 1030; *Schwartzkopff/Hoppe*, NZG 2014, 378; KölnerKommAktG/*Lutter* § 221 Rn. 140; *Drinhausen/Keinath*, BB 2011, 1736, *Marsch-Barner*, DB 1995, 1497.

747 *Kopp/Metzner*, AG 2012, 856, 863 (Fußnote 47).

748 *Busch* in Marsch-Barner/Schäfer, HdB. börsennotierte AG, § 44 Rn. 36; *Seibt*, CFL 2010, 165, 168.

749 *Schnorbus/Trapp*, ZGR 2010, 1023, 1026 und 1030; MüKoAktG/*Habersack* § 221 Rn. 218; Hüffer/*Koch* AktG § 221 Rn. 60; *Seiler* in Spindler/Stilz, AktG, § 221 Rn. 84.

750 *Seiler* in Spindler/Stilz, AktG, § 221 Rn. 84, der einen solchen Weg als „nicht kapitalmarktverträglich" bezeichnet.

751 MüKoAktG/*Habersack* § 221 Rn. 215; Hüffer/*Koch* AktG § 221 Rn. 59.

752 Vgl. dazu ausführlich die Überlegungen bei *Holland/Goslar*, NZG 2006, 892.

genehmigten Kapital nämlich nicht automatisch ausgeschlossen, sondern muss explizit im Rahmen des Hauptversammlungsbeschlusses über das genehmigte Kapital ausgeschlossen werden.[753] Dies ist mit erheblichen Transaktionsrisiken wie insbesondere dem Anfechtungsrecht der Altaktionäre verbunden.[754]

Auch aus Sicht der Zeichner der Wandelanleihe ist die Absicherung ihrer Wandlungsrechte mittels genehmigten Kapitals zu risikobehaftet. Zum einen ist das genehmigte Kapital zeitlich auf maximal fünf Jahre begrenzt (§ 202 Abs. 1 und Abs. 2 Satz 1 AktG), sodass es einer erneuten Beschlussfassung der Hauptversammlung bedarf, falls die Wandelanleihe eine längere Laufzeit als fünf Jahre hat.[755] Die erneute Beschlussfassung der (möglicherweise dann aus anderen Aktionären zusammengesetzten) Hauptversammlung ist ungewiss. Zum anderen fehlt es beim genehmigten Kapital an einer Schutzvorschrift wie § 192 Abs. 4 AktG zugunsten der Wandelanleihegläubiger, wonach die Hauptversammlung keinen Beschluss fassen darf, der dem Beschluss über das bedingte Kapital entgegensteht.[756] Die Hauptversammlung kann das genehmigte Kapital (anders als das bedingte Kapital) daher jederzeit aufheben, sodass die Wandlungsrechte nicht mehr abgesichert wären. Aus diesen Gründen ist die Absicherung mittels genehmigten Kapitals zwar theoretisch denkbar, entspricht allerdings nicht den Bedürfnissen der Praxis und hat sich nicht durchgesetzt.[757]

Somit muss die Hauptversammlung zur Absicherung der Wandlungsrechte gleichzeitig ein bedingtes Kapital beschließen.

b) Beachtung der Sacheinlagevorschriften trotz § 194 Abs. 1 Satz 2 AktG?

Im Rahmen der somit notwendigen Beschlussfassung über das bedingte Kapital ist zu berücksichtigen, dass bei einem Debt Convertible Swap die Vorschriften über Sacheinlagen (§ 194 AktG) zu beachten sind.[758] Dies erscheint

---

753 *Holland/Goslar*, NZG 2006, 892, 894; MüKoAktG/*Habersack* § 221 Rn. 219; *Seiler* in Spindler/Stilz, AktG, § 221 Rn. 75.

754 Vgl. zu Transaktionsrisiken im Zusammenhang mit dem Bezugsrechtsausschluss bereits oben unter § 4 III. 2. b).

755 *Holland/Goslar*, NZG 2006, 892, 893; MüKoAktG/*Habersack* § 221 Rn. 219; *Seiler* in Spindler/Stilz, AktG, § 221 Rn. 71.

756 *Holland/Goslar*, NZG 2006, 892, 895; MüKoAktG/*Habersack* § 221 Rn. 219; *Seiler* in Spindler/Stilz, AktG, § 221 Rn. 74.

757 *Schlitt/Seiler/Singhof*, AG 2003, 254, 256; *Schäfer*, ZGR Sonderheft Nr. 16, 2000, 62, 71.

758 Da die Wandelanleihe im Austausch gegen eine ausstehende Anleihe ausgegeben werden soll, die wiederum eine Sachleistung bzw. später eine Sacheinlage darstellt; vgl. dazu bereits oben unter III. 1.

im Hinblick auf § 194 Abs. 1 Satz 2 AktG zunächst zweifelhaft. Danach gilt der Umtausch von Schuldverschreibungen[759] gegen Bezugsaktien ausdrücklich nicht als Sacheinlage. Allerdings ist die Vorschrift restriktiv auszulegen. Obwohl dies aus dem Wortlaut nicht hervorgeht, geht § 194 Abs. 1 Satz 2 AktG implizit davon aus, dass die umzutauschende Wandelanleihe originär gegen Barleistung ausgegeben wurde.[760] Die ursprüngliche Barleistung wird dann rückwirkend als Bareinlage angesehen und auf die Werthaltigkeit der Wandelanleihe bzw. der in ihr verbrieften Forderung zum Zeitpunkt der Wandlung kommt es nicht mehr an (Gedanke der ausnahmsweise zulässigen Voreinzahlung einer Bareinlage).[761]

Wenn die Wandelanleihe allerdings ursprünglich gegen Sacheinlage ausgegeben wurde, ist die Anwendbarkeit des § 194 Abs. 1 Satz 2 AktG umstritten: Größtenteils wird davon ausgegangen, dass § 194 Abs. 1 Satz 2 AktG dann nicht zur Anwendung komme.[762] Teilweise wird allerdings vertreten, § 194 Abs. 1 Satz 2 AktG sei auch in diesem Fall anwendbar; es seien allerdings bei Ausgabe der Wandelanleihe gegen die Sachleistung die Vorschriften über Sacheinlagen zu beachten, um von der Privilegierung des § 194 Abs. 1 Satz 2 AktG Gebrauch zu machen.[763] Diese Ansicht ist vorzugswürdig. Wie noch zu zeigen sein wird, findet zum Zeitpunkt der eigentlichen Wandlung eben keine Sacheinlageprüfung mehr statt und die Vorschriften über Sacheinlagen sind zum Zeitpunkt der Wandlung nicht zu beachten; stattdessen findet die Werthaltigkeitsprüfung anlässlich der Ausgabe der Wandelanleihe statt.[764] Dies deckt sich mit dem Regelungsgehalt des

---

759 Gemeint sind ausschließlich Wandelanleihen; vgl. MüKoAktG/*Fuchs* § 194 Rn. 5; *Busch* in Marsch-Barner/Schäfer, HdB. börsennotierte AG, § 44 Rn. 42.

760 Ganz hM: *Busch* in Marsch-Barner/Schäfer, HdB. börsennotierte AG, § 44 Rn. 41; *Kopp/Metzner*, AG 2012, 856, 863; *Drinhausen/Keinath*, BB 2011, 1736; MüKoAktG/*Fuchs* § 183 Rn. 8; *Schröer* in Ekkenga/Schröer, Handbuch der AG-Finanzierung, Kap. 6 Rn. 72; OLG München, Beschluss vom 19.09.2013 – 31 Wx 312/13 = ZIP 2013, 1913.

761 *Schlitt/Seiler/Singhof*, AG 2003, 254, 264; *Schnorbus/Trapp*, ZGR 2010, 1023, 1029; *Busch* in Marsch-Barner/Schäfer, Hdb. börsennotierte AG, § 44 Rn. 41.

762 *Schnorbus/Trapp*, ZGR 2010, 1023, 1029; *Drinhausen/Keinath*, BB 2011, 1736; Hüffer/*Koch* AktG § 194 Rn. 4; *Busch* in Marsch-Barner/Schäfer, Hdb. börsennotierte AG, § 44 Rn. 41; OLG München, Beschluss vom 19.09.2013 – 31 Wx 312/13 = ZIP 2013, 1913 = DNotZ 2013, 955 = WM 2013, 2367 = NZG 2013, 1144 = BB 2013, 2577 (mit Besprechung).

763 *Rieckers* in Spindler/Stilz, AktG, § 194 Rn. 7; *Kopp/Metzner*, AG 2012, 856, 863; *Apfelbacher/Niggemann* in Hölters, AktG, § 194 Rn. 15.

764 Vgl. dazu unten unter III. 2. c) sowie IV.

§ 194 Abs. 1 Satz 2 AktG, der lediglich erklärt, dass der (spätere) Umtausch der Wandelanleihe gegen Bezugsaktien nicht als Sacheinlage gilt. Die Unterschiede sind allerdings primär dogmatischer Natur und aus Sicht der Praxis irrelevant.[765] Einigkeit besteht jedenfalls darüber, dass die ursprüngliche Ausgabe der Wandelanleihe gegen eine Sachleistung dazu führt, dass auf diese Sachleistung die Vorschriften über Sacheinlagen anzuwenden sind.[766] Ansonsten könnten die Vorschriften über Sacheinlagen durch die Ausgabe einer Wandelanleihe umgangen werden, indem statt direkt Aktien eine Wandelanleihe mit kurzer Laufzeit ausgegeben wird.[767]

Bei einem Debt Convertible Swap besteht die Gegenleistung für die Wandelanleihe in einer ausstehenden Anleihe. Diese Anleihe bzw. die in ihr verbriefte Forderung stellt, wie bereits ausführlich dargestellt, eine Sachleistung dar.[768] Bezogen auf das zur Absicherung zu beschließende bedingte Kapital stellt sie eine Sacheinlage dar. § 194 Abs. 1 Satz 2 AktG führt somit bei einem Debt Convertible Swap dazu, dass die Vorschriften über Sacheinlagen bei der bedingten Kapitalerhöhung bereits frühzeitig zu beachten sind.[769] Konkret bedeutet dies, dass der Hauptversammlungsbeschluss über das bedingte Kapital bereits detaillierte Festsetzungen zur Sacheinlage enthalten muss (§ 194 Abs. 1 Satz 1 AktG) und die Werthaltigkeit der Sacheinlage mittels Gutachten belegt werden muss (§ 194 Abs. 4 AktG), welches der Anmeldung des Beschlusses über die bedingte Kapitalerhöhung ebenso wie die Sacheinlageverträge beigefügt werden muss (§ 195 Abs. 2 Nr. 1 AktG).

---

765 Vgl. hinsichtlich irrelevanter dogmatischer Einordnung des § 194 Abs. 1 Satz 2 AktG auch MüKoAktG/*Fuchs* § 194 Rn. 7.

766 *Rieckers* in Spindler/Stilz, AktG, § 194 Rn. 7; *Kopp/Metzner*, AG 2012, 856, 863; *Schnorbus/Trapp*, ZGR 2010, 1023, 1029; *Drinhausen/Keinath*, BB 2011, 1736; Hüffer/*Koch* AktG § 194 Rn. 4; *Busch* in Marsch-Barner/Schäfer, Hdb. börsennotierte AG, § 44 Rn. 41; OLG München, Beschluss vom 19.09.2013 – 31 Wx 312/13 = ZIP 2013, 1913 = DNotZ 2013, 955 = WM 2013, 2367 = NZG 2013, 1144 = BB 2013, 2577 (mit Besprechung); **aA** nur *Frey* in GroßKomm AktG § 194 Rn. 105, der die Wandelanleihe selbst als Sacheinlage ansehen möchte.

767 *Schnorbus/Trapp*, ZGR 2010, 1023, 1029; *Drinhausen/Keinath*, BB 2011, 1736; MüKoAktG/*Fuchs* § 194 Rn. 8; MüKoAktG/*Habersack* § 221 Rn. 231.

768 Siehe dazu ausführlich oben unter § 4 III 1.

769 *Drinhausen/Keinath*, BB 2011, 1736, 1736 f.; *Kopp/Metzner*, AG 2012, 856, 863.

c) *Nichterfüllbarkeit der Sacheinlagevorschriften bei bloßer Ermächtigung des Vorstands zur Ausgabe der Wandelanleihe (?)*

aa) *Problemaufriss*

Im Detail bedeutet die Anwendung der Sacheinlagevorschriften für den zu fassenden Hauptversammlungsbeschluss über das bedingte Kapital, dass dieser den Gegenstand der Sacheinlage, die Person, von der die Gesellschaft den Gegenstand erwirbt sowie Nennbetrag bzw. bei Stückaktien die Zahl der bei Sacheinlage zu gewährenden Aktien festzusetzen hat (§ 194 Abs. 1 Satz 1 AktG). Es müssten also die umzutauschende Anleihe als Sacheinlage, die Anleiheinhaber (bzw. die zentrale Abwicklungsstelle als Sacheinleger[770]) sowie die Modalitäten benannt werden.

Wird der Vorstand von der Hauptversammlung lediglich zur Ausgabe der Wandelanleihe ermächtigt (§ 221 Abs. 2 AktG), sind diese Festsetzungen in der Regel nicht möglich. Oftmals steht zum Zeitpunkt des Hauptversammlungsbeschlusses weder fest, ob überhaupt tatsächlich eine Wandelanleihe ausgegeben werden soll, noch, ob diese gegen Sacheinlagen ausgegeben werden soll und wer die Sacheinleger sein werden.[771] Selbst wenn der Vorstand bereits den Debt Convertible Swap vor Augen hat, möchte er den Hauptversammlungsbeschluss möglichst flexibel gestalten.[772] Der Beschluss über das bedingte Kapital soll dennoch in der Praxis in derselben Hauptversammlung beschlossen werden, die auch die Ermächtigung des Vorstands zur Ausgabe der Wandelanleihe beschließt.[773]

Problematisch ist insofern, dass die notwendigen Festsetzungen betreffend der Sacheinlage im Rahmen des Beschlusses über die bedingte Kapitalerhöhung zu diesem Zeitpunkt somit noch gar nicht erfolgen können, da die Informationen noch nicht bekannt sind, sodass die Anforderungen des § 194 Abs. 1 Satz 1 AktG nicht erfüllt werden können.[774]

---

770 Vgl. zur Festsetzung der Zentralen Abwicklungsstelle im Hauptversammlungsbeschluss bereits oben unter § 4 V. 2. a).

771 *Drinhausen/Keinath*, BB 2011, 1736, 1739; *Schwartzkopff/Hoppe*, NZG 2014, 378.

772 Nicht zuletzt aufgrund dieser intendierten Flexibilität ist die bloße Ermächtigung zur Ausgabe der Wandelanleihe in der Praxis der Regelfall; siehe bereits oben unter III. 1.

773 Nur so sind die Wandlungsrechte der späteren Zeichner der Wandelanleihe hinreichend abgesichert. Eine spätere Beschlussfassung über das bedingte Kapital wäre zwar möglich, zur Absicherung der Wandlungsrechte müsste allerdings dieser Beschluss trotzdem vor Ausgabe der Wandelanleihe erfolgen. Dann wäre die Ermächtigung zur Ausgabe der Wandelanleihe allerdings sinnlos, da die Hauptversammlung dann auch einen Direktbeschluss über die sofortige Ausgabe der Wandelanleihe fassen könnte.

774 *Drinhausen/Keinath*, BB 2011, 1736, 1739; *Schwartzkopff/Hoppe*, NZG 2014, 378.

Ein weiteres Problem ist die notwendige Werthaltigkeitsprüfung der Sacheinlage (§ 194 Abs. 4 AktG), deren Ergebnis frühzeitig feststehen muss, da der schriftliche Prüfbericht der Anmeldung des Hauptversammlungsbeschlusses über die bedingte Kapitalerhöhung zur Eintragung in das Handelsregister beizufügen ist (§ 195 Abs. 2 Nr. 1 AktG). Da die Sacheinlage, wie bereits dargelegt, noch ungewiss ist, sind auch diese Vorgaben nicht erfüllbar.[775]

Um den Vorgaben des Gesetzes zu entsprechen, könnte die Hauptversammlung das bedingte Kapital somit erst beschließen, wenn die Eckpunkte der Sacheinlage bekannt sind und ihre Werthaltigkeit belegt werden kann. Dazu bedürfte es der Einberufung einer weiteren Hauptversammlung, deren organisatorischer und finanzieller Aufwand nicht mit dem ursprünglichen Gedanken in Einklang zu bringen ist, dem Vorstand Flexibilität und eine schnelle Reaktionsfähigkeit auf günstige Gelegenheiten zu ermöglichen, bzw. diesen gar „konterkariert".[776] Außerdem wäre eine erneute Zustimmung der Hauptversammlung möglicherweise ungewiss und würde damit ein weiteres Transaktionsrisiko darstellen.

Es scheint also so zu sein, als stünden die engen gesetzlichen Vorgaben der Durchführung des Debt Convertible Swaps im gestreckten Verfahren entgegen. Der Wortlaut der entsprechenden Vorschriften ist zwar eindeutig, allerdings sind inzwischen ein Urteil des BGH[777] und ein Beschluss des OLG München[778] ergangen, die aus Sicht der Praxis in die richtige Richtung deuten. Allerdings bestehen noch immer Unsicherheiten und die Situation ist für die um Transaktionssicherheit bemühte Praxis unbefriedigend.[779] Auch die Literatur hat daher inzwischen Vorschläge entwickelt, wie eine solche Transaktion umgesetzt werden könnte.

---

775 *Drinhausen/Keinath*, BB 2011, 1736, 1739; *Schnorbus/Trapp*, ZGR 2010, 1023, 1032.

776 So ausdrücklich *Schnorbus/Trapp*, ZGR 2010, 1023, 1026.

777 BGH, Urteil vom 18.05.2009 – II ZR 262/07 = BGHZ 181, 141 = NJW-RR 2009, 1196 = ZIP 2008, 926 = ZIP 2009, 1566 = MDR 2009, 1121 = DNotZ 2009, 780 = WM 2009, 1567 = DB 2009, 1806 = NZG 2009, 986.

778 OLG München, Beschluss vom 19.09.2013 – 31 Wx 312/13 = ZIP 2013, 1913 = DNotZ 2013, 955 = WM 2013, 2367 = NZG 2013, 1144 = BB 2013, 2577 (mit Anmerkung *Matyschok*); siehe dazu sogleich unter bb) (ii).

779 *Matyschok*, BB 2013, 2577, 2578 spricht im Zusammenhang mit dem Beschluss des OLG München zwar von einer deutlichen Reduzierung des Risikos, dass Anträge auf Eintragung des bedingten Kapitals von den Registergerichten abgelehnt werden. Das Risiko wird allerdings nicht vollständig eliminiert und es besteht weiterhin das Anfechtungsrisiko durch Altaktionäre.

bb) Lösungsvorschläge

(i) Literatur

Als praxisgerechte Lösung wird vorgeschlagen, dass die Voraussetzungen der §§ 194, 195 AktG im gestreckten Verfahren erst sukzessive erfüllt werden müssen. Etwaige Regelungslücken seien mit einer Analogie zu den Vorschriften über das genehmigte Kapital (§§ 202 ff. AktG) zu schließen.[780] Dabei wird teilweise auch insgesamt eine analoge Anwendung des § 205 AktG auf den vorliegenden Fall vorgeschlagen.[781]

Ausgangspunkt dieser Argumentation ist die (unstreitige) Annahme, dass das Aktiengesetz die Verzahnung von §§ 221 und 192 ff. AktG nur unzureichend regelt und der Gesetzgeber offenbar nicht reflektiert habe, dass die bedingte Kapitalerhöhung auf eine spätere, im Zeitpunkt des Hauptversammlungsbeschlusses noch ungewisse Durchführung der Kapitalerhöhung und Ausgabe der Bezugsaktien gerichtet ist.[782] Dies gelte umso mehr, wenn der Vorgang durch die Ausgabe einer Wandelanleihe noch weiter gestreckt werde.[783] Stattdessen habe der Gesetzgeber beim bedingten Kapital die Vorschriften über das ordentliche Kapital teilweise wortgleich übernommen.

Darin liege eine planwidrige Regelungslücke des Gesetzes.[784] Diese soll geschlossen werden, indem die Vorschriften der §§ 194, 195 AktG nicht schon im Rahmen des Hauptversammlungsbeschlusses erfüllt werden müssten. Die nach § 194 Abs. 1 AktG notwendigen Festsetzungen über die Sacheinlage sollen erst im Rahmen des Vorstandsbeschlusses, der über die Ausnutzung der Ermächtigung nach § 221 Abs. 2 AktG und somit die Ausgabe der Wandelanleihe beschließt, gemacht werden.[785] Der Vorstandsbeschluss ersetze nämlich insofern den Hauptversammlungsbeschluss, von dem § 194 Abs. 1 AktG im Grundfall ausgehe.[786]

---

780 *Schnorbus/Trapp*, ZGR 2010, 1023; zustimmend auch Hüffer/*Koch* AktG § 194 Rn. 6; *Juretzek*, DStR 2014, 431; *Busch* in Marsch-Barner/Schäfer, Hdb. börsennotierte AG, § 44 Rn. 39; MüKoAktG/*Fuchs* § 194 Rn. 18.

781 *Drinhausen/Keinath*, BB 2011, 1736; zustimmend auch *Rieckers* in Spindler/Stilz, AktG, § 194 Rn. 18.

782 *Schnorbus/Trapp*, ZGR 2010, 1023, 1025 und 1033; *Drinhausen/Keinath*, BB 2011, 1736.

783 *Schnorbus/Trapp*, ZGR 2010, 1023, 1033.

784 *Drinhausen/Keinath*, BB 2011, 1736, 1739; *Schnorbus/Trapp*, ZGR 2010, 1023, 1035.

785 *Drinhausen/Keinath*, BB 2011, 1736, 1740; *Schnorbus/Trapp*, ZGR 2010, 1023, 1035.

786 *Schnorbus/Trapp*, ZGR 2010, 1023, 1034.

Korrespondierend dazu seien auch die Prüfungshandlungen durch den Sacheinlageprüfer (§ 194 Abs. 4 AktG) und durch das Registergericht (§ 195 Abs. 3 AktG) erst später durchzuführen und könnten noch nach Eintragung des bedingten Kapitals nachgeholt werden.[787] Die Werthaltigkeitsprüfung durch den Sacheinlageprüfer solle dazu unmittelbar nach dem Ausnutzungsbeschluss, aber noch vor Ausgabe der Wandelanleihe erfolgen.[788] Dies sei insofern stimmig, da maßgeblicher Zeitpunkt für die Sacheinlageprüfung die Erbringung der Gegenleistung bei Ausgabe der Wandelanleihe sei.[789] Dies folge aus § 194 Abs. 1 Satz 2 AktG, dem zu entnehmen sei, dass die ursprünglich auf die Wandelanleihe geleistete Gegenleistung als maßgeblich angesehen werde.[790] Eine weitere Werthaltigkeitsprüfung zum Zeitpunkt der Wandlung habe dementsprechend nicht zu erfolgen.[791]

Der schriftliche Prüfungsbericht sei dem Registergericht sodann ebenfalls noch vor Ausgabe der Wandelanleihe einzureichen. Nur so könne gewährleistet werden, dass das Registergericht noch rechtzeitig die Werthaltigkeitsprüfung nach § 195 Abs. 3 Satz 1 AktG vornehmen könne.[792] Aus Sicht des Vorstands sei es ebenfalls wichtig, dass die registergerichtliche Werthaltigkeitskontrolle vor Ausgabe der Wandelanleihe stattfinde und dessen Ergebnis der Gesellschaft vor Ausgabe der Wandelanleihe mitgeteilt werde, um mögliche Differenzhaftungsrisiken zu minimieren.[793] Um dies sicherzustellen, habe vorab eine rechtzeitige Abstimmung mit dem Registergericht zu erfolgen. Da es dafür kein formelles Verfahren gebe, empfehle sich der Zeitpunkt der gerichtlichen Bestellung der Sacheinlageprüfer (§ 194 Abs. 4 Satz 2 AktG i. V. m. § 33 Abs. 3 Satz 2 AktG), die bereits vor dem Ausnutzungsbeschluss erfolgen könne, als „gute Gelegenheit" für diese Abstimmung.[794]

---

787 *Schnorbus/Trapp*, ZGR 2010, 1023, 1034; *Drinhausen/Keinath*, BB 2011, 1736, 1740 f.

788 *Schnorbus/Trapp*, ZGR 2010, 1023, 1041; für eine Kapitalaufbringungsprüfung zum Zeitpunkt der Ausgabe der Wandelanleihe auch *Kopp/Metzner*, AG 2012, 856, 863.

789 *Schnorbus/Trapp*, ZGR 2010, 1023, 1042 f.; so auch: *Busch* in: Marsch-Barner/Schäfer, Hdb. börsennotierte AG, § 44 Rn. 41.

790 Vgl. dazu bereits oben unter III. 2. b).

791 *Schnorbus/Trapp*, ZGR 2010, 1023, 1043 unter Rückgriff auf *Marsch-Barner*, DB 1995, 1497; *Gross* in Marsch-Barner/Schäfer, Hdb. börsennotierte AG, 2. Auflage, § 51 Rn. 64; *Merkt* in Schmidt/Lutter, AktG, § 221 Rn. 26; *Seiler* in Spindler/Stilz, AktG, 2. Auflage 2010, § 221 AktG Rn. 14; MükoAktG/*Habersack*, 2. Auflage 2005, § 221 AktG Rn. 232; *Krieger* in Münchener Hdb. AG § 57 Rn. 27 sowie *Frey* in GroßKomm AktG, 2. Auflage, § 194 AktG, Rn. 106 ff.

792 *Schnorbus/Trapp*, ZGR 2010, 1023, 1044.

793 *Schnorbus/Trapp*, ZGR 2010, 1023, 1044 f.

794 *Schnorbus/Trapp*, ZGR 2010, 1023, 1045.

Zentrales Argument für diese Thesen sind Rückschlüsse aus dem bereits benannten BGH-Urteil zur Notwendigkeit der Festsetzung eines Mindestausgabebetrags im Rahmen des Hauptversammlungsbeschlusses über die Schaffung eines bedingten Kapitals.[795] Die dortigen Überlegungen des BGH seien verallgemeinerungsfähig und übertragbar.[796] Der BGH entschied in dem Urteil, dass die Festsetzung lediglich eines Mindestausgabebetrages in einem Hauptversammlungsbeschluss über ein bedingtes Kapital ausreichend sei, obwohl § 193 Abs. 2 Nr. 3 (a.F.) AktG zum damaligen Zeitpunkt noch die Festsetzung eines konkreten Ausgabebetrags vorschrieb. Dogmatisch nahm der BGH dazu eine teleologische Reduktion des § 193 Abs. 2 Nr. 3 (a.F.) AktG vor. Diese begründete er damit, dass der Gesetzgeber bei Einführung des § 221 Abs. 2 Satz 1 AktG im Jahr 1978 schlichtweg vergessen habe, die damalige Formulierung des § 193 Abs. 2 Nr. 3 (a.F.). AktG anzupassen. Mit Einführung des § 221 Abs. 2 Satz 1 AktG habe der Gesetzgeber aber zugleich eine flexible Handlungsmöglichkeit für den Vorstand schaffen wollen, um auf günstige Marktverhältnisse schnell reagieren zu können.

Der BGH geht davon aus, § 221 Abs. 2 Satz 1 AktG als jüngere Vorschrift sei insofern *lex specialis* gegenüber § 193 Abs. 2 Nr. 3 (a.F.) AktG.

Ein weiteres Argument des BGHs sei ein Vergleich zum genehmigten Kapital.[797] Dort müsse der Hauptversammlungsbeschluss überhaupt keine Angaben zum Ausgabebetrag enthalten, sondern darüber entscheide der ermächtigte Vorstand. Die Zwecke von bedingtem Kapital und genehmigtem Kapital seien allerdings identisch: Beide wollten dem Vorstand mehr Bewegungsfreiheit geben, um auf günstige Marktgelegenheiten schnell und flexibel regieren zu können. Es sei daher nicht nachvollziehbar, wieso beim bedingten Kapital eine Festsetzung des Ausgabebetrags erfolgen müsse, während beim vergleichbaren Fall des genehmigten Kapitals eine solche Festsetzung gar nicht erfolgen müsse.

Die Rechtsprechung des BGH sei dahingehend zusammenzufassen, dass der Gesetzgeber mit Einführung des § 221 Abs. 2 Satz 1 AktG auch implizit die Anforderungen an den Hauptversammlungsbeschluss über das bedingte Kapital neu geregelt habe.[798]

Damit ließen sich nunmehr auch Rückschlüsse auf die vorliegende Problematik ziehen. Für die Vorgaben der §§ 194, 195 AktG müsse ebenfalls eine

795 BGH, Urteil vom 18.05.2009 – II ZR 262/07 = BGHZ 181, 141 = NJW-RR 2009, 1196 = ZIP 2008, 926 = ZIP 2009, 1566 = MDR 2009, 1121 = DNotZ 2009, 780 = WM 2009, 1567 = DB 2009, 1806 = NZG 2009, 986; vgl. dazu bereits oben unter III. 2. c) aa).

796 *Schnorbus/Trapp*, ZGR 2010, 1023, 1035 ff. (insbesondere 1037).

797 *Schnorbus/Trapp*, ZGR 2010, 1023, 1037.

798 *Schnorbus/Trapp*, ZGR 2010, 1023, 1037.

teleologische Reduktion vorgenommen werden. Die ergänzend vorgeschlagene analoge Anwendung der Vorschriften über das genehmigte Kapital sei durch die Gleichstellung des BGH von genehmigtem und bedingtem Kapital gerechtfertigt.[799]

Teilweise wird dabei allerdings die Frage aufgeworfen, ob möglicherweise konzeptionelle Unterschiede zwischen bedingtem und genehmigtem Kapital einer Analogie entgegenstehen könnten.[800] Durch die vorgeschlagene Analogie werde nämlich eine wirksame Kapitalaufbringungsprüfung durch das Registergericht möglicherweise vereitelt. Beim genehmigten Kapital werde der Hauptversammlungsbeschluss in das Handelsregister eingetragen, ohne dass eine Kapitalaufbringungsprüfung oder Ähnliches durch das Registergericht stattfände. Dies sei unproblematisch, da die Kapitalerhöhung erst wirksam werde und die neuen Aktien erst ausgegeben werden könnten, nachdem die Durchführung der Kapitalerhöhung in das Handelsregister eingetragen worden sei. Die Eintragung der Durchführung könne vom Registergericht allerdings abgelehnt werden, wenn der Wert der Sacheinlage nicht unwesentlich hinter dem geringsten Ausgabebetrag der auszugebenden Aktien zurückbleibe (§ 205 Abs. 7 Satz 1 AktG). Dementsprechend müsse die Sacheinlageprüfung beim genehmigten Kapital auch erst vor Eintragung der Durchführung der Kapitalerhöhung erfolgen (§ 205 Abs. 5 AktG).

Beim bedingten Kapital sei dies jedoch anders. Die Eintragung der Durchführung der Kapitalerhöhung habe nur noch deklaratorischen Charakter und die Verweigerung der Eintragung sei kein Wirksamkeitshindernis. Die Kapitalerhöhung werde später unmittelbar mit Ausgabe der Bezugsaktien wirksam, ohne dass zuvor nochmals eine registergerichtliche Werthaltigkeitsprüfung erfolge.[801] Wenn man also die Eintragung des Hauptversammlungsbeschlusses über die bedingte Kapitalerhöhung zuließe, ohne dass zuvor eine Werthaltigkeitsprüfung durchgeführt würde, könnte das Registergericht das Wirksamwerden der Kapitalerhöhung nicht mehr verhindern, wenn die Sacheinlage tatsächlich nicht werthaltig wäre. Die Werthaltigkeitsprüfung durch das Registergericht sei bei der vorgeschlagenen Analogie erst nach dem Ausnutzungsbeschluss des Vorstands vorzunehmen und mithin zu einem Zeitpunkt, an dem das bedingte

---

799 *Schnorbus/Trapp*, ZGR 2010, 1023, 1037.

800 Vgl. zum Folgenden *Drinhausen/Keinath*, BB 2011, 1736, 1740 f.

801 Vgl. zu den konzeptionellen Unterschieden zwischen bedingtem und genehmigtem Kapital bereits oben unter III. 2. a). Der Wegfall einer nochmaligen späteren Werthaltigkeitsprüfung beim bedingten Kapital dient, wie dort dargestellt, den Inhabern der Wandelanleihe zur Absicherung ihrer Wandlungsrechte und ist somit gerechtfertigt.

Kapital längst eingetragen sei und das Registergericht keine Werthaltigkeitskontrolle mehr durchführen könne und keine Verhinderungsmöglichkeit mehr bei überbewerteten Sacheinlagen habe. Möglicherweise stünde dies der analogen Anwendung des § 205 AktG entgegen. Allerdings sei bei genauer Betrachtung die vom Gesetz vorgesehene Werthaltigkeitsprüfung beim bedingten Kapital ohnehin nicht geeignet, um die Kapitalaufbringung sicherzustellen.[802] Die vorgeschriebene Werthaltigkeitsprüfung durch Sacheinlageprüfer und Registergericht finde unter Umständen mehrere Jahre vor Wirksamwerden der Kapitalerhöhung statt und zu diesem Zeitpunkt sei noch gar nicht absehbar, ob die Sacheinlage zum Zeitpunkt der Einbringung überhaupt noch werthaltig sei. Zum entscheidenden Zeitpunkt, also der Erbringung der Sachleistung im Austausch gegen die Wandelanleihe[803], falle die Werthaltigkeitsprüfung in die Kompetenz des Vorstands und nicht in die des Registergerichts (§ 199 AktG). Stelle das Registergericht später im Rahmen der Eintragung der Durchführung der bedingten Kapitalerhöhung fest, dass die Sacheinlage nicht werthaltig war, könne es die (ohnehin lediglich deklaratorisch wirkende) Eintragung nicht ablehnen. Rechtsfolge sei lediglich, dass die Kapitalerhöhung nunmehr als Bar- statt als Sachkapitalerhöhung vollzogen werde, was zur Folge habe, dass die Einleger die Differenz zwischen tatsächlichem und angenommenem Wert der Sacheinlage in bar zu leisten hätten. Der Vorstand müsse danach eine Erklärung nachreichen, dass dieser Differenzbetrag geleistet wurde (§ 201 Abs. 3 AktG); die Abgabe einer falschen Erklärung sei strafbar (§ 399 Abs. 1 Nr. 4 AktG). Insgesamt habe das Registergericht somit nicht die Möglichkeit, die effektive Kapitalaufbringung in Bezug auf die Sacheinlage zu überprüfen. Daher sei die vom Gesetz für die bedingte Kapitalerhöhung vorgesehene Kapitalaufbringungsprüfung ohnehin nicht geeignet, diese sicherzustellen.[804] Die Analogie zu § 205 AktG führe mithin nicht zu einer Verkürzung des Schutzes der effektiven Kapitalaufbringung, sodass der Analogie nichts im Wege stünde.[805]

In die gleiche Richtung gehen auch allgemeine Stellungnahmen der Literatur, wonach Erleichterungen für die Festsetzungen im Rahmen des Hauptversammlungsbeschlusses über das bedingte Kapital gelten sollen und auch die

---

802 *Drinhausen/Keinath*, BB 2011, 1736, 1740; so wohl auch MüKoAktG/*Fuchs* § 195 Rn. 13a.

803 *Drinhausen/Keinath*, BB 2011, 1736, 1741.

804 *Drinhausen/Keinath*, BB 2011, 1736, 1741.

805 *Drinhausen/Keinath*, BB 2011, 1736, 1741.

Werthaltigkeitsprüfungen erst zu einem späteren Zeitpunkt nachgeholt werden könnten.[806]

(ii) Beschluss des OLG München

Das OLG München hatte über einen Sachverhalt zu entscheiden, bei dem sich das zuständige Registergericht weigerte, den Beschluss über ein bedingtes Kapital einzutragen, das „der Gewährung von Wandel-, Options- und/oder Gewinnschuldverschreibungen oder Optionsrechten" dienen sollte, die „auch gegen Sacheinlage ausgegeben werden".[807] Das Registergericht lehnte dies mit der Begründung ab, dass die Sacheinlageverträge und der Sachprüfungsbericht nicht vorgelegt wurden. Der zugrunde liegende Sachverhalt betrifft somit genau das vorliegend dargestellte Problem (jedenfalls einen Aspekt des Problems). Das OLG München beanstandete das Verhalten des Registergerichts und ließ die Eintragung des Beschlusses über das bedingte Kapital zu. Das OLG München griff dabei die Argumentation des BGH bzgl. der Festsetzung lediglich eines Mindestausgabebetrages im Kapitalerhöhungsbeschluss auf. Dabei habe der BGH ausgeführt, dass die Vorschriften über das bedingte Kapital im Lichte des später eingeführten § 221 Abs. 2 Satz 1 AktG zu würdigen seien.[808] Quintessenz daraus sei für den vorliegenden Sachverhalt, dass § 195 Abs. 2 Nr. 1 AktG „ins Leere" ginge und stattdessen die registergerichtliche Prüfung erst spätestens bei Anmeldung der Ausgabe von Bezugsaktien gemäß § 201 AktG stattzufinden habe.[809] Daraus ergebe sich allerdings kein Eintragungshindernis für den Beschluss der Hauptversammlung über das bedingte Kapital.[810]

---

806 *Frey* in GroßKomm AktG § 194 Rn. 96; KölnerKommAktG/*Lutter* § 194 Rn. 14 und 17 und § 201 Rn. 9; differenzierter: *Wagner* in Heidel § 194 AktG Rn. 3a und 9, der zwar eine spätere registergerichtliche Kapitalaufbringungsprüfung befürwortet, aber jedenfalls Festsetzungen über die Sacheinlage in dem Beschluss über das bedingte Kapital als unentbehrlich ansieht, um „uferlos weite" Ermächtigungen zu verhindern.

807 OLG München, Beschluss vom 19.09.2013 – 31 Wx 312/13 = ZIP 2013, 1913 = DNotZ 2013, 955 = WM 2013, 2367 = NZG 2013, 1144 = BB 2013, 2577 (mit Anmerkung *Matyschok*).

808 OLG München aaO Rn. 19.

809 OLG München aaO Rn. 23.

810 OLG München aaO Rn. 23 unter ausdrücklichem Hinweis auf *Drinhausen/Keinath*, BB 2011, 1736, 1738.

cc) Stellungnahme

Sowohl die Rechtsprechung des OLG München als auch die wenigen Stellungnahmen in der Literatur fordern, dass 1. die detaillierten Festsetzungen über die Sacheinlage vom Hauptversammlungsbeschluss in den Ausnutzungsbeschluss des Vorstands verlagern werden sollen und 2. die Werthaltigkeitsprüfung durch den Sacheinlageprüfer auf einen Zeitpunkt unmittelbar vor Ausgabe der Wandelanleihe verlegt werden soll.

Dieses Ergebnis ist aus Sicht der Praxis wünschenswert. Die Darstellung hat gezeigt, dass bei wörtlicher Interpretation der Vorschriften über das bedingte Kapital mit Sacheinlagen in Kombination mit einer Ermächtigung des Vorstands zur Ausgabe der Wandelanleihe (auch) gegen Sachleistung (§ 221 Abs. 2 AktG) diese Transaktion nicht mit der intendierten Flexibilität und Schnelligkeit durchgeführt werden kann. Der Gesetzgeber erkennt jedoch die Wandelanleihe erklärtermaßen als wichtiges Instrument moderner Unternehmensfinanzierung an.[811] Ebenfalls betont er, dass die Wandelanleihe durch die Möglichkeit der Vorstandsermächtigung bei Bedarf schnell am Markt platziert werden könne.[812] Wenngleich der Gesetzgeber nicht ausdrücklich die Ausgabe gegen Sachleistungen erwähnt, so bedarf auch diese Gestaltungsvariante der entsprechenden Flexibilität, da Wandelanleihen häufig beispielsweise gegen Unternehmensbeteiligungen oder wie im vorliegenden Fall gegen ausstehende Anleihen ausgegeben werden. Auch in diesen Fällen ist schnelles und flexibles Handeln des Vorstands zur Ausnutzung günstiger Gelegenheiten notwendig. Dem steht das Gesetz allerdings *de lege lata* entgegen und entspricht damit nicht der Intention des Gesetzgebers. Richtigerweise liegt damit in diesem Falle eine planwidrige Regelungslücke vor, da der Gesetzgeber die vorliegende Problematik offensichtlich übersehen hat.

Ob man diese Regelungslücke des Gesetzes nunmehr über eine Analogie zu den Vorschriften über das genehmigte Kapital gegen Sacheinlagen (§§ 205 f. AktG)[813] oder über eine teleologische Reduktion der Vorschriften über das bedingte Kapital und lediglich ergänzender Analogie der Vorschriften über das genehmigte Kapital[814] schließt, dürfte aus Sicht der Praxis irrelevant sein, da das Ergebnis jeweils identisch ist.

---

811 BT-Drucksache 16/11642, Seite 37 rechte Spalte.

812 BT-Drucksache 16/11642, Seite 37 rechte Spalte.

813 So *Drinhausen/Keinath*, BB 2011, 1736.

814 So *Schnorbus/Trapp*, ZGR 2010, 1023.

Es spricht jedoch ein entscheidendes Argument für die Annahme einer teleologischen Reduktion des § 194 AktG und lediglich hilfsweiser analoger Anwendung der Vorschriften über das genehmigte Kapital: Dieser Weg entspricht der Argumentation des BGH in seinem bereits zuvor zitierten Urteil über die Festsetzung lediglich eines Mindestausgabebetrags in dem Hauptversammlungsbeschluss über das bedingte Kapital.[815] Dort führte der BGH ebenfalls eine teleologische Reduktion des § 193 Abs. 2 Nr. 3 AktG (a.F.) durch.[816] Damit ist der Lösungsweg über eine teleologische Reduktion des § 194 AktG jedenfalls mittelbar höchstrichterlich abgesichert[817] und ist im Sinne der Transaktionssicherheit der vorzugswürdigere.

In der Praxis ist Gesellschaften mit einem solchen Vorhaben jedoch der frühzeitige Dialog mit den zuständigen Registergerichten anzuraten, um den geplanten Ablauf abzustimmen.[818] Billigt das Registergericht die geplante Vorgehensweise, bleibt allerdings noch das Risiko von (Anfechtungs)klagen und Anträgen auf Erlass einstweiliger Verfügungen der Aktionäre.[819] Durch das Urteil des BGH und den Beschluss des OLG München dürften jedoch solche Anfechtungsklagen und Anträge auf Erlass einstweiliger Verfügungen nicht erfolgreich sein; es bliebe allerdings das Problem der zeitlichen Verzögerung der Transaktion durch die Dauer eines Freigabeverfahrens. Nicht zuletzt deshalb ist der Gesetzgeber zu einer Korrektur der entsprechenden Vorschriften des AktG aufgefordert, um Rechtsklarheit zu schaffen.[820]

IV. Transaktionsablauf des Debt Convertible Swaps im gestreckten Verfahren

Aufbauend auf diesen Feststellungen ergibt sich für den Debt Convertible Swap im gestreckten Verfahren folgender chronologischer Transaktionsablauf:[821]

1. Beschluss der Hauptversammlung über a) Ermächtigung des Vorstands zur Ausgabe der Wandelanleihe (auch) gegen Sachleistung und unter Ausschluss des Bezugsrechts der Aktionäre und b) die Schaffung eines bedingten Kapitals (auch) gegen Sacheinlage zur Absicherung der Wandlungsrechte

815 BGH aaO.

816 BGH aaO Rz. 13 und 15 sowie Leitsatz 1.

817 So auch schon *Schnorbus/Trapp*, ZGR 2010, 1023, 1052.

818 *Schnorbus/Trapp*, ZGR 2010, 1023, 1044 f.

819 *Matyschok*, BB 2013, 2577, 2578.

820 Mit dieser Forderung auch *Drinhausen/Keinath*, BB 2011, 1736, 1741.

821 Vgl. zur Darstellung und Aufbau auch *Schnorbus/Trapp*, ZGR 2010, 1023, 1038 ff.

2. Anmeldung des Beschlusses über die bedingte Kapitalerhöhung und anschließende Eintragung im Handelsregister (§ 195 AktG)
3. Ausnutzungsbeschluss des Vorstands zur Ausgabe der Wandelanleihe im Austausch gegen die ausstehenden Anleihe und Ausschluss des Bezugsrechts der Aktionäre (inkl. Festsetzungen über die Sacheinlage/-leistung)
4. Werthaltigkeitsprüfung der ausstehenden Anleihe
5. Ausgabe der Wandelanleihe im Austausch gegen die ausstehende Anleihe
6. Fakultativ: Wandlungserklärung und Ausgabe der neuen Aktien

1. Beschluss der Hauptversammlung über a) Ermächtigung des Vorstands zur Ausgabe der Wandelanleihe und b) die Schaffung eines bedingten Kapitals (auch) gegen Sacheinlage

Zunächst muss die Hauptversammlung die Beschlüsse über a) die Ermächtigung des Vorstands zur Ausgabe der Wandelanleihe (auch) gegen Sacheinlage und unter Ausschluss des Bezugsrechts der Aktionäre und b) über die Schaffung des bedingten Kapitals (auch) gegen Sacheinlage zur Absicherung der Wandlungsrechte fassen.

Nach hier vertretener Ansicht muss der Hauptversammlungsbeschluss über die bedingte Kapitalerhöhung entgegen dem Gesetzeswortlaut nicht die Festsetzungen nach § 194 Abs. 1 AktG enthalten; diese sind später im Rahmen des Ausnutzungsbeschlusses des Vorstands nachzuholen.[822]

Der Beschluss über die Ermächtigung des Vorstands zur Ausgabe der Wandelanleihe muss den Vorstand ausdrücklich ermächtigen, die Wandelanleihe (auch) gegen Sachleistung ausgeben zu dürfen und das Bezugsrecht der Aktionäre auf die Wandelanleihe auszuschließen. Im Zusammenhang mit der Ermächtigung zum Ausschluss des Bezugsrechts ist zu beachten, dass der Vorstand im Rahmen der Hauptversammlungseinladung einen Bericht über die sachliche Rechtfertigung des Bezugsrechtsausschlusses zugänglich machen muss. Dieser muss zwar nicht so detailliert sein, wie bei einem unmittelbaren Bezugsrechtsausschluss[823], aber dennoch eine abstrakt-generelle Umschreibung des Vorhabens enthalten und darlegen, dass und warum die Ermächtigung des Vorstands zum Bezugsrechtsausschluss im Gesellschaftsinteresse liegt.[824] Bei einem geplanten Debt Convertible Swap sollte dieser abstrakt beschrieben werden und als legitimes

822 Siehe dazu bereits oben unter III. 2. c) sowie sogleich unter IV. 3.
823 Vgl. dazu oben unter § 4 III. 2. c).
824 MüKoAktG/*Habersack* § 221 Rn. 180.

Gesellschaftsinteresse auf die Optimierung der Finanzstruktur verwiesen werden.[825] Soll der Debt Convertible Swap als Sanierungselement eingesetzt werden, so ist dies darzulegen. Dabei gilt wie beim Debt Equity Swap, dass daraus nicht automatisch die Rechtfertigung des Bezugsrechtsausschlusses folgt.[826] Vielmehr muss der Vorstand darlegen, warum andere Sanierungsoptionen aus seiner Sicht nicht in Betracht kommen. Dabei ist ihm ein gewisser Ermessensspielraum zuzubilligen, der umso größer ist umso stärker die Gesellschaft insolvenzgefährdet ist.[827]

2. Anmeldung des Beschlusses über die bedingte Kapitalerhöhung und anschließende Eintragung im Handelsregister (§ 195 AktG)

Der Beschluss über das bedingte Kapital ist vom Vorstand und Aufsichtsratsvorsitzenden beim Handelsregister zur Eintragung anzumelden (§ 195 Abs. 1 Satz 1 AktG). Der Anmeldung sind nach dem Gesetzeswortlaut die Verträge über die Sacheinlage sowie der Prüfbericht beizufügen (§ 195 Abs. 2 Nr. 1 AktG). Dabei ist jedoch allgemein anerkannt, dass diese Dokumente bei einer bloßen Vorstandsermächtigung noch nicht eingereicht werden können und dies der Eintragung des Beschlusses nicht im Wege steht.[828] Vielmehr seien ausstehende Dokumente im Rahmen der Anmeldung der Ausgabe der Bezugsaktien (§ 201 Abs. 2 AktG) nachzureichen. Diese Auffassung ist jedoch nach hier vertretener Ansicht zu modifizieren: Die Werthaltigkeitsprüfung durch das Registergericht wird zwar ebenfalls nach hinten verschoben, soll aber möglichst noch vor Ausgabe der Wandelanleihe erfolgen. Um dem Registergericht die Werthaltigkeitsprüfung zu ermöglichen, muss vorher der Prüfbericht des externen Sacheinlageprüfers dort eingehen.[829]

An dieser Stelle ist jedoch zunächst nur festzuhalten, dass der Anmeldung des Beschlusses über das bedingte Kapital weder die Verträge über die Sacheinlage noch der Prüfbericht beizufügen sind.

Der Beschluss über die Ermächtigung zur Ausgabe der Wandelanleihe ist hingegen weder eintragungsfähig noch eintragungsbedürftig.[830] Der

825 Vgl. dazu oben unter III. 1.a).
826 Vgl. dazu oben unter § 4 III. 2. c) bb) (ii).
827 So bereits oben unter § 4 III. 2. c) bb) (ii) (2).
828 Hüffer/*Koch* AktG § 195 Rn. 5; MüKoAktG/*Fuchs* § 195 Rn. 13 und 13a; *Rieckers* in Spindler/Stilz, AktG, § 195 Rn. 10.
829 Vgl. dazu sogleich unter IV. 4.
830 MüKoAktG/*Habersack* § 221 Rn. 159 i. V. m. Rn. 146 ff.

Ermächtigungsbeschluss ist lediglich beim Handelsregister zu hinterlegen und in den Gesellschaftsblättern bekannt zu machen (§ 221 Abs. 2 Satz 2 und 3).

3. Ausnutzungsbeschluss des Vorstands zur Ausgabe der Wandelanleihe im Austausch gegen die ausstehende Anleihe und Ausschluss des Bezugsrechts der Altaktionäre

Nachdem der Vorstand Einigkeit mit den Anleihegläubigern erzielt hat[831] und die Eckpunkte der Transaktion definiert sind, fasst er den Beschluss zur Ausnutzung der Ermächtigung zur Ausgabe der Wandelanleihe. Dieser Punkt kann als „Startschuss" der eigentlichen Transaktion angesehen werden. Dabei soll der Vorstand die Entscheidung mit Zustimmung des Aufsichtsrats treffen (§ 205 Abs. 2 Satz 2 AktG analog).[832] Eine mangelnde Beteiligung des Aufsichtsrats ist kein Wirksamkeitshindernis.[833] Der Ermächtigungsbeschluss kann die Wirksamkeit des Ausnutzungsbeschlusses jedoch an die Zustimmung des Aufsichtsrats knüpfen.[834] Nach hier vertretener Ansicht sind im Rahmen des Ausnutzungsbeschlusses die Festsetzungen des § 194 Abs. 1 Satz 1 AktG nachzuholen, die bei dem Hauptversammlungsbeschluss noch nicht getroffen werden konnten. Als Gegenstand ist dabei die konkret umzutauschende Anleihe zu benennen, als Sacheinleger ist dabei die Investmentbank, die den Umtausch als zentrale Abwicklungsstelle abwickelt, festzusetzen.[835] Als Folge der Festsetzung der Abwicklungsstelle haftet diese auch auf eine mögliche Differenz, falls die Sacheinlage nicht werthaltig ist.[836]

Teil des Ausnutzungsbeschlusses ist außerdem der Ausschluss des Bezugsrechts der Aktionäre auf die Wandelanleihe, sofern der Vorstand lediglich dazu ermächtigt wurde.[837] Nach richtiger Ansicht schuldet der Vorstand den Aktionären in diesem Kontext keinen Vorabbericht vor Ausnutzung der Ermächtigung.[838] Es genügt stattdessen ein Bericht auf der nächsten (ordentlichen) Hauptversammlung.[839]

---

831 Der Umtauschvorgang bedarf selbstverständlich auch der Zustimmung der Anleihegläubiger; vgl. dazu unten unter V.

832 *Schnorbus/Trapp*, ZGR 2010, 1023, 1040.

833 *Schnorbus/Trapp*, ZGR 2010, 1023, 1040.

834 MüKoAktG/*Habersack* § 221 Rn. 152 f.

835 Vgl. dazu bereits im Rahmen der Darstellung des Debt Equity Swaps unter § 4 V. 2. a).

836 *Apfelbacher/Niggemann* in Hölters, AktG, § 186 Rn. 105.3.

837 Vgl. dazu oben unter III. 1.

838 MüKoAktG/*Habersack* § 221 Rn. 180.

839 MüKoAktG/*Habersack* § 221 Rn. 180 unter Berufung auf BGHZ 136, 133, 140 = NJW 1997, 2815.

Der Vorstand hat den Ausnutzungsbeschluss sowie eine Erklärung über die Ausgabe der Wandelanleihe beim Registergericht zu hinterlegen sowie eine Bekanntmachung über die Hinterlegung in den Gesellschaftsblättern zu veröffentlichen (§ 221 Abs. 2 Satz 2 und 3 AktG).

4. Werthaltigkeitsprüfung der umzutauschenden Anleihe

Unmittelbar im Anschluss des Ausnutzungsbeschlusses muss der Vorstand nach hier vertretener Ansicht die (externe)[840] Werthaltigkeitsprüfung in die Wege leiten.

Die Werthaltigkeitsprüfung durch den externen Prüfer konnte bis zu diesem Zeitpunkt aufgeschoben werden, da erst jetzt die Gegenleistung für die Wandelanleihe tatsächlich bekannt ist. Diese Gegenleistung in Form der umzutauschenden Anleihe stellt nämlich den maßgeblichen Prüfungsgegenstand dar. Dies folgt aus der Wertung des § 194 Abs. 1 Satz 2 AktG, wonach die Gegenleistung auf die Wandelanleihe als Einlage anzusehen ist.[841] Daraus folgt außerdem der maßgebliche Bewertungsstichpunkt: Der Zeitpunkt der Erbringung der Sachleistung für die Wandelanleihe; mithin der Zeitpunkt des „eigentlichen" Swaps. Zu diesem Zeitpunkt muss die Sacheinlage werthaltig sein. Daher haben Vorstand und Sacheinleger, d.h. die Inhaber der umzutauschenden Anleihe, ein berechtigtes Interesse daran, die Werthaltigkeit zu diesem Zeitpunkt rechtsverbindlich zu ermitteln, um das Risiko einer späteren Differenzhaftung möglichst zu minimieren.

Da allerdings der hier vorgeschlagene Ablauf nicht dem gesetzlich vorgesehenen entspricht, bedarf es für diese Vorgehensweise einer engen und rechtzeitigen Abstimmung mit dem zuständigen Registergericht. Um die erhoffte Rechtssicherheit zu erhalten, muss der Vorstand das Registergericht ersuchen, seine Werthaltigkeitsprüfung unmittelbar nach Erhalt des Werthaltigkeitsgutachtens und noch vor Ausgabe der Wandelanleihe durchzuführen. Vorgeschlagener Zeitpunkt für die dahin gehende Abstimmung mit dem Registergericht ist die Bestellung des externen Gutachters durch das Registergericht.[842] Dieser wird auf Vorschlag der Gesellschaft ernannt, sodass sich dieser Zeitpunkt für die Abstimmung eignet. Die Bestellung und damit die Abstimmung kann bereits vor dem Ausnutzungsbeschluss des Vorstands erfolgen.[843]

---

840 Eine interne Wertermittlung sollte bereits im Vorfeld stattgefunden haben.

841 Vgl. dazu bereits ausführlich oben unter III. 2. b).

842 *Schnorbus/Trapp*, ZGR 2010, 1023, 1045.

843 *Schnorbus/Trapp*, ZGR 2010, 1023, 1045.

Sieht sich das Registergericht außerstande zum vorgeschlagenen Zeitpunkt eine Werthaltigkeitsprüfung durchzuführen, so muss diese bei Eintragung der Durchführung der bedingten Kapitalerhöhung erfolgen. Dann handeln Vorstand und Sacheinleger allerdings bis dahin auf eigenes Risiko hinsichtlich einer möglichen Differenzhaftung.

Bezüglich des Prüfungsumfangs ergeben sich keine Unterschiede zum Debt Equity Swap, sodass auf die dortige Darstellung verwiesen wird.[844] Insbesondere muss sich die Prüfung auch auf ein korporatives Agio (nicht jedoch auf ein schuldrechtliches) beziehen[845] und eine Einbringung zum Nennwert[846] verbietet sich auch hier.

Festzuhalten ist somit, dass sowohl die externe als auch die registergerichtliche Werthaltigkeitsprüfung unmittelbar nach dem Ausnutzungsbeschluss des Vorstands und kurz vor Ausgabe der Wandelanleihe erfolgen sollte.

5. Ausgabe der Wandelanleihe im Austausch gegen die ausstehende Anleihe

Ist der Wert der ausstehenden Anleihe ermittelt und steht das Umtauschverhältnis fest, so kann der eigentliche Debt Convertible Swap durchgeführt werden und die Wandelanleihe im Austausch gegen die ausstehende Anleihe ausgegeben werden. Genau wie beim Debt Equity Swap erfolgt dieser Vorgang in der Praxis mit einer zwischengeschalteten Investmentbank, die als zentrale Abwicklungsstelle den Austausch vornimmt.[847]

6. Wandlungserklärung und Ausgabe der neuen Aktien

Durch die Wandelanleihe erhalten die Anleihegläubiger das Recht, statt Rückzahlung der Anleihevaluta eine vorher definierte Anzahl an Aktien der Gesellschaft zu erhalten.[848]

---

844 § 4 III. 3. c).

845 Vgl. dazu oben unter § 4 III. 3. c) bb).

846 Die „Nennwertthese" (vgl. dazu oben unter § 4 III. 3. c) aa) (i) (2) ließe sich grds. auch auf einen Debt Convertible Swap übertragen.

847 Vgl. daher im Detail die Darstellung zur Abwicklung des Debt Equity Swaps oben unter § 4 V. 4.

848 Dies gilt jedenfalls bei „klassischen" Wandelanleihen, bei denen das Wandlungsrecht den Anleiheinhabern zusteht; bei sog. Pflichtwandelanleihen findet hingegen ein zwangsweiser Umtausch der Wandelanleihe in Aktien bei Eintritt bestimmter Ereignisse statt. Bei umgekehrten Wandelanleihen steht das Wandlungsrecht dem

Erst wenn sie dieses Wandlungsrecht durch Abgabe ihrer Wandlungserklärung ausüben, kommt es zur Kapitalerhöhung und die neuen Aktien aus dem bedingten Kapital werden ausgegeben. In der Praxis besteht in manchen Situationen das Bedürfnis, die Anleiheinhaber zur Ausübung ihres Wandlungsrecht durch sogenannte *Incentivised Conversion Offers* zu bewegen, wenn die Ausübung des Wandlungsrechts für die Anleiheinhaber eigentlich unattraktiv ist. Dabei wird den Anleiheinhabern eine zusätzliche Barzahlung angeboten, wenn sie ihr Wandlungsrecht ausüben.[849]

Zum Abschluss meldet der Vorstand die Ausgabe der Bezugsaktien zur Eintragung in das Handelsregister an (§ 201 AktG).

Dazu sind dem Registergericht noch folgende Unterlagen einzureichen: Die Zweitschriften der Bezugserklärungen, ein vom Vorstand unterschriebenes Verzeichnis der Personen, die das Bezugsrecht (bzw. Wandlungsrecht) ausgeübt haben (vgl. § 201 Abs. 2 AktG) sowie Dokumente betreffend der Sacheinlage, die bisher noch nicht eingereicht werden konnten.[850] Konnte oder wollte das Registergericht die Werthaltigkeit der Sacheinlage bisher nicht prüfen, soll es dies zu diesem Zeitpunkt prüfen.[851] Stellt das Registergericht fest, dass die Sacheinlage nicht werthaltig war, kann es allerdings zu diesem Zeitpunkt die Eintragung der Kapitalerhöhung nicht mehr ablehnen, da diese bereits wirksam geworden ist und die Eintragung nur noch deklaratorischen Charakter hat. Es kann allenfalls verfügen, dass diese als Bar- statt als Sachkapitalerhöhung anerkannt wird.[852] Dabei wird der tatsächliche Wert der Sacheinlage auf die (Bar)einlagepflicht angerechnet und die Sacheinleger – also die ursprünglichen Wandelanleihegläubiger, die ihr Wandlungsrecht ausgeübt haben – trifft die Differenzhaftung.[853]

Das Risiko der Differenzhaftung soll mit der vorgeschlagenen Transaktionsstruktur verhindert werden.[854] Danach hätte das Registergericht bereits vor Ausgabe der Wandelanleihe eine Werthaltigkeitsprüfung durchgeführt und sowohl

---

Emittenten zu; vgl. dazu bereits oben unter II. sowie bei *Rubner/Pospiech*, NJW-Spezial 2016, 399; *Florstedt*, ZHR 180 (2016), 152.

849 Vgl. ausführlich zu *Incentivised Conversion Offers* und deren rechtlicher Zulässigkeit unten unter VIII.

850 Hüffer/*Koch* AktG § 201 Rn. 5; *Rieckers* in Spindler/Stilz, AktG, § 201 Rn. 15; MüKo-AktG/*Fuchs* § 201 Rn. 14; *Frey* in GroßKomm AktG § 201 Rn. 28; OLG München, Beschluss vom 19.09.2013 - 31 Wx 312/13.

851 *Schnorbus/Trapp*, ZGR 2010, 1023, 1048.

852 *Schnorbus/Trapp*, ZGR 2010, 1023, 1048.

853 Vgl. zur Differenzhaftung bereits ausführlich oben unter § 4 III. 3. a).

854 So auch *Schnorbus/Trapp*, ZGR 2010, 1023, 1048.

Vorstand als auch die Anleihegläubiger (als Sacheinleger) hätten frühzeitige Rechtssicherheit und würden so das Risiko der Differenzhaftung vermeiden.

7. Zwischenergebnis

Als Zwischenergebnis ist festzuhalten, dass ein Debt Convertible Swap im gestreckten Verfahren mit gesellschaftsrechtlichen Herausforderungen verbunden ist, die aus Versäumnissen des Gesetzgebers resultieren. Diese Schwierigkeiten muss der Vorstand bei der Planung eines Debt Convertible Swaps berücksichtigen und frühzeitig den Dialog mit dem Registergericht zur Abstimmung eines Verfahrens suchen, um die Transaktion im gestreckten Verfahren zu ermöglichen. Dabei sollte es das Ziel sein, das Registergericht zu überzeugen, auf die Sacheinlageprüfung bei Anmeldung des Beschlusses über das bedingte Kapital zu verzichten und stattdessen unmittelbar nach dem Ausnutzungsbeschluss des Vorstands, aber noch vor der tatsächlichen Ausgabe der Wandelanleihe und somit der Durchführung des eigentlichen Debt Convertible Swaps, die Werthaltigkeit der umzutauschenden Anleihe zu prüfen.

V. Mitwirkung der Anleihegläubiger

Genau wie bei einem Debt Equity Swap bedarf auch der Debt Convertible Swap der Zustimmung der Anleihegläubiger.

Dazu bieten sich abermals zwei Optionen für die Gesellschaft: Entweder sie macht ein öffentliches Umtauschangebot[855] oder sie initiiert ein Verfahren nach dem Schuldverschreibungsgesetz[856].

Handelt es sich bei der umzutauschenden Anleihe bereits um eine Wandelanleihe („Convertible Convertible Swap"), so ist zu beachten, dass sich Wandelanleihen insbesondere aufgrund ihrer üblicherweise hohen Stückelung von 100.000 EUR primär an institutionelle Investoren als an Retailinvestoren richten.[857] Da institutionelle Investoren für die Gesellschaft leichter identifizierbar und häufig auch verhandlungsbereiter als Retailinvestoren sind, ergibt sich für die Gesellschaft der Vorteil, dass sie mit ihnen direkt das Gespräch suchen kann

855 Vgl. dazu ausführlich oben unter § 4 IV. 1.

856 Vgl. dazu ausführlich oben unter § 4 IV. 2., wobei sich die Problematik hinsichtlich Art. 9 GG bei einem Umtausch in eine „normale" Wandelanleihe nicht stellt; gleiches muss gelten, wenn der Umtausch in eine umgekehrte Wandelanleihe oder eine Pflichtwandelanleihe erfolgen soll, sofern diese börsennotiert sein wird und kurzfristig wieder veräußert werden kann.

857 *Schanz*, BKR 2011, 410, 416.

und das relativ aufwendige Verfahren nach dem Schuldverschreibungsgesetz in der Regel nicht notwendig ist.

VI. Kapitalmarktrechtliche Aspekte

Neben der Abstimmung der Transaktionsstruktur mit dem Registergericht und der Zustimmung der Anleihegläubiger muss der Vorstand auch bei einem Debt Convertible Swap die kapitalmarktrechtlichen Aspekte frühzeitig berücksichtigen.[858]

1. Pflichtangebot nach § 35 WpÜG

Durch den Umtausch in eine Wandelanleihe, kann sich daraus zunächst für keinen Anleihegläubiger die Pflicht zur Abgabe eines Pflichtangebots nach § 35 WpÜG ergeben. Wandelanleihen enthalten zwar die Option, durch Ausübung des Wandlungsrechts Aktien der Gesellschaft zu erhalten, allerdings findet dies im Rahmen des § 35 WpÜG keine Berücksichtigung, da die Wandelanleihe noch kein Stimmrecht vermittelt. Erst wenn es zur Ausübung des Wandlungsrechts kommt und Aktien geliefert werden, können einzelne Aktionäre der Pflicht zur Abgabe eines Pflichtangebots ausgesetzt sein, wenn sie bereits vorher in signifikantem Umfang an der Gesellschaft beteiligt waren. Dies ist zwar primär eine Angelegenheit der Anleihegläubiger und nicht des die Transaktion planenden Vorstands, allerdings sollte der Vorstand die Interessenlage der Anleihegläubiger im Blick haben.

2. Prospektpflicht nach dem WpPG

Seitens des Vorstands ist außerdem frühzeitig eine mögliche Prospektpflicht für die im Umtausch angebotene Wandelanleihe zu prüfen. Abermals kommen sowohl die Pflicht zur Veröffentlichung eines Angebots- (§ 3 Abs. 1 WpPG) als auch eines Zulassungsprospekts (§ 3 Abs. 4 WpPG) in Betracht.[859]

Wie bereits ausgeführt, handelt es sich bei einem Angebot, das sich nur an die Inhaber der umzutauschenden Anleihe richtet, dennoch um ein öffentliches Angebot im Sinne von § 3 Abs. 1 WpPG und nicht etwa um ein Angebot, das sich nur an einen sog. „begrenzten Personenkreis“ richtet.[860] Somit besteht

---

858 Insiderrechtliche Probleme wurde bereits oben § 3 III. erörtert.

859 Vgl. dazu bereits im Rahmen der Darstellung des Debt Equity Swaps oben unter § 3 VI 2.

860 Siehe ausführlich oben unter § 3 VI. 2. a).

grundsätzlich die Pflicht zur Veröffentlichung eines Angebotsprospekts (§ 3 Abs. 1 WpPG). Allerdings sind bei einem Debt Convertible Swap die Ausnahmetatbestände genauer zu prüfen. Insbesondere ist zu prüfen, ob lediglich ein Angebot an qualifizierte Anleger vorliegt (§ 3 Abs. 2 Satz 1 Nr. 1 WpPG) oder die Mindeststückelung 100.000 Euro beträgt (§ 3 Abs. 2 Satz 1 Nr. 4 WpPG). In diesen Fällen wäre kein Angebotsprospekt zu veröffentlichen. Sollte jedoch eine (Angebots)Prospektpflicht bestehen, so ist der von der BaFin gebilligte Angebotsprospekt spätestens einen Tag vor Beginn des Angebots – also entweder des öffentlichen Umtauschangebots oder der Einladung zur Gläubigerversammlung bzw. der Aufforderung zur Stimmabgabe ohne Versammlung – zu veröffentlichen (§ 14 Abs. 1 und 2 WpPG).

Die Pflicht zur Veröffentlichung eines Zulassungsprospekts besteht lediglich, wenn die Wandelanleihen am organisierten Markt zugelassen werden sollen. Wandelanleihen werden allerdings häufig nur im Freiverkehr zugelassen, sodass sich die Pflicht zur Veröffentlichung eines Zulassungsprospekts in der Regel erübrigt.[861]

3. Publizitätspflichten

Hinsichtlich der Publizitätspflichten bestehen keine spezifischen Besonderheiten bei einem Debt Convertible Swap.

Der (geplante) Debt Convertible Swap löst bei einer börsennotierten AG eine Pflicht zur Ad-Hoc-Mitteilung aus (Art. 17 Abs. 1 MAR). Insofern kann auf die Darstellung im Rahmen des Debt Equity Swaps verwiesen werden.[862]

VII. Steuerliche und bilanzielle Aspekte

Die Bilanzierung der im Austausch angebotenen Wandelanleihe sowie die steuerlichen Folgen des Umtauschvorgangs und die laufenden steuerlichen Folgen nach erfolgtem Umtausch sind ein entscheidender Aspekt bei der Entscheidung für einen Debt Convertible Swap und müssen daher vom Vorstand der Gesellschaft bei der Planung berücksichtigt und genau geprüft werden. Unter Umständen geben sie sogar den Ausschlag für den Debt Convertible Swap als Alternative z.B. zu einem ebenfalls in Betracht gezogenen Debt Equity Swap.

Im Folgenden werden daher kurz die Bilanzierung von Wandelanleihen und die damit eng verknüpften steuerlichen Aspekte des Debt Convertible Swaps

---

861 *Schanz*, BKR 2011, 410, 416.

862 Siehe oben unter § 4 VI. 3.

dargestellt. Dabei werden entsprechend der Ausgestaltungsmöglichkeiten der Wandelanleihe verschiedene Arten von Wandelanleihen dargestellt. Dadurch wird außerdem nochmals verdeutlicht, wie flexibel der Debt Convertible Swap gestaltet werden kann.

1. Bilanzielle Aspekte

a) Handelsbilanz

Klassische Wandelanleihen sind in der Handelsbilanz in ihre Anleihekomponente und das Wandlungsrecht aufzusplitten.[863] Die Anleihekomponente ist als Fremdkapital auszuweisen. Sie ist als Verbindlichkeit in Höhe des Rückzahlungsbetrags zu passivieren (§ 253 Abs. 1 Satz 2 HGB).[864] Die für das Wandlungsrecht gezahlte Prämie (in der Regel in Form eines offenen oder verdeckten Agios) ist in der Kapitalrücklage auszuweisen (§ 272 Abs. 2 Nr. 2 HGB).[865] Diese Komponente kann die Gesellschaft als aktiven Rechnungsabgrenzungsposten aktivieren und über die Laufzeit der Anleihe aufwandswirksam auflösen (§ 250 Abs. 3 Satz 2 HGB). Der Auflösungsbetrag wird dann wie die laufenden Zinsverpflichtungen in der Gewinn- und Verlustrechnung erfasst. Alternativ könnte die Gesellschaft diesen Betrag auch zum Zeitpunkt der Emission vollständig als Zinsaufwand verbuchen.[866]

Bei unbedingten Pflichtwandelanleihen erfolgt ebenfalls eine Aufsplittung in Anleihekomponente und das „Wandlungselement". Das „Wandlungselement" wird als Derivat in Form eines Termingeschäfts gewertet und wird als solches nicht bilanziert.[867] Die Anleihekomponente wird wie bei einer normalen Wandelanleihe passiviert.

Bei umgekehrten Wandelanleihen und bedingten Pflichtwandelanleihen ist zwar ebenfalls in „Wandlungselement" und Anleihekomponente aufzusplitten, allerdings ist dort das „Wandlungselement" anders zu bewerten. Das Wandlungselement ist vielmehr eine Option zugunsten des Emittenten und nicht des Wandelanleihegläubigers. Diese Option ist zu aktivieren. In Höhe des Wertes der Option hat die Gesellschaft einen passiven Rechnungsabgrenzungsposten anzusetzen und diesen ertragswirksam über die Laufzeit der Wandelanleihe

863 *Niedling*, RdF 2016, 49, 50.
864 *Niedling*, RdF 2016, 49, 50.
865 *Niedling*, RdF 2016, 49, 50.
866 MüKoAktG/*Mihm* § 221 Rn. 337.
867 *Bader*, AG 2014, 472, 479.

aufzulösen, was den Aufwand der Zinsaufwendungen für die Wandelanleihe neutralisiert.[868]

b) IFRS

Bei der IFRS-Bilanzierung (IFRS = *International Financial Reporting Standards)* sind normale Wandelanleihen ebenfalls als zusammengesetztes Finanzinstrument in ihre beiden Komponenten aufzusplitten.[869] Die Anleihekomponente ist dabei ebenfalls als Fremdkapitalinstrument zu bilanzieren (IAS 32.31 lit a.). Das Wandlungsrecht hingegen kann so ausgestaltet werden, dass es entweder als Eigen- oder als Fremdkapital bilanziert werden kann.[870] Dies ist abhängig von den Anleihebedingungen. Eine Bilanzierung als Eigenkapital ist möglich, wenn 1. ein festes Bezugsverhältnis besteht und 2. weder der Anleihegläubiger noch der Emittent bei Optionsausübung statt der Aktien ganz oder teilweise einen Barausgleich oder eine Lieferung anderer finanzieller Vermögenswerte als Aktien des Emittenten verlangen kann, sog. *gross share settlement* (IAS 32.16, IAS 32. AG27).[871]

Unbedingte Pflichtwandelanleihen hingegen können regelmäßig unter IFRS vollständig als Eigenkapital bilanziert werden.[872] Dazu müssen die Anleihebedingungen so ausgestaltet sein, dass es bei Fälligkeit der Pflichtwandelanleihe nicht zu einem Abfluss flüssiger Mittel oder sonstiger Vermögenswerte beim Emittenten kommen kann.[873] Somit müssen die Anleihebedingungen vorsehen, dass der Emittent die Pflichtwandelanleihe ausschließlich mit einer vorher definierten Anzahl an Aktien tilgen kann (IAS 32.16 lit. b.).[874] Wichtig ist somit, dass es in jedem Fall zu einer Wandlung kommt und es keine *cash settlement option* oder Ähnliches gibt.

Dies ist bei bedingten Pflichtwandelanleihen wie CoCos/CoMEN allerdings gerade nicht der Fall.[875] Dort ist der Bedingungseintritt und somit die tatsächliche Wandlung in Aktien noch ungewiss. Dementsprechend werden Pflichtwandelanleihen nach IFRS nicht als Eigenkapital bilanziert.[876]

---

868 MükoAktG/*Mihm* § 221, Rn. 381.
869 MükoAktG/*Mihm* § 221, Rn. 325.
870 MükoAktG/*Mihm* § 221, Rn. 326.
871 MükoAktG/*Mihm* § 221, Rn. 326.
872 *Bader*, AG 2014, 472, 479; MükoAktG/*Mihm* § 221, Rn. 376 ff. Vgl. zur Bilanzierung von Pflichtwandelanleihen auch ausführlich *Burkhardt-Böck*, IRZ 2017, 61.
873 MükoAktG/*Mihm* § 221, Rn. 376.
874 MükoAktG/*Mihm* § 221, Rn. 376.
875 MükoAktG/*Mihm* § 221, Rn. 376.
876 MükoAktG/*Mihm* § 221, Rn. 376.

Allerdings können bedingte Pflichtwandelanleihen als regulatorisches Eigenkapital für Banken nach „Basel III“[877] angesetzt werden.[878] Diese Möglichkeit macht CoCos/CoMEN für Banken besonders interessant.[879]

2. Steuerliche Aspekte

Unter steuerlichen Gesichtspunkten ist die Transaktion aus zwei Blickwinkeln zu betrachten. Zum einen die unmittelbaren steuerlichen Folgen der Durchführung des Debt Convertible Swaps und zum anderen die laufende Besteuerung hinsichtlich der im Austausch ausgegebenen Wandelanleihe.

a) Steuerliche Folge des Umtauschvorgangs

Hinsichtlich der unmittelbaren steuerlichen Folgen wurde bereits der Vorteil gegenüber einem Debt Equity Swap hervorgehoben, dass die Umwandlung der klassischen Anleihe in eine Wandelanleihe steuerneutral erfolgen kann.[880] Bei einem Debt Equity Swap stellte sich nämlich das Problem, dass die Forderung unter Umständen nicht in voller Höhe werthaltig ist und nur mit Abschlägen als Sacheinlage eingebracht werden kann.[881] Die Differenz zwischen Nennwert und tatsächlichem Einbringungswert muss seitens der Gesellschaft als (Sanierungs) gewinn versteuert werden. Dies führt praktisch dazu, dass die Vorteile des Debt Equity Swaps teilweise oder gänzlich durch die hohe Steuerbelastung egalisiert werden. Dieses Problem hat sich durch das Urteil des Bundesfinanzhofs zur Verfassungswidrigkeit des Sanierungserlasses verschärft.[882]

---

877 Regulierungsstandard des Basler Ausschusses der Bank für internationalen Zahlungsausgleich („BIZ“), der in der Europäischen Union durch eine Verordnung, die sog. Capital Requirement Regulation („CRR“; Verordnung (EU) Nr. 575/2013) und die Richtlinie über Eigenkapitalanforderungen/Capital Requirements Directive IV („CRD IV“; Richtlinie 2013/36/EU) umgesetzt wurde; vgl. *Bader*, AG 2014, 472, 480 sowie zu „Basel III“ insgesamt *Winterfeld/Rümker* in Schimansky/Bunte/Lwowski BankR-Hdb., § 124a Rn. 227 ff. sowie zum Entwurf von „Basel IV“ Rn. 244 ff.

878 *Schlitt/Brandi/Schröder/Gemmel/Ernst*, CFL 2011, 105, 111; *Bader*, AG 2014, 472, 480.

879 *Bader*, AG 2014, 472, 481 weist allerdings darauf hin, dass CoCos grds. auch anderen Emittenten als Banken zur Verfügung stehen und teilweise bereits dahingehende Hauptversammlungsermächtigungen eingeholt wurden.

880 Oben unter II.

881 Vgl. dazu ausführlich oben unter § 4 VII. 1.

882 BFH, Beschluss vom 28.11.2016 – GrS 1/15 = ZIP 2017, 338 = DStR 2017, 305 = EWiR 2017, 149 (mit Anmerkung *Möhlenkamp*) = DStRK 2017, 91 (mit Anmerkung *Holzner*) = NJW-Spezial 2017, 175. Vgl. allerdings zu einer angestrebten gesetzlichen Neuregelung, die den Sanierungserlass inhaltlich ersetzen soll oben unter § 4 VII. 1.

Der Debt Convertible Swap bietet eine Möglichkeit, eine solche Steuerpflicht zu vermeiden. Anders als die im Austausch gewährten neuen Aktien beim Debt Equity Swap wird die Wandelanleihe in der Steuerbilanz der Gesellschaft weiterhin als Fremdkapital erfasst. Daher handelt es sich um einen reinen Austausch von Verbindlichkeiten, der keinen steuerpflichtigen Sanierungsgewinn bei der Gesellschaft auslöst.[883]

b) Laufende Besteuerung der Wandelanleihe beim Emittenten

Die Steuerbilanz richtet sich grundsätzlich nach der Handelsbilanz (§ 5 Abs. 1 Satz 1 EStG).[884]

Für die laufende steuerliche Behandlung bei einer klassischen Wandelanleihe folgt daraus, dass sowohl die auf die Wandelanleihe gezahlten Zinsen als auch der Betrag aus der Auflösung des für das Aufgeld gebildeten aktiven Rechnungsabgrenzungsposten laufend steuerlich abzugsfähig sind.[885]

Bei unbedingten Pflichtwandelanleihen ist die Wandlungskomponente entsprechend der Handelsbilanz nicht abzugsfähig. Bei umgekehrten Wandelanleihen und bedingten Wandelanleihen wurde das Optionsrecht zugunsten der Gesellschaft verbucht und als passiver Rechnungsabgrenzungsposten verbucht.[886] Während der Laufzeit der Anleihe ist dieser Betrag von den Zinsaufwendungen abzuziehen und mindert dementsprechend den steuerlich relevanten Zinsaufwand der Gesellschaft.[887]

VIII. Incentivised Conversion Offers

1. Einleitung und wirtschaftliche Hintergründe

Wie bereits angedeutet, kann sich im Anschluss an den Debt Convertible Swap in der Praxis erneut die Frage nach einer Restrukturierung stellen. Durch den Debt Convertible Swap haben die Investoren eine Wandelanleihe erhalten. Das

883 Theiselmann/*Meiisel*, Restrukturierungsrecht, Kap. 9 Rn. 135; *Carli/Rieder/Mückl*, ZIP 2010, 1737, 1742. Für den Fall eines Umtauschs in Genußrechte als Mezzanine-Kapital erkannte die OFD Rheinland (Verfügung vom 14.12.2011 – Kurzinfo KSt 56/2011) eine steuerneutrale Umwandlung allerdings nicht an; kritisch dazu *Körner*, RdF 2012, 139 sowie auch *Rusch/Broker*, ZIP 2012, 2193, 2194 f.; Theiselmann/*Meiisel*, Restrukturierungsrecht, Kap. 9 Rn. 139 ff.

884 *Niedling*, RdF 2016, 49, 51; MüKoAktG/*Mihm* § 221 Rn. 345.

885 *Niedling*, RdF 2016, 49, 52; MüKoAktG/*Mihm* § 221 Rn. 341.

886 Vgl. dazu oben unter VII. 1. a).

887 MükoAktG/*Mihm* § 221, Rn. 387.

Wandlungsrecht räumt den Inhabern die Möglichkeit ein, selbst darüber zu entscheiden, ob sie zum vereinbarten Zeitpunkt auf ihren Rückzahlungsanspruch aus der Wandelanleihe verzichten und stattdessen Aktien der Gesellschaft beziehen möchten (jedenfalls bei „klassischen Wandelanleihen“[888]). Manchmal hat die Gesellschaft allerdings ein besonderes Interesse daran, dass die Investoren ihr Wandlungsrecht (frühzeitig) ausüben. Die Investoren werden von diesem Recht allerdings nur Gebrauch machen, wenn es ihnen wirtschaftlich sinnvoll erscheint. Aus Sicht der Gesellschaft stellt sich daher die Frage, wie sie die Investoren zur Wandlung incentivieren kann. In Betracht kommt dabei eine sog. *Incentivised Conversion Offer* an die Wandelanleiheinhaber. Dabei wird ihnen von der Gesellschaft eine zusätzliche Barzahlung angeboten, wenn sie ihr Wandlungsrecht zeitnah ausüben (sog. *sweetener*).[889] Solche *Incentivised Conversion Offers* kommen im Wesentlichen in drei verschiedenen Konstellationen in Betracht[890]: (1) Die Gesellschaft befindet sich in einer wirtschaftlich schwierigen Situation und kann die Mittel für eine Rückzahlung der Wandelanleihe nicht aufbringen; weder durch Liquidität noch durch andere Refinanzierungsoptionen wie die Emission einer neuen (Wandel)Anleihe.[891] In dieser Konstellation wird sich der Aktienkurs der Gesellschaft seit Emission der Wandelanleihe negativ entwickelt haben und die ursprünglich vereinbarten Konditionen der Wandlung sind für die Investoren nicht mehr attraktiv, da der Wandlungspreis oberhalb des Aktienkurses liegt. (2) Denkbar ist aber auch, dass sich der Aktienkurs der Gesellschaft positiv entwickelt hat und eine Wandlung am Ende der Laufzeit für die Investoren attraktiv ist. Gleichzeitig werden die Investoren allerdings erst zum Ende der Laufzeit ihr Wandlungsrecht ausüben, um bis dahin weiterhin die laufenden Zinszahlungen zu erhalten und gleichzeitig von einem weiter steigenden Aktienkurs zu profitieren.[892] Eventuelle Dividendenzahlungen sind dabei keine hinreichende Kompensation für den Verzicht auf den Zinskupon, da sie in der Regel unterhalb des Zinskupons liegen und die Anleihebedingungen zudem Anpassungsklauseln in Bezug auf den Wandlungspreis bei Dividendenzahlungen zugunsten der Wandelanleiheinhaber enthalten. Die Gesellschaft hat in

888 Anders bei umgekehrten Wandelanleihen sowie bedingten und unbedingten Pflichtwandelanleihen.

889 *Schlitt/Schäfer*, CFL 2010, 252, 258 sowie *Seibt*, CFL 2010, 165, 175 sprechen in diesem Zusammenhang von „*restriking*“.

890 *Wieneke*, WM 2017, 698, 698 f. differenziert nach „Restrukturierungs-, Incentivierungs- und Optimierungsfall“.

891 *Wieneke*, WM 2017, 698.

892 *Wieneke*, WM 2017, 698, 698 f.

diesem Falle allerdings das gegenläufige Interesse, die zukünftigen Zinszahlungen einzusparen und gleichzeitig die Eigenkapitalquote und somit das Bilanzbild insgesamt sofort zu verbessern. (3) Außerdem kommt eine Incentivierung in Betracht, wenn der Aktienkurs der Gesellschaft nah am Wandlungspreis liegt. Dann ist es nämlich noch unsicher, ob die Investoren ihr Wandlungsrecht am Ende der Laufzeit ausüben werden. Für die Gesellschaft bedeutet dies, dass sie sicherheitshalber die Liquidität bereithalten bzw. beschaffen muss, für den Fall, dass die Investoren ihr Wandlungsrecht nicht ausüben werden.[893] Dies ist für die Gesellschaft möglicherweise mit hohem Aufwand verbunden und außerdem entfiele in diesem Fall möglicherweise eine gewünschte Stärkung des Eigenkapitals, falls die Investoren keine neuen Aktien beziehen möchten.

In allen drei Konstellationen hat die Gesellschaft somit aus unterschiedlichen Gründen ein Interesse daran, die Investoren zur (frühzeitigen) Wandlung zu incentivieren. Dabei sind *Incentivised Conversion Offers* inzwischen auch in Deutschland auf dem Vormarsch[894], obwohl teilweise weiterhin rechtliche Bedenken gegen *Incentivised Conversion Offers* bestehen.[895]

2. Rechtliche Zulässigkeit und Grenzen von *Incentivised Conversion Offers*

Incentivised Conversion Offers unterliegen verschiedenen rechtlichen Bedenken: Neben möglichen Verstößen gegen § 71a AktG (siehe dazu unter c)) und § 57 AktG (siehe dazu unter b)) sind sie vor allem im Hinblick auf ihre Vereinbarkeit

893 *Wieneke*, WM 2017, 698.

894 In anderen Jurisdiktionen sind diese schon länger verbreitet. Die erste *Incentivised Conversion Offer* in Deutschland wurde von der TAG Immobilien AG im Juli 2017 erfolgreich abgeschlossen. Die Annahmequote lag bei 94% der ausstehenden Wandelanleihen.

895 Die bisherige Literatur stand *Incentivised Conversion Offers* sehr kritisch gegenüber; vgl. *Schlitt/Schäfer*, CFL 2010, 252, 258 („Insgesamt erscheint eine Incentivierung zur Wandlung nach deutschem Recht sehr beschwerlich"); *Schlitt/Hemeling* in Habersack/Mülbert/Schlitt, Unternehmensfinanzierung am Kapitalmarkt, § 12 Rn. 90 („Incentivierung nach deutschem Recht schwierig"); *Seibt*, CFL 2010, 165, 175 („Die Spielräume für ein Restriking [sind] in der Praxis sehr gering"); *Scholz* in Münchener Hdb. AG § 64 Rn. 22 („eine nachträgliche Anpassung [ist] schwer umsetzbar"). Erst seit einiger Zeit werden diese auch in der Literatur für praktisch möglich gehalten; vgl. (in chronologischer Reihenfolge) *Seiler* in Spindler/Stilz, AktG, § 221 Rn. 158a; *Wilk/Schlee*, ZIP 2016, 2041; *Wieneke*, ZIP 2017, 698.

mit dem ursprünglichen Hauptversammlungsbeschluss über die Emission der Wandelanleihe (§ 221 AktG) zu überprüfen (siehe dazu unter a)).[896]

a) Vereinbarkeit mit dem ursprünglichen Hauptversammlungsbeschluss über die Wandelanleihe (§ 221 AktG)

aa) Problemaufriss

Die originäre Kompetenz für die Ausgabe der Wandelanleihe lag bei der Hauptversammlung (vgl. § 221 Abs. 1 und 2 AktG). In der Praxis wird im Rahmen eines Hauptversammlungsbeschlusses üblicherweise der Vorstand (ggf. mit Zustimmung des Aufsichtsrats) ermächtigt, über die konkrete Ausgabe der Wandelanleihe zu entscheiden (sog. Ermächtigungsbeschluss; § 221 Abs. 2 AktG). Der Hauptversammlungsbeschluss gibt dann allerdings die Rahmenbedingungen für die Ausgabe der Wandelanleihe vor, wie beispielsweise auch die Festlegung eines (Mindest)Wandlungspreises bzw. die Grundlagen für dessen Berechnung.[897] Außerdem enthält der Ermächtigungsbeschluss Vorgaben über das Bezugsrecht der Aktionäre auf die Wandelanleihe. Soll dieses Bezugsrecht (wie in der Praxis üblich) ausgeschlossen werden, wird der Vorstand in der Regel zu einem vereinfachten Bezugsrechtsausschluss ermächtigt (§ 221 Abs. 4 Satz 2 AktG i. V. m. § 186 Abs. 3 Satz 4 AktG). Dann darf der Vorstand die Wandelanleihe nicht wesentlich unterhalb eines hypothetischen Marktpreises ausgeben.[898] Als zulässig erachtet wird dabei ein Discount von drei bis fünf Prozent.[899]

Auf diesen Vorgaben basieren sodann die Anleihebedingungen. Die Zahlung einer zusätzlichen Barleistung im Rahmen der *Incentivised Conversion Offer* könnte eine nachträgliche Änderung der Anleihebedingung darstellen, die möglicherweise nicht in der Kompetenz des Vorstands liegt und nicht mehr den Vorgaben des Hauptversammlungsbeschlusses entspricht.

---

896 *Schlitt/Schäfer*, CFL 2010, 252, 258; *Wieneke*, WM 2017, 698, 701 ff.; *Seiler* in Spindler/Stilz, AktG, § 221 Rn. 158a; *Seibt*, CFL 2010, 165, 175; *Wilk/Schlee*, ZIP 2016, 2041, 2042 ff. Thematisiert wird außerdem noch ein mögliches Problem mit dem kapitalmarktrechtlichen Gleichbehandlungsgebot (§ 48 Abs. 1 Nr. 1 WpHG). Dabei stellen sich allerdings keine spezifischen Probleme. Solange sich das Angebot an alle Wandelanleiheinhaber richtet, scheidet ein Verstoß bereits aus.

897 *Wieneke*, WM 2017, 698, 702.

898 MüKoAktG/*Habersack* § 221 Rn. 191; *Habersack/Greitemann* in Hölters, AktG, § 221 Rn. 109; *Scholz* in Münchener Hdb. AG § 64 Rn. 34.

899 *Schlitt/Schäfer*, CFL 2010, 252, 258; *Schlitt/Seiler/Singhof*, AG 2003, 254, 259 f.; *Seibt*, CFL 2010, 165. 175.

bb) Zahlung der Wandlungsprämie als Änderung der Anleihebedingungen (?)

Voraussetzung für einen möglichen Konflikt mit den Vorgaben des Hauptversammlungsbeschlusses ist zunächst, dass die Gewährung der Wandlungsprämie eine Änderung der Anleihebedingungen darstellt.[900] Die Anleihebedingungen sind nämlich, wie dargestellt, die praktische Ausgestaltung der Vorgaben des Hauptversammlungsbeschlusses und basieren (mittelbar) auf diesen. Nur wenn die Gewährung der Wandlungsprämie eine Änderung der Anleihebedingungen darstellt, ist sie an den Vorgaben des Hauptversammlungsbeschlusses zu messen.

In der Literatur wird die Gewährung einer solchen Wandlungsprämie als Änderung der Anleihebedingungen interpretiert.[901] Zwar ließe sich argumentieren, dass mit der Gewährung der Wandlungsprämie weder eine Neuemission noch eine Änderung der Anleihebedingungen verbunden sei und die Wandlungsprämie vielmehr eine zusätzliche vertragliche Einigung außerhalb der Anleihebedingungen sei.[902] Allerdings bestehe zwischen der Incentivierung und den Anleihebedingungen eine wirtschaftliche Verbindung, da die Gewährung der Wandlungsprämie an die Stellung als Anleiheinhaber anknüpfe und nur gewährt werde, weil die Anleihebedingungen keine solche Zahlung vorsähen.[903] Damit stelle die Gewährung der Wandlungsprämie letztlich nur ein weiteres Element im Gegenseitigkeitsverhältnis zwischen Gesellschaft und Anleiheinhaber dar, welches ansonsten durch die Anleihebedingungen geregelt und vorgeprägt sei.[904]

Die Argumentation überzeugt. Eine rein formelle Betrachtungsweise dahingehend, dass die Anleihebedingungen tatsächlich nicht geändert werden, würde den wirtschaftlichen Zusammenhang außer Acht lassen. Durch die zusätzliche Gewährung einer Prämie werden vielmehr die ursprünglich durch die Anleihebedingungen vereinbarten Konditionen für die Wandlung verschoben. Daher stellt die Gewährung der zusätzlichen Wandlungsprämie eine Änderung der Anleihebedingungen dar.

---

900 *Wilk/Schlee*, ZIP 2016, 2041, 2042.

901 *Wilk/Schlee*, ZIP 2016, 2041, 2043; größtenteils wird dies ohne explizite Erwähnung angenommen und vorausgesetzt (vgl. *Wieneke*, WM 2017, 698, 701 ff.; *Schlitt/Schäfer*, CFL 2010, 252, 258; *Seibt*, CFL 2010, 165. 175; *Seiler* in Spindler/Stilz, AktG, § 221 Rn. 158a).

902 *Wilk/Schlee*, ZIP 2016, 2041, 2043 (im Ergebnis aA).

903 *Wilk/Schlee*, ZIP 2016, 2041, 2043.

904 *Wilk/Schlee*, ZIP 2016, 2041, 2043.

cc) Kompetenz des Vorstands zur Änderung der Anleihebedingungen (?)

Liegt somit in der Zahlung der Wandlungsprämie eine Änderung der Anleihebedingungen, so müsste der Vorstand auch die Kompetenz zur Änderung der Anleihebedingungen haben.[905] Die originäre Kompetenz über die Ausgabe und Ausgestaltung der Wandelanleihe liegt bei der Hauptversammlung (vgl. § 221 Abs. 1 und 2 AktG). Die Hauptversammlung kann die Entscheidungskompetenz über die tatsächliche Ausgabe der Wandelanleihe durch den Ermächtigungsbeschluss (§ 221 Abs. 2 AktG) an den Vorstand delegieren. Dabei kann sie den Vorstand auch zur nachträglichen Änderung der Anleihebedingungen ermächtigen. Enthält der Ermächtigungsbeschluss keine solche ausdrückliche Ermächtigung, kann die Änderungskompetenz des Vorstands möglicherweise implizit angenommen werden.[906]

Im Zusammenhang mit Optionsanleihen wird dazu vertreten, dass keine Änderungskompetenz des Vorstands bestehe, sofern der Ermächtigungsbeschluss diese nicht ausdrücklich enthalte.[907] Diese Auffassung geht davon aus, dass ein Direktbeschluss der Hauptversammlung die „grundsätzlich anzustrebende Gestaltung“ sei, sodass ein Ermächtigungsbeschluss eng auszulegen sei. Der Ermächtigungsbeschluss gehe nur so weit, wie die Hauptversammlung ihre Kompetenz nicht selbst ausüben könne. Dies sei nur in Bezug auf die ursprüngliche Formulierung der Anleihebedingungen gegeben und nicht bei späteren Änderungen.[908] Außerdem würde die Annahme einer Änderungskompetenz zu einer „inhaltlich unbegrenzten Ermächtigung“ führen, die erhebliche Manipulationsmöglichkeiten eröffne.[909] Dies sei beispielsweise möglich, indem ein Investor die Optionsanleihe „für Pfennigbeträge zusammenkauft“ und der Vorstand danach den Bezugspreis so sehr herabsetze, dass das Optionsrecht mit Gewinn ausgeübt werden könne.[910] Außerdem kollidiere eine Änderungskompetenz mit dem Bezugsrecht der Aktionäre.[911] Bei der ursprünglichen Ausgabe müssten die Aktionäre entscheiden, ob die Konditionen für sie wirtschaftlich interessant seien. Eine informierte Entscheidung über die Ausübung ihres Bezugsrechts

---

905 *Wilk/Schlee*, ZIP 2016, 2041, 2043.

906 *Wilk/Schlee*, ZIP 2016, 2041, 2044 ff.; *Wieneke*, ZIP 2017, 698, 702 f.

907 *Lutter/Drygala*, FS Claussen 1997, 261, 276. Die Situation bei Optionsanleihen ist vergleichbar, da beide aufgrund eines Ermächtigungsbeschlusses nach § 221 Abs. 2 AktG ausgegeben werden können.

908 *Lutter/Drygala*, FS Claussen 1997, 261, 276.

909 *Lutter/Drygala*, FS Claussen 1997, 261, 276.

910 *Lutter/Drygala*, FS Claussen 1997, 261, 276.

911 *Lutter/Drygala*, FS Claussen 1997, 261, 277.

könnten sie nur zuverlässig treffen, wenn ihnen die endgültigen Konditionen bekannt seien.[912] Daher sei eine Änderungskompetenz des Vorstands ohne entsprechende Ermächtigung abzulehnen.

Die Gegenansicht geht von einer Änderungskompetenz auch ohne ausdrückliche Ermächtigung durch den Hauptversammlungsbeschluss aus.[913] Sinn und Zweck der Ermächtigung sei es, dem Vorstand zu ermöglichen, flexibel und kurzfristig auf günstige Gelegenheiten zu reagieren.[914] Daher sprächen systematische Erwägungen für eine weite Auslegung der Ermächtigung.[915] Ebenfalls systematische Argumente werden auch gegen die Annahme der Gegenansicht, dass ein Direktbeschluss (§ 221 Abs. 1 AktG) die „grundsätzlich anzustrebende Gestaltung“[916] sei, angeführt. Vielmehr bestehe kein Subsidiaritätsverhältnis zwischen einem Direktbeschluss (§ 221 Abs. 1 AktG) und einem Ermächtigungsbeschluss (§ 221 Abs. 2 AktG).[917] In der Praxis stelle die Ermächtigung sogar den Regelfall dar; zu einem Direktbeschluss werde es praktisch, jedenfalls bei börsennotierten Gesellschaften, nie kommen.[918] Insofern bestehe eine Parallele zum Verhältnis zwischen Ausnutzung eines genehmigten Kapitals (§§ 202 ff. AktG) und einer ordentlichen Kapitalerhöhung (§§ 182 ff. AktG). Auch dort bestehe keine Subsidiarität und der Vorstand sei frei in seiner Entscheidung, ob er ein bestehendes genehmigtes Kapital ausnutze oder einen Direktbeschluss der Hauptversammlung einholen möchte.[919] Außerdem bestehe keine besondere Missbrauchsgefahr durch eine nachträgliche drastische Herabsetzung des Wandlungspreises, da die Änderungskompetenz nicht unbegrenzt sei.[920] Der Ermächtigungsbeschluss enthalte praktisch immer Vorgaben zum Bezugs- und

912 *Lutter/Drygala*, FS Claussen 1997, 261, 277.

913 *Wilk/Schlee*, ZIP 2016, 2041, 2044 ff.; *Wieneke*, ZIP 2017, 698, 702 f.

914 *Wieneke*, ZIP 2017, 698, 702.

915 *Wieneke*, ZIP 2017, 698, 702.

916 So *Lutter/Drygala*, FS Claussen 1997, 261, 276.

917 *Wilk/Schlee*, ZIP 2016, 2041, 2044.

918 *Wilk/Schlee*, ZIP 2016, 2041, 2044 unter Verweis auf *Seiler* in Spindler/Stilz, AktG, § 221 Rn. 50, 54 und *Stadler* in Bürgers/Körber AktG § 221 Rn. 20.

919 *Wilk/Schlee*, ZIP 2016, 2041, 2044 unter Verweis auf LG Kiel, BeckRS 2008, 12662; MüKoAktG/*Bayer* § 202 Rn. 82 f.; *Servatius* in Spindler/Stilz, AktG, § 202 Rn. 3a; *Seibt/Voigt*, AG 2009, 134, 144 sowie „zurückhaltender“ *Busch* in Marsch-Barner/Schäfer, Hdb. börsennotierte AG, 3. Auflage 2014, § 43 Rn. 28 f. und aA *Pentz*, ZGR 2001, 901, 907 f.

920 *Wilk/Schlee*, ZIP 2016, 2041, 2044; zu den Grenzen der Änderungskompetenz vgl. sogleich noch unter dd).

Wandlungspreis, die zu berücksichtigen seien.[921] Auch kollidiere die nachträgliche Änderung des Wandlungspreises jedenfalls dann nicht mit dem Bezugsrecht der Aktionäre[922], wenn dieses ohnehin ausgeschlossen werde. Selbst wenn das Bezugsrecht originär nicht ausgeschlossen wurde, handele es sich dabei um ein „zirkuläres" Argument.[923] Die Frage, ob auf die Bestandskraft der ursprünglichen Anleihebedingungen, die bei der Entscheidung über die Ausübung des Bezugsrechts maßgeblich waren, vertraut werden dürfe, sei nur spiegelbildlich zur Frage, ob dem Vorstand eine Änderungskompetenz zustehe.[924]

Eine entsprechende Änderungskompetenz des Vorstands für den Fall, dass der Ermächtigungsbeschluss keine Vorgaben dazu enthält, ist insgesamt anzunehmen. Wie bereits oben dargestellt, hat die Hauptversammlung ihre originäre Entscheidungskompetenz über die Ausgabe einer Wandelanleihe an den Vorstand (ggf. mit Zustimmung des Aufsichtsrats) delegiert. Der Vorstand ist sodann frei, ob, wann und in welchem Umfang er von dieser Ermächtigung Gebrauch macht. Dies entspricht auch genau dem Sinn und Zweck des § 221 Abs. 2 AktG, dem Vorstand entsprechende Flexibilität einzuräumen. Die Sicherstellung der Flexibilität macht es notwendig, auch nachträgliche Änderungen der Anleihebedingungen durch den Vorstand zuzulassen. Eine nochmalige Beteiligung der Hauptversammlung ist dazu nicht erforderlich, da diese bereits eine Entscheidung über die Wandelanleihe dahingehend getroffen hat, dass sie die Entscheidung darüber an den Vorstand delegiert. Diese umfasst auch ohne ausdrückliche Ermächtigung nachträgliche Änderungen der Anleihebedingungen durch den Vorstand, solange sie nicht von den Vorgaben des Ermächtigungsbeschlusses abweichen. Dass darin keine Missbrauchsgefahr durch eine drastische Änderung der Anleihebedingungen (insbesondere durch Herabsetzung des Wandlungspreises) liegt, wird noch im Rahmen der Grenzen der Änderungsbefugnis zu erörtern sein.[925]

Somit hat der Vorstand auch ohne explizite Ermächtigung grundsätzlich eine Änderungskompetenz.

---

921 *Wilk/Schlee*, ZIP 2016, 2041, 2044.

922 So aber *Lutter/Drygala*, FS Claussen 1997, 261, 277.

923 *Wilk/Schlee*, ZIP 2016, 2041, 2045.

924 *Wilk/Schlee*, ZIP 2016, 2041, 2045.

925 Siehe dazu sogleich unter dd).

dd) Grenzen der Änderungskompetenz

Die Änderungskompetenz unterliegt allerdings möglicherweise Grenzen. Die Grenzen können sich aus den Vorgaben des Ermächtigungsbeschlusses ergeben, da der Vorstand seine Änderungskompetenz letztlich daraus ableitet. Er muss somit die Vorgaben des Ermächtigungsbeschlusses auch bei Änderungen der Anleihebedingungen beachten.[926] Der Ermächtigungsbeschluss macht unter anderem Vorgaben zum Wandlungspreis, indem er in der Regel Mindestgrenzen oder jedenfalls Berechnungsmethoden dafür festsetzt.[927] Die Herabsetzung des Wandlungspreises durch den Vorstand unterhalb dieser Grenzen würde somit in die Kompetenz der Hauptversammlung fallen und wäre unzulässig. Die Gewährung einer zusätzlichen Wandlungsprämie stellt zwar formell keine Herabsetzung des Wandlungspreises (sog. echtes *Repricing*) dar.[928] Wirtschaftlich betrachtet ist es jedoch irrelevant, ob die Anleiheinhaber bei einer Wandlung eine zusätzliche Zahlung in Form der Wandlungsprämie bekommen oder ob der Wandlungspreis herabgesetzt wird.[929] Der wirtschaftliche Effekt ist für alle Beteiligten identisch.[930] Insofern spricht man in diesem Fall auch von sog. „unechtem *Repricing*".[931] Daher muss der Vorstand auch bei der Berechnung der Wandlungsprämie die durch den Ermächtigungsbeschluss gesetzten Grenzen bzgl. des Wandlungspreises berücksichtigen.

Darüber hinaus ist der Spielraum bei der Herabsetzung des Wandlungspreises (bzw. Zahlung einer Wandlungsprämie) nicht nur aufgrund der Grenzen durch den Ermächtigungsbeschluss gering, sondern auch im Hinblick auf das Bezugsrecht der Aktionäre bei der ursprünglichen Ausgabe der Wandelanleihe.[932] Wurde dieses (wie in der Praxis üblich) im Rahmen eines vereinfachten Bezugsrechtsausschlusses ausgeschlossen (§ 221 Abs. 4 Satz 2 AktG i. V. m. § 186 Abs. 3 Satz 4 AktG), so darf der Ausgabepreis maximal drei bis fünf Prozent unterhalb des hypothetischen Marktpreises der Wandelanleihe liegen.[933] Der hypothetische

926 *Wieneke*, WM 2017, 698, 701 f. („Den Rechtsrahmen für die Zulässigkeit einer Anpassung gibt in jedem Fall der Ermächtigungsbeschluss […] vor"); *Seiler* in Spindler/Stilz, AktG, § 221 Rn. 158a.

927 *Wilk/Schlee*, ZIP 2016, 2041, 2046.

928 *Wieneke*, WM 2017, 698, 701 ff.

929 *Wieneke*, WM 2017, 698, 701.

930 *Wieneke*, WM 2017, 698, 701.

931 *Wieneke*, WM 2017, 698, 703.

932 *Wilk/Schlee*, ZIP 2016, 2041, 2047; *Wieneke*, WM 2017, 698, 704; *Seiler* in Spindler/Stilz, AktG, § 221 Rn. 158a.

933 *Schlitt/Schäfer*, CFL 2010, 252, 258; *Schlitt/Seiler/Singhof*, AG 2003, 254, 259 f.; *Seibt*, CFL 2010, 165. 175.

Marktpreis der Wandelanleihe kann sich allerdings durch die Gewährung der Wandlungsprämie positiv verändern. Dann müsste eine Neubewertung auf den Zeitpunkt der Emission vorgenommen und geprüft werden, ob die Grenze von maximal drei bis fünf Prozent auch unter Berücksichtigung der späteren Zahlung der Wandlungsprämie eingehalten wurde.[934]

Somit müssen bei der Gewährung einer Wandlungsprämie grds. die Grenzen des Ermächtigungsbeschlusses und ggf. die Grenzen im Zusammenhang mit einem vereinfachten Bezugsrechtsausschlusses bei der ursprünglichen Emission gewahrt werden.[935]

Allerdings wird die Zahlung einer Wandlungsprämie in einigen Fällen nicht als nachträgliche Herabsetzung des Wandlungspreises gewertet.[936] Dies hätte zur Folge, dass auch die vorgenannten Grenzen nicht beachtet werden müssten und ein größerer Spielraum bei der Incentivierung bestünde. Die Zahlung einer Wandlungsprämie sei dann nicht als nachträgliche Herabsetzung des Wandlungspreises zu werten, wenn die Prämie lediglich eine Kompensation für die entgangenen (abdiskontierten) Zinszahlungen und das Optionsrecht sei.[937] Es handele sich dann um eine „bloße Vorfälligkeitsentschädigung".[938] In der Regel übten die Inhaber von Wandelanleihen ihr Wandlungsrecht erst am Ende der Laufzeit aus, um bis dahin noch die vereinbarten Zinszahlungen zu erhalten.[939] Durch eine frühzeitige Wandlung erhielten sie zwar alternativ Dividendenzahlungen, allerdings seien diese in der Regel niedriger als die Zinszahlungen und außerdem enthielten die Anleihebedingungen in der Regel Klauseln zur Anpassung des Wandlungspreises bei Auszahlung von Dividenden.[940] Daher mache es wirtschaftlich für die Inhaber der Wandelanleihe in der Regel keinen Sinn, das Wandlungsrecht frühzeitig auszuüben. Die Zahlung der Wandlungsprämie

---

934 *Schlitt/Schäfer*, CFL 2010, 252, 258; *Seibt*, CFL 2010, 165, 175; offen lassend: *Wieneke*, WM 2017, 698, 704; *Wilk/Schlee*, ZIP 2016, 2041, 2047 f. wollen die Sonderzahlung zwar „primär" an der für den Wandlungspreis geltenden Untergrenze messen, allerdings sei „mittelbar" auch die Untergrenze für den Ausgabepreis maßgeblich, da durch die Gewährung der Wandlungsprämie der Marktpreis der Wandelanleihe theoretisch erhöht werde.

935 *Wilk/Schlee*, ZIP 2016, 2041, 2044 f.; *Wieneke*, WM 2017, 698, 701 ff.

936 *Wieneke*, WM 2017, 698, 704; *Wilk/Schlee*, ZIP 2016, 2041, 2047 f.; *Seiler* in Spindler/Stilz, AktG, § 221 Rn. 158a.

937 *Wieneke*, WM 2017, 698, 704; *Wilk/Schlee*, ZIP 2016, 2041, 2047 f.; *Seiler* in Spindler/Stilz, AktG, § 221 Rn. 158a.

938 *Wieneke*, WM 2017, 698, 703.

939 *Wieneke*, WM 2017, 698, 699 und 703.

940 *Wieneke*, WM 2017, 698, 699 und 703.

könne daher (je nach Höhe) eine bloße Kompensation für diese entgangenen Zinszahlungen sein.[941] Da die Inhaber der Wandelanleihe die Wandlungsprämie früher erhalten als sie die Zinszahlungen erhalten hätten, seien die Zinszahlungen nur abdiskontiert berücksichtigungsfähig.[942] Neben der Kompensation für die entgangenen Zinszahlungen könne die Wandlungsprämie außerdem eine Kompensation für das nach Wandlung untergehende Optionsrecht darstellen. Das Optionsrecht stelle für den Inhaber der Wandelanleihe nämlich einen zusätzlichen wirtschaftlichen Wert dar.[943] Deshalb habe die Wandelanleihe eine niedrigere Verzinsung als normale Anleihen.[944] Auf dieses Optionsrecht verzichten die Wandelanleiheinhaber im Falle der frühzeitigen Wandlung. Dies gelte jedenfalls, wenn die Wandelanleihe sich „im Geld" befände.[945]

Insgesamt wird dazu folgende prägnante „Berechnungsformel" angeführt: „Der an der Wandlungspreis-Untergrenze des Ermächtigungsbeschlusses zu messende neue Wandlungspreis entspricht also dem ursprünglichen Wandlungspreis, abzüglich der Sonderzahlung, zuzüglich des Zeitwerts der zukünftigen Zinsansprüche, zuzüglich des Zeitwerts des Wandlungsrechts und abzüglich der Differenz zwischen dem aktuellen Marktpreis der Aktie und dem ursprünglichen Wandlungspreis".[946]

Diese Berechnung entspricht den wirtschaftlichen Hintergründen bei einer Wandelanleihe, sodass dem insgesamt zuzustimmen ist. Die Inhaber der Wandelanleihe erhalten nämlich durch die Zahlung einer Wandlungsprämie wirtschaftlich nicht mehr als sie bekommen hätten, wenn sie die Wandelanleihe bis zum Ende der Laufzeit gehalten hätten und dann ihr Wandlungsrecht ausgeübt hätten. Dies gilt jedenfalls, sofern die Höhe der Prämie sich an der oben aufgeführten „Berechnungsformel" orientiert.

Somit liegt in der Gewährung einer Wandlungsprämie keine (mittelbare) nachträgliche Herabsetzung des Wandlungspreises, sofern diese nur eine Kompensation der (abdiskontierten) zukünftigen Zinszahlungen und des untergehenden Optionsrechts der Inhaber der Wandelanleihe darstellt.

---

941 *Wieneke*, WM 2017, 698, 703.

942 *Wieneke*, WM 2017, 698, 703.

943 *Wilk/Schlee*, ZIP 2016, 2041, 2048; *Wieneke*, WM 2017, 698, 703.

944 *Wilk/Schlee*, ZIP 2016, 2041, 2048; *Wieneke*, WM 2017, 698, 703.

945 *Wilk/Schlee*, ZIP 2016, 2041, 2048.

946 *Wilk/Schlee*, ZIP 2016, 2041, 2048.

b) *Vereinbarkeit mit § 57 AktG*

Möglicherweise liegt in der Gewährung einer zusätzlichen Wandlungsprämie jedoch ein Verstoß gegen das Verbot der Einlagenrückgewähr (§ 57 AktG). § 57 AktG verbietet grds. jegliche Zuwendungen an die Aktionäre aufgrund des Gesellschaftsverhältnisses außerhalb der Ausschüttung des Bilanzgewinns.[947] Zum Zeitpunkt der Zahlung der zusätzlichen Wandlungsprämie sind die Investoren jedoch noch keine Aktionäre, sodass der Anwendungsbereich des § 57 AktG nach dem Wortlaut eigentlich (noch) nicht eröffnet ist. Allerdings können auch zukünftige Aktionäre von § 57 AktG erfasst sein, wenn zwischen der Leistung und dem Aktienerwerb ein enger sachlicher und zeitlicher Zusammenhang besteht und die Leistung aufgrund der zukünftigen Aktionärsstellung erfolgt.[948] Zwar mag man einen zeitlichen Zusammenhang bejahen, da die neuen Aktien unmittelbar nach der Zahlung der Wandlungsprämie ausgegeben werden, allerdings besteht im Rahmen der hier dargestellten Gestaltungsgrenzen kein wirtschaftlicher Zusammenhang.[949] Die Zahlung der Wandlungsprämie erfolgt nämlich als Kompensation für den Verlust der zukünftigen Zinszahlungen und des Optionsrechts und gerade nicht im Hinblick auf die zukünftige Aktionärsstellung. Werden also die vorstehenden Grenzen[950] bei der Berechnung der Wandlungsprämie berücksichtigt, scheidet auch ein Verstoß gegen § 57 AktG aus.[951]

c) *Vereinbarkeit mit § 71a AktG*

Weiterhin könnte in der Gewährung einer Wandlungsprämie ein Verstoß gegen § 71a AktG (sog. Verbot der *Financial Assistance*) vorliegen. § 71a AktG verbietet jegliche Finanzierungs- und Hilfsgeschäfte im Zusammenhang mit dem Erwerb von Aktien der Gesellschaft. Allerdings scheidet auch ein solcher Verstoß aus, sofern die vorgenannten Grenzen bei der Berechnung der Wandlungsprämie eingehalten werden. Dann stellt diese nämlich, wie gezeigt, nur eine Kompensation von entgangenen Zinsen und dem Wegfall des Optionsrechts dar und wird nicht zur Finanzierung des Aktienerwerbs gezahlt.[952]

---

947 *Cahn/v. Spannenberg* in Spindler/Stilz, AktG, § 57 Rn. 1; MüKoAktG/*Bayer* § 57 Rn. 8; Hüffer/*Koch* AktG § 57 Rn. 2; *Wieneke*, WM 2017, 698, 704; *Wilk/Schlee*, ZIP 2016, 2041, 2048.

948 *Schlitt*/Schäfer, CFL 2010, 252, 258; *Wilk/Schlee*, ZIP 2016, 2041, 2049; *Cahn/v. Spannenberg* in Spindler/Stilz, AktG, § 57 Rn. 54.

949 *Wilk/Schlee*, ZIP 2016, 2041, 2049.

950 Siehe oben unter a) dd).

951 *Wieneke*, WM 2017, 698, 705; *Wilk/Schlee*, ZIP 2016, 2041, 2049.

952 *Wieneke*, WM 2017, 698, 705 f.

3. Ergebnis

Die Zahlung einer Wandlungsprämie durch die Gesellschaft an die Inhaber der Wandelanleihe, um diese zur (frühzeitigen) Ausübung des Wandlungsrechts zu incentivieren (sog. *Incentivised Conversion Offer*), ist somit zulässig, wenn die Prämie betragsmäßig nur eine Kompensation für die (abdiskontierten) zukünftigen Zinszahlungen und den Wegfall des Optionsrechts darstellt. Darüber hinaus gehende Wandlungsprämien sind der Höhe nach an den Vorgaben des Ermächtigungsbeschlusses und ggf. den Grenzen bei einem ursprünglichen vereinfachten Bezugsrechtsausschluss (§ 221 Abs. 4 Satz 2 AktG i. V. m. § 186 Abs. 3 Satz 4 AktG) zu messen. In der Praxis besteht daher kein großer Spielraum, wenn eine höhere Wandlungsprämie gezahlt werden soll.

IX. Fazit

Der Debt Convertible Swap stellt insgesamt eine Alternative zum (direkten) Debt Equity Swap dar.

Die flexiblen Ausgestaltungsmöglichkeiten in Bezug auf die im Austausch anzubietende Wandelanleihe bieten der Gesellschaft umfangreiche Restrukturierungsmöglichkeiten, ohne dass die Altaktionäre sofort an Einfluss verlieren.

Nach dem Beschluss des BFH zur Verfassungswidrigkeit des Sanierungserlasses ist zu erwarten, dass sich Unternehmen in Sanierungssituationen, die bisher einen Debt Equity Swap favorisieren, verstärkt mit Debt Convertible Swaps beschäftigen werden, um die Entstehung des steuerpflichtigen Sanierungsgewinns zu vermeiden; jedenfalls bis zu einer gültigen Neuregelung diesbezüglich.

Die Darstellung hat allerdings auch gezeigt, dass es *de lege lata* Hindernisse gibt, die den Debt Convertible Swap erschweren, wenn die Hauptversammlung den Vorstand lediglich zur Ausgabe der (im Austausch anzubietenden) Wandelanleihe ermächtigt, aber gleichzeitig über das bedingte Kapital beschließen soll. Die Darstellung hat in diesem Punkt allerdings auch eine Transaktionsstruktur aufgezeigt, um einen solchen Debt Convertible Swap im gestreckten Verfahren dennoch zu realisieren.

Nach Abschluss des Debt Convertible Swaps haben die Investoren eine Wandelanleihe erhalten. Eine Incentivierung der Inhaber der Wandelanleihe zur (frühzeitigen) Wandlung ist zulässig, wenn die Prämie nur einen Ausgleich für die entgangenen (abdiskontierten) Zinszahlungen und das Optionsrecht darstellt.

§ 6 Der Bond Buy Back

Abstract:
In a Bond Buy Back the corporation repurchases its own or its subsidiaries' bonds from the bondholders. There are three options for Bond Buy Backs: 1. Negotiated Repurchases from individual bondholders; 2. a public Buy Back Offer and 3. Buy Backs via the stock exchange.

Keywords: Öffentliches Rückkaufangebot, Stiller Rückkauf, Negotiated Repurchases, Wiederveräußerung, Gleichbehandlungsgebot, Verbot der Marktmanipulation, Insiderhandelsverbot, Refinanzierung

I. Einleitung

Eine weitere Möglichkeit im Rahmen des *Liability Managements* ist der Rückkauf eigener Anleihen und Wandelanleihen (*Bond Buy Back*).

Durch einen Rückkauf eigener Anleihen hat die Gesellschaft die Möglichkeit zur Verbesserung ihres Bilanzbildes durch Reduzierung ihres Verschuldungsgrades und zur Erzielung einer Zins- und Liquiditätsersparnis.[953] Dies gilt insbesondere, wenn die Gesellschaft die Anleihe unterhalb ihres Nennwertes zurück erwerben kann. Häufig sind daher Anleihenrückerwerbe zu beobachten, wenn der Börsenkurs der Anleihe stark gefallen ist; beispielsweise aufgrund eines erhöhten Ausfallrisikos.[954] Dann ist es oftmals erklärtes Ziel der Gesellschaft, diese niedrigen Kurse auszunutzen.[955] Möglicher Hintergrund des Rückkaufs kann außerdem sein, dass die Gesellschaft sich in den Anleihebedingungen verpflichtet hat, ein Rückkaufangebot zu unterbreiten, wenn bestimmte Bedingungen eintreten. Dann handelt es sich um ein Pflichtrückkaufangebot[956] und der Rückkauf erfolgt nicht im Sinne einer *Liability Management* Transaktion.

---

953 *Bredow/Sickinger/Weinand-Härer/Liebscher*, BB 2012, 2134; zu wirtschaftlichen Hintergründen und Motiven des Rückkaufs vgl. sogleich unter II.

954 *Baums*, Recht der Unternehmensfinanzierung, § 48 Rn. 40.

955 Vgl. aus der Praxis z.B. jüngst die Rückkaufangebote der More & More GmbH Mai 2017, September 2017 und Dezember 2017, bei denen in Bezug auf die ausstehende Anleihe Rückerwerbspreise von 35%, 61% und 65% angeboten wurden (vgl. https://www.more-and-more.de/company/bond/downloads).

956 Siehe aus der Praxis das Pflichtrückkaufangebot der mybet Holding SE aus dem Juli 2016. Die mybet Holding SE hatte sich in den zugrunde liegenden Anleihebedingungen

Als Alternative zu einem Rückerwerb muss der Vorstand zunächst prüfen, ob stattdessen auch eine Kündigung der Anleihe in Betracht kommt.[957] Die Anleihebedingungen können dem Emittenten (Sonder)kündigungsrechte einräumen, um durch einseitige Erklärung die Anleihe fällig zu stellen und zurückzuzahlen. Allerdings sind solche Kündigungsrechte in der Regel an die Zahlung einer Vorfälligkeitsentschädigung („*Call premium*“) geknüpft.[958] Daher ist ein Rückkauf für die Gesellschaft oftmals vorteilhafter.

Entscheidet sich die Gesellschaft für einen Rückkauf, stehen ihr im Wesentlichen drei Möglichkeiten zur Verfügung:[959] Ein öffentliches Rückkaufangebot an alle Anleihegläubiger, ein „stiller“ Rückkauf über die Börse und ein Rückkauf von einzelnen Anleihegläubigern (*negotiated repurchases*).

Bei der Entscheidungsfindung für eine der genannten Durchführungsoptionen muss der Vorstand insbesondere auch kapitalmarktrechtliche Regelungen berücksichtigen.[960] Vor allem stellen sich bei einem Anleihenrückkauf Fragen der Gleichbehandlung der Anleihegläubiger[961] und des Verbots der Marktmanipulation (Art. 15 MAR)[962]. Neben der Berücksichtigung der kapitalmarktrechtlichen Rahmenbedingungen muss der Vorstand außerdem die steuerlichen Folgen des Rückerwerbs beachten. So kann der Rückerwerb möglicherweise zu

---

verpflichtet, den Anleiheinhabern ein Rückkaufangebot zu einem vordefinierten Preis (101% des Nominalbetrages zzgl. Stückzinsen) zu unterbreiten, wenn ein sog. Rückkauffall eintritt. Ein solcher wurde unter anderem definiert für den Fall, dass die Gesellschaft einen Verkaufserlös aus dem Verkauf von Aktiva erzielt. Dieser Rückkauffall ist durch die Veräußerung der Anteile an der pferdewetten.de AG eingetreten.

957 Vgl. zur Kündigung von Anleihen *Baums*, Recht der Unternehmensfinanzierung, S. 354 ff. sowie speziell zu Anleihekündigungen im derzeitigen Niedrigzinsumfeld *Wegerich/Röhrle* unter http://www.bondguide.de/lawcorner/law-corner-emittenten-nutzen-verstaerkt-chancen-des-aktuellen-niedrigzinsumfelds-durch-vorzeitige-kuendigung/.

958 *Schlitt/Schäfer*, AG 2009, 477, 487; *Lürken/Plank* in Hopt/Seibt, Schuldverschreibungsrecht, Kap. 11 Rz. 11.38; *Bredow/Sickinger/Weinand-Härer/Liebscher*, BB 2012, 2134, 2135.

959 Vgl. dazu unten unter IV.; *Lürken/Plank* in Hopt/Seibt, Schuldverschreibungsrecht, Kap. 11 Rz. 11.40; Theiselmann/*Lürken*, Kap. 5 Rn. 213 f.; *Friedl/Schmidtbleicher* in Frankfurter Kommentar zum SchVG, § 4 Rn. 65; *Wieneke*, WM 2013, 1540, 1541; *Seibt*, CFL 2010, 165, 174 f.

960 Vgl. dazu ausführlich unten unter VI.

961 Vgl. dazu ausführlich unten unter VI. 1.

962 Vgl. dazu ausführlich unten unter VI. 4.

einem steuerpflichtigen Ertrag führen und somit die Wirtschaftlichkeit und den Erfolg der Transaktion insgesamt gefährden.[963]

Die folgende Darstellung zeigt die verschiedenen Aspekte des Anleihenrückerwerbs und stellt den Rückerwerb durch öffentliches Rückerwerbsangebot ausführlich dar (unter V.).

Zuvor werden die wirtschaftlichen Hintergründe eines Anleihenrückkaufs erläutert (unter II.), die grundsätzliche Zulässigkeit dessen untersucht (unter III.) und die Durchführungsoptionen im Überblick dargestellt (unter IV.). Außerdem wird der Frage nachgegangen, welche rechtlichen Probleme bei der Refinanzierung des Rückerwerbs bestehen könnten. Plant die Gesellschaft vor dem Rückerwerb eine Kapitalerhöhung oder die Emission einer Wandelschuldverschreibung zur Refinanzierung, stellen sich möglicherweise Probleme der ordnungsgemäßen Kapitalaufbringung. Dies wird ebenfalls im Folgenden (unter VIII.) näher betrachtet und Lösungsstrategien werden aufgezeigt

II. Wirtschaftliche Hintergründe und Motive der Beteiligten

1. Der Anleiheschuldner

Üblicherweise wird die Gesellschaft den Rückerwerb ihrer Anleihen und Wandelanleihen in Betracht ziehen, um ihr Bilanzbild durch Reduzierung ihres Verschuldungsgrades zu verbessern und einen Zins- und Liquiditätsvorteil zu erzielen.[964] Dies bietet sich insbesondere an, wenn die Anleihen börsennotiert sind und der Kurs unter dem Nominalwert liegt.[965] So kann die Anleihe zu niedrigeren Kosten zurückerworben und getilgt werden als wenn die Gesellschaft die Anleihe erst bei Fälligkeit zum Nominalwert zurückzahlt. Erfolgt der Erwerb unterhalb des Nennwerts, stellt sich allerdings insbesondere das Problem, dass der Gesellschaft grundsätzlich ein steuerpflichtiger Ertrag entsteht, was den Rückkauf für die Gesellschaft weniger attraktiv macht.[966]

---

963 Vgl. dazu ausführlich unten unter VII.

964 *Bredow/Sickinger/Weinand-Härer/Liebscher*, BB 2012, 2134.

965 *Kopp/Metzner*, AG 2012, 856 f.; *Bredow/Sickinger/Weinand-Härer/Liebscher*, BB 2012, 2134; *Stadler* in Bürgers/Körber AktG § 221 Rn. 124; *Lürken/Plank* in Hopt/Seibt, Schuldverschreibungsrecht, Kap 11 Rz. 11.37.; *Baums*, Recht der Unternehmensfinanzierung, § 48 Rn. 20; vgl. aus der Praxis das Beispiel der More&More GmbH zuvor.

966 Vgl. zu den steuerlichen Folgen ausführlich unten VII.

Durch die Reduzierung der Verbindlichkeiten der Gesellschaft nach Durchführung des *Bond Buy Backs* kann außerdem eine Verbesserung der „*Financial Covenants*", zum Beispiel der „*Equity-Ratio*" oder der „*Debt-Equity-Ratio*" erzielt werden.[967]

Selbst wenn die Anleihe zu einem Kurs über Nominalwert notiert, kann sich ein Rückerwerb dennoch wirtschaftlich lohnen.[968] Dann zahlt die Gesellschaft zwar einen höheren Kaufpreis als sie bei Fälligkeit der Anleihe zurückzahlen müsste, allerdings kann sie dies möglicherweise durch günstigere Refinanzierungskosten überproportional kompensieren, sodass die Transaktion trotzdem wirtschaftlich ist. Günstigere Refinanzierungsoptionen können entweder in der Generierung neuen Eigenkapitals oder der Aufnahme von Fremdkapital zu deutlich niedrigeren Zinsen (insbesondere bei negativer Zinsentwicklung seit Emission der zurückzukaufenden Anleihe) liegen.[969] Emittiert die Gesellschaft zur Refinanzierung also beispielsweise eine neue Anleihe und muss für diese einen wesentlich niedrigeren Zins zahlen als bei der zurückzukaufenden Anleihe vereinbart wurde, lohnt sich häufig auch ein Rückerwerb über Nominalwert.

Außerdem kann die Gesellschaft durch den Rückerwerb eine Veränderung des Fristenprofils ihrer Anleihenfinanzierung bewirken. Denkbar ist beispielsweise, dass mehrere Anleihen innerhalb kürzester Zeit fällig werden und die Gesellschaft die für die Rückzahlung notwendige Liquidität nicht aufbringen kann oder möchte. Durch frühzeitigen Rückerwerb lassen sich diese Liquiditätsengpässe vermeiden.

Sind Wandelanleihen Gegenstand des Rückerwerbs, kann ein weiteres Motiv der Gesellschaft sein, eine drohende Verwässerung der Altaktionäre zu verhindern. Dies ist insbesondere dann der Fall, wenn die Wertentwicklung des Unternehmens (der Börsenkurs) positiv ist und es für die Inhaber der Wandelanleihe günstig ist, ihr Wandlungsrecht auszuüben.[970]

---

967 *Aleth/Böhle*, DStR 2010, 1186, 1190.

968 Vgl. zum Folgenden: *Lürken/Plank* in Hopt/Seibt, Schuldverschreibungsrecht, Kap. 11 Rz. 11.37.

969 Vgl. zu möglichen gesellschaftsrechtlichen Problemen im Zusammenhang mit einer Refinanzierung durch Kapitalerhöhung oder Emission einer neuen Wandelschuldverschreibung ausführlich unten VIII.

970 *Altenburg*, DStR 2013, 5; *Wieneke*, WM 2013, 1540; *Herzig/Joisten*, DB 2013, 954; *Ekkenga* in Ekkenga/Schröer, Handbuch der AG-Finanzierung, Kap. 15 Rn. 250.

Neben wirtschaftlichen Motiven kann der Rückkauf von eigenen Anleihen auch als vertrauensbildende Maßnahme gegenüber dem Kapitalmarkt und der Anleger angesehen werden.[971]

2. Die Anleihegläubiger

Die Anleihegläubiger werden das Rückkaufangebot grundsätzlich dann annehmen, wenn ihnen die angebotenen Konditionen wirtschaftlich erscheinen. Insbesondere wenn die Rückzahlung der Anleihe gefährdet erscheint und der Börsenkurs daher deutlich unter dem Nennwert liegt, sehen die Anleihegläubiger in einer Veräußerung an die Gesellschaft möglicherweise eine Chance, wenigstens Teile ihrer Investition zu retten. Etwas anderes kann jedoch gelten, wenn sich die Anleihegläubiger ihrerseits gegen den Ausfall der Rückzahlung (z.B. über einen sog. *Credit Default Swap*) abgesichert haben.[972] Dann haben sie kein Interesse an der Veräußerung der Anleihe unterhalb des Nennwerts, da sie im Falle eines Ausfalls abgesichert wären. Das Verhalten solcher Anleihegläubiger kann den geplanten Rückerwerb insgesamt gefährden. Gibt es zu viele Anleihegläubiger, die entsprechend rückversichert sind, werden nicht genug Anleihegläubiger das Rückkaufangebot der Gesellschaft annehmen und die Transaktion nicht den gewünschten Erfolg haben. Daher muss der Vorstand solche rückversicherten Gläubiger möglichst im Vorfeld identifizieren und ihren Anteil an der Gesamtanleihe eruieren.

III. Zulässigkeit eines Anleiherückkaufs

Zieht die Gesellschaft einen Anleiherückkauf in Erwägung, stellt sich zunächst die Frage der Zulässigkeit des Rückkaufs. Dies richtet sich primär nach den Anleihebedingungen.[973] Üblicherweise regeln die Anleihebedingungen explizit die Zulässigkeit eines vorzeitigen Rückkaufs durch den Emittenten oder ein mit ihm verbundenes Unternehmen.[974] Selbst wenn die Anleihebedingung keine

---

971 Vgl. dazu die Kursentwicklung und die Presseberichterstattung im Zusammenhang mit dem Anleiherückkauf der Deutsche Bank AG im Februar 2016; z.B. manager magazin online vom 12.02.2016 (abrufbar unter http://www.manager-magazin.de/unternehmen/banken/a-1077161.html) sowie FAZ online vom 12.02.2016 (abrufbar unter http://www.faz.net/aktuell/wirtschaft/unternehmen/anleiherueckkauf-deutsche-bank-startet-milliardenmanoever-14066878.html).

972 Vgl. zum Folgenden *Seibt*, CFL 2010, 165, 174.

973 *Bredow/Sickinger/Weinand-Härer/Liebscher*, BB 2012, 2134, 2135.

974 *Bredow/Sickinger/Weinand-Härer/Liebscher*, BB 2012, 2134, 2135; *Wieneke*, WM 2013, 1540, 1542; *Kopp/Metzner*, AG 2012, 856, 857.

Regelungen hinsichtlich eines Rückerwerbs enthalten, steht dies einem solchen nicht entgegen.[975]

Sind Wandelanleihen Gegenstand des Rückerwerbs stellt sich die Frage nach der direkten oder analogen Anwendung der §§ 71 ff. AktG.

§ 71 AktG verbietet ausdrücklich nur (grundsätzlich) den Erwerb eigener Aktien, sodass eine direkte Anwendung ausscheidet.

Eine analoge Anwendung scheidet ebenfalls aus, da die Übertragung auf Wandelanleihen weder aus Kapitalerhaltungsgesichtspunkten noch aus Kompetenzverteilungsgesichtspunkten notwendig ist.[976]

Somit ist der Rückerwerb eigener Anleihen (einschließlich Wandelanleihen) zulässig.

IV. Durchführungsoptionen

Bei der Durchführung des Rückerwerbs stehen der Gesellschaft drei Optionen zur Verfügung: 1) Ein öffentliches Rückkaufangebot an alle Anleihegläubiger 2) ein „stiller“[977] Rückkauf über die Börse oder 3) ein Erwerb von einzelnen verkaufsbereiten Anleihegläubigern (*negotiated repurchases*).[978] Je nachdem,

---

975 *Seiler* in Spindler/Stilz, AktG, § 221 Rn. 135; *Wieneke*, WM 2013, 1540, 1542; *Bredow/Sickinger/Weinand-Härer/Liebscher*, BB 2012, 2134, 2135.

976 Ganz hM: *Bredow/Sickinger/Weinand-Härer/Liebscher*, BB 2012, 2134, 2135; *Wieneke*, WM 2013, 1540, 1541 f.; *Lürken/Plank* in Hopt/Seibt, Schuldverschreibungsrecht, Kap. 11 Rz. 11.59; *Kopp/Metzner*, AG 2012, 856, 857; *Seiler* in Spindler/Stilz, AktG, § 221 Rn. 135; Hüffer/*Koch* AktG § 221 Rn. 54; MükoAktG/*Habersack* § 221 AktG Rn. 205; KölnerKommAktG/*Lutter* § 221 AktG Rn. 118; *Merkt* in Schmidt/Lutter, AktG, § 221 Rn. 109; *Stadler* in Bürgers/Körber AktG § 221 Rn. 124; *Ekkenga* in Ekkenga/Schröer, Handbuch der AG-Finanzierung, Kap. 15 Rn. 251; **aA** nur *Hirte* in GroßKomm AktG § 221 Rn. 136 mit der Begründung, die Verwaltung könne so unzulässigerweise auf die Beteiligungsverhältnisse und somit mittelbar auf die eigene Kontrolle Einfluss nehmen, indem sie die zurückerworbenen Wandelschuldverschreibungen an „genehme Dritte“ weiterveräußere; zu Problemen im Zusammenhang mit der Wiederveräußerung einer zurückgekauften Wandelanleihe vgl. unten unter 5. d).

977 Begriff *„stiller“* Rückkauf wohl erstmals verwendet von *Metzner/Müller*, Börsenzeitung vom 18.03.2009, Seite 2.

978 *Lürken/Plank* in Hopt/Seibt, Schuldverschreibungsrecht, Kap. 11 Rz. 11.40; *Friedl/Schmidtbleicher* in Frankfurter Kommentar zum SchVG, § 4 Rn. 65; *Wieneke*, WM 2013, 1540, 1541; *Seibt*, CFL 2010, 165, 174 f.; *Baums*, Recht der Unternehmensfinanzierung, § 48 Rn. 42. Teilweise wird noch der Erwerb von Call-Optionen oder Verkauf von Put-Optionen auf die Anleihen genannt; vgl. *Lürken/Plank* in Hopt/Seibt, Schuldverschreibungsrecht, Kap. 11 Rz. 11.40.

für welche Option die Gesellschaft sich entscheidet, treten unterschiedliche zu berücksichtigende Aspekte stärker in den Vordergrund.

1. Öffentliches Rückkaufangebot

Bei einem öffentlichen Rückkaufangebot wendet die Gesellschaft sich an alle Anleihegläubiger.[979] Die Gesellschaft gibt öffentlich bekannt, dass sie beabsichtigt, die Anleihe zurückzuerwerben und lädt alle Inhaber der Anleihe ein, an dem Rückkauf teilzunehmen. Das öffentliche Rückkaufangebot wird den Anleihegläubigern in der Praxis über Clearstream Banking AG bekannt gemacht.[980] Zudem erfolgt eine Veröffentlichung im Bundesanzeiger, auf der Homepage der Gesellschaft und ein Hinweis in geeigneten Medien. Bei der genauen Ausgestaltung des öffentlichen Rückkaufangebots ist die Gesellschaft grundsätzlich frei. So kann sie beispielsweise ein Minimal- oder Maximalvolumen des Rückkaufs bestimmen, einen Festpreis oder ein flexibles Preisfestsetzungsverfahren wählen und den Zeitplan festlegen. Außerdem kann die Gesellschaft das Angebot unter bestimmte Bedingungen stellen.[981] Ein Vorteil des öffentlichen Rückkaufangebots liegt somit darin, dass die Transaktion durch Festlegung eines kurzen Angebotszeitraums schnell abgewickelt werden kann.[982] Außerdem kann die Gesellschaft durch eine klare Definition des Rückkaufpreises und Volumens ein Vertrauen schaffendes Signal an die Kapitalmärkte geben.[983]

2. „Stiller" Rückkauf über die Börse

Bei einem „stillen" Rückkauf über die Börse kauft die Gesellschaft wie ein normaler Marktteilnehmer über die Börse eigene Anleihen zurück. Als „still" wird dieser Rückkauf deshalb bezeichnet, da die Gesellschaft dabei nicht explizit als Emittent in Erscheinung tritt und weder Veräußerer noch die Öffentlichkeit zwingend vom Rückkauf erfahren.

Ein solches Vorgehen kann insbesondere unter dem Gesichtspunkt des Insiderhandels (Art. 14 MAR) problematisch sein.[984]

979 Zum Transaktionsablauf bei öffentlichem Rückkaufangebot vgl. ausführlich unten unter V.

980 *Seibt*, CFL 2010, 165, 174.

981 Vgl. zu den Ausgestaltungsmöglichkeiten noch unten unter V. 2.

982 *Bredow/Sickinger/Weinand-Härer/Liebscher*, BB 2012, 2134, 2137.

983 *Bredow/Sickinger/Weinand-Härer/Liebscher*, BB 2012, 2134, 2137.

984 Vgl. dazu unten unter VI. 3.

3. Bilateraler Rückkauf von einzelnen Anleihegläubigern (*negotiated repurchases*)

Einzelvertragliche Rückkäufe von Anleihegläubigern kommen insbesondere dann in Betracht, wenn der Gesellschaft einzelne Anleihegläubiger und deren Verkaufsabsichten bekannt sind. Dabei dürfte es sich in der Regel um institutionelle Anleihegläubiger halten. Die Gesellschaft schließt dabei mit den jeweiligen Anleihegläubigern entsprechende Kauf- und Übertragungsverträge ab. Problematisch beim Rückerwerb von einzelnen Anleihegläubigern kann das Gleichbehandlungsgebot sein.[985]

V. Transaktionsablauf eines öffentlichen Rückkaufangebots

Exemplarisch wird im Folgenden der Rückerwerb von Anleihen im Rahmen eines öffentlichen Rückkaufangebots in chronologischer Reihenfolge dargestellt. Zunächst werden dazu allerdings noch die einzelnen Beteiligten der Transaktion dargestellt.

1. Beteiligte

a) Person des Erwerbers

Die Gesellschaft muss zunächst entscheiden, wer als Rückerwerber fungieren soll. Dabei kommen neben der Gesellschaft selbst auch Tochtergesellschaften oder ggf. ein Großaktionär in Betracht.

Die Auswahl des Rückerwerbers ist von hoher Bedeutung, da daran insbesondere steuerliche und bilanzielle Folgen geknüpft sind.[986]

Erwirbt die Gesellschaft selbst die Anleihe zurück, kann sie eventuell vorhandene Liquidität für den Rückkauf nutzen und so die Eigenkapitalbilanz unmittelbar verbessern.[987]

Zu berücksichtigen ist allerdings, dass bei einem Rückerwerb durch die Gesellschaft selbst möglicherweise unmittelbar ein steuerpflichtiges Ereignis ausgelöst wird. Erwirbt die Gesellschaft die Anleihe nämlich unterhalb ihres Nennwertes, entsteht ein steuerpflichtiger Ertrag in Höhe der Differenz zwischen Nennwert und Rückerwerbspreis. Bei verbrieften Anleihen entsteht die

---

985 Vgl. dazu unten unter VI. 1.

986 *Kopp/Metzner*, AG 2012, 856, 866.

987 *Lürken/Plank* in Hopt/Seibt, Schuldverschreibungsrecht, Kap. 11 Rz. 11.42.

Steuerpflicht allerdings erst mit Entwertung der Anleihe durch die Gesellschaft und nicht schon zum Zeitpunkt des Rückerwerbs.[988]

Möglicherweise erfolgt der Rückkauf lediglich als erster Schritt einer umfassenderen Restrukturierung. Es ist beispielsweise denkbar, dass in einem folgenden Schritt zu einer Gläubigerversammlung eingeladen werden soll, die dann über eine weitere Restrukturierung der Anleihe (z.B. einen Anleihenumtausch/ Debt Equity Swap) beschließen soll. Durch einen Rückkauf versucht die Gesellschaft möglicherweise Einfluss auf die Zusammensetzung der Anleihegläubigerschaft und somit der Gläubigerversammlung zu nehmen.[989] Nachteil eines Rückerwerbs durch die Gesellschaft selbst wären dann allerdings Abstimmungsverbote für die Gesellschaft als Anleihegläubiger in einer Gläubigerversammlung. Für eine Gläubigerversammlung nach dem SchVG ist dies in § 6 Abs. 1 SchVG geregelt; außerdem regeln die Anleihebedingungen häufig ein solches Abstimmungsverbot zulasten des Emittenten.[990]

Auch wenn der Rückerwerb durch ein Tochterunternehmen erfolgt, so erstrecken sich bei Anwendbarkeit des SchVG solche Abstimmungsverbote auch auf verbundene Unternehmen im Sinne des § 271 Abs. 1 HGB (§ 6 Abs. 1 Satz 2 SchVG).[991] Ebenso gilt das Abstimmungsverbot für Mutterunternehmen, die eine Anleihe ihrer Tochtergesellschaft im Sinne von § 271 Abs. 1 HGB erwerben. Die Anleihebedingungen enthalten allerdings möglicherweise kein solches Abstimmungsverbot für verbundene Unternehmen. Außerhalb des SchVG besteht so also ggf. eine Möglichkeit für die Gesellschaft mittelbar über das Tochterunternehmen Einfluss zu nehmen.[992] Hinsichtlich der steuerlichen Folgen des Rückerwerbs stellt sich bei Tochterunternehmen nicht das Problem des steuerpflichtigen Ertrags wie bei einem Rückerwerb durch die Gesellschaft selbst.[993]

Wenn ein Großaktionär als Erwerber fungiert, ist aus dessen Sicht zu beachten, dass seine Forderung im Falle einer Insolvenz als nachrangige Gesellschafterforderung behandelt wird (§ 39 Abs. 1 Nr. 5 InsO).[994] Aus Sicht der Gesellschaft bietet der Rückerwerb durch einen Großaktionär keine gravierenden Vorteile,

---

988 Vgl. dazu ausführlich unter VII. sowie *Bredow/Sickinger/Weinand-Härer/Liebscher*, BB 2012, 2134, 2136.

989 Vgl. zu solchen Überlegungen bereits oben unter § 4 IV. 2. c) cc) (i).

990 *Lürken/Plank* in Hopt/Seibt, Schuldverschreibungsrecht, Kap. 11 Rz. 11.44.

991 *Lürken/Plank* in Hopt/Seibt, Schuldverschreibungsrecht, Kap. 11 Rz. 11.46.

992 *Lürken/Plank* in Hopt/Seibt, Schuldverschreibungsrecht, Kap. 11 Rz. 11.46.

993 *Lürken/Plank* in Hopt/Seibt, Schuldverschreibungsrecht, Kap. 11 Rz. 11.45.

994 *Bredow/Sickinger/Weinand-Härer/Liebscher*, BB 2012, 2134, 2136; *Lürken/Plank* in Hopt/Seibt, Schuldverschreibungsrecht, Kap. 11 Rz. 11.49.

insbesondere wird sie nicht von der Zins- und Rückzahlungslast befreit und ihre Bilanz wird nicht verbessert.[995] Es kann für sie lediglich von Vorteil sein, dass ihr der Erwerber bekannt ist und sie ggf. mit ihm weitere Restrukturierungen der Anleihe vereinbaren kann, sofern Kooperationsbereitschaft besteht. Außerdem kann durch den Erwerb der Anleihe ein Debt Equity Swap vorbereitet werden.[996] Dann stellt der Rückerwerb nur den ersten Schritt in einer umfassenderen Transaktion dar. Im nächsten Schritt könnte der Großaktionär die Anleihe in Aktien der Gesellschaft tauschen und so seine Beteiligungsquote erhöhen.

Eine ähnliche Vereinbarung könnte auch mit einem neuen Investor geschlossen werden, der bisher noch nicht an der Gesellschaft beteiligt ist.

b) Weitere Beteiligte

Die Gesellschaft wird in der Regel erfahrene Investmentbanken beauftragen, die sie bei der Transaktion unterstützen. Die technische Abwicklung des Rückkaufs übernimmt dabei eine Bank als sog. *Tender Agent*.[997] Rechte und Pflichten zwischen der Gesellschaft und dem *Tender Agent* werden in einem *Tender Agency Agreement* vereinbart.[998]

Außerdem ist eine Unterstützung bei der Vermarktung des Rückkaufs durch eine erfahrene Bank als sog. *Dealer Manager* möglich. Der *Dealer Manager* identifiziert die Anleihegläubiger und spricht diese gezielt an und fördert die Vermarktung des Rückkaufangebots.[999] Rechte und Pflichten zwischen Gesellschaft und *Dealer Manager* werden in einem *Dealer Manager Agreement* vereinbart.[1000]

2. Das Rückkaufangebot

Hat der Vorstand sich für eine Transaktionsstruktur in Form eines öffentlichen Rückkaufangebotes entschieden, erfolgt die Formulierung und Veröffentlichung des Rückkaufangebots. Dies ist quasi der „Startschuss" für den *Bond Buy Back*.

---

995 *Lürken/Plank* in Hopt/Seibt, Schuldverschreibungsrecht, Kap. 11 Rz. 11.48.

996 *Baums*, Recht der Unternehmensfinanzierung, § 48 Rn. 44. Zum Debt Equity Swap vgl. bereits ausführlich oben unter § 4.

997 Vgl. zur Abwicklung unten unter V. 4. sowie Theiselmann/*Lürken* Restrukturierungsrecht, Kap. 5 Rn. 227; *Kopp/Metzner*, AG 2012, 856, 867.

998 *Kopp/Metzner*, AG 2012, 856, 867.

999 *Kopp/Metzner*, AG 2012, 856, 867.

1000 *Kopp/Metzner*, AG 2012, 856, 867.

a) Inhalt

Der konkrete Inhalt des öffentlichen Rückkaufangebots kann von der Gesellschaft frei festgelegt werden und bietet somit Gestaltungsspielraum. Neben den Angaben der Beteiligten enthält das öffentliche Rückkaufangebot[1001] üblicherweise Angaben zur Angebotsfrist[1002] und dem genauen Zeitplan (Angebotsbeginn, Angebotsende, Bekanntgabe des Ergebnisses des Rückkaufs und Valutatag), zum Volumen des Rückkaufs[1003], zu den Konditionen des Rückkaufs bzw. zum Preisfindungsverfahren[1004], zum Zweck des Angebots, Hinweise zur Annahme und zur genauen Abwicklung des Rückkaufs und die Kontaktadresse für die weitere Dokumentation[1005] sowie ggf. zu Rücktrittsrechten und Bedingungen.[1006] So kann das Angebot beispielsweise unter die Bedingung des Erreichens einer gewissen Mindestannahmequote[1007] oder des Wirksamwerdens flankierender Maßnahmen der Gesellschaft, wie beispielsweise die Durchführung einer Kapitalerhöhung oder Emission einer anderen (Wandel)anleihe zur Refinanzierung des Rückerwerbs[1008] gestellt werden.[1009]

1001 Muster eines öffentlichen Rückkaufangebots bei Theiselmann/*Lürken*, Restrukturierungsrecht, Kap. 5 Rn. 230 ff.

1002 In der Regel behält sich der Rückerwerber vor, die Angebotsfrist zu verlängern, wovon in der Praxis häufig Gebrauch gemacht wird; insbesondere wenn das Rückkaufangebot bis zum Fristablauf noch nicht auf genug Resonanz gestoßen ist; vgl. aus der Praxis Verlängerung des Rückkaufangebots der IDENTEC GROUP AG vom 30.06.2016; abrufbar unter https://www.bundesanzeiger.de/ebanzwww/wexsservlet?session.sessionid=03eac6b85c1f2b085f3cbcbb16d84446&page.navid=detailsearchlisttodetailsearchdetail&fts_search_list.selected=99b4187381676eb8&fts_search_list.destHistoryId=86474.

1003 Möchte die Gesellschaft nur einen Teil der Anleihe zurück erwerben, spricht man von einem Teilrückkaufangebot.

1004 Vgl. dazu unten unter b).

1005 Neben dem öffentlichen Rückkaufangebot kann noch ein etwas ausführlicheres *Tender Offer Memorandum* veröffentlicht werden, um die Anleihegläubiger besser zu informieren und die Chancen auf ihre Annahme des Angebots zu erhöhen; *Kopp/Metzner*, AG 2012, 856, 866.

1006 *Kopp/Metzner*, AG 2012, 856, 866.

1007 *Baums*, Recht der Unternehmensfinanzierung, § 48 Rn. 42.

1008 Vgl. zu solchen Refinanzierungsmodellen und eventuellen rechtlichen Schwierigkeiten in diesem Zusammenhang unten unter VII.

1009 *Kopp/Metzner*, AG 2012, 856, 862.

b) Rückkaufverfahren: direktes Angebot oder invitatio ad offerendum

Bei der Formulierung und Ausgestaltung des Rückkaufangebots unterbreitet die Gesellschaft in der Regel eine sog. *invitatio ad offerendum* statt eines bindenden Angebots.[1010] Bei einer *invitatio ad offerendum* werden die Anleihegläubiger eingeladen, ihre Anleihen zum Rückkauf anzubieten und der Gesellschaft steht es frei, die einzelnen Angebote der Anleihegläubiger anzunehmen.[1011] Auf diese Weise bewahrt die Gesellschaft sich größtmögliche Flexibilität. Zur Vereinfachung der Transaktion können die Angebotsbedingungen vorsehen, dass die Anleihegläubiger auf den Zugang der Annahme ihres Angebots nach Maßgabe des § 151 Satz 1 BGB verzichten.[1012]

Fällt der Rückerwerb in den Anwendungsbereich des WpÜG[1013], so ist die Ausgestaltung als *invitatio ad offerendum* nicht zulässig (vgl. § 17 WpÜG).[1014] Dies ist allerdings in der Regel nicht der Fall.[1015]

c) Preisfindungsverfahren

Wichtigster Aspekt des Rückkaufangebots ist die Angabe des Rückkaufpreises oder die Festlegung eines Preisfindungsverfahrens.

Das Rückkaufangebot kann entweder einen Festpreis (*Fixed Price Tender Offer)* enthalten oder eine flexible Preisfindung am Markt mittels Auktionsverfahrens festlegen.[1016]

1010 *Kopp/Metzner*, AG 2012, 856, 866.

1011 *Kopp/Metzner*, AG 2012, 856, 866.

1012 *Kopp/Metzner*, AG 2012, 856, 862, *Leuering*, AG 2007, 435, 443 (wenngleich zum Erwerb eigener Aktien) sowie aus der Praxis: Öffentliches Rückkaufangebot der IDENTEC GROUP AG vom 13.06.2016 Ziff. 10.2 (abrufbar unter https://www.bundesanzeiger.de/ebanzwww/wexsservlet?session.sessionid=bebf1e81ca40d77711fb8efdb1c0ff00&page.navid=detailsearchlisttodetailsearchdetail&fts_search_list.selected=3e550684f7ac98c8&fts_search_list.destHistoryId=75767).

1013 Zur Anwendbarkeit des WpÜG vgl. ausführlich unten unter VI. 2.

1014 Theiselmann/*Weiß*, Restrukturierungsrecht, Kap. 4 Rn. 121.

1015 Vgl. dazu unten unter VI. 2.

1016 *Kopp/Metzner*, AG 2012, 856, 866; *Bredow/Sickinger/Weinand-Härer/Liebscher*, BB 2012, 2134, 2140; *Lürken/Plank* in Hopt/Seibt, Schuldverschreibungsrecht, Kap. 11 Rz. 11.60 ff.

aa) Festpreisverfahren

Bei einem Festpreisverfahren gibt der Rückerwerber einen fixen Preis an, zu dem er bereit ist, die Anleihe zurück zu kaufen.[1017] Für den Rückerwerber bietet dieses Verfahren den Nachteil, dass er den Marktpreis möglichst gut einschätzen muss. Ist der angebotene Preis zu niedrig, wird er das gewünschte Rückkaufvolumen nicht erreichen. Ist der angebotene Preis zu hoch, zahlt er zu viel für den Rückkauf. Ein zu hoher Preis zeigt sich daran, dass mehr Anleihegläubiger ihre Anleihen zum Rückkauf anbieten als der Rückerwerber zurück erwerben möchte, falls es sich um ein Teilrückkaufangebot handelt.

Bieten mehr Anleihegläubiger ihre Anleihen zum Rückkauf an als zurückgekauft werden sollen, erfolgt ein proratarischer Rückkauf.[1018]

Im (theoretischen) Idealfall bieten genau so viele Anleihegläubiger ihre Anleihen zum Rückkauf an, wie der Rückerwerber zurück erwerben möchte.[1019]

Festpreisverfahren stellen in Deutschland den Regelfall dar.[1020]

bb) Auktionsverfahren

Aus den genannten Aspekten kann es von Vorteil sein, den Rückkaufpreis am Markt zu ermitteln. Im internationalen Kontext sind solche Preisfindungsmodelle verbreiteter als die in Deutschland üblichen Festpreismodelle.[1021] Die Kaufpreisermittlung am Markt erfolgt in der Regel durch ein Auktionsverfahren.[1022] Üblich bei Rückkäufen ist die sog. umgekehrte oder holländische Versteigerung

---

1017 *Lürken/Plank* in Hopt/Seibt, Schuldverschreibungsrecht, Kap. 11 Rz. 11.61.

1018 *Lürken/Plank* in Hopt/Seibt, Schuldverschreibungsrecht, Kap. 11 Rz. 11.61; Theiselmann/*Lürken*, Restrukturierungsrecht, Kap. 5 Rn. 229 sowie aus der Praxis Öffentliches Rückkaufangebot der IDENTEC GROUP AG vom 13.06.2016 Ziff. 1 (abrufbar unter https://www.bundesanzeiger.de/ebanzwww/wexsservlet?session.sessionid=bebf1e81ca40d77711fb8efdb1c0ff00&page.navid=detailsearchlisttodetailsearchdetail&fts_search_list.selected=3e550684f7ac98c8&fts_search_list.destHistoryId=75767).

1019 Zur Abhängigkeit des wirtschaftlichen Erfolgs des Rückerwerbs von der Preisbestimmung vgl. auch *Seibt*, CFL 2010, 165, 175.

1020 *Lürken/Plank* in Hopt/Seibt, Schuldverschreibungsrecht, Kap. 11 Rz. 11.61; Theiselmann/*Lürken*, Restrukturierungsrecht, Kap. 5 Rn. 229.

1021 Theiselmann/*Lürken*, Restrukturierungsrecht, Kap. 5 Rn. 228 f.

1022 Vgl. zum Rückerwerb eigener Aktien im Auktionsverfahren ausführlich *Leuering*, AG 2007, 435.

(*Reverse* bzw. *Dutch Auction Tender Offer*).[1023] Der Rückerwerber gibt dabei seine Absicht bekannt, Anleihen bis zu einem bestimmten Volumen zurückzuerwerben und lädt die Anleihegläubiger im Rahmen einer *invitatio ad offerendum* ein, Rückkaufangebote mit Angabe des Preises, zu dem sie zum Verkauf bereit sind, zu unterbreiten. Dabei kann der Emittent eine Preisspanne oder einen Maximalpreis benennen; zwingend ist diese Vorgabe aber nicht.[1024] Nach Ablauf der Angebotsfrist nimmt der Rückerwerber alle Angebote beginnend mit dem niedrigsten Angebot an, bis das gewünschte Rückkaufvolumen erreicht ist.[1025] Angebote der Anleihegläubiger, die darüber liegen, werden nicht berücksichtigt.[1026] Jeder berücksichtigte Anleihegläubiger erhält genau den Preis, zu dem er seine Anleihen angeboten hat.[1027]

Denkbar ist allerdings auch, dass alle Anleihegläubiger, deren Angebote angenommen werden, einen einheitlichen Kaufpreis erhalten („Einheitspreismodell").[1028] Bei dieser sog. modifizierten umgekehrten bzw. holländischen Versteigerung (*Modified Reverse* bzw. *Dutch Auction*) erhalten alle verkaufsbereiten Anleihegläubiger genau den höchsten Kaufpreis, der im Rahmen der Auktion noch berücksichtigt wird, um das gewünschte Rückkaufvolumen zu erreichen.[1029] Dies begünstigt alle verkaufsbereiten Anleihegläubiger, die ein niedrigeres Angebot abgegeben haben.

Im Rahmen eines solchen Auktionsverfahrens können die Anleihegläubiger außerdem meist zwischen einer sog. *non-competitive offer* und einer *competitive offer* wählen.[1030]

Bei einer *non-competitive offer* nennt der verkaufsbereite Anleihegläubiger keinen konkreten Verkaufspreis. Er erklärt lediglich, dass er bereit ist, zu jedem Preis innerhalb einer vorher vom Rückerwerber festgelegten Preisspanne zu

---

1023 *Kopp/Metzner*, AG 2012, 856, 866; *Lürken/Plank* in Hopt/Seibt, Schuldverschreibungsrecht, Kap. 11 Rz. 11.62; Theiselmann/*Lürken*, Restrukturierungsrecht, Kap. 5 Rn. 228.

1024 *Bredow/Sickinger/Weinand-Härer/Liebscher*, BB 2012, 2134, 2140; *Leuering*, AG 2007, 435, 439 (wenngleich zum Rückkauf eigener Aktien).

1025 *Lürken/Plank* in Hopt/Seibt, Schuldverschreibungsrecht, Kap. 11 Rz. 11.63; Theiselmann/*Lürken*, Restrukturierungsrecht, Kap. 5 Rn. 228.

1026 *Lürken/Plank* in Hopt/Seibt, Schuldverschreibungsrecht, Kap. 11 Rz. 11.63.

1027 *Lürken/Plank* in Hopt/Seibt, Schuldverschreibungsrecht, Kap. 11 Rz. 11.63.

1028 Theiselmann/*Lürken*, Restrukturierungsrecht, Kap. 5 Rn. 228; *Lürken/Plank* in Hopt/Seibt, Schuldverschreibungsrecht, Kap. 11 Rz. 11.64.

1029 Theiselmann/*Lürken*, Restrukturierungsrecht, Kap. 5 Rn. 228; *Lürken/Plank* in Hopt/Seibt, Schuldverschreibungsrecht, Kap. 11 Rz. 11.64.

1030 Vgl. zum Folgenden: *Kopp/Metzner*, AG 2012, 856, 866.

veräußern. Wenn die angebotenen Anleihen das Rückkaufvolumen übersteigen, werden zunächst alle *non-competive offers* angenommen.

Bei einer *competitive offer* nennt der Anleihegläubiger den konkreten Kaufpreis, zu dem er bereit ist, zu verkaufen. Bei einer *competitive offer* trägt er allerdings das Risiko, dass sein Angebot gar nicht oder nur proratarisch angenommen wird.

d) Übermittlung des Angebots

Das öffentliche Rückkaufangebot wird von der Gesellschaft auf ihrer Homepage sowie im Bundesanzeiger veröffentlicht. Zudem bietet sich die Veröffentlichung eines Hinweises auf das Rückkaufangebot über geeignete Medien und DGAP an. Dort werden nur die groben Konditionen und Fristen des Rückkaufs sowie ein Hinweis auf das ausführliche Rückkaufangebot veröffentlicht.[1031] Sehen die Regelwerke der Börsen, an denen die Anleihe gelistet ist, Veröffentlichungspflichten vor, sind auch diese zu beachten.[1032]

Die Bekanntmachung gegenüber den Anleihegläubigern erfolgt in der Praxis über Clearstream Banking AG als Wertpapiersammelbank.[1033]

3. Erklärung der Anleihegläubiger

Korrespondierend zum Rückkaufangebot durch die Gesellschaft müssen auch die Anleihegläubiger verschiedene Erklärungen abgeben, wenn sie ihre Anleihen veräußern und das „Angebot annehmen“ möchten.

Am wichtigsten ist die „Annahmeerklärung“. Was die Anleihegläubiger zivilrechtlich genau erklären müssen, ist abhängig davon, ob die Gesellschaft direkt das Rückkaufangebot oder eine bloße *invitatio ad offerendum* abgegeben hat.[1034] Entweder nimmt der Anleihegläubiger das Angebot des Rückerwerbers an oder er gibt selbst ein Angebot an den Rückerwerber ab.

Daneben sind weitere Erklärungen seitens der veräußerungsbereiten Anleihegläubiger abzugeben. Insbesondere muss sichergestellt werden, dass sie die Anleihe nicht anderweitig veräußern. Um dies zu gewährleisten, gibt es zwei

---

1031 Vgl. aus der Praxis exemplarisch DGAP-Mitteilung zum Anleiherückkauf der IDENTEC GROUP AG vom 13.06.2016 (abrufbar unter http://www.dgap.de/dgap/News/corporate/identec-laedt-anleiheglaeubiger-zum-vorzeitigen-rueckkauf-ein/?newsID=944963).

1032 *Kopp/Metzner*, AG 2012, 856, 866.

1033 *Seibt*, CFL 2010, 165, 175.

1034 Zu den Gestaltungsmöglichkeiten siehe oben unter V. 2. a).

Möglichkeiten[1035]: Entweder es erfolgt eine Umbuchung der Anleihe in eine Übergangs-WKN/ISIN, welche nicht handelbar ist, oder die Anleihe muss mit einem Sperrvermerk im Depot versehen werden. Die Anleihegläubiger müssen je nach gewählter Option ihre Depotbank anweisen, eine entsprechende Umsetzungshandlung auszuführen. Zudem weisen sie ihre Depotbank an, Clearstream Banking AG zu ermächtigen und anzuweisen, die jeweilige Umbuchung durchzuführen, um die Abwicklung des Rückkaufs sicherzustellen.[1036] Außerdem geben die Anleihegläubiger üblicherweise Versicherungen ab, dass die Anleihe sich in ihrem Eigentum befindet und frei von Rechten Dritter ist.

Für die gegenüber der Depotbank abzugebenden Erklärungen, stellt die Gesellschaft ein entsprechendes Formular zur Verfügung.

4. Abwicklung des Rückkaufs

Wenn die Teilnehmer des Rückkaufs und die Konditionen bekannt sind, kann die dingliche Abwicklung beginnen. In der Praxis erfolgt diese in der Regel über eine zentrale Abwicklungsstelle (*tender agent*). Die zentrale Abwicklungsstelle soll die Anleihen für den Rückerwerber in Empfang nehmen und Zug um Zug den Kaufpreis an die Anleihegläubiger zahlen; anschließend übereignet sie die Anleihen an den Rückerwerber. Die Abwicklung erfolgt in der Praxis über Clearstream Banking AG im Rahmen eines *payment against delivery mechanism*.[1037]

Im Detail erfolgt die Abwicklung wie folgt:[1038]

Die Anleihegläubiger weisen ihre jeweilige Depotbank an, dass diese ihrerseits die Clearstream Banking AG anweist und ermächtigt, die Anleihen am Abwicklungstag auszubuchen und auf das Depot der zentralen Abwicklungsstelle bei der Clearstream Banking AG umzubuchen und das Eigentum samt aller Nebenrechte zu übertragen. Die Zahlung des vereinbarten Rückkaufpreises erfolgt am Abwicklungstag Zug um Zug gegen die vorgenannte Umbuchung der

---

1035 Vgl. Theiselmann/*Lürken*, Restrukturierungsrecht, Kap. 5 Rn. 231 Ziff. 3.2 Variante 1 und 2.

1036 Siehe zur Abwicklung des Rückkaufs sogleich unter 4.

1037 *Kopp/Metzner*, AG 2012, 856, 866.

1038 Vgl. dazu einschließlich Formulierungsvorschlägen das Muster einer Rückkaufeinladung bei Theiselmann/*Lürken*, Restrukturierungsrecht Kap. 5 Rn. 230 ff. sowie aus der Praxis Öffentliches Rückkaufangebot der IDENTEC GROUP AG vom 13.06.2016 Ziff. 10 (abrufbar unter https://www.bundesanzeiger.de/ebanzwww/wexsservlet?session.sessionid=bebf1e81ca40d77711fb8efdb1c0ff00&page.navid=detailsearchlisttodetailsearchdetail&fts_search_list.selected=3e550684f7ac98c8&fts_search_list.destHistoryId=75767).

Anleihe auf das Depot der zentralen Abwicklungsstelle. Um einen ordnungsgemäßen Ablauf zu gewährleisten, ermächtigen die Anleihegläubiger Clearstream Banking AG über ihre Depotbanken zur börsentäglichen Übermittlung der relevanten Informationen, insbesondere die Anzahl der umgebuchten oder mit einem Sperrvermerk versehenen Anleihen, an die zentrale Abwicklungsstelle. Außerdem werden die jeweilige Depotbank und die zentrale Abwicklungsstelle unter Befreiung des Verbots des Selbstkontrahierens gemäß § 181 BGB beauftragt und bevollmächtigt, alle erforderlichen und zweckdienlichen Handlungen zur Abwicklung des Rückkaufs vorzunehmen sowie insbesondere Erklärungen abzugeben und entgegenzunehmen, um den Eigentumsübergang der Anleihen sicherzustellen.

5. Rechtsfolgen

Nachdem beide Leistungen ausgetauscht sind, ist der Rückerwerb vollendet. Es stellt sich nunmehr die Frage nach den genauen Rechtsfolgen der Transaktion. Diese hängen davon ab, wer den Rückerwerb durchgeführt hat: Die Gesellschaft selbst, ein Tochterunternehmen oder ein Dritter (z.B. ein Großaktionär oder ein gesellschaftsfremder Investor).

a) Erwerb durch die Gesellschaft selbst

Ist die Gesellschaft selbst Rückerwerber, erwirbt sie eine Forderung gegen sich selbst. Dies führt grundsätzlich zum Erlöschen der Forderung durch Konfusion.[1039] Bei verbrieften Anleihen tritt aufgrund des starken sachenrechtlichen Einschlags nach allgemeinen wertpapierrechtlichen Grundsätzen allerdings keine Konfusion ein.[1040] Erst wenn die Gesellschaft die Wertpapierurkunde entwerten lässt, erlischt die Forderung.[1041] Stattdessen „ruht" die Forderung bis zur

1039 Vgl. dazu bereits oben unter § 4 IV. 6.

1040 *Wieneke*, WM 2013, 1540, 1545.

1041 *Bredow/Sickinger/Weinand-Härer/Liebscher*, BB 2012, 2134, 2136. Teilweise enthalten Anleihebedingungen allerdings eine ausdrückliche Pflicht zur Entwertung der Anleihe im Falle eines Rückerwerbs durch die Gesellschaft (vgl. § 4 Abs. 2 Anleihebedingungen Epigenomics AG Wandelanleihe 2015; abrufbar unter http://www.epigenomics.com/fileadmin/site_files/01_epigenomics_ag/04_news_investors/01_investor_relations/Kapitalerhoehung/Wandelanleihe/Epigenomics_AG_TCs_Final_Version_201213.pdf). In einem solchen Fall bietet sich ein Rückerwerb durch eine Tochtergesellschaft an, um mögliche negative Folgen wie eine Steuerpflicht aufgrund eines möglichen Ertrages bei Erwerb unterhalb des Nennwertes zu vermeiden.

Entwertung. Bis dahin kann die Gesellschaft auch keinen außerordentlichen Ertrag verbuchen, den sie gegebenenfalls versteuern müsste.[1042]

Außerdem kann die Gesellschaft keine Rechte aus der Anleihe gegen sich selbst geltend machen.[1043] Dies gilt neben Zins- und Rückzahlungsansprüchen auch für Wandlungsrechte, falls eine Wandelanleihe Gegenstand des Rückerwerbs ist.[1044] Dies ergibt sich aus § 56 Abs. 1 AktG, wonach die Zeichnung eigener Aktien durch die Gesellschaft untersagt ist.[1045]

b) Erwerb durch eine Tochtergesellschaft

Bei Erwerb durch eine Tochtergesellschaft stellt sich die Frage nach einer Konfusion mangels Identität von Schuldner und Gläubiger nicht. Die Ansprüche aus der Anleihe bleiben weiterhin bestehen. Insbesondere hat die Tochtergesellschaft sodann Zins- und Rückzahlungsansprüche gegen die Muttergesellschaft.[1046] Etwas anderes gilt jedoch für das Wandlungsrecht, wenn eine Wandelanleihe Gegenstand des Rückerwerbs ist. Das Wandlungsrecht kann auch eine Tochtergesellschaft nicht ausüben, da § 56 Abs. 2 AktG das Verbot der Zeichnung eigener Aktien auch auf Tochtergesellschaften erstreckt.[1047]

Die Ausübung des Wandlungsrechts wäre allerdings trotz des Verbots wirksam.[1048]

c) Erwerb durch Dritten (z.B. Großaktionär oder einen neuen Investor)

Bei einem Erwerb durch einen Großaktionär ergeben sich keine Besonderheiten und Einschränkungen. Die Forderung gegen die Gesellschaft bleibt weiterhin bestehen und die Gesellschaft ist sowohl zur Rück- als auch zu Zinszahlungen verpflichtet.[1049] Lediglich wenn der Dritte auf Rechnung der Gesellschaft

---

1042 Vgl. zu steuerlichen Aspekten unten unter VII.

1043 *Baums*, Recht der Unternehmensfinanzierung, § 48 Rn. 43.

1044 *Wieneke*, WM 2013, 1540, 1545.

1045 *Wieneke*, WM 2013, 1540, 1545; Hüffer/*Koch* AktG § 221 Rn. 54; MüKoAktG/*Habersack* § 221 Rn. 206; *Seiler* in Spindler/Stilz, AktG, § 221 Rn. 136.

1046 *Wieneke*, WM 2013, 1540, 1545; MüKoAktG/*Habersack* § 221 Rn. 208; *Seiler* in Spindler/Stilz, AktG, § 221 Rn. 138.

1047 *Wieneke*, WM 2013, 1540, 1545; Hüffer/*Koch* AktG § 221 Rn. 54; MüKoAktG/*Habersack* § 221 Rn. 208; *Seiler* in Spindler/Stilz, AktG, § 221 Rn. 138.

1048 *Wieneke*, WM 2013, 1540, 1545.

1049 *Bredow/Sickinger/Weinand-Härer/Liebscher*, BB 2012, 2134, 2136.

handelt, wäre die Ausübung des Wandlungsrechts bei Wandelanleihen verboten (§ 56 Abs. 3 AktG).

6. Wiederveräußerung einer zurückerworbenen Wandelanleihe

a) Problemaufriss

Da zurückerworbene Anleihen somit nach erfolgreichem Rückerwerb nicht automatisch erlöschen, stellt sich für die Gesellschaft die Frage, wie sie weiter mit den Anleihen verfahren möchte. Statt diese zu entwerten, könnte es sich auch anbieten, die Anleihen zu einem späteren Zeitpunkt wieder in Verkehr zu bringen.[1050] Dies bietet sich beispielsweise an, wenn der Börsenkurs der Anleihe gestiegen ist und die Gesellschaft so einen (Handels)gewinn erzielen kann. Geht es dabei um eine Wandelanleihe, stellt sich allerdings die Frage, ob den Aktionären der Gesellschaft ein Bezugsrecht auf diese Wandelanleihen bei einer Wiederveräußerung zustünde.

Bei der originären Emission der Wandelanleihe besteht ein solches Bezugsrecht der Aktionäre qua Gesetz (§ 221 Abs. 4 AktG). Hintergrund dieses Bezugsrechts ist, dass die Wandelanleihe in Form des in ihr enthaltenen Wandlungsrechts die Möglichkeit bietet, junge Aktien der Gesellschaft zu erhalten. Das Bezugsrecht auf jungen Aktien steht allerdings grundsätzlich den Aktionären zu (§ 186 Abs. 1 AktG). Dieses Bezugsrecht auf junge Aktien wird durch § 221 Abs. 4 AktG „mediatisiert“[1051], indem bereits ein Bezugsrecht auf die Wandelanleihen für die Aktionäre besteht.[1052]

Eine Regelung über ein mögliches Bezugsrecht im Falle eines Rückerwerbs durch die Gesellschaft und einer späteren Wiederveräußerung der Wandelanleihe enthält das Gesetz allerdings nicht.

b) Meinungsstand

Dennoch wird teilweise ein grundsätzliches Bezugsrecht der Aktionäre auf Erwerb der Wandelanleihe angenommen, wenn die zurückerworbene Wandelanleihe wieder veräußert werden soll[1053], wenngleich die Thematik, soweit ersichtlich, bisher kaum diskutiert wurde.

1050 Sofern sie sich in den Anleihebedingungen nicht verpflichtet hat, die Anleihe im Falle eines Rückerwerbs zu entwerten; vgl. oben Fußnote 1041.

1051 MüKoAktG/*Habersack* § 221 Rn. 37 und 162.

1052 Vgl. dazu bereits oben unter § 5 III. 1. a).

1053 *Wieneke*, WM 2013, 1540, 1546 ff.

Ausgangspunkt dieser Annahme ist eine Art Analogie zu dem Bezugsrecht der Aktionäre bei der Wiederveräußerung eigener Aktien der Gesellschaft nach Rückerwerb. Ein Bezugsrecht bei Wiederveräußerung eigener Aktien ist zwar ebenfalls nicht gesetzlich normiert, wird jedoch überwiegend angenommen.[1054] Hergeleitet wird dies überwiegend aus der Systematik des § 71 Abs. 1 Nr. 8 AktG[1055]: Satz 3 erlaubt die Wiederveräußerung eigener Aktien, sofern das Gleichbehandlungsgebot (§ 53a AktG) gewahrt bleibt. Satz 4 stellt klar, dass bei einer Veräußerung über die Börse das Gleichbehandlungsgebot gewahrt ist. Für alle anderen Veräußerungsformen verweist Satz 5 2. Halbsatz allerdings auf die entsprechende Anwendung des § 186 Abs. 3 und 4 AktG, also die Vorschriften über den Ausschluss des Bezugsrechts bei jungen Aktien. Daraus ergibt sich, dass das Gesetz offenbar implizit von einer Art Bezugsrecht[1056] der Aktionäre ausgeht.[1057]

Dieses Ergebnis soll auf die Wiederveräußerung rückerworbener Wandelanleihen übertragen werden.[1058] Dies folge aus der vergleichbaren Interessenlage. Grund für die Annahme einer Art Bezugsrecht bei der Wiederveräußerung eigener Aktien sei die Vergleichbarkeit mit einer Kapitalerhöhung, bei der ein Bezugsrecht qua Gesetz bestehe. In beiden Fällen müssten die Aktionäre vor einer Verwässerung geschützt werden. Bei Wandelanleihen gelte das gleiche. Bei der originären Emission der Wandelanleihe bestehe anerkanntermaßen ebenfalls ein Bezugsrecht der Aktionäre aufgrund der Gefahr, dass nach Ausübung des Wandlungsrechts eine Verwässerung ihrer Beteiligung eintrete. Diese Gefahr bestehe genauso bei einer Wiederveräußerung der Wandelanleihe nach Rückerwerb. Ebenso bestehe in beiden Fällen (originäre Emission und Wiederveräußerung der Wandelanleihe) die Gefahr, dass die Gesellschaft die Wandelanleihen

---

1054 MüKoAktG/*Oechsler* § 71 Rn. 247; *Bezzenberger* in Schmidt/Lutter, AktG, § 71 Rn. 40; Hüffer/*Koch* AktG § 71 Rn. 19m; *Habersack*, ZIP 2004, 1121, 1122; *Wieneke*, WM 2013, 1540, 1547; zurückhaltender *Cahn* in Spindler/Stilz, AktG, § 71 Rn. 134.

1055 § 71 Abs. 1 Nr. 8 AktG regelt den Rückerwerb eigener Aktien aufgrund einer Ermächtigung durch die Hauptversammlung.

1056 Offenbar, um eine Verwechslung mit dem Bezugsrecht bei jungen Aktien nach § 186 Abs. 1 AktG auszuschließen, wird teilweise auch von „Erwerbsrecht" (*Cahn* in Spindler/Stilz, AktG, § 71 Rn. 134) oder „einem dem Bezugsrecht auf Aktien vergleichbaren Recht der Aktionäre" (*Wieneke*, WM 2013, 1540, 1547) gesprochen.

1057 MüKoAktG/*Oechsler* § 71 Rn. 247; *Bezzenberger* in Schmidt/Lutter, AktG, § 71 Rn. 40; Hüffer/*Koch* AktG § 71 Rn. 19m; *Habersack*, ZIP 2004, 1121, 1122; *Wieneke*, WM 2013, 1540, 1547; zurückhaltender *Cahn* in Spindler/Stilz, AktG, § 71 Rn. 134.

1058 *Wieneke*, WM 2013, 1540, 1547.

zu günstig veräußert.[1059] Zwar drohe die Verwässerung im Vergleich zu der Situation bei eigenen Aktien erst nach Ausübung des Wandlungsrechts, allerdings stünde dies der Annahme einer vergleichbaren Situation insofern nicht entgegen, da auch bei der originären Emission der Wandelanleihe die Verwässerung erst bei Ausübung des Wandlungsrechts drohe und dort aber dennoch ein Bezugsrecht gesetzlich normiert sei (§ 221 Abs. 4 AktG).

Gegen ein Bezugsrecht bei Wiederveräußerung könne zwar sprechen, dass die Aktionäre bereits bei der Emission der Wandelanleihe grundsätzlich ein Bezugsrecht hatten und so ihre Interessen gewahrt wären.[1060] Allerdings sprächen zwei Aspekte gegen diese Argumentation: Erstens sei zu berücksichtigen, dass sich der Aktionärskreis seit Emission der Wandelanleihe verändert haben könnte und auch seitdem neu hinzugekommene Aktionäre schutzbedürftig seien und zweitens könne der Vorstand durch die Wiederveräußerung an ausgewählte Investoren mittelbar Einfluss auf die Aktionärsstruktur nehmen.[1061] Letzteres gelte insbesondere, wenn die Wandelanleihe kurz vor Fälligkeit stehe und sich „im Geld" befände, sodass es höchstwahrscheinlich zu einer Ausübung des Wandlungsrechts käme.[1062]

Insgesamt sei daher grundsätzlich ein Bezugsrecht der Aktionäre bei der Wiederveräußerung der Wandelanleihe anzunehmen.[1063]

Ein solches Bezugsrecht bestehe allerdings nicht, wenn die Wandelanleihe über die Börse wiederveräußert werde.[1064] Dies ergebe sich ebenfalls aus der vergleichbaren Situation bei der Wiederveräußerung eigener Aktien. Dort gelte das Bezugsrecht der Aktionäre bei Wiederveräußerung nämlich als gewahrt, wenn die Aktien über die Börse wiederveräußert werden (§ 71 Abs. 1 Nr. 8 Satz 4 AktG). Begründet werde dies mit der Anonymität und Neutralität des Börsenhandels, wodurch alle Aktionäre die gleiche Chance haben, an der Börse Aktien zu erwerben und es eines Schutzes für einzelne Aktionäre nicht mehr bedürfe. Diese Chancengleichheit bestehe gleichsam bei der Veräußerung von Wandelanleihen über die Börse, sodass die Privilegierung des § 71 Abs. 1 Nr. 8 Satz 4 AktG analog auf die Wiederveräußerung von zurückerworbenen Wandelanleihen anwendbar sei.[1065]

1059 *Wieneke*, WM 2013, 1540, 1547.
1060 *Wieneke*, WM 2013, 1540, 1548.
1061 *Wieneke*, WM 2013, 1540, 1548.
1062 *Wieneke*, WM 2013, 1540, 1548.
1063 *Wieneke*, WM 2013, 1540, 1548.
1064 *Wieneke*, WM 2013, 1540, 1548.
1065 *Wieneke*, WM 2013, 1540, 1548.

Ebenfalls bestehe ein Bezugsrecht der Aktionäre nicht, wenn bei der originären Emission der Wandelanleihe das Bezugsrecht aufgrund eines vereinfachten Bezugsrechtsausschlusses (§§ 186 Abs. 3 Satz 4, 221 Abs. 4 Satz 2 AktG) ausgeschlossen wurde.[1066] Etwas anderes gelte allerdings, wenn das Bezugsrecht aus anderen sachlichen Gründen ausgeschlossen wurde, die nunmehr nicht zwingend einen abermaligen Bezugsrechtsausschluss rechtfertigen, wie beispielsweise die originäre Emission der Wandelanleihe gegen Sacheinlage, wenn die Gesellschaft ein besonderes Interesse an der Sacheinlage hatte.[1067]

Diese Auffassung geht also von einem grundsätzlich bestehenden Bezugsrecht der Aktionäre bei der Wiederveräußerung der Wandelanleihen aus, welches jedoch bei einer Wiederveräußerung über die Börse als gewahrt gelte. Weiterhin bestehe ein Bezugsrecht nicht, wenn die Wandelanleihe ursprünglich mit vereinfachtem Bezugsrechtsausschluss (§§ 186 Abs. 3 Satz 4, 221 Abs. 4 Satz 2 AktG) ausgegeben wurde.

c) Stellungnahme

Formal überzeugt die dargestellte Argumentation. Zwar fehlt es an einer gesetzlichen Regelung über ein Bezugsrecht der Aktionäre bei der Wiederveräußerung von zuvor zurückerworbenen Wandelanleihen. Allerdings ist das Fehlen einer solchen Regelung im Kontext damit zu sehen, dass es – anders als bei eigenen Aktien – insgesamt an einer gesetzlichen Regelung für Rückerwerbe oder gar Wiederveräußerungen eigener Wandelschuldverschreibungen fehlt. Daraus lässt sich auch nicht folgern, dass dies – sowohl Rückerwerb als auch Wiederveräußerung – mangels gesetzlicher Regelung nicht zulässig sei; vielmehr hat der Gesetzgeber nicht die Notwendigkeit zur Regelung eines solchen Vorgangs gesehen, da es sich um Spezialfälle handelt. Der Rückerwerb und Handel mit eigenen Aktien ist wesentlich verbreiteter und bedurfte im Gegensatz dazu der ausführlichen Regelung des § 71 AktG. Der dort aufgestellte Regelungsrahmen sollte allerdings auch bei Wandelanleihen berücksichtigt werden. Dies folgt aus der gesetzlichen Wertung des § 221 Abs. 4 AktG. Damit hat der Gesetzgeber deutlich gemacht, dass er bei Wandelanleihen die gleiche Verwässerungsgefahr wie bei unmittelbarer Ausgabe junger Aktien sieht. Daher erscheint es nur konsequent, die Regelungen bei zurückerworbenen eigenen Aktien auf die Situation bei zurückgekauften Wandelanleihen zu übertragen.

1066 *Wieneke*, WM 2013, 1540, 1548 f.

1067 *Wieneke*, WM 2013, 1540, 1549.

Allerdings ist die Begründung des Erwerbsrechts nicht gänzlich überzeugend. Insbesondere stellt sich die Frage, ob es tatsächlich eines Schutzes der Aktionäre vor Verwässerung ihrer Beteiligung bedarf. Dazu ist die Situation der Aktionäre vor der Gesamttransaktion, also vor dem Rückerwerb und nach einer möglichen Wiederveräußerung zu betrachten. Vor dem Rückerwerb befinden sich die Wandelanleihen im Eigentum von Investoren und den Aktionären „droht" die Verwässerung ihrer Beteiligung, wenn die Investoren ihr Wandlungsrecht ausüben. Nach Rückerwerb durch die Gesellschaft verringert sich diese Gefahr. Nach der Wiederveräußerung „erhöht" sich diese Gefahr wieder auf ihr Ausgangsniveau. Für die Aktionäre ändert sich also nichts, wenn die zurückerworbene Wandelanleihe abermals in Verkehr gebracht würde. Dies gilt jedenfalls für diejenigen Aktionäre, die bereits vor dem Rückerwerb Aktionäre der Gesellschaft waren. Etwas anderes ergibt sich höchstens für Neuaktionäre, welche die Aktien zu einem Zeitpunkt erworben haben, als die Wandelanleihe sich im Eigentum der Gesellschaft befand.[1068] Diese Neuaktionäre sind allerdings durch die Transparenz des Rückerwerbs hinreichend geschützt und müssen mit einer Wiederveräußerung der Wandelanleihe durch die Gesellschaft und somit auch einer späteren Verwässerung rechnen. Auch bei großen Publikumsgesellschaften mit ständig wechselndem Aktionärskreis kann nichts anderes gelten; vielmehr gilt insbesondere hier, dass durch den liquiden Börsenhandel der Aktien der Gesellschaft ein Aufrechterhalten der Beteiligungsquote mittels Zukauf über die Börse möglich und zumutbar ist. Hinsichtlich der Verwässerung sind die Aktionäre also nicht schutzwürdig. Die Aktionäre sind allerdings vor der Veräußerung der Wandelanleihe an einen von der Gesellschaft ausgewählten Investor zu schützen. Der Vorstand kann nämlich auf diese Weise Einfluss auf die (zukünftige) Aktionärsstruktur nehmen, was aber nicht in seine Kompetenz fällt und ggf. sogar den Interessen der Aktionäre zuwiderlaufen kann. Ein solcher Schutz kann auf verschiedene Arten erreicht werden: Entweder man erkennt eine Art Bezugsrecht der Aktionäre an oder lässt lediglich eine Veräußerung der Wandelanleihen über die Börse zu, welche aufgrund des anonymen Handels die Gefahr der gezielten Veräußerung an einen bestimmten Investor ausschließt. Durch eine Veräußerung über die Börse ist aufgrund des so ermittelten Marktpreises auch eine Veräußerung unter Wert ausgeschlossen. Die Veräußerung über die Börse ist konsistent mit dem Parallelfall der Veräußerung eigener Aktien, bei dem, wie

1068 So auch im Zusammenhang mit der Wiederveräußerung eigener Aktien *Broichhausen*, NZG 2012, 86, 88; MüKoAktG/*Oechsler* § 71 Rn. 247 (wenngleich im Ergebnis für ein Erwerbsrecht); **aA** *Habersack*, ZIP 2004, 1121, 1124.

gezeigt, die Veräußerung über die Börse als „bezugsrechtswahrend" gilt[1069] und wahrt die Interessen der Beteiligten am besten. Die Aktionäre erhalten so eine Chance auf Erwerb der Wandelanleihen und die Gesellschaft kann die Wandelanleihen kurzfristig auf diese Weise zu einem angemessen Marktpreis veräußern.

Im Ergebnis ist somit festzuhalten, dass den Aktionären bei der Wiederveräußerung der Wandelanleihe durch die Gesellschaft grundsätzlich eine Art Bezugsrecht zusteht. Das Bezugsrecht gilt allerdings als gewahrt, wenn die Wandelanleihen über die Börse wiederveräußert werden. Der Gesellschaft wäre mithin eine Wiederveräußerung über die Börse anzuraten, sofern sie die Wandelanleihe nicht einziehen und entwerten möchte.

VI. Kapitalmarktrechtliche Aspekte

Bei der Strukturierung und Planung des Rückerwerbs muss die Gesellschaft auch kapitalmarktrechtliche Regelungen beachten; je nach gewählter Durchführungsoption treten diese stärker in den Vordergrund. Namentlich muss die Gesellschaft Gleichbehandlungsgebote zugunsten der Anleihegläubiger, die Regelungen des WpÜG, das Insiderhandelsverbot (Art. 14 MAR), das Marktmanipulationsverbot (Art. 15 MAR) und eventuelle Publizitätspflichten berücksichtigen.

1. Gleichbehandlungsgebot

Der Emittent ist unter Umständen verpflichtet, alle Anleihegläubiger unter gleichen Voraussetzungen gleich zu behandeln. Für einen *Bond Buy Back* kann sich daraus die Unzulässigkeit bestimmter Transaktionsgestaltungen ergeben, weshalb der Rückerwerber die mögliche Anwendbarkeit eines Gleichbehandlungsgebots bereits frühzeitig im Rahmen der Transaktionsgestaltung prüfen und berücksichtigen muss.

Ein Gleichbehandlungsgebot kann sich unmittelbar aus den Anleihebedingungen, aus § 4 SchVG oder aus § 48 Abs. 1 Nr. 1 WpHG ergeben.

a) Anleihebedingungen

Als primäre Rechtsquelle könnte sich das Gleichbehandlungsgebot somit zunächst bereits aus den Anleihebedingungen ergeben.[1070] Die Gesellschaft muss

1069 Zur dogmatischen Frage, ob in diesem Falle das Bezugsrecht als gewahrt gilt oder schlichtweg nicht besteht vgl. *Habersack*, ZIP 2004, 1121, 1126.

1070 Die Anleihebedingungen sind insofern das vorrangige Regelungswerk; *Mülbert* in Assmann/Uwe H. Schneider, WpHG, § 30a (a.F.) Rn. 9; KölnerKommWpHG/*Mock*

vorab prüfen, ob die Anleihebedingungen explizit ein Gleichbehandlungsgebot statuieren. Auch wenn die Anleihebedingungen kein explizites Gleichbehandlungsgebot vorsehen, ist denkbar, dass ein solches in die Anleihebedingungen „hineingelesen" wird; beispielsweise durch ein zuständiges Gericht, wenn Anleihegläubiger sich im Vergleich zu anderen Anleihegläubigern im Rahmen des Rückkaufverfahrens ungleich behandelt fühlen und Klage gegen die Gesellschaft erheben; beispielsweise wegen Verletzung der Verpflichtungen aus den Anleihebedingungen.

b) § 4 SchVG

§ 4 SchVG setzt zunächst voraus, dass die Anleihe überhaupt in den Anwendungsbereich des SchVG fällt.[1071] Selbst wenn die Anleihe in den Anwendungsbereich des SchVG fällt, so statuiert § 4 SchVG allerdings nur ein Gleichbehandlungsgebot in Bezug auf die Anleihebedingungen bzw. deren Änderung und nicht bezüglich der Behandlung der einzelnen Anleihegläubiger.[1072] Auf einen Anleiherückerwerb hat § 4 SchVG also insofern keine Auswirkungen.

c) § 48 Abs. 1 Nr. 1 WpHG

Eine Verpflichtung zur Gleichbehandlung der Anleihegläubiger könnte sich allerdings aus § 48 Abs. 1 Nr. 1 WpHG ergeben. Dabei ist zunächst zu beachten, dass der Gleichbehandlungsgrundsatz des § 48 Abs. 1 Nr. 1 WpHG nur bei Sachverhalten Anwendung findet, welche die Anleihebedingungen nicht abschließend regeln.[1073] § 48 Abs. 1 Nr. 1 WpHG ist somit subsidiär zu den Anleihebedingungen. Ist § 48 Abs. 1 Nr. 1 WpHG demnach trotzdem grundsätzlich anwendbar, ist zu beachten, dass dessen Regelungsgehalt bereits teilweise umstritten ist. Umstritten ist, ob § 48 Abs. 1 Nr. 1 WpHG lediglich eine Gleichbehandlung

---

§ 30a (a.F.) Rn. 26; *Kiem* in Habersack/Mülbert/Schlitt, Handbuch der Kapitalmarktinformation, § 12 Rn. 9.

1071 Vgl. zum Anwendungsbereich des SchVG ausführlich oben unter § 4 IV. 2. b).

1072 *Lürken/Plank* in Hopt/Seibt, Schuldverschreibungsrecht, Kap. 11 Rz. 11.55; *Bredow/Sickinger/Weinand-Härer/Liebscher*, BB 2012, 2134, 2138; LBS/*Bliesener/Schneider*, Bankrechtskommentar, § 4 SchVG Rn. 28; *Friedl/Schmidtbleicher* in Friedl/Hartwig-Jacob, § 4 SchVG Rn. 65.

1073 *Kiem* in Habersack/Mülbert/Schlitt, Handbuch der Kapitalmarktinformation, § 12 Rn. 9; Theiselmann/*Weiß*, Restrukturierungsrecht, Kap. 4 Rn. 83; *Mülbert* in Assmann/Uwe H. Schneider, WpHG, § 30a (a.F.) Rn. 9.

hinsichtlich der vom Emittenten zur Verfügung gestellten Informationen oder eine weiter gehende materielle Gleichbehandlung verlangt.

Für eine Gleichbehandlung lediglich im Bezug auf die Informationsversorgung spricht, dass § 48 Abs. 1 Nr. 1 WpHG der Umsetzung von Art. 17 Abs. 1 und 18 Abs. 1 Transparenzrichtlinie[1074] dient.[1075] Ausweislich der amtlichen Überschriften dieser Artikel geht es dabei um Informationspflichten des Emittenten. Zudem spricht Erwägungsgrund 22 der Transparenzrichtlinie im Zusammenhang mit dem Gleichbehandlungsgrundsatz nur von der „laufenden Unterrichtung der Inhaber von zum Handel an einem geregelten Markt zugelassenen Wertpapiere" und nicht von einer darüber hinaus gehenden Gleichbehandlungspflicht. Systematisch spricht außerdem für ein solches Verständnis, dass § 48 WpHG in Abschnitt 7 des WpHG steht, der mit „Notwendige *Informationen* für die Wahrnehmung von Rechten aus Wertpapieren" überschrieben ist.[1076]

Dementsprechend wird in § 48 Abs. 1 Nr. 1 WpHG teilweise nur eine Pflicht zur Gleichbehandlung bei der Informationsversorgung gesehen.[1077]

Richtiger Ansicht nach wollte der deutsche Gesetzgeber allerdings mit § 48 Abs. 1 Nr. 1 WpHG nicht nur die Vorgaben der Transparenzrichtlinie umsetzen. Vielmehr hatte er auch die Vorgängervorschrift des § 39 Abs. 1 Nr. 1 Hs. 2 BörsG (a.F.). im Blick. Laut Gesetzesbegründung entspricht § 48 Abs. 1 WpHG der bis dato geltenden Regelung des § 39 Abs. 1 Nr. 1 Hs. 2 BörsG (a.F.).[1078] § 39 Abs. 1 Nr. 1 Hs. 2 BörsG (a.F.) enthielt jedoch eine Pflicht zur materiellen

---

1074 Richtlinie 2004/109/EG des Europäischen Parlaments und des Rates vom 15. Dezember 2004 zur Harmonisierung der Transparenzanforderungen in Bezug auf Informationen über Emittenten, deren Wertpapiere zum Handel auf einem geregelten Markt zugelassen sind, und zur Änderung der Richtlinie 2001/34/EG.

1075 KölnerKommWpHG/*Stoll* § 30a (a.F.) Rn. 19 sowie Fuchs/*Zimmermann*, WpHG, § 30a (a.F.) Rn. 5, die im Ergebnis allerdings von einem materiellen Gleichbehandlungsgebot ausgehen.

1076 KölnerKommWpHG/*Stoll* § 30a (a.F.) Rn. 19 sowie Fuchs/*Zimmermann*, WpHG, § 30a (a.F.) Rn. 6, die im Ergebnis allerdings von einem materiellen Gleichbehandlungsgebot ausgehen.

1077 So noch *Schlitt/Schäfer*, AG 2009, 477, 487 unter Verweis auf *Schäfer* in Grunewald/Schlitt, Einführung in das Kapitalmarktrecht, 2. Auflage 2009, § 15 I 3 a); in der 3. Auflage wurde die Auffassung allerdings von *Schäfer* an gleicher Stelle aufgegeben; *Fleischer*, ZGR 2009, 505, 527 f.; *Friedl/Schmidtbleicher* in Frankfurter Kommentar zum SchVG, § 4 Rn. 65.

1078 BT-Drs. 16/2498, S. 40.

Gleichbehandlung und nicht nur hinsichtlich der Informationsversorgung.[1079] Der Gesetzgeber hat keine Intention zur Änderung dieser Interpretation erkennen lassen, obwohl es ihm in diesem Zusammenhang möglich gewesen wäre.

Aufgrund dieser eindeutigen Gesetzesbegründung ist § 48 Abs. 1 Nr. 1 WpHG als materielles Gleichbehandlungsgebot zu verstehen.[1080]

Für den konkreten Fall des Anleihenrückerwerbs enthielt § 39 BörsG (a.F.) allerdings eine Ausnahme. Vorzeitige Rücknahmeangebote waren zulässig, sofern sie im Interesse bestimmter Gruppen von Anleihegläubigern abgegeben wurden (§ 39 Abs. 1 Nr. 1 2. Hs. BörsG (a.F.)). Diese Ausnahmeregelung wurde vom Gesetzgeber bewusst nicht in § 48 WpHG überführt und ersatzlos gestrichen.[1081] Dementsprechend werden Rückerwerbe von einzelnen Anleihegläubigern mittlerweile in Bezug auf den Gleichbehandlungsgrundsatz grundsätzlich kritisch gesehen.[1082] Stattdessen muss der Emittent sicherstellen, dass der Rückerwerb gleiche Chancen und Möglichkeiten für alle Anleihegläubiger bietet.

Unproblematisch sind danach zwei Rückerwerbsoptionen[1083]:

Erstens ist ein öffentliches Rückerwerbsangebot unproblematisch, sofern es allen Anleihegläubigern die gleichen Chancen zur Andienung ihrer Anleihen bietet und bei Teilrückerwerbsangeboten entweder eine proratarische Annahme oder eine Auslosung vorsieht. Auch eine Annahme nach dem Prinzip *„first come, first served"* ist unter diesem Aspekt unproblematisch, sofern alle Anleihegläubiger das Rückerwerbsangebot gleichzeitig erhalten.[1084]

Zweitens ist ein Rückerwerb über die Börse unproblematisch, da dort jedem Anleihegläubiger die Möglichkeit offen steht, seine Anleihen zum Rückerwerb

---

1079 *Mülbert* in Assmann/Uwe H. Schneider, WpHG, § 30a (a.F.) Rn. 4 mit Verweis auf die Literatur zu § 39 BörsG (a.F.).

1080 *Kiem* in Habersack/Mülbert/Schlitt, Handbuch der Kapitalmarktinformation, § 12 Rn. 6 f.; *Mülbert* in Assmann/Uwe H. Schneider, WpHG, § 30a (a.F.) Rn. 4; Theiselmann/*Weiß*, Restrukturierungsrecht, Kap. 4 Rn. 82; KölnerKommWpHG/*Stoll* § 30a (a.F.) Rn. 19; Fuchs/*Zimmermann*, WpHG, § 30a (a.F.) Rn. 6 sowie nunmehr auch *Schäfer* in Grunewald/Schlitt, Einführung in das Kapitalmarktrecht, § 15 I 3 a).

1081 BT-Drs. 16/2498, S. 40.

1082 *Wieneke*, WM 2013, 1540, 1543.

1083 Fuchs/*Zimmermann*, WpHG, § 30a (a.F.) Rn. 10; *Mülbert* in Assmann/Uwe H. Schneider, WpHG, § 30a (a.F.) Rn. 10; KölnerKommWpHG/*Stoll* § 30a (a.F.) Rn. 29; *Kiem* in Habersack/Mülbert/Schlitt, Handbuch der Kapitalmarktinformation, § 12 Rn. 10; Schwark/Zimmer/*Heidelbach* § 30a WpHG (a.F.) Rn. 16 f.; *Wieneke*, WM 2013, 1540, 1543.

1084 KölnerKommWpHG/*Stoll* § 30a (a.F.) Rn. 29.

anzubieten und durch den Preisbildungskontrollmechanismus kein einzelner Anleihegläubiger bevorzugt werden kann.[1085]

Gezielte Rückerwerbe von einzelnen Anleihegläubigern (*negotiated repurchases*) verstoßen gegen den Gleichbehandlungsgrundsatz und sind nur zulässig, wenn diese Ungleichbehandlung durch sachliche Gründe gerechtfertigt ist.[1086] Sachliche Gründe können beispielsweise vorliegen, wenn das Rückerwerbsangebot Anleihegläubiger mit Sitz in bestimmten Staaten ausschließt, da ein öffentliches Rückerwerbsangebot in diesen Staaten unzulässig oder mit weiteren rechtlichen Anforderungen verbunden wäre.[1087] Außerdem soll auch ein bestimmtes Volumen, das ein Anleihegläubiger hält, ausreichend sein, um einen einzelvertraglichen Rückerwerb nur mit diesem Anleihegläubiger zu vereinbaren.[1088] Teilweise werden sogar die Erwartungen der Gesellschaft, mit einem bestimmten Anleihegläubiger besonders gute Konditionen für den Rückerwerb aushandeln zu können oder ganz allgemein die Erfolgswahrscheinlichkeit, mit diesem Anleihegläubiger eine Einigung zu erzielen, als ausreichende sachliche Rechtfertigung angesehen.[1089] Dies erscheint allerdings nicht angemessen, da durch eine solche Versubjektivierung der sachlichen Rechtfertigung auf bloße Annahmen der Gesellschaft ein zu starkes Missbrauchspotenzial gegeben wäre. So ließe sich eine Ungleichbehandlung stets rechtfertigen.

Auch die BaFin vertritt die Ansicht, dass ein Rückerwerb von Anleihen ohne sachliche Rechtfertigungsgründe nur dann mit dem Gleichbehandlungsgrundsatz zu vereinbaren ist, wenn er entweder nach einem in den Anleihebedingungen vorgesehenen Verfahren oder auf eine Weise, die allen Anleihegläubigern gleiche Möglichkeiten einräumt, vollzogen wird.[1090] Dies könne namentlich durch einen Rückerwerb über die Börse oder durch Auslosung (im Rahmen eines öffentlichen Rückerwerbsangebots mit Überangebot) erfolgen.

1085 *Wieneke*, WM 2013, 1540, 1543; Theiselmann/*Weiß*, Restrukturierungsrecht, Kap. 4 Rn. 83; Schwark/Zimmer/*Heidelbach* § 30a (a.F.) WpHG Rn. 16 f.; *Mülbert* in Assmann/Uwe H. Schneider, WpHG, § 30a (a.F.) Rn. 9.

1086 *Wieneke*, WM 2013, 1540, 1543.

1087 KölnerKommWpHG/*Stoll* § 30a (a.F.) Rn. 28.

1088 *Seibt*, CFL 2010, 165, 175.

1089 *Seibt*, CFL 2010, 165, 175.

1090 Emittentenleitfaden 2013, S. 163 (abrufbar unter http://www.bafin.de/SharedDocs/Downloads/DE/Leitfaden/WA/dl_emittentenleitfaden_2013.pdf?__blob=publicationFile&v=1); kritisch dazu im internationalen Vergleich: Stellungnahme des DAV zum Entwurf einer Überarbeitung von Teilen des Emittentenleitfadens der BaFin Ziff. III. 1.

Zu bedenken ist allerdings, dass § 48 WpHG nur anwendbar ist, wenn die Anleihen an einem organisierten Markt zugelassen sind.[1091] Ist die Anleihe, wie in der Praxis üblich, lediglich im Freiverkehr zugelassen[1092], ist der sachliche Anwendungsbereich nicht eröffnet.[1093] Eine analoge Anwendung des § 48 WpHG auf Wertpapiere, die im Freiverkehr gehandelt werden, ist ausgeschlossen, da die bewusste Entscheidung des Emittenten, auf eine Zulassung im regulierten Markt zu verzichten, zu respektieren ist.[1094] Die Entscheidung erfolgt oftmals gerade, um solchen Zulassungsfolgepflichten zu entgehen. § 48 WpHG muss somit grundsätzlich nicht beachtet werden, wenn die Anleihe nicht im regulierten Markt gehandelt wird.

Möchte die Gesellschaft das Gleichbehandlungsgebot allerdings dennoch – beispielsweise aus Vorsichtsgründen – beachten, empfiehlt sich eine der zuvor genannten Durchführungsoptionen.

Abschließend lässt sich somit festhalten, dass maßgeblich für die Annahme eines Gleichbehandlungsgebots zunächst die Anleihebedingungen sind. Dies gilt in beide Richtungen: Sehen sie ein Gleichbehandlungsgebot vor (ggf. auch konkludent), so ist dieses zu beachten. Regeln sie den Rückerwerb abschließend und „verstoßen" dabei gegen ein mögliches Gleichbehandlungsgebot, so ist auch dieses zu respektieren, da die Anleihebedingungen rechtsgeschäftlich zwischen Anleihegläubigern und Emittent vereinbart wurden.

Der Anwendungsbereich des § 48 Abs. 1 Nr. 1 WpHG ist aufgrund der Tatsache, dass die meisten Anleihen im Freiverkehr notieren[1095], gering. Bei Anleihen, die im regulierten Markt gehandelt werden, ist der Gleichbehandlungsgrundsatz des § 48 Abs. 1 Nr. 1 WpHG allerdings zu berücksichtigen. Dann sind öffentliche Rückerwerbsangebote an alle Anleihegläubiger (mit ggf. proratarischer Zuteilung oder Auslosung bei Überangebot) oder Rückerwerbe über die Börse anzuraten. Sog. *negotiated repurchases* sind hingegen risikobehaftet.

1091 *Bredow/Sickinger/Weinand-Härer/Liebscher*, BB 2012, 2134, 2138; *Wieneke*, WM 2013, 1540, 1543; *Lürken/Plank* in Hopt/Seibt, Schuldverschreibungsrecht, Kap. 11 Rn. 56.

1092 *Friedl* BB 2012, 1102, 1105; Theiselmann/*Lürken*, Restrukturierungsrecht, Kap. 5 Rn. 14.

1093 Fuchs/*Zimmermann*, WpHG, § 30a (a.F.) Rn. 4; *Mülbert* in Assmann/Uwe H. Schneider, WpHG, § 30a (a.F.) Rn. 2a; Begr. RegE, BT-Drs. 16/2498, S. 40.

1094 *Wieneke*, WM 2013, 1540, 1543.

1095 *Friedl* BB 2012, 1102, 1105; Theiselmann/*Lürken*, Restrukturierungsrecht, Kap. 5 Rn. 14.

2. Wertpapiererwerbs- und Übernahmegesetz (WpÜG)

Zu berücksichtigen sind auch die Regelungen des Wertpapiererwerbs- und Übernahmegesetzes (WpÜG).

In Betracht kommen vor allem die Regelungen der §§ 10 ff. WpÜG bezüglich der Veröffentlichung, Billigung und inhaltlicher Ausgestaltung des öffentlichen Rückerwerbsangebots. Die Regelungen zu Übernahme- und Pflichtangeboten (§§ 29 ff. WpÜG bzw. §§ 35 ff. WpÜG) spielen hingegen beim Rückerwerb von Wandelanleihen keine Rolle, da dadurch nicht die Kontrollschwelle von 30% erreicht werden kann.

Dies setzt allerdings die Anwendbarkeit des WpÜG voraus. Das WpÜG ist anwendbar auf Aktien, mit diesen vergleichbare Wertpapiere und Zertifikate, die Aktien vertreten oder andere Wertpapiere, die den Erwerb von Aktien, mit diesen vergleichbare Wertpapiere oder Zertifikate, die Aktien vertreten, zum Gegenstand haben (§ 1 Abs. 1 i. V. m. § 2 Abs. 2 WpÜG). Es muss also immer ein Bezugspunkt zu Aktien bestehen. Dies ist zwar bei „normalen" Anleihen nicht der Fall, allerdings bei Wandelanleihen in Form des Wandlungsrechts gegeben. Daher ist das WpÜG auf Wandelanleihen grundsätzlich anwendbar.[1096] Dies gilt allerdings abermals nur, wenn die Wandelanleihe am regulierten Markt zugelassen ist (§ 1 Abs. 1 i. V. m. § 2 Abs. 7 WpÜG). Ob die der Wandelanleihe zugrunde liegenden Aktien im regulierten Markt zugelassen sind, ist irrelevant.[1097] Ist die Wandelanleihe nur im Freiverkehr zugelassen, ist das WpÜG nicht anwendbar.[1098]

Notiert die Wandelanleihe hingegen im regulierten Markt und ist das WpÜG mithin anwendbar, stellt sich die Folgefrage, ob das WpÜG auf den Rückerwerb *eigener* Wandelanleihen überhaupt anwendbar ist. Auf den Rückerwerb eigener Aktien ist das WpÜG nach inzwischen einhelliger Meinung nicht anwendbar.[1099] Begründet wird dies damit, dass die Systematik des WpÜG eine Verschiedenheit

---

1096 *Assmann/Favoccia* in Assmann/Pötzsch/Uwe H. Schneider, WpÜG, § 2 Rn. 53; Theiselmann/*Weiß*, Restrukturierungsrecht, Kap. 4 Rn. 118.

1097 Theiselmann/*Weiß*, Restrukturierungsrecht, Kap. 4 Rn. 119; *Kopp/Metzner*, AG 2012, 856, 858.

1098 *Pötzsch/Favoccia* in Assmann/Pötzsch/Uwe H. Schneider, WpÜG, § 1 Rn. 17 ff.

1099 *Assmann/Favoccia* in Assmann/Pötzsch/Uwe H. Schneider, WpÜG, § 2 Rn. 38 ff.; KölnerKommWpÜG/*Versteegen* § 1 Rn. 64; *Angerer* in Angerer/Geibel/Süßmann, § 1 WpÜG Rn. 128; BaFin – Schreiben vom 09.08.2006 (abrufbar unter https://www.bafin.de/SharedDocs/Veroeffentlichungen/DE/Auslegungsentscheidung/WA/ae_060809_rueckerwerb.html); **aA** MüKoAktG/*Wackerbarth* § 2 WpÜG Rn. 23 ff.

von Bieter und Zielgesellschaft voraussetzt.[1100] Gleiches muss auch für Wandelanleihen gelten.[1101]

Fungiert die Gesellschaft mithin selbst als Rückerwerber, ist das WpÜG somit nicht anwendbar. Gleiches gilt für einen Rückerwerb durch ein Tochterunternehmen. Diese Auffassung ist durch die BaFin allerdings bisher nicht offiziell bestätigt worden, sodass es sich empfiehlt, ein solches Vorgehen im Vorfeld mit der BaFin im Hinblick auf die Anwendbarkeit des WpÜG abzustimmen.[1102]

Wird der Rückerwerb von einem Mehrheitsaktionär durchgeführt, so ist das WpÜG jedoch grundsätzlich anwendbar.[1103] In diesem Falle muss der Mehrheitsaktionär als Rückerwerber insbesondere die Regelungen der §§ 10 ff. WpÜG beachten. So muss er seine Entscheidung zur Abgabe eines Angebots unverzüglich bekannt geben (§ 10 WpÜG), die Angebotsunterlage zunächst von der BaFin billigen lassen, sodann entsprechend veröffentlichen (§ 14 WpÜG) und muss die inhaltlichen Vorgaben des WpÜGs an das Angebot beachten; insbesondere die Angebotsfrist von mindestens vier Wochen (§ 16 WpÜG) und das Verbot der Ausgestaltung als *invitatio ad offerendum* (17 WpÜG).

Abschließend ist somit festzuhalten, dass das WpÜG lediglich bei einem Rückerwerb durch einen Dritten, wie beispielsweise eines Mehrheitsaktionärs, beachtet werden muss.

3. Insiderhandelsverbot (Art. 14 MAR)

Aus kapitalmarktrechtlicher Sicht muss die Gesellschaft bei der Durchführung des Anleihenrückerwerbs außerdem das Insiderhandelsverbot (Art. 14 MAR) beachten. Das Insiderhandelsverbot soll das Ausnutzen von kursrelevantem Sonderwissen einzelner Marktteilnehmer verhindern und die Integrität der Kapitalmärkte schützen.[1104]

1100 *Assmann/Favoccia* in Assmann/Pötzsch/Uwe H. Schneider, WpÜG, § 2 Rn. 42.

1101 Theiselmann/*Weiß*, Restrukturierungsrecht, Kap. 4 Rn. 120; *Kopp/Metzner*, AG 2012, 856, 859; *Wieneke*, WM 2013, 1540, 1543; *Ekkenga* in Ekkenga/Schröer, Handbuch der AG-Finanzierung, Kap. 15 Rn. 253.

1102 Theiselmann/*Weiß*, Restrukturierungsrecht, Kap. 4 Rn. 120.

1103 Theiselmann/*Weiß*, Restrukturierungsrecht, Kap. 4 Rn. 121.

1104 *Stoppel* in: Grunewald/Schlitt, Einführung in das Kapitalmarktrecht, § 13, S. 263.

a) Anwendungsbereich und Tatbestand

Das Insiderhandelsverbot gilt für Finanzinstrumente[1105], die an einem geregelten Markt zugelassen sind oder für die ein Zulassungsantrag gestellt wurde oder die in einem multilateralen oder organisierten Handelssystem gehandelt werden (vgl. Anwendungsbereich der MAR gemäß Art. 2 Abs. 1 MAR). Somit sind auch Anleihen, die im Freiverkehr gehandelt werden, vom Insiderhandelsverbot erfasst. Das Insiderhandelsverbot verbietet unter anderem das Tätigen von Insidergeschäften und den Versuch dazu (Art. 14 lit. a) MAR). Ein solches Insidergeschäft liegt vor, wenn eine Person über Insiderinformationen verfügt und unter Nutzung der Insiderinformation für eigene oder für fremde Rechnung direkt oder indirekt Finanzinstrumente, auf die sich die Insiderinformation bezieht, erwirbt oder veräußert (Art. 8 Abs. 1 Satz 1 MAR). Eine Insiderinformation wiederum liegt unter anderem vor, bei nicht öffentlich bekannten präzisen Informationen, die direkt oder indirekt einen oder mehrere Emittenten oder ein oder mehrere Finanzinstrumente betreffen und die, wenn sie öffentlich bekannt würden, geeignet wären, den Kurs dieser Finanzinstrumente oder den Kurs damit verbundener derivativer Finanzinstrumente erheblich zu beeinflussen (Art. 7 Abs. 1 lit. a) MAR).[1106] Kursbeeinflussungspotenzial liegt vor, wenn ein verständiger Anleger die Information wahrscheinlich als Grundlage für seine Anlageentscheidung nutzen würde (Art. 7 Abs. 4 MAR).

b) Mögliche Konstellationen bei einem Anleihenrückkauf

Im Rahmen eines Anleihenrückerwerbs kommt sowohl die Tatsache des Rückerwerbs selbst als auch sonstige Tatsachen, die unabhängig vom Anleihenrückerwerb sind und die Gesellschaft betreffen, als mögliche Insiderinformation in Betracht. Durch den Rückerwerb könnte diese Gesellschaft diese Insiderinformation möglicherweise ausnutzen, sodass die einzelnen Rückerwerbsgeschäfte verbotene Insidergeschäfte darstellen würden.

Der geplante Rückerwerb selbst stellt aufgrund seines Kursbeeinflussungspotenzials grundsätzlich eine Insiderinformation dar.[1107] Dennoch liegt in dieser

---

1105 Anleihen sind ein Finanzinstrument im Sinne der MAR; vgl. Art. 3 Abs. 1 Nr. 1 MAR i. V. m. Art. 4 Abs. 1 Nr. 15 und Anhang I Abschnitt C Nr. 1 der Richtline 2014/65/EU (Richtlinie 2014/65/EU des Europäischen Parlaments und des Rates vom 15. Mai 2015 über Märkte für Finanzinstrumente sowie zur Änderung der Richtlinien 2002/92/EG und 2011/61/EU).

1106 Zur Kurserheblichkeit bei Anleihen vgl. allgemein *Kocher*, WM 2013, 1305, 1306 f.

1107 *Bredow/Sickinger/Weinand-Härer/Liebscher*, BB 2012, 2134, 2137; *Kocher*, WM 2013, 1305, 1308.

Konstellation kein verbotener Insiderhandel vor. Voraussetzung des Insiderhandelsverbots ist nämlich, dass die fraglichen Geschäfte *unter Nutzung* der Insiderinformation getätigt werden. Allerdings liegt keine *Nutzung* der Insiderinformation vor, wenn lediglich der eigene Erwerbsentschluss umgesetzt wird (Art. 9 Abs. 5 MAR).[1108]

Es kann jedoch ein Verstoß gegen das Insiderhandelsverbot vorliegen, wenn es weitere Insiderinformationen gibt, die der Gesellschaft als Erwerber bekannt sind und von ihr verwendet werden.[1109] In Betracht kämen beispielsweise konkrete Sanierungspläne, der Abschluss wichtiger Verträge oder die Kooperation mit einem Investor. Dementsprechend muss der Vorstand abwägen, ob ihm Umstände bekannt sind, die eine Insiderinformation darstellen könnten. Dabei ist zu beachten, dass solche Insiderinformationen zwar ohnehin veröffentlichungspflichtig wären (Art. 17 Abs. 1 MAR), allerdings eine Veröffentlichung unter bestimmten Umständen auch aufgeschoben werden kann (Art. 17 Abs. 4 MAR).[1110] Im Zweifelsfall sollte der Vorstand den Rückerwerb zunächst nicht durchführen und abwarten, bis die Insiderinformation veröffentlicht wurde.

4. Verbot der Marktmanipulation (Art. 15 MAR)

Die Durchführung eines Anleihenrückerwerbs birgt für die Gesellschaft zudem die Gefahr, eine verbotene Marktmanipulation zu begehen (Art. 15 MAR). Das Verbot der Marktmanipulation soll die Integrität der Kapitalmärkte und die Richtigkeit der dort ermittelten Börsenpreise gewährleisten.[1111]

Das Verbot der Marktmanipulation gilt nicht nur im regulierten Markt, sondern insgesamt für Finanzinstrumente[1112], die an einem multilateralen oder

1108 Bei der Vorgängerregelung § 14 Abs. 1 WpHG (a.F.) war dies noch nicht gesetzlich normiert, allerdings hM; vgl. *Ekkenga* in Ekkenga/Schröer, Handbuch der AG-Finanzierung, Kap. 15 Rn. 253; Theiselmann/*Lürken*, Restrukturierungsrecht, Kap. 5 Rn. 218; Theiselmann/*Weiß*, Restrukturierungsrecht, Kap. 4 Rn. 88; *Seibt*, CFL 2010, 165, 175.

1109 Theiselmann/*Lürken*, Restrukturierungsrecht, Kap. 5 Rn. 218; Theiselmann/*Weiß*, Restrukturierungsrecht, Kap. 4 Rn. 89; *Bredow/Sickinger/Weinand-Härer/Liebscher*, BB 2012, 2134, 2137 f. (jeweils zur Vorgängerregelung § 14 Abs. 1 WpHG (a.F.)).

1110 Vgl. dazu ausführlich unten unter 5.

1111 Vgl. Art. 1 MAR sowie zur Vorgängerreglung § 20a WpHG (a.F.): Schwark/Zimmer/*Schwark* § 20a (a.F.) WpHG Rn. 7. Insgesamt beziehen sich einige Quellenangaben mangels Verfügbarkeit neuerer Literatur noch auf § 20a WpHG (a.F.) Die zitierten Quellen sind dann allerdings inhaltlich übertragbar.

1112 Anleihen sind ein Finanzinstrument im Sinne der MAR; vgl. Art. 3 Abs. 1 Nr. 1 MAR i. V. m. Art. 4 Abs. 1 Nr. 15 und Anhang I Abschnitt C Nr. 1 der Richtline

einem organisierten Handelssystem gehandelt werden (vgl. Art. 2 Abs. 1 MAR). Somit ist auch der für Anleihen besonders relevante Freiverkehr als multilaterales Handelssystem erfasst.

a) Tatbestand

Beim Tatbestand der Marktmanipulation wird differenziert zwischen informationsgestützter Manipulation sowie handels- und handlungsgestützter Manipulation.[1113] Eine informationsgestützte Marktmanipulation liegt vor, bei Verbreitung falscher oder irreführender Informationen oder Gerüchten, die (Var. 1) (wahrscheinlich) falsche oder irreführende Signale senden oder (Var. 2) ein falsches oder irreführendes Kursniveau herbeiführen, wenn die Person wusste oder hätte wissen müssen, dass diese Informationen falsch oder irreführend sind (Art. 12 Abs. 1 lit. c) MAR).[1114] Eine informationsgestützte Marktmanipulation kommt zwar grundsätzlich auch bei Anleihenrückerwerben in Betracht, allerdings stellen sich dabei keine spezifischen Probleme im Zusammenhang mit dem Anleihenrückerwerb.[1115]

Eine handels- und handlungsgestützte Marktmanipulation liegt vor bei Geschäften, Handelsaufträgen und allen sonstigen Handlungen, die (wahrscheinlich) falsche oder irreführende Signale senden oder ein künstliches Kursniveau herbeiführen (Art. 12 Abs. 1 lit. a) MAR).[1116] Eine solche Marktmanipulation könnte bei einem Rückerwerb von Anleihen durch den Emittenten vorliegen.

Durch den Abschluss des Erwerbsgeschäfts liegt eine tatbestandsgeeignete Handlung vor. Fraglich ist lediglich, ob durch den Rückerwerb ein falsches oder irreführendes Signal hinsichtlich der Nachfrage, des Angebots oder des Preises der Anleihe gesetzt wird (Var. 1) oder ein anormales oder künstliches Kursniveau der Anleihen erzeugt wird (Var. 2).

Das Signal ist falsch, wenn es nicht der tatsächlichen Marktsituation hinsichtlich des Finanzinstruments entspricht.[1117] Irreführend ist es, wenn es zwar

---

2014/65/EU (Richtlinie 2014/65/EU des Europäischen Parlaments und des Rates vom 15. Mai 2015 über Märkte für Finanzinstrumente sowie zur Änderung der Richtlinien 2002/92/EG und 2011/61/EU).

1113 *Poelzig*, NZG 2016, 528, 535 f.

1114 *Poelzig*, NZG 2016, 528, 536.

1115 Theiselmann/*Weiß*, Restrukturierungsrecht, Kap. 4 Rn. 96 ff.

1116 *Poelzig*, NZG 2016, 528, 536.

1117 Theiselmann/*Weiß*, Restrukturierungsrecht, Kap. 4 Rn. 105; Fuchs/*Fleischer*, WpHG, § 20a (a.F.) Rn. 20.

inhaltlich richtig ist, aber bei einem verständigen Anleger eine Fehlvorstellung hervorruft.[1118] Ein anormales, künstliches Kursniveau liegt vor, wenn die Kurse nicht das Ergebnis eines freien und unmanipulierten Marktes sind.[1119] Durch die Erwerbsgeschäfte der Gesellschaft könnte ein solches falsches Signal gesetzt werden. Die Erwerbsgeschäfte könnten nämlich von den übrigen Marktteilnehmern als Nachfrage unabhängiger Dritter interpretiert werden. Dadurch würde dem Markt suggeriert, dass die Anleihen einen höheren inneren Wert haben als es der aktuelle Marktpreis ausdrückt. Üblicherweise werden Anleihen (wie natürlich auch Aktien und sonstige Finanzinstrumente) nämlich erworben, wenn der Erwerber davon ausgeht, dass diese tatsächlich mehr Wert sind als der aktuelle Marktpreis. Aus einer steigenden Nachfrage schließen andere Marktteilnehmer häufig, dass die Anleihen tatsächlich mehr wert sind. Bei einem Rückerwerb durch die Gesellschaft selbst ist dies häufig allerdings anders. Ihre Motive für den Rückerwerb unterscheiden sich von denen normaler Marktteilnehmer und gehen über einen möglichst günstigen Erwerb hinaus.[1120] Damit würde der Rückerwerb ein falsches Signal setzen, da er nicht der tatsächlichen Marktsituation entspräche. Außerdem wäre er irreführend, da die übrigen Marktteilnehmer von einer Nachfrage neutraler Dritter ausgehen und die besonderen Motive der Gesellschaft nicht identifizieren können. Ein anormales, künstliches Preisniveau läge damit ebenfalls vor.

Teilweise ist dennoch umstritten, ob auch beim Anleihenrückerwerb eine Marktmanipulation vorliegt.

Zur Analyse wird daher häufig ein Vergleich zur Situation beim Rückerwerb eigener *Aktien* herangezogen.[1121] Beim Rückerwerb eigener Aktien liegt grundsätzlich eine Marktmanipulation vor.[1122] Durch den Rückerwerb eigener Aktien kann es infolge der Angebotsverknappung zu erhöhten Marktpreisen kommen. Diese resultieren aber nicht aus der Nachfrage Dritter, sondern aus der

1118 Fuchs/*Fleischer*, WpHG, § 20a (a.F.) Rn. 22.

1119 Theiselmann/*Weiß*, Restrukturierungsrecht, Kap. 4 Rn. 108; KölnerKommWpHG/*Stoll* § 20a (a.F.) Rn. 226.

1120 Vgl. zu den Motiven der Gesellschaft oben unter II. 1.

1121 *Bredow/Sickinger/Weinand-Härer/Liebscher*, BB 2012, 2134, 2136 f.; Theiselmann/*Weiß*, Restrukturierungsrecht, Kap. 4 Rn. 105 ff.; Vgl. zur Situation beim Rückerwerb eigener *Aktien*: *Cahn* in Spindler/Stilz, AktG, § 71 Rn. 166 ff.; MüKoAktG/*Oechsler* § 71 Rn. 344 ff.; *Singhof/Weber*, AG 2005, 549; *Grüger*, BKR 2010, 221; *Bezzenberger*, Erwerb eigener Aktien durch die AG.

1122 Theiselmann/*Weiß*, Restrukturierungsrecht, Kap. 4 Rn. 105; MüKoAktG/*Oechsler* § 71 Rn. 345; *Cahn* in Spindler/Stilz, AktG, § 71 Rn. 181.

Nachfrage durch die Gesellschaft selbst. Die Gesellschaft hat aber beim Erwerb ihrer eigenen Aktien häufig Motive, die über die von Dritten hinausgehen. Im Falle des Rückerwerbs eigener *Aktien* sind folgende Motive denkbar: Steigerung des Aktienkurses und damit der Attraktivität der Aktie sowie ihre Eignung als Akquisitionswährung und als Basis für die Höhe der Managementvergütung; spätere Verwendung als Akquisitionswährung; Signalsetzung für den Kapitalmarkt; Schutz vor feindlichen Übernahmen; Optimierung des Verhältnisses von Fremd- zu Eigenkapital; Alternative zur Dividendenausschüttung.[1123]

Die aufgrund dieser besonderen Motivation der Gesellschaft zustande kommenden Erwerbskurse stellen dann nicht den tatsächlichen Marktwert dar, sondern suggerieren stattdessen dem Markt einen zu hohen Wert der Aktien durch eine entsprechende Nachfrage neutraler Dritter. Fraglich ist allerdings, ob diese Überlegungen auf den Rückerwerb eigener *Anleihen* übertragbar sind. Teilweise wird dies verneint mit dem Argument, dass sämtliche Motive, die für den Rückerwerb eigener Aktien einschlägig sein können, nicht auf den Rückerwerb eigener Anleihen übertragbar seien.[1124] Vielmehr gehe es der Gesellschaft, wie jedem anderen Marktteilnehmer, ausschließlich um einen möglichst günstigen Erwerb der Anleihe.[1125]

Dem ist jedoch nicht zuzustimmen. Wie bereits dargestellt[1126], ist der Rückerwerb eigener Anleihen oftmals nicht ausschließlich von der Intention getragen, die Anleihen möglichst günstig zu erwerben und so möglicherweise einen Ertrag zu erzielen. Stattdessen hat die Gesellschaft auch beim Rückerwerb eigener Anleihen Motive, die sie dazu veranlassen, einen Erwerbspreis über dem tatsächlichen inneren Wert der Anleihe zu zahlen: Verbesserung des Bilanzbildes, günstigere Refinanzierungsoptionen, Änderung des Fristenprofils der Anleihenfinanzierung und damit Optimierung der Fremdkapitalfinanzierung und zukünftiger Liquidität.[1127] Diese Motive gehen über einen möglichst günstigen (Rück)erwerb der Anleihe hinaus und führen dazu, dass die Gesellschaft möglicherweise bereit ist, einen Preis zu bezahlen, der über dem tatsächlichen inneren Wert der Anleihe liegt. Anknüpfend an die Annahme, dass weitergehende Motive

1123 MüKoAktG/*Oechsler* § 71 AktG Rn. 1 ff.; *Vogel* in Assmann/Uwe H. Schneider, WpHG, § 20a (a.F.) Rn. 249; Theiselmann/*Weiß*, Restrukturierungsrecht, Kap. 4 Rn. 105; *Bezzenberger*, Erwerb eigener Aktien durch die AG, Rn. 76 ff. und 156.

1124 Theiselmann/*Weiß*, Restrukturierungsrecht, Kap. 4 Rn. 106 und 110.

1125 Theiselmann/Weiß, Restrukturierungsrecht, Kap. 4 Rn. 106 und 110.

1126 Siehe oben unter II. 1.

1127 *Lürken/Plank* in Hopt/Seibt, Schuldverschreibungsrecht, Kap. 11 Rn. 11.37; *Bredow/Sickinger/Weinand-Härer/Liebscher*, BB 2012, 2134.

für den Rückerwerb bestehen, wird teilweise vorgeschlagen, nach den konkreten Motiven zu differenzieren. So wird dabei angenommen, ein Rückerwerb zu Sanierungszwecken[1128] oder zur Reduzierung der Schuldenlast[1129] stelle per se keine Marktmanipulation dar. Problematisch ist allerdings insofern der Nachweis dieses Motivs und die Bewertung von möglicherweise (nicht) intendierten Nebenzwecken (wie beispielsweise die zuvor dargestellten denkbaren Motive beim Rückerwerb der Anleihe). Daher ist eine Differenzierung nach dem konkreten Motiv für den Rückerwerb der Anleihe ebenfalls nicht sachgerecht. Dementsprechend ergibt sich die gleiche Problematik wie beim Rückerwerb eigener *Aktien*: Die gezahlten Erwerbspreise entsprechen häufig nicht dem tatsächlichen inneren Marktwert der Anleihe und stellen insofern ein falsches und irreführendes Signal für den Kapitalmarkt dar. Dies gilt erst recht für Wandelanleihen.[1130] Beim Rückerwerb eigener Wandelanleihen geht es häufig auch darum, eine drohende Verwässerung der Altaktionäre zu verhindern.[1131] In diesem Fall ist die Gesellschaft auch aus diesem Aspekt heraus bereit, einen erhöhten Erwerbspreis zu zahlen.

Somit stellt der Rückerwerb eigener *Anleihen* genauso wie der Rückerwerb eigener *Aktien* grundsätzlich eine Marktmanipulation dar.[1132]

b) Ausnahme vom Verbot der Marktmanipulation (sog. Safe Harbour*)*

Dies bedeutet allerdings noch nicht, dass der Rückerwerb eigener Anleihen endgültig eine *verbotene* Marktmanipulation darstellt. Bereits nach der Legaldefinition scheidet ein Verstoß aus, wenn legitime Gründe für die Handlung bestehen und diese im Einklang mit der zulässigen Marktpraxis stehen (vgl. Art. 12 Abs. 1 lit. a) am Ende i. V. m. Art. 13 MAR).

1128 *Ekkenga* in Ekkenga/Schröer, Handbuch der AG-Finanzierung, Kap. 15 Rn. 253.

1129 So wohl *Wieneke*, WM 2013, 1540, 1544.

1130 Skeptisch speziell zu Wandelanleihen *Wieneke*, WM 2013, 1540, 1544.

1131 *Altenburg*, DStR 2013, 5; *Wieneke*, WM 2013, 1540; *Herzig/Joisten*, DB 2013, 954; *Ekkenga* in Ekkenga/Schröer, Handbuch der AG-Finanzierung, Kap. 15 Rn. 250.

1132 *Bredow/Sickinger/Weinand-Härer/Liebscher*, BB 2012, 2134, 2136; *Lürken/Plank* in Hopt/Seibt, Schuldverschreibungsrecht, Kap. 11 Rn. 11.54; **aA** Theiselmann/*Weiß*, Restrukturierungsrecht, Kap. 4 Rn. 107; *Metzner/Müller*, BörsenZeitung vom 18.03.2009 (Seite 2), allerdings mit der Einschränkung, dass bei einem hohen Rückkaufvolumen, das die Liquidität eines vorhandenen aktiven Marktes erheblich einschränkt, „Marktmanipulationsgesichtspunkte möglicherweise stärker in den Vordergrund" treten.

Beim Rückerwerb eigener *Aktien* erkennt der EU-Gesetzgeber ein legitimes wirtschaftliches Interesse der Gesellschaft ausdrücklich an.[1133] Allerdings müssen solche Rückerwerbe bestimmten Anforderungen genügen, um vom Verbot des Marktmissbrauchs ausgenommen zu sein.[1134] Erfüllt die Gesellschaft diese Voraussetzungen, liegt keine verbotene Marktmanipulation vor (sog. *Safe Harbour*).

Diese Regelung ist möglicherweise auf den Rückerwerb eigener *Anleihen* übertragbar, sodass bei Erfüllung der Voraussetzungen ebenfalls keine verbotene Marktmanipulation vorliegt.[1135] Im Folgenden werden die Voraussetzungen des *Safe Harbours* bei Rückerwerb eigener Aktien dargestellt und sodann eine Übertragung auf den Rückerwerb eigener Anleihen diskutiert.

aa) Safe Harbour beim Rückerwerb eigener Aktien

Der Rückerwerb eigener Aktien im Rahmen von Rückkaufprogrammen unterliegt nicht dem Verbot der Marktmanipulation, wenn bestimmte Voraussetzungen erfüllt sind (Art. 5 MAR). Die Voraussetzungen nennt Art. 5 Abs. 1–3 MAR i. V. m. Delegierte VO (EU) 2016/1052[1136]. Um unter die *Safe Harbour*-Regelung zu fallen, muss die Gesellschaft Transparenzanforderungen sowie Handelsbedingungen und Handelsbeschränkungen berücksichtigen und der Rückerwerb muss zur Verwirklichung bestimmter Zwecke durchgeführt werden.

Im Detail bestehen folgende Voraussetzungen:

1. **Zweck**: Der Rückerwerb muss zur Reduzierung des Kapitals des Emittenten, zur Sicherung von Wandlungsrechten aus entsprechenden Schuldtiteln (z.B. Wandelanleihen) oder zur Erfüllung von Verpflichtungen aus einem Mitarbeiterbeteiligungsprogramm erfolgen (Art. 5 Abs. 2 MAR).
2. **Publizität**: Die Gesellschaft muss die Einzelheiten des Rückerwerbsprogramms vorab vollständig offen legen und nachträglich die einzelnen Geschäfte der BaFin bekannt geben und veröffentlichen (Art. 5 Abs. 1 lit b) MAR i. V. m. Art. 2 Delegierte VO 2016/1052).

1133 Vgl. Erwägungsgrund 12 und Art. 5 MAR.

1134 Vgl. dazu sogleich unter aa).

1135 *Bredow/Sickinger/Weinand-Härer/Liebscher*, BB 2012, 2134, 2137.

1136 Delegierte Verordnung (EU) 2016/1052 der Kommission vom 8. März 2016 zur Ergänzung der Verordnung (EU) Nr. 596/2014 des Europäischen Parlaments und des Rates durch technische Regulierungsstandards für die auf Rückkaufprogramme und Stabilisierungsmaßnahmen anwendbaren Bedingungen.

3. **Handelsbedingungen**: In Bezug auf Kurs und Volumen müssen angemessene Grenzen eingehalten werden (Art. 5 Abs. 1 lit. c) MAR). Die Gesellschaft darf Aktien nicht zu einem Kurs erwerben, der oberhalb des letzten getätigten unabhängigen Abschlusses liegt (Art. 3 Abs. 2 Delegierte VO 2016/1052) und das Volumen darf nicht mehr als 25% des täglichen Umsatzes an dem entsprechenden Handelsplatz betragen (Art. 3 Abs. 3 Delegierte VO 2016/1052).
4. **Handelsbeschränkungen**: Die Gesellschaft darf eigene Aktien während des Rückerwerbsprogramms nicht (wieder) verkaufen und innerhalb bestimmter *closed periods* keinen Handel mit eigenen Aktien betreiben (Art. 4 Abs. 1 lit a) und b) Delegierte VO 2016/1052).

Diese Voraussetzungen sind allerdings nicht abschließend. Es sind durchaus Fälle außerhalb dieser Voraussetzungen denkbar, die trotzdem keine verbotene Marktmanipulation darstellen, da ein wirtschaftliches Interesse der Gesellschaft anzuerkennen ist, sodass ein solcher Rückerwerb ebenfalls zulässig wäre.[1137]

bb) Übertragung des Safe Harbours auf den Rückerwerb eigener Anleihen

(i) Meinungsstand

Denkbar wäre, diese Voraussetzungen für einen *Safe Harbour* beim Rückerwerb eigener Aktien auch auf den Rückerwerb eigener Anleihen zu übertragen.

Zur Neuregelung seit Inkrafttreten der MAR finden sich, soweit ersichtlich, noch keinerlei Stellungnahmen dazu.[1138] Zur Vorgängerregelung[1139] wurde es überwiegend – sofern nicht bereits davon ausgegangen wurde, dass ein Anleihenrückerwerb ohnehin keine Marktmanipulation darstellt[1140] – für notwendig, aber auch ausreichend gehalten, wenn die „wesentlichen" Vorgaben des *Safe Harbours* eingehalten wurden.[1141] Demnach seien jedenfalls die

1137 *Singhof* in Habersack/Mülbert/Schlitt, Handbuch der Kapitalmarktinformation, § 21 Rn. 16.

1138 Mit Ausnahme von *Lürken/Plank* in Hopt/Seibt, Schuldverschreibungsrecht, Kap. 11 Rz. 11.54 und 11.52, die lediglich das Meinungsbild zur Vorgängerregelung knapp darstellen und feststellen, dass seit Inkrafttreten der MAR die Regelungen des *Safe Harbours* für Aktienrückerwerbe auch bei Anleihenrückerwerben freiwillig eingehalten werden.

1139 § 20a WpHG (a.F.) i. V. m. Verordnung (EU) 2273/2003.

1140 Theiselmann/*Weiß*, Restrukturierungsrecht, Kap. 4 Rn. 107.

1141 KölnerKommWpHG/*Mock* § 20a (a.F.) Rn. 383 („weitgehend"); *Bredow/Sickinger/Weinand-Härer/Liebscher*, BB 2012, 2134, 2137 („wesentliche"); *Vogel* in Assmann/Uwe H. Schneider, WpHG, § 20a (a.F.) Rn. 296 („im Wesentlichen").

Transparenzanforderungen und die Handelsbedingungen einzuhalten.[1142] Die Einschränkungen in Bezug auf die Zwecke des Rückerwerbs sollen nicht gelten, da diese nicht auf den Rückerwerb eigener Anleihen übertragbar seien. Sind Wandelanleihen Gegenstand des Rückerwerbs, sollen die Zwecksetzungen des Rückerwerbs allerdings jedenfalls mittelbar gelten.[1143]

Dementsprechend gelte für öffentliche Rückkaufangebote, dass die notwendige Transparenz bereits durch eine Veröffentlichung des Rückkaufangebots selbst gewährleistet sei.[1144] Probleme bezüglich der Handelsbedingungen (insbesondere hinsichtlich Rückerwerbspreisen und der 25%-Grenze) stellen sich bei einem öffentlichen Rückerwerbsangebot mangels Abwicklung über die Börse von vorneherein nicht.

Bei einem Rückerwerb über die Börse könnten diese einzuhaltenden Handelsbedingungen allerdings dazu führen, dass diese Durchführungsoption für die Gesellschaft unattraktiv sei.[1145] Die Volumengrenze von 25% bezogen auf den täglichen Handelsumsatz mache die schnelle Durchführung eines Anleiherückerwerbs nämlich unmöglich, da Anleihemärkte in der Regel durch geringere Liquidität und Handelsvolumina gekennzeichnet seien.[1146] Dabei ist zu berücksichtigen, dass die neue Delegierte-VO 2016/1052 keine Ausnahme der Begrenzung mehr zulässt. Nach der Vorgängerregelung Art. 5 Abs. 3 Durchführungs-VO (EG) 2273/2003 konnten Emittenten bei „außerordentlich niedriger Liquidität auf dem relevanten Markt“ das Erwerbsvolumen auf bis zu 50% erhöhen.[1147] Außerdem wird offenbar davon ausgegangen, dass die Gesellschaft bei einem Rückerwerb über die Börse im Vorfeld keine Informationen über den geplanten Anleihenrückerwerb publizieren möchte, was ebenfalls gegen diese Durchführungsoption spricht.[1148]

Insgesamt wird daher ein Anleihenrückerwerb mittels öffentlichem Rückerwerbsangebot empfohlen.[1149]

1142 KölnerKommWpHG/*Mock* § 20a (a.F.) Rn. 384.

1143 KölnerKommWpHG/*Mock* § 20a (a.F.) Rn. 385.

1144 *Bredow/Sickinger/Weinand-Härer/Liebscher*, BB 2012, 2134, 2137.

1145 *Bredow/Sickinger/Weinand-Härer/Liebscher*, BB 2012, 2134, 2137.

1146 Theiselmann/*Weiß*, Restrukturierungsrecht, Kap. 4 Rn. 112.

1147 Vgl. zur alten Rechtslage: *Singhof/Weber*, AG 2005, 549, 559 f.

1148 Diese Annahme entspricht der gängigen Bezeichnung eines Rückerwerbs über die Börse als „stiller“ Rückerwerb.

1149 *Bredow/Sickinger/Weinand-Härer/Liebscher*, BB 2012, 2134, 2137.

(ii) Stellungnahme

Diese Überlegungen lassen sich auf die neue Rechtslage übertragen und sind grundsätzlich überzeugend.

Die Voraussetzungen der Vorgängerregelung Durchführungs-VO (EG) 2273/2003 und der aktuellen Delegierten-VO 2016/1052 sind im Wesentlichen identisch. Eine Intention des Gesetzgebers, die Rechtslage zu ändern, ist nicht ersichtlich, sodass die Überlegungen zur alten Rechtslage weiterhin Bestand haben. Außerdem ist die Anwendung der wesentlichen Vorschriften der Delegierten-VO 2016/1052 interessengerecht, um eine verbotene Marktmanipulation auszuschließen. Dies folgt aus der gleichen Interessenlage beim Rückerwerb eigener Anleihen und eigener Aktien. Wie dargelegt wurde, kann der Rückerwerb eigener Anleihen eine Marktmanipulation darstellen, da die übrigen Marktteilnehmer von einer objektiven Nachfrage Dritter ausgehen, wenn die Gesellschaft ohne hinreichende Offenlegung eigene Anleihen zurück erwirbt. Eine solche Irreführung kann jedoch dadurch ausgeschlossen werden, dass der Rückerwerb bereits vor seiner Durchführung hinreichend offengelegt wird und so die nötige Transparenz hergestellt wird. Außerdem muss nachträglich das Ergebnis des Rückkaufverfahrens publiziert werden. Insofern liegt eine Parallele zu den Publizitätspflichten beim Rückerwerb eigener *Aktien* vor, da die „Gefährdungslage", wie dargestellt, identisch ist. Die Offenlegungspflichten des Art. 2 Delegierte-VO 2016/1052 stellen somit einen geeigneten Regelungsrahmen dar, bei dessen Erfüllung diese Irreführung des Anlegerpublikums ausgeschlossen wird. Außerdem sind die Handelsbedingungen des Art. 3 Delegierte-VO 2016/1052 (einschließlich der Handelsbeschränkungen des Art. 4 Delegierte-VO 2016/1052) anzuwenden. Die Handelsbedingungen (insbesondere in Form der Volumenbegrenzung und des maximal zulässigen Erwerbspreises) sollen verhindern, dass der Erwerbspreis künstlich nach oben getrieben wird.[1150] Ein realistisches Kursniveau ist auch bei Anleihen notwendig, um die Integrität des Kapitalmarkts zu gewährleisten. In Ausnahmefällen, wenn die Handelsvolumina besonders niedrig sind und somit die jeweilige Anleihe besonders illiquide, kann man der Gesellschaft allerdings nicht zumuten, an der Volumenbegrenzung festzuhalten. Dadurch würde das grds. legitime Vorhaben der Gesellschaft, einen (zügigen) Anleiherückkauf durchzuführen, unangemessen beeinträchtigt. Die Integrität der Kapitalmärkte wird in diesen Fällen durch die strikte Einhaltung des maximal zulässigen Erwerbspreises ausreichend geschützt.

1150 *Vogel* in Assmann/Uwe H. Schneider, WpHG, § 20a (a.F.) Rn. 258 (zur Vorgängerregelung Art. 5 Durchführungs-VO (EG) 2273/2003).

Im Ergebnis folgt daraus, dass bei einem Rückerwerb mittels öffentlichem Rückerwerbsangebots in der Regel keine unzulässige Marktmanipulation vorliegt, sofern der Rückerwerb hinreichend angekündigt wird – was im Rahmen der Veröffentlichung des öffentlichen Rückerwerbsangebots der Fall ist – und das Ergebnis des Rückerwerbs ebenfalls veröffentlicht wird. Auch ein Rückerwerb über die Börse ist zulässig, solange die entsprechenden Publizitätspflichten sowohl im Vorfeld als auch im Nachhinein erfüllt werden und die Handelsbedingungen grds. eingehalten werden. Insbesondere aus Vorsichtsgründen empfiehlt sich ohnehin eine vorherige Abstimmung mit der BaFin, da die Rechtslage und vor allem auch die Auffassung der BaFin bzw. der ESMA aktuell noch ungeklärt ist.[1151]

In der Praxis ist zu beobachten, dass jedenfalls eine Orientierung an den Vorgaben der Delegierten-VO beziehungsweise der Durchführungs-VO erfolgt und deren Vorschriften, sofern sinnvoll, eingehalten werden und ausdrücklich auf diese Bezug genommen wird.[1152]

5. Publizitätspflichten (Art. 17 MAR)

Die Gesellschaft muss Insiderinformationen, die sie betreffen, so bald wie möglich veröffentlichen (Art. 17 Abs. 1 MAR).

Der Anwendungsbereich dieser Ad-Hoc-Publizitätspflicht wurde durch die MAR erweitert. Erfasst sind neben Emittenten, deren Finanzinstrumente an einem geregelten Markt in der Europäischen Union zugelassen sind bzw. ein Zulassungsantrag gestellt wurde, auch solche, deren Finanzinstrumente nur in den Freiverkehr oder in den Handel über andere multilaterale oder organisierte Handelssysteme einbezogen sind (vgl. Art. 2 Abs. 1 MAR).[1153] Die Erweiterung des Anwendungsbereichs ist für Anleihen besonders praxisrelevant, da sie häufig im Freiverkehr gehandelt werden[1154] und dort eine Ad-Hoc-Veröffentlichungspflicht nach § 15 Abs. 1 Satz 1 WpHG (a.F.) bisher nicht galt; es gab lediglich sog „Quasi Ad-hoc-Veröffentlichungspflichten" nach den AGB Freiverkehr, die ggf.

1151 *Bredow/Sickinger/Weinand-Härer/Liebscher*, BB 2012, 2134, 2137; Theiselmann/*Weiß*, Restrukturierungsrecht, Kap. 4 Rn. 107 und 113.

1152 Vgl z.B. Rückkaufprogramm der Travel24.com AG hinsichtlich ihrer Anleihe (insbesondere Ad-Hoc Mitteilung vom 28.07.2016; abrufbar unter http://www.dgap.de/dgap/News/adhoc/travelcom-travelcom-beschliesst-rueckkaufprogramm-fuer-anleihe/?newsID=952619).

1153 *Hopt/Kumpan* in Schimansky/Bunte/Lwowski, BankR-Hdb., § 107 Rn. 137.

1154 *Friedl*, BB 2012, 1102, 1105; Theiselmann/*Lürken*, Restrukturierungsrecht, Kap. 5 Rn. 14.

zu beachten waren.[1155] Hinsichtlich des Begriffs der Insiderinformation kann im Wesentlichen auf die Definition im Rahmen der Darstellung des Insiderhandelsverbots[1156] verwiesen werden; im Rahmen des Art. 17 MAR muss allerdings zusätzlich ein sogenannter unmittelbarer Emittentenbezug vorliegen.[1157] Wie oben[1158] dargelegt, ist der Entschluss zum Rückerwerb der Anleihe grds. eine Insiderinformation; ein Emittentenbezug besteht unstreitig ebenfalls, sodass der Entschluss grds. im Rahmen einer Ad-Hoc-Mitteilung zu veröffentlichen ist.[1159] Ist das Rückkaufvolumen sehr gering im Verhältnis zur Gesamtanleihevaluta, fehlt es möglicherweise am notwendigen Kursbeeinflussungspotenzial und mangels Insiderinformation wäre dann auch keine Ad-Hoc-Mitteilung zu veröffentlichen. Darüber hinaus können allerdings auch Zwischenschritte im Rahmen des Entschlusses über den Rückerwerb bereits eine veröffentlichungspflichtige Insiderinformation darstellen, wenn sie für sich genommen eine Insiderinformation darstellen (Art. 7 Abs. 3 MAR).[1160] So kann beispielsweise der Vorstandsbeschluss über die Durchführung des Rückerwerbs eine Insiderinformation darstellen.

Liegt eine grds. veröffentlichungspflichtige Insiderinformation vor, hat die Gesellschaft die Möglichkeit einer sog. Selbstbefreiung (Art. 17 Abs. 4 MAR).[1161] Eine Selbstbefreiung ist zulässig, sofern die folgenden Voraussetzungen kumulativ vorliegen:[1162] 1) die unverzügliche Offenlegung wäre geeignet, die berechtigten Interessen des Emittenten zu beeinträchtigen; 2) die Aufschiebung der Veröffentlichung wäre nicht geeignet, die Öffentlichkeit irrezuführen und 3) der

---

1155 *Bredow/Sickinger/Weinand-Härer/Liebscher*, BB 2012, 2134, 2138.

1156 Siehe dazu oben unter VI. 3.

1157 *Hopt/Kumpan* in Schimansky/Bunte/Lwowski, BankR-Hdb., § 107 Rn. 140 ff.

1158 Unter VI. 3.

1159 Laut Fuchs/*Pfüller*, WpHG, § 15 (a.F.) Rn. 204 liegt jedenfalls eine veröffentlichungspflichtige Insiderinformation vor, wenn der Rückkauf für die Marktteilnehmer überraschend ist. In der Praxis sollte die Gesellschaft aber keine Spekulationen darüber anstellen, ob ein Rückkauf für die Marktteilnehmer „überraschend" ist und jedenfalls aus Gründen der rechtlichen Vorsicht eine entsprechende Ad-Hoc-Mitteilung veröffentlichen.

1160 Vgl. zu zeitlich gestreckten Vorgängen nunmehr *Hopt/Kumpan* in Schimansky/Bunte/Lwowski, BankR-Hdb., § 107 Rn. 46 ff.

1161 Zur Möglichkeit der Selbstbefreiung nach der MAR: *Retsch*, NZG 2016, 1201.

1162 Vgl. zu den Voraussetzungen im Einzelnen *Hopt/Kumpan* in Schimansky/Bunte/Lwowski, BankR-Hdb., § 107 Rn. 152 ff.

Emittent muss die Geheimhaltung der Insiderinformation sicherstellen.[1163] Eine solche Selbstbefreiung ist auf eigene Verantwortung insbesondere zulässig bei zeitlich gestreckten Vorgängen (Art. 17 Abs. 4 Uabs. 2. MAR). Der Vorstand muss also laufend prüfen, ob eine veröffentlichungspflichtige Insiderinformation vorliegt und ob die Voraussetzungen einer Selbstbefreiung gegeben sind. Liegen die Voraussetzungen vor, muss er entscheiden, ob eine Selbstbefreiung erfolgen soll. Entscheidet er sich für eine Selbstbefreiung, so empfiehlt sich die Dokumentation dieser Entscheidung.

Spätestens wenn das Rückerwerbsangebot veröffentlicht wird, muss auch eine entsprechende Ad-Hoc-Mitteilung veröffentlicht werden.

VII. Steuerliche Aspekte

Ein wichtiger Aspekt bei der Strukturierung und Planung des *Bond Buy Backs* sind die steuerlichen Folgen des Rückerwerbs.

Dabei sind zwei Aspekte besonders zu beachten: Durch einen Rückerwerb unterhalb des Nennwerts entsteht der Gesellschaft möglicherweise ein steuerpflichtiger Ertrag.[1164] Durch die Steuerbelastung werden die Vorteile des Rückerwerbs minimiert oder gar vollständig egalisiert. Im Falle eines Rückerwerbs oberhalb des Nennwertes entsteht ein steuerlicher Aufwand, der sich auch in der Bilanz negativ niederschlägt.[1165] Dies würde von den Kapitalmärkten negativ aufgefasst werden, weshalb es aus Sicht der Gesellschaft gilt, diesen Bilanzverlust möglichst zu verhindern oder jedenfalls „kapitalmarktverträglicher" zu gestalten.

Dementsprechend muss die Gesellschaft die steuerlichen Folgen der Transaktion frühzeitig berücksichtigen und ihre Transaktionsstruktur ggf. anpassen.

Zu differenzieren ist zwischen einem Rückerwerb über Nennwert sowie einem Rückerwerb unterhalb des Nennwerts der Anleihe. Außerdem sind beim Rückerwerb von Wandelanleihen Besonderheiten zu berücksichtigen.[1166]

1163 Aus Sicht der um Transaktionssicherheit bemühten Praxis ist zu beachten, dass die nunmehr zuständige ESMA angekündigt hat, die Voraussetzungen für eine Selbstbefreiung zukünftig deutlich enger auszulegen als die bisher zuständige BaFin; vgl. ESMA, Final Report – Guidelines on the Market Abuse Regulation delay of disclosure of inside information, 13.07.2016, ESMA/2016/1130, 13.07.2016, 3.2.1 (S. 14, Rn. 54) sowie zur bisherigen Verwaltungspraxis der BaFin, Emittentenleitfaden, 4. Aufl. 2013, IV. 3.1 (S. 61).

1164 Vgl. dazu sogleich unter 1.

1165 Vgl. dazu sogleich unter 2.

1166 Siehe dazu sogleich unter 3.

1. Rückerwerb der Anleihe unterhalb des Nennwertes

Erwirbt die Gesellschaft die Anleihe unterhalb ihres Nennwertes zurück, so erwirtschaftet sie einen steuerpflichtigen außerordentlichen Ertrag in Höhe der Differenz zwischen Nennbetrag und (niedrigerem) Rückkaufpreis. Zu beachten ist allerdings, dass dieser erst entsteht, wenn die Anleihe von der Gesellschaft entwertet wird, da die Anleiheforderung nicht automatisch durch Konfusion erlischt, wenn die Anleihe zurückerworben wird.[1167] Daraus ergibt sich für die Gesellschaft die Möglichkeit, den steuerpflichtigen Ertrag zeitlich zu steuern, indem sie die Anleihe erst zu einem späteren Zeitpunkt entwertet.[1168] Spätestens mit Fälligkeit der Anleihe wird der steuerpflichtige Ertrag allerdings realisiert.[1169]

Ein solcher steuerlicher Ertrag ist mit laufenden Verlusten oder Verlustvorträgen verrechenbar (§ 10d Abs. 2 EStG i. V. m. § 8 Abs. 1 Satz 1 KStG; § 10a GewStG), wobei die Regelungen der Mindestbesteuerung zu berücksichtigen sind (§ 10d Abs. 2 Satz 1 EStG, § 10a Satz 2 GewStG).[1170] Möglicherweise bietet sich eine gestreckte Entwertung der Anleihe an, wenn absehbar ist, dass die Erträge in den kommenden Jahren jeweils mit Verlusten verrechnet werden können. Die Problematik des steuerpflichtigen Gewinns hat sich durch den Beschluss des BFH zur Verfassungswidrigkeit des sog. Sanierungserlasses wegen eines Verstoßes gegen den Grundsatz der Gesetzmäßigkeit der Verwaltung verschärft.[1171]

Früher wurde eine Anwendung des Sanierungserlasses auf Gewinne aus Anleihenrückerwerben befürwortet.[1172] Dies hätte zur Folge gehabt, dass diese unter bestimmten Umständen steuerfrei gewesen wären.

1167 Vgl. dazu bereits oben unter V. 5.

1168 *Ruoff* in Hopt/Seibt, Schuldverschreibungsrecht, Kap. 13 Rz. 13.13; mittelbar auch *Bredow/Sickinger/Weinand-Härer/Liebscher*, BB 2012, 2134, 2138 f.

1169 *Ruoff* in Hopt/Seibt, Schuldverschreibungsrecht, Kap. 13 Rz. 13.13; mittelbar auch *Bredow/Sickinger/Weinand-Härer/Liebscher*, BB 2012, 2134, 2139.

1170 *Ruoff* in Hopt/Seibt, Schuldverschreibungsrecht, Kap. 13 Rz. 13.10.

1171 BFH, Beschluss vom 28.11.2016 – GrS 1/15 = ZIP 2017, 338 = DStR 2017, 305 = EWiR 2017, 149 (mit Anmerkung *Möhlenkamp*) = DStRK 2017, 91 (mit Anmerkung *Holzner*) = NJW-Spezial 2017, 175. Vgl. allerdings zu einer angestrebten gesetzlichen Neuregelung, die den Sanierungserlass inhaltlich ersetzen soll, oben unter § 4 VII. 1.

1172 *Ruoff* in Hopt/Seibt, Schuldverschreibungsrecht, Kap. 13 Rn. 13.11; *von Ilberg/Tschesche*, BB 2010, 259, 261; *Blaas/Schwahn*, BB 2013, 2412, 2413.

2. Rückerwerb der Anleihe oberhalb des Nennwertes

Spiegelbildlich dazu entsteht der Gesellschaft ein außerordentlicher steuerlicher Aufwand, wenn sie die Anleihe oberhalb des Nennwertes erwirbt. Ein solcher Aufwand schlägt somit zunächst negativ in der Bilanz zu Buche. Die positiven Auswirkungen werden sich erst in den Folgejahren in der Bilanz auswirken. Dies ist jedenfalls dann der Fall, wenn die Gesellschaft günstigere Refinanzierungsmöglichkeiten genutzt hat und in diesen Folgejahren Zinsersparnisse hat. Im Optimalfall summieren sich die Zinsersparnisse zu einem Betrag, der die Mehraufwendungen für den Rückerwerb oberhalb des Nennwertes übersteigt. Dann ergibt sich mittel- bis langfristig trotzdem ein Vorteil für die Gesellschaft, allerdings wird der Kapitalmarkt solche ertragsmindernden Verluste zum Zeitpunkt der Bilanzierung negativ aufnehmen.[1173] Daher stellt sich für die Gesellschaft die Frage, wie ein Rückerwerb von Anleihen oberhalb des Nennwertes „bilanzoptimierter"[1174] und somit „kapitalmarktverträglicher" umgesetzt werden kann. Wenn die Anleihe von einer Tochtergesellschaft emittiert wurde, bietet sich für die Gesellschaft eine geeignete Möglichkeit, um den Anleiherückerwerb „bilanzoptimierter" durchzuführen.[1175]

Der Ablauf einer solchen Transaktion lässt sich in drei Abschnitte gliedern:

In einem ersten Schritt erwirbt die Muttergesellschaft die von der Tochtergesellschaft emittierte Anleihe. Die Muttergesellschaft wird dadurch Anleihegläubigerin der Tochtergesellschaft; es ergibt sich insofern kein Unterschied zu einem Erwerb durch einen konzernfremden Dritten.[1176] Die zukünftigen Zinsverpflichtungen bestehen nun gegenüber der Muttergesellschaft. Die Tochtergesellschaft bilanziert die Verbindlichkeit weiterhin unter „Anlageverbindlichkeiten".[1177] Für die Muttergesellschaft handelt es sich um einen erfolgsneutralen Anschaffungsvorgang.[1178]

In einem zweiten Schritt werden die Anleihen schrittweise von der Muttergesellschaft in die Tochtergesellschaft als Rücklagen (§ 272 Abs. 2 Nr. 4 HGB) eingebracht.

Im dritten Schritt entwertet die Tochtergesellschaft die Anleihen – ebenfalls schrittweise – unmittelbar nach ihrer Einbringung.

1173 *Schnorbus/Plassmann*, ZBB 2015, 25, 26.

1174 Begriff nach *Schnorbus/Plassmann*, ZBB 2015, 25.

1175 Vgl. ausführlich zu diesem Vorschlag *Schnorbus/Plassmann*, ZBB 2015, 25.

1176 *Schnorbus/Plassmann*, ZBB 2015, 25, 27.

1177 *Schnorbus/Plassmann*, ZBB 2015, 25, 27.

1178 *Schnorbus/Plassmann*, ZBB 2015, 25, 27.

Die letzten beiden Schritte finden somit mehrfach statt. Es werden von der Muttergesellschaft immer nur so viele Anleihen in die Tochtergesellschaft eingebracht, dass der im Konzernabschluss entstehende außerordentliche Aufwand unmittelbar durch die Ersparnis aufgrund der günstigeren Refinanzierungskosten ausgeglichen wird.[1179] So sieht der Kapitalmarkt stets sofort den bilanziellen Vorteil des Rückerwerbs.

3. Besonderheiten beim Rückerwerb von Wandelanleihen?

Ist eine Wandelanleihe Gegenstand des *Bond Buy Backs*, bestehen möglicherweise Besonderheiten im Hinblick auf die körperschaftssteuerliche Behandlung, insbesondere falls die Wandelanleihe oberhalb des Nennwertes zurückerworben wird.

a) Ausgangspunkt

Grundsätzlich mindert jeder handelsrechtliche Aufwand den Gewinn (§ 5 Abs. 1 Satz 1 EStG). Maßgeblich für die steuerliche Berücksichtigung des Aufwands ist also die Handelsbilanz. Handelsbilanziell sind die Kosten für den Rückerwerb der Anleihe als Betriebsausgaben zu bilanzieren. Allerdings wird dieser Grundsatz durchbrochen, sofern die Ausgaben nicht betrieblich veranlasst sind. Sind die Aufwendungen nicht betrieblich veranlasst, sind sie steuerrechtlich nicht abzugsfähig (vgl. § 4 Abs. 4 EStG). Das Merkmal der betrieblichen Veranlassung ist notwendig, um Vorgänge, Handlungen und Wirtschaftsgüter dem Betrieb zuzuordnen und abzugrenzen, ob außerbetriebliche Gründe im Einzelfall vorlagen oder andere Motive für die Aufwendungen ausschlaggebend waren.[1180] Aufwendungen sind betrieblich veranlasst, wenn sie objektiv mit dem Betrieb zusammenhängen und subjektiv dem Betrieb zu dienen bestimmt sind.[1181]

Ob der Rückerwerb einer Wandelanleihe vollumfänglich betrieblich veranlasst ist, ist umstritten.

b) Meinungsstand

aa) Contra vollständige steuerliche Abzugsfähigkeit des Rückerwerbspreises

Teilweise wird verlangt, dass bei dem Rückerwerbspreis zu differenzieren sei zwischen der Fremd- und der Eigenkapitalkomponente der Wandelanleihe.[1182]

1179 *Schnorbus/Plassmann*, ZBB 2015, 25, 26 und 34.

1180 *Wied* in Blümich, EStG § 4 Rn. 555.

1181 BFH GrS 2/82 vom 21.11.83, BStBl II 84, 160.

1182 *Altenburg*, DStR 2013, 5.

Bei dem Teilbetrag, der auf die Eigenkapitalkomponente entfalle – also praktisch das Wandlungsrecht – liege keine betriebliche Veranlassung für dessen Rückerwerb vor.[1183] Stattdessen stelle dieser Teil in der Regel einen gesellschaftsrechtlich veranlassten Vorgang dar, der nur dem Interesse der Altaktionäre und nicht der Gesellschaft – also dem Betrieb – diene. Konsequenz dieser Annahme wäre eine verdeckte Gewinnausschüttung zugunsten der Aktionäre, die auf Ebene der Gesellschaft steuerlich nicht abzugsfähig wäre und auf Ebene der begünstigten Aktionäre versteuert werden müsste. Begründet wird diese Auffassung mit einem Vergleich zur Situation beim Rückerwerb eigener Aktien und mit der Anwendung des *actus contrarius*-Grundsatzes in Bezug auf die Ausgabe der Wandelanleihe. Beim Rückerwerb eigener Aktien bestehe laut Rechtsprechung eine Vermutung, dass dieser im Interesse der Aktionäre erfolge, sofern kein Sonderfall vorliege.[1184] Ein solcher Sonderfall liege lediglich vor, wenn es sich um eine Abwehrmaßnahme bei einer feindlichen Übernahme handele oder wenn der Erwerb im Zusammenhang mit einem Mitarbeiterbeteiligungsprogramm stehe. Ansonsten erfolge der Rückerwerb ausschließlich im Interesse der Aktionäre, da durch die aus dem Rückerwerb und der anschließenden Einziehung der Aktien der Anteil der übrigen Aktien am Unternehmenswert steigt. Die Aktionäre profitieren auch über eine höhere Dividendenbeteiligung und einen Kursgewinn ihrer Aktien, den sie durch Veräußerung realisieren können.[1185] Die Situation bei Wandelanleihen sei mit dieser Interessenlage vergleichbar. Insbesondere wenn die Wandelanleihen bei steigendem Unternehmenswert zurückerworben würden, indiziere dies, dass der Rückerwerb nur erfolge, um einer Verwässerung der Aktionärsstruktur durch übermäßige Ausübung des Wandlungsrechts vorzubeugen und erfolge somit im Interesse der (Alt)aktionäre und sei durch das Gesellschaftsverhältnis – und nicht betrieblich – veranlasst.[1186] Dies sei in der Regel der Fall, wenn die Wandelanleihe zu einem Kurs oberhalb ihres Nennwertes zurückerworben wird.

Ein weiteres Argument gegen die Annahme einer betrieblichen Veranlassung ergebe sich, wenn man den Rückkauf der Wandelanleihe als *actus contrarius* zu deren Ausgabe betrachte.[1187] Ausgangspunkt ist zunächst die Annahme, dass es sich bei dem Rückerwerb der Anleihe um die „Rückgängigmachung

---

1183 *Altenburg*, DStR 2013, 5.

1184 *Altenburg*, DStR 2013, 5, 6 unter Berufung auf BFH, Urteil vom 06.12.1995 – I R 51/95 = DStRE 2004, 762, 763.

1185 *Altenburg*, DStR 2013, 5, 6.

1186 *Altenburg*, DStR 2013, 5, 8.

1187 *Altenburg*, DStR 2013, 5, 8 ff.

ihrer Ausgabe“ handele, sodass der vom BFH[1188] aufgestellte *actus contrarius*-Grundsatz zu beachten sei. Das bedeutet, dass die steuerliche Beurteilung des Rückerwerbs spiegelbildlich zur Ausgabe der Wandelanleihe erfolgen muss. Dabei wird lediglich auf das bei Ausgabe erhobene Agio abgestellt; dieses soll den für das Wandlungsrecht erhobenen Anteil am Ausgabepreis darstellen. Dieses Agio sei steuerlich als Einlage zu werten. Zur Begründung dieser Annahme wird auf die BFH-Rechtsprechung zu Optionsanleihen verwiesen.[1189] Das Agio bei Optionsanleihen stelle laut BFH deshalb steuerlich eine Einlage dar, da es nicht aus betrieblichen Gründen, sondern aufgrund des Gesellschaftsverhältnisses gezahlt werde. Der Erwerber sichere sich damit ein unentziehbares Anwartschaftsrecht auf eine spätere Beteiligung an der Gesellschaft. Neben der gesellschaftsrechtlich motivierten Zahlung durch den zukünftigen Aktionär sei die Zahlung des Agios auch als mittelbare Einlage der Altaktionäre zu werten. Diese verzichteten nämlich nur deshalb auf das eigentlich ihnen zustehende Bezugsrecht in Form der Option, da der Erwerber der Optionsanleihe das Agio als Kompensation zu zahlen bereit sei. Diese Rechtsprechung sei auf Wandelanleihen übertragbar, da Wandelanleihen einen mindestens ähnlich starken Eigenkapitalcharakter wie Optionsanleihen haben und der Unterschied zwischen beiden nur darin bestehe, dass das Wandlungs- bzw. Optionsrecht bei der Optionsanleihe abgespalten werden könne und bei der Wandelanleihe nicht.[1190] Für die Situation bei Rückerwerb der Wandelanleihe folge aus der Anwendung des *actus contrarius*-Grundsatzes, dass der Anteil des Rückerwerbspreises, der auf das Wandlungsrecht und nicht auf die Fremdkapitalkomponente entfalle, einen steuerneutralen Aufwand darstelle und diese Aufwendungen nicht steuerrechtlich abzugsfähig seien.[1191] Vielmehr stellten diese Aufwendungen eine verdeckte Gewinnausschüttung zugunsten der Aktionäre dar und müssten somit zudem von diesen als Einnahme versteuert werden.[1192]

1188 BFH, Urteil vom 29.04.1987 – I R 176/83 = BStBl II 1987, 733 = BeckRS 1987, 22008070; BFH, Urteil vom 25.05.1999 – VIII R 59/97 = BStBl II 2001, 226 = DStR 1999, 1306, 1307 sowie RFH, Urteil vom 08.02.1938 – I 19/38.

1189 *Altenburg*, DStR 2013, 5, 8 unter Rückgriff auf BFH, Urteil vom 30.11.2005 – I R 3/04 = DStRE 2006, 259 und BFH, Urteil vom 30.11.2005 – I R 26/04 = DStRE 2006, 385.

1190 *Altenburg*, DStR 2013, 5, 9.

1191 *Altenburg*, DStR 2013, 5, 9.

1192 *Altenburg*, DStR 2013, 5, 9.

bb) Pro vollständige steuerliche Abzugsfähigkeit des Rückerwerbspreises

Die Gegenansicht nimmt die volle steuerliche Anerkennung des aufgewendeten Rückerwerbspreises an.[1193] Bei den Rückerwerbskosten handele es sich vollständig um Betriebsausgaben, da diese grundsätzlich nicht gesellschaftsrechtlich, sondern betrieblich veranlasst seien.[1194] Die betriebliche Veranlassung des Rückerwerbs könne nicht danach beurteilt werden, ob die dafür gemachten Aufwendungen unwirtschaftlich oder unsinnig seien; sie müssten lediglich objektiv mit dem Betrieb zusammenhängen und subjektiv dazu bestimmt sein, diesem zu dienen.[1195] Die Frage der Unternehmensfinanzierung (wozu Wandelanleihen und deren Rückerwerb zählen) richte sich grundsätzlich nicht nach der gesellschaftsrechtlichen Motivation. So könnte der Hintergrund solcher Rückerwerbe beispielsweise eine Änderung der Zusammensetzung von Eigen- und Fremdkapital zur Einhaltung und Verbesserung von Kennzahlen (*covenants*) sein oder dass ein bestimmter Verschuldungsgrad erreicht werden soll oder dass bestehende Verbindlichkeiten durch günstigere ersetzt werden.[1196] Mit diesen Beispielen soll offenbar deutlich gemacht werden, wie vielfältig die Motive der Gesellschaft für einen Rückerwerb sein können und dass sie für Außenstehende vielfach nicht zu beurteilen sind, sodass dem Unternehmen ein gewisser Spielraum eingeräumt werden muss. Somit sei die betriebliche Veranlassung des Rückerwerbs und somit die steuerliche Abzugsfähigkeit grundsätzlich gegeben. Im Übrigen scheide eine gesellschaftsrechtliche Veranlassung des Rückerwerbs sowieso aus. Ein „eventueller Vorteil“[1197] der Aktionäre durch den Rückerwerb der Wandelanleihe durch die Verhinderung einer Verwässerung ihrer Aktien als mögliche Begründung für eine gesellschaftsrechtliche Veranlassung sei bereits durch die Zahlung des Aufgeldes bei Emission der Wandelanleihe kompensiert. Zudem liege die Verwässerung durch Ausübung des Wandlungsrechts gerade in der Natur der Wandelanleihe und sei von den Aktionären bewusst in Kauf genommen worden, als sie der Ausgabe der Wandelanleihe im Rahmen der Hauptversammlung zugestimmt haben.[1198] Teilweise wird zudem angeführt, dass die

---

1193 *Fischer/Lakus*, DStR 2013, 623; *Herzig/Joisten*, DB 2013, 954; *Niedling*, RdF 2016, 49; *Gosch* in Gosch/KStG, § 8 Rn. 523.

1194 *Fischer/Lakus*, DStR 2013, 623 f.; *Herzig/Joisten*, DB 2013, 954, 957 f.; *Niedling*, RdF 2016, 49, 56.

1195 *Fischer/Lakus*, DStR 2013, 623.

1196 *Fischer/Lakus*, DStR 2013, 623.

1197 Ob der Rückerwerb überhaupt einen Vorteil darstellen kann, wird offenbar bereits bezweifelt; vgl. *Fischer/Lakus*, DStR 2013, 623, 624.

1198 *Fischer/Lakus*, DStR 2013, 623, 624.

Wandelanleihe vom BFH als Fremdkapitalinstrument eingestuft werde und ihr Rückerwerb deshalb sowieso keine Auswirkungen auf das Eigenkapital habe[1199]; damit würde sich die vorherige Argumentation zur Kompensation der Verwässerung von vorneherein erübrigen. Somit seien keine gesellschaftsrechtlichen Motive für den Rückerwerb denkbar, weshalb dieser der betrieblichen Sphäre zuzuordnen und damit in voller Höhe steuerlich abzugsfähig wäre. Dementsprechend liege außerdem auch keine verdeckte Gewinnausschüttung an die Aktionäre vor.[1200] Die Zahlung erfolge nämlich gar nicht an die Aktionäre, sondern an gesellschaftsfremde Dritte: die Inhaber der Wandelanleihe.[1201] Selbst wenn man eine Zahlung an die Aktionäre annähme, so läge darin kein sonstiger Bezug im Sinne des § 20 Abs. 1 Nr. 1 EStG, da die Aktionäre ansonsten eine Doppelbesteuerung erdulden müssten: Zunächst würde eine Besteuerung der verdeckten Gewinnausschüttung und später eine Besteuerung eines Veräußerungsgewinns oder erhöhter Ausschüttungen erfolgen.[1202] Zudem sei der oberhalb des Nennwerts gezahlte Kaufpreis bereits von den Veräußerern der Wandelanleihe als Veräußerungsgewinn zu versteuern.[1203] Außerdem sei der *actus contrarius*-Grundsatz, der von der Gegenmeinung als Argument angeführt wird, in diesem Fall bereits dem Grunde nach nicht anwendbar.[1204] Ziel der zugrunde liegenden BFH-Rechtsprechung sei, gesellschaftsrechtlich veranlasste Vorgänge einheitlich zu erfassen. Als gesellschaftsrechtlich veranlasste Vorgänge stehen sich Einlage und (verdeckte Gewinn)ausschüttung spiegelbildlich gegenüber.[1205] Für die Rückgewähr einer verdeckten Gewinnausschüttung bedeutet dies, dass sie als *actus contrarius* ebenfalls als gesellschaftsrechtlich motiviert anzusehen ist und somit auf Gesellschaftsebene steuerlich ebenso neutral ist. Allerdings sei der Ausgangsakt, die Zahlung des Aufgeldes bei Emission der Wandelanleihe, schon nicht gesellschaftsrechtlich motiviert und stelle daher keine Einlage dar.[1206] Dies folge aus der Einordnung der Wandelanleihe als Fremdkapitalinstrument[1207]; die

---

1199 *Herzig/Joisten*, DB 2013, 954, 958 unter Rückgriff auf BFH, Urteil vom 21.02.1973 – I R 106/71 = BStBl. II 1973, 460, 461 und *Schlitt/Hemeling* in Habersack/Mülbert/Schlitt, Unternehmensfinanzierung am Kapitalmarkt, 1. Auflage 2005, § 9 Rn. 4.

1200 *Fischer/Lakus*, DStR 2013, 623, 625 f.; *Herzig/Joisten*, DB 2013, 954, 958; *Niedling*, RdF 2016, 49, 55 f.

1201 *Fischer/Lakus*, DStR 2013, 623, 625.

1202 *Fischer/Lakus*, DStR 2013, 623, 626; *Herzig/Joisten*, DB 2013, 954, 958.

1203 *Fischer/Lakus*, DStR 2013, 623, 626.

1204 *Fischer/Lakus*, DStR 2013, 623, 624 f.; *Herzig/Joisten*, DB 2013, 954, 956 f.

1205 *Herzig/Joisten*, DB 2013, 954, 956.

1206 *Herzig/Joisten*, DB 2013, 954, 956.

1207 BFH, Urteil vom 21.02.1973 – I R 106/71 = BStBl. II 1973, 460, 46.

analoge Anwendung der BFH-Rechtsprechung zu Optionsanleihen[1208] sei daher wegen der unterschiedlichen Charakteristik von Wandel- und Optionsanleihen nicht zulässig. Selbst wenn man die Zahlung des Aufgeldes als Einlage qualifizieren wolle, so werde durch den Rückerwerb der Wandelanleihe trotzdem keine Rückgewähr dieses Aufgeldes ausgelöst, was Voraussetzung für die Anwendung des *actus contrarius*-Grundsatzes wäre.[1209] Es fehle nämlich an der notwendigen Personenidentität: Die Einlage werde von den Zeichnern der Wandelanleihe geleistet und die verdeckte Gewinnausschüttung werde den Aktionären zugeordnet.[1210] Außerdem fehle es an der wertmäßigen Kongruenz: Das Agio zum Zeitpunkt der Ausgabe der Wandelanleihe sei in Erwartung der künftigen Gewinne der Gesellschaft gezahlt worden, der beim Rückerwerb gezahlte Preis oberhalb des Nennwerts werde in Erwartung zukünftiger Gewinne zu diesem Zeitpunkt gezahlt bzw. werde in Anbetracht bereits tatsächlich erfolgter Wertsteigerungen der zugrunde liegenden Aktie gezahlt.

Teilweise wird die Anwendung der BFH-Rechtsprechung zum *actus contrarius*-Grundsatz auch bereits mit dem Argument abgelehnt, dass beide Fälle nicht vergleichbar seien:[1211] In dem Sachverhalt, der dem BFH-Urteil zugrunde liegt, hatte die Gesellschaft einen gesellschaftsrechtlichen Rückzahlungsanspruch gegen ihre Gesellschafter, während der Rückerwerb einer Wandelanleihe und die Zahlung eines Betrages oberhalb des Nennwertes auf rein freiwilliger Basis erfolge.

Insgesamt wird die Anwendung der BFH-Rechtsprechung zum *actus contrarius*-Grundsatz somit auf den Fall des Rückerwerbs einer Wandelanleihe abgelehnt. Demnach könnte die Gesellschaft die aufgewendeten Rückerwerbskosten vollumfänglich steuerlich abziehen.

c) Stellungnahme

Die Aufwendungen für den Rückerwerb der Wandelanleihe sind betrieblich veranlasst und damit vollumfänglich steuerlich abzugsfähig.

Richtigerweise erkennen alle zuvor dargestellten Auffassungen[1212] die betriebliche Veranlassung als entscheidendes Abgrenzungskriterium für die

1208 So *Altenburg*, DStR 2013, 5; siehe oben unter aa).

1209 *Herzig/Joisten*, DB 2013, 954, 956 f.

1210 So auch *Gosch* in Gosch/KStG, § 8 Rn. 523.

1211 *Fischer/Lakus*, DStR 2013, 623, 624 f.

1212 *Fischer/Lakus*, DStR 2013, 623; *Herzig/Joisten*, DB 2013, 954; *Niedling*, RdF 2016, 49 sowie *Altenburg*, DStR 2013, 5.

Anerkennung des vollständigen Rückerwerbspreises als steuerlich abzugsfähige Aufwendung.

Die Rückerwerbskosten müssten mithin vollständig betrieblich veranlasst sein. Dazu müssen sie objektiv mit dem Betrieb zusammenhängen und subjektiv – soweit sie auf einer Willensentscheidung der Gesellschaft beruhen – dem Betrieb zu dienen bestimmt sein.[1213] Ein objektiver Zusammenhang besteht, wenn die Ausgaben mit bestimmten Betriebseinnahmen in Verbindung stehen oder wenn sie geeignet sind, die Geschäftstätigkeit allgemein zu fördern.[1214] Somit müsste der Rückerwerb der Wandelanleihe objektiv geeignet sein, die Geschäftstätigkeit allgemein zu fördern und subjektiv dazu bestimmt sein.[1215] Eingangs der Darstellung des *Bond Buy Backs*[1216] wurden die wirtschaftlichen Hintergründe und Motive der Gesellschaft beim Anleihenrückerwerb benannt. Dabei wurden die Verbesserung des Bilanzbildes, finanzielle Vorteile durch günstigere Refinanzierungskosten und die Veränderung des Fristenprofils der Anleihenfinanzierung als primäre mögliche Motive der Gesellschaft identifiziert. Beim Rückerwerb von Wandelanleihen wurde zwar auch der Schutz der Altaktionäre vor Verwässerung genannt, allerdings stellt dies einen Nebenaspekt dar.

Die genannten Primärzwecke sind allesamt betriebswirtschaftlich motiviert und dienen der Steigerung des Betriebsergebnisses, sodass die Aufwendungen auch steuerlich vollumfänglich anerkannt werden müssen. Dies wird von der Gegenauffassung allerdings strikt abgelehnt.[1217] Begründet wird dies damit, dass die Wandelanleihe ohnehin eine Verzinsung weit unterhalb der marktüblichen Verzinsung bei normalen Anleihen habe und es sich für die Gesellschaft unter dem Aspekt der ersparten Zinsaufwendungen für die Zukunft nicht lohne, die Wandelanleihe zurückzuerwerben. Diese Sichtweise ist allerdings zu starr und berücksichtigt nur den Zeitpunkt der Emission der Wandelanleihe und lässt insbesondere Änderungen des Zinsniveaus außer Acht. Die ursprünglich für die Gesellschaft günstige Zinsvereinbarung kann innerhalb kürzester Zeit plötzlich gar nicht mehr so günstig sein, wenn das Zinsniveau sinkt, wie dies in der jüngsten Vergangenheit der Fall war.[1218] Außerdem kann die Gesellschaft den

1213 *Bode* in Kirchhof, EStG, 17. Auflage, § 4 Rn. 161.

1214 *Bode* in Kirchhof, EStG, 17. Auflage, § 4 Rn. 162.

1215 Da die Ausgaben nicht mit bestimmten Betriebseinnahmen in Verbindung stehen, scheidet diese Alternative aus.

1216 Unter II. 1.

1217 *Altenburg*, DStR 2013, 5, 7.

1218 Der Aufsatz von *Altenburg* (DStR 2013, 5) stammt von Anfang 2013. Bereits zu diesem Zeitpunkt hatte die starke Zinswende begonnen.

Rückerwerb mit der Eimission einer neuen Wandelanleihe refinanzieren, für die sie ebenfalls dann einen günstigen Marktzins zahle. Dementsprechend kann sich der Rückerwerb der Wandelanleihe auch unter dem Aspekt anderweitiger günstigerer Refinanzierungskosten lohnen und der Gesellschaft so einen finanziellen Vorteil bringen, der sich in höheren Erträgen niederschlägt und abermals von der Gesellschaft versteuert werden muss. Wollte man die in diesem Zusammenhang gemachten Aufwendungen für den Rückerwerb nicht als abzugsfähige Betriebsausgaben anerkennen, führte dies zu einer nicht hinnehmbaren Mehrfachbesteuerung[1219]: Die Gesellschaft steigert ihren Ertrag aufgrund der ersparten Zinsaufwendungen, aber könnte die dafür aufgewendeten Kosten nicht vollumfänglich steuerlich abziehen, sodass sie einen Nachteil in Form einer höheren Steuerbelastung hätte. Gleichzeitig müssten die Aktionäre die verdeckte Gewinnausschüttung als sonstige Einnahme mit ihrem persönlichen Steuersatz als Einkommen versteuern. Der günstige Rückerwerb wird die Ertragslage der Gesellschaft verbessern und sich in einem erhöhten Unternehmens- und Kurswert der Aktien sowie erhöhter Dividendenausschüttungen niederschlagen. Die Dividenden sind von den Aktionären sofort und die Kursgewinne bei Veräußerung zu versteuern. Somit fände auf Ebene der Aktionäre eine Doppelbesteuerung statt, während man der Gesellschaft eine steuerliche Abzugsfähigkeit verwehrt. Dies führte quasi zu einer Dreifachbesteuerung. Dazu käme noch, dass die Veräußerer der Wandelanleihe zusätzlich einen Veräußerungserlös versteuern müssten, wenn die Anleihe oberhalb des Nennwertes zurückerworben wurde.[1220] Diese nicht hinnehmbaren steuerlichen Konsequenzen führen ebenfalls dazu, dass die Aufwendungen für den Rückerwerb der Wandelanleihe vollumfänglich steuerlich geltend gemacht werden können.

Die Aufwendungen stellen somit in voller Höhe Betriebsausgaben dar und sind steuerlich abzugsfähig, da sie betrieblich veranlasst sind.

1219 Ähnliche Überlegungen bei *Fischer/Lakus*, DStR 2013, 623, 626 und *Herzig/Joisten*, DB 2013, 954, 958.

1220 Dies unterstellt zwar, dass der Veräußerer der Wandelanleihe diese bereits originär gezeichnet hat oder jedenfalls einen Veräußerungsgewinn erzielt hat. Hat der Veräußerer die Wandelanleihe nicht originär gezeichnet und die Anleihe zu einem noch höheren Kurs erworben, so wurde jedenfalls von einem früheren Inhaber der Wandelanleihe ein Veräußerungserlös erzielt und versteuert.

VIII. Refinanzierung des Rückkaufs der (Wandel)anleihe durch Kapitalerhöhung oder Emission einer (neuen) Wandelanleihe

Aus betriebswirtschaftlicher Sicht ist eine wichtige Frage bei der Ausgestaltung des Bond Buy Backs, wie dieser refinanziert werden soll. Denkbar ist zunächst die Zahlung des Kaufpreises für die zurückzuerwerbende Anleihe aus den Cashbeständen der Gesellschaft. Verfügt die Gesellschaft nicht über ausreichende Liquidität oder möchte sie diese schonen, kommt die Aufnahme von neuem Eigen- oder Fremdkapital in Betracht. Dazu kann sie beispielsweise eine Kapitalerhöhung durchführen oder eine neue (Wandel)anleihe ausgeben.

Bei der Kombination des Rückkaufs mit einer Kapitalerhöhung (oder der Emission einer neuen Wandelanleihe) ist vorab zu prüfen, ob diese mit den aktienrechtlichen Regelungen der Kapitalaufbringung vereinbar ist; insbesondere ob ein Verstoß gegen das Verbot der verdeckten Sacheinlage vorliegen könnte.

1. Problemaufriss

a) Verdeckte Sacheinlage bei Kombination mit Barkapitalerhöhung (?)

Soll der Rückkauf durch eine vorgeschaltete Barkapitalerhöhung refinanziert werden, kann entweder eine Bezugsrechtskapitalerhöhung oder eine Kapitalerhöhung mit Bezugsrechtsausschluss durchgeführt werden. Die Bareinlagen werden sodann (vollständig oder anteilig) für den Rückkauf verwendet und fließen als Kaufpreis an die veräußernden Anleihegläubiger. Bei der Durchführung der Kapitalerhöhung müssen die gesetzlichen Vorgaben beachtet werden; insbesondere der Grundsatz der realen Kapitalaufbringung. Dieser Grundsatz soll eine tatsächliche Aufbringung der geschuldeten Einlagen, also mithin des Grundkapitals, sicherstellen.[1221]

Dazu sind auch die Vorschriften über Sacheinlagen und das Verbot der verdeckten Sacheinlage zu beachten.[1222] Eine verdeckte Sacheinlage liegt vor, wenn eine Geldeinlage eines Aktionärs bei wirtschaftlicher Betrachtung und aufgrund einer im Zusammenhang mit der Übernahme der Geldeinlage getroffenen Abrede vollständig oder teilweise als Sacheinlage zu bewerten ist (§ 27 Abs. 3 Satz 1 AktG).

1221 MüKoAktG/*Pentz* § 27 Rn. 5; *Benz* in Spindler/Stilz, AktG, § 27 Rn. 2.

1222 MüKoAktG/*Pentz* § 27 Rn. 5.

Der Tatbestand einer verdeckten Sacheinlage hat somit drei Voraussetzungen[1223]: (1) (formell) wird eine Bareinlage vereinbart und geleistet; (2) bei wirtschaftlicher Betrachtung stellt sich diese Bareinlage allerdings als Sacheinlage dar, da Inferent und Neuaktionär ein Verkehrsgeschäft vereinbaren, bei dem es zum Austausch von der zunächst geleisteten Bareinlage und einem sonstigen Vermögensgegenstand kommt; (3) Inferent und Emittent treffen vorab eine Abrede, dass der Gegenstand mit der geleisteten Bareinlage erworben wird und die Bareinlage somit nicht zur freien Verfügung des Vorstands geleistet wird (Umgehungsabrede). Das Vorliegen einer solchen Abrede wird (widerleglich) vermutet, wenn ein enger sachlicher und zeitlicher Zusammenhang zwischen der Bareinlage und dem Rückfluss besteht.[1224]

In der vorliegenden Konstellation könnte eine verdeckte Sacheinlage anzunehmen sein, wenn die Teilnehmer der Kapitalerhöhung identisch sind mit den Inhabern der Anleihe, die Gegenstand des Rückerwerbs sein soll.[1225] Die geleistete Bareinlage wird kurze Zeit später verwendet, um damit von den (möglicherweise) gleichen Investoren die Anleihe zurückzuerwerben, was in der Regel auch vorab als beabsichtigte Mittelverwendung im Rahmen der Kapitalerhöhung bekannt gegeben wird.[1226] Damit läge der objektive Tatbestand der verdeckten Sacheinlage bereits vor. Der subjektive Tatbestand (die Umgehungsabrede) wird sodann aufgrund des engen zeitlichen und sachlichen Zusammenhangs vermutet. Diese Vermutung ist allerdings widerlegbar.[1227]

b) *Verdeckte Sacheinlage bei Kombination mit Emission einer Wandelanleihe (?)*

Auch bei der Emission einer neuen Wandelanleihe zur Finanzierung des Rückerwerbs könnte eine verdeckte Sacheinlage vorliegen.[1228]

Wie bereits im Rahmen der Darstellung des Debt Convertible Swap dargelegt, sind auch bei der Emission von Wandelanleihen die Grundsätze der realen Kapitalaufbringung zu beachten.[1229] Erfolgt die Ausgabe der Wandelanleihe gegen

1223 Vgl. *Kopp/Metzner*, AG 2012, 856, 860; *Solveen* in Hölters, AktG, § 27 Rn. 30.
1224 Hüffer/*Koch* AktG § 27 Rn. 34; *Solveen* in Hölters, AktG, § 27 Rn. 37; *Benz* in Spindler/Stilz, AktG, § 27 Rn. 170.
1225 *Kopp/Metzner*, AG 2012, 856, 860 ff.
1226 *Kopp/Metzner*, AG 2012, 856, 861.
1227 *Benz* in Spindler/Stilz, AktG, § 27 Rn. 172; *Solveen* in Hölters, AktG, § 27 Rn. 37.
1228 *Kopp/Metzner*, AG 2012, 856, 862 ff.; *Rieckers* in Spindler/Stilz, AktG, § 194 Rn. 21.
1229 Vgl. dazu oben ausführlich unter § 5 III. und IV.

Sachleistung, so ist diese Sachleistung einer Werthaltigkeitsprüfung zu unterziehen. Richtiger Zeitpunkt für die Werthaltigkeitsprüfung ist die Ausgabe der Wandelanleihe. Zu diesem Zeitpunkt erfolgt die Werthaltigkeitsprüfung allerdings lediglich vorsorglich, da die Werthaltigkeit der Sachleistung (bzw. später Sacheinlage) nur relevant wird, wenn es später tatsächlich zu einer Wandlung kommt.[1230] Nur wenn bei Ausgabe der Wandelanleihe nämlich die Vorschriften über Sacheinlagen (insbesondere die Werthaltigkeitsprüfung) beachtet wurden, kann bei einem späteren Umtausch der Wandelanleihe in Aktien von der Privilegierung des § 194 Abs. 1 Satz 2 AktG Gebrauch gemacht werden und es bedarf keiner (erneuten) Werthaltigkeitsprüfung zum Zeitpunkt der Wandlung.[1231] Dazu ist es notwendig, bei Emission der Wandelanleihe zu prüfen, ob diese gegen Barleistung ausgegeben wird oder tatsächlich eine verdeckte Sacheinlage (bzw. Sachleistung) vorliegt.[1232] Dazu sind ebenfalls die oben genannten Voraussetzungen einer verdeckten Sacheinlage zu prüfen. Konkret bedeutet dies, dass in objektiver Hinsicht eine verdeckte Sacheinlage vorläge, wenn die Investoren der neuen Wandelanleihe identisch wären mit den Investoren der ausstehenden (Wandel)Anleihe, die zurückgekauft werden soll.[1233] Dann würde nämlich der gezahlte Emissionspreis für die neue Wandelanleihe zeitnah an dieselben Investoren in Form des Rückkaufpreises für die ausstehende (Wandel)Anleihe zurückgezahlt werden. Eine Umgehungsabrede als subjektives Element der verdeckten Sacheinlage würde ebenfalls widerleglich vermutet.

Dabei ist insgesamt zu beachten, dass es sich bei der zu erwerbenden Wandelanleihe nicht um eine Anleihe handeln muss, die von der Gesellschaft selbst emittiert wurde, sondern es sich auch um eine Anleihe eines Dritten, beispielsweise eines Tochterunternehmens (oder eines *Targets* im Rahmen eines Übernahmeprozesses), handeln kann. Eine verdeckte Sacheinlage ist nämlich bei allen sacheinlagefähigen Gegenständen denkbar[1234] und (verbriefte) Forderungen gegen Dritte sind grds. sacheinlagefähig.[1235] Entscheidend für die Beurteilung, ob eine

---

1230 *Kopp/Metzner*, AG 2012, 856, 864 bezeichnen diese Kapitalaufbringungsprüfung als „fiktiv", da es sich zunächst noch gar nicht um eine Einlage auf Aktien handele.

1231 *Rieckers* in Spindler/Stilz, AktG, § 194 Rn. 7; *Kopp/Metzner*, AG 2012, 856, 863; *Apfelbacher/Niggemann* in Hölters, AktG, § 194 Rn. 15; vgl. dazu bereits oben unter § 5 III. 2. a).

1232 *Kopp/Metzner*, AG 2012, 856, 864.

1233 *Kopp/Metzner*, AG 2012, 856, 864.

1234 MüKoAktG/*Schürnbrand* § 183 Rn. 41.

1235 MüKoAktG/*Pentz* § 27 Rn. 26.

verdeckte Sacheinlage vorliegt, ist die Teilnahme der Investoren an der Kapitalerhöhung bzw. der Emission der neuen Wandelanleihe.

c) Rechtsfolgen bei verdeckter Sacheinlage

Die Rechtsfolgen einer verdeckten Sacheinlage sind zwar durch das ARUG abgemildert worden, allerdings ist die verdeckte Sacheinlage noch immer unzulässig und keine legitime Gestaltungsoption.[1236] Der Vorstand muss im Rahmen der Anmeldung der Kapitalerhöhung zum Handelsregister erklären, dass die Bareinlage ordnungsgemäß geleistet wurde und endgültig zur freien Verfügung des Vorstands steht, was bei einer verdeckten Sacheinlage nicht der Fall ist.[1237] Falsche Angaben des Vorstands können von strafrechtlicher Relevanz sein (§ 399 Abs. 1 Nr. 4 AktG i. V. m. §§ 188 Abs. 2, 36 Abs. 2, 37 AktG (bei Kapitalerhöhung) bzw. § 399 Abs. 1 Nr. 4 AktG i. V. m. § 201 Abs. 3 AktG (bei Wandlung einer Wandelanleihe)).[1238]

Erkennt das Registergericht die verdeckte Sacheinlage, so verweigert es sowohl die Eintragung des Kapitalerhöhungsbeschlusses als auch der Durchführung der Kapitalerhöhung (§ 38 Abs. 1 Satz 2 AktG).[1239] Zwar bleiben die Verträge über die Sacheinlage und die Rechtshandlungen zu ihrer Ausführung wirksam und müssen nicht mehr rückabgewickelt werden (§ 183 Abs. 3 i. V. m. § 27 Abs. 3 Satz 2 AktG), allerdings müssen die Neuaktionäre ihre Einlageverpflichtung als Geldeinlage erfüllen.[1240] Dabei wird nunmehr allerdings der tatsächliche Wert der (verdeckten) Sacheinlage angerechnet, sodass sie nur noch die Differenz zwischen dem Wert der eingebrachten Sache – vorliegend also der verbrieften (Anleihe)forderung – und dem Nennbetrag der übernommenen Aktien inklusive eines eventuellen Agios[1241] in bar begleichen müssen (sog. Anrechnungslösung/Differenzhaftung).[1242] Der Differenzhaftung unterliegt ggf. auch die Bank, die als zentrale Abwicklungsstelle die Kapitalerhöhung oder die Emission der neuen Wandelanleihe abwickelt.[1243]

1236 So „mit Nachdruck" *Servatius* in Spindler/Stilz, AktG, § 183 Rn. 26; außerdem *Kopp/Metzner*, AG 2012, 856, 860; *Solveen* in Hölters, AktG, § 27 Rn. 29.

1237 *Kopp/Metzner*, AG 2012, 856, 860.

1238 *Kopp/Metzner*, AG 2012, 856, 860.

1239 MüKoAktG/*Schürnbrand* § 183 Rn. 43; Hüffer/*Koch* AktG § 183 Rn. 12.

1240 Vor Inkrafttreten des ARUG waren die Verträge noch unwirksam.

1241 Vgl. zur Einbeziehung eines Agios im Rahmen der Werthaltigkeitsprüfung ausführlich oben unter § 4 III. 3. c) bb).

1242 MüKoAktG/*Schürnbrand* § 183 Rn. 56; Hüffer/*Koch* AktG § 27 Rn. 38 f.; *Solveen* in Hölters, AktG, § 27 Rn. 38a.

1243 *Apfelbacher/Niggemann* in Hölters, AktG, § 186 Rn. 105.3.

d) Rückkaufangebot als unzulässige Verwendungsabrede (?)

Bei der Kombination des Rückkaufs mit einer vorgeschalteten Kapitalerhöhung könnte außerdem eine unzulässige Verwendungsabrede vorliegen (§ 188 Abs. 2 Satz 1 AktG i. V. m. § 36 Abs. 2 AktG). Danach muss die Einlage endgültig zur freien Verfügung des Vorstands geleistet sein. Dies ist der Fall, wenn der Vorstand im Namen der Gesellschaft über die eingelegten, effektiv zugeflossenen Barmittel uneingeschränkt verfügen kann und die Einleger ihre Verfügungsmacht darüber tatsächlich und vorbehaltlos verloren haben, also kein Rückfluss der Einlage an sie beabsichtigt ist.[1244] Bei sog. Verwendungsabreden ist es zwar einzelfallabhängig, ob sie der freien Verfügbarkeit entgegenstehen.[1245] Wird im Rahmen der Verwendungsabrede allerdings gleichzeitig der Tatbestand der verdeckten Sacheinlage verwirklicht, so liegt darin gleichzeitig auch eine unzulässige Verwendungsabrede.[1246]

In der vorliegenden Konstellation könnte die unzulässige Verwendungsabrede daher in dem geplanten Rückkaufangebot liegen, wenn der Vorstand und die Teilnehmer der Kapitalerhöhung eine Abrede getroffen hätten, dass die Einlagen zum Rückkauf der (Wandel)anleihe von den gleichen Investoren verwendet werden sollen.[1247] Wenn damit der Tatbestand der verdeckten Sacheinlage verwirklicht wäre[1248], wäre damit auch eine unzulässige Verwendungsabrede im Sinne von § 188 Abs. 2 Satz 1 AktG i. V. m. § 36 Abs. 2 AktG gegeben.[1249]

Versichert der Vorstand trotz unzulässiger Verwendungsabrede die freie Verfügbarkeit der Einlagen, macht er sich zunächst gegenüber der Gesellschaft schadensersatzpflichtig.[1250] Außerdem ist sein Verhalten ggf. strafrechtlich relevant (§ 399 Abs. 1 Nr. 4 AktG) und er macht sich auch gegenüber Dritten schadensersatzpflichtig, da es sich bei § 399 Abs. 1 Nr. 4 AktG um ein Schutzgesetz im Sinne von § 823 Abs. 2 BGB handelt.[1251]

1244 MüKoAktG/*Pentz* § 36 Rn. 48.

1245 *Kopp/Metzner*, AG 2012, 856, 865; vgl. dazu auch eine Auflistung von Einzelfällen bei MüKoAktG/*Pentz* § 36 Rn. 55 ff. und *Döbereiner* in Spindler/Stilz, AktG, § 36 Rn. 20 f.

1246 *Kopp/Metzner*, AG 2012, 856, 865; *Döbereiner* in Spindler/Stilz, AktG, § 36 Rn. 20 f.; *Apfelbacher/Niggemann* in Hölters, AktG, § 188 Rn. 9.

1247 *Kopp/Metzner*, AG 2012, 856, 865.

1248 Siehe dazu unter 1. a).

1249 *Kopp/Metzner*, AG 2012, 856, 865.

1250 MüKoAktG/*Schürnbrand* § 188 Rn. 7.

1251 MüKoAktG/*Schürnbrand* § 188 Rn. 7.

2. Meinungsstand und Vermeidungsstrategien

Die Frage, ob eine verdeckte Sacheinlage vorliegt, wird in Abhängigkeit von der konkreten Transaktionsgestaltung und somit des Einzelfalls bewertet.[1252] Eine verdeckte Sacheinlage scheide in objektiver Hinsicht bereits aus, wenn es zu keiner oder nur einer geringfügigen Schnittmenge zwischen Neuinvestoren (im Rahmen der Kapitalerhöhung bzw. der Wandelanleiheemission) und Teilnehmern am Rückkauf komme.[1253] Aus dieser Aussage folgt gleichzeitig, dass jedoch der Tatbestand der verdeckten Sacheinlage in objektiver Hinsicht erfüllt ist, wenn es zu (größeren) Überschneidungen beider Gruppen kommt.

Allerdings könne aus „zufälligen teilweisen" Überschneidungen keine Umgehungsabrede konstruiert werden.[1254] Die Vermutung, dass diese bei Vorliegen des objektiven Tatbestandes vorliegt, soll also je nach Transaktionsgestaltung widerlegt werden können. Dazu werden die Einzelheiten gängiger Transaktionsstrukturen eines Rückkaufs im Hinblick auf die Widerlegung der Vermutung untersucht.

Wenn die Kapitalerhöhung als Bezugsrechtskapitalerhöhung erfolge, so richte sich das Angebot an alle Aktionäre der Gesellschaft.[1255] Das Bezugsrecht der Altaktionäre unter die Bedingung zu stellen, dass es nur ausgeübt werden könne, wenn der jeweilige Aktionär nicht gleichzeitig Inhaber der zurückzuerwerbenden Anleihe ist und diese zum Rückkauf anbietet, sei mit den gesetzlichen Vorgaben nicht zu vereinbaren.[1256] Die Gesellschaft habe daher keinerlei Einfluss darauf, welche Aktionäre an der Kapitalerhöhung teilnehmen. Ebenso habe sie keinerlei Einfluss darauf, ob ihre Aktionäre auch Inhaber der zurückzuerwerbenden Anleihen sind. Eine Umgehungsabrede zwischen der Gesellschaft und ihren Aktionären könne daher bei Durchführung einer Bezugsrechtskapitalerhöhung zur Finanzierung des Rückkaufs nicht angenommen werden, sodass eine verdeckte Sacheinlage in dieser Konstellation ausscheide.[1257]

Auch im Hinblick auf das Rückkaufverfahren könne keine Umgehungsabrede konstruiert werden, wenn dies als öffentliches Rückkaufangebot ausgestaltet werde.[1258] Dann richte sich das Rückkaufangebot nämlich an alle Inhaber der

---

1252 *Kopp/Metzner*, AG 2012, 856, 860 ff.
1253 *Kopp/Metzner*, AG 2012, 856, 861 (erster Spiegelstrich).
1254 *Kopp/Metzner*, AG 2012, 856, 861 (zweiter Spiegelstrich).
1255 *Kopp/Metzner*, AG 2012, 856, 861.
1256 *Kopp/Metzner*, AG 2012, 856, 861.
1257 *Kopp/Metzner*, AG 2012, 856, 861 f.
1258 *Kopp/Metzner*, AG 2012, 856, 862.

ausstehenden Anleihe und die Bedingungen, insbesondere bzgl. der Festlegung des Rückkaufpreises, seien für alle identisch. Damit seien die Vertragspartner für den Rückkauf aus Sicht der Gesellschaft beliebig austauschbar; insbesondere sei es irrelevant, ob sie auch an der Kapitalerhöhung teilnähmen (bzw. die neue Wandelanleihe zeichneten). Gleiches gelte auch für „stille" und damit anonyme Rückkäufe über die Börse.[1259]

Für diese Anonymität und damit auch die Unbestimmbarkeit der Inhaber der ausstehenden Anleihe spreche auch, dass diese in der Regel frei handelbare Inhaberpapiere seien, auf deren Inhaberkreis die Gesellschaft keinerlei Einfluss habe.[1260] Sie nähmen über ihre Depotbanken an dem Rückkauf teil, der zudem von einer Umtauschstelle abgewickelt werde und somit blieben sie für die Gesellschaft anonym.[1261] Den Inhabern der ausstehenden Anleihe stehe es frei, ob sie am Rückkauf teilnähmen.[1262] Da die Teilnehmer am Rückkauf für die Gesellschaft somit nicht bestimmbar seien, folge auch daraus, dass eventuelle Überschneidungen rein zufälliger Natur seien und eine Umgehungsabrede daraus nicht konstruiert werden könne.[1263] Eine verdeckte Sacheinlage scheide daher auch in dieser Konstellation aus.

Außerdem spreche ein weiteres Argument im Hinblick auf die übliche Ausgestaltung der Gesamttransaktion gegen die Annahme einer Umgehungsabrede: Das öffentliche Rückkaufangebot erfolge in der europäischen Praxis üblicherweise als *invitatio ad offerendum*.[1264] Dabei lade die Gesellschaft die Anleiheinhaber ein, Verkaufsangebote abzugeben. Nach Ende der Angebotsfrist stehe es der Gesellschaft frei, diese Verkaufsangebote anzunehmen. Die Entscheidung werde in der Regel erst nach Abschluss der Kapitalerhöhung (bzw. der Platzierung der neuen Wandelanleihe) getroffen und erfolge auf anonymer Basis. Es sei irrelevant, ob der jeweilige Teilnehmer am Rückkauf auch neue Aktien (bzw. die neue Wandelanleihe) bezogen habe. Zum maßgeblichen Zeitpunkt (dem Erwerb der neuen Aktien bzw. der Wandelanleihe) hätten die Investoren daher keinerlei gesicherte Rechtsposition, ob ihre angedienten Anleihen tatsächlich zurückerworben werden.[1265] Eine solche sei allerdings Voraussetzung

1259 *Kopp/Metzner*, AG 2012, 856, 862 (Fußnote 43).
1260 *Kopp/Metzner*, AG 2012, 856, 862.
1261 *Kopp/Metzner*, AG 2012, 856, 862.
1262 *Kopp/Metzner*, AG 2012, 856, 862.
1263 *Kopp/Metzner*, AG 2012, 856, 862.
1264 Vgl. dazu bereits oben unter V. 2. b).
1265 *Kopp/Metzner*, AG 2012, 856, 862.

für eine Umgehungsabrede.[1266] Eine einseitige Erwartungshaltung sei nicht ausreichend für eine Umgehungsabrede.[1267] Mithin sei auch aus diesem Aspekt keine verdeckte Sacheinlage konstruierbar.

Insgesamt seien eventuelle Überschneidungen daher rein zufälliger Natur und ließen nicht auf eine Umgehungsabrede und somit nicht auf eine verdeckte Sacheinlage schließen.[1268] Dabei wird allerdings betont, dass das Risiko von Überschneidungen zwischen Teilnehmern am Rückkauf und Teilnehmern der Kapitalerhöhung als relativ gering angesehen werden könne.[1269] Erfolge die Refinanzierung des Rückkaufs durch Emission einer neuen Wandelanleihe und sei Gegenstand des Rückkaufs ebenfalls eine Wandelanleihe, erhöhe sich dieses Risiko, da es sich um identische Wertpapiergattungen handele.[1270] Dann sei im Einzelfall die Transaktion vorsorglich so auszugestalten, dass auf das vorgenannte Argumentarium zurückgegriffen werden kann; insbesondere wird eine Ausgestaltung der Wandelanleihe als Bezugsangebot[1271] empfohlen.[1272]

3. Stellungnahme

In beiden dargestellten Konstellationen besteht das Risiko einer verdeckten Sacheinlage. Gibt es (größere) Überschneidungen in beiden Investorengruppen (Teilnehmer der Kapitalerhöhung bzw. Erwerber der neuen Wandelanleihe und am Rückkauf teilnehmende Inhaber der ausstehenden (Wandel)anleihe), ist der objektive Tatbestand der verdeckten Sacheinlage bereits erfüllt. Dies gilt auch, wenn die Kapitalerhöhung (bzw. die Emission der neuen Wandelanleihe) über eine Bank oder ein Bankenkonsortium abgewickelt wird, die zunächst die neuen Aktien (bzw. Wandelanleihen) zeichnen und übernehmen. Formell betrachtet werden so zwar zunächst die Banken Aktionär (bzw. Inhaber der Wandelanleihen) und nicht die Investoren, sodass man geneigt sein könnte, eine verdeckte Sacheinlage aus diesem Grunde bereits in objektiver Hinsicht zu verneinen, sofern die Banken nicht gleichzeitig auch selbst Inhaber der ausstehenden

1266 *Kopp/Metzner*, AG 2012, 856, 862.

1267 *Kopp/Metzner*, AG 2012, 856, 862; so auch MüKoAktG/*Pentz* § 27 Rn. 99; *Solveen* in Hölters, AktG, § 27 Rn. 37.

1268 *Kopp/Metzner*, AG 2012, 856, 861 ff.; zustimmend auch *Apfelbacher/Niggemann* in Hölters, AktG, § 183 Rn. 8.

1269 *Kopp/Metzner*, AG 2012, 856, 861 f.

1270 *Kopp/Metzner*, AG 2012, 856, 864.

1271 Auf Wandelanleihen haben die Altaktionäre ebenfalls grundsätzlich ein Bezugsrecht (§ 221 Abs. 4 Satz 1 AktG).

1272 *Kopp/Metzner*, AG 2012, 856, 864.

Anleihe sind und am Rückkauf teilnehmen. Allerdings ist diese Betrachtung zu formal. Die Banken übernehmen die neuen Aktien (bzw. Wandelanleihen) in der Regel nur als fremdnützige Treuhänder und mit der Verpflichtung, diese an die Neuinvestoren weiterzuleiten.[1273] Bei der Beurteilung, ob eine verdeckte Sacheinlage in dieser Konstellation vorliegt, ist allerdings eine wirtschaftliche Betrachtung vorzunehmen. Es ist nicht auf die Banken, sondern auf die Neuaktionäre (bzw. zukünftigen Inhaber der Wandelanleihe) abzustellen, denen die neuen Aktien (bzw. Wandelanleihen) weitergeleitet werden.[1274] Somit käme der objektive Tatbestand einer verdeckten Sacheinlage auch in Betracht, wenn die neuen Aktien (bzw. Wandelanleihen) zunächst von einer Bank oder einem Bankenkonsortium übernommen werden. Wie dargestellt, wird dann der subjektive Tatbestand der verdeckten Sacheinlage in Form der sog. Umgehungsabrede zwischen Gesellschaft und Inferenten (bzw. Erwerbern der neuen Wandelanleihe) widerleglich vermutet.[1275] In der Literatur wird die Widerlegung der Vermutung teilweise als in der Praxis schwierig angesehen.[1276] In den vorliegenden Konstellationen ist es dennoch möglich, die Vermutung zu widerlegen.

Letztlich handelt es sich dabei weniger um eine Rechtsfrage, sondern um eine Tatsachenfrage, da das Vorliegen einer verdeckten Sacheinlage und die Möglichkeit des Widerlegens der Vermutung einer Umgehungsabrede von den Einzelfallumständen und damit der konkreten Transaktionsgestaltung abhängig ist.

Die Darstellung von *Kopp/Metzner*[1277] hat dazu ein Argumentarium geliefert, wie die Vermutung einer Umgehungsabrede widerlegt werden kann und dabei gleichzeitig Empfehlungen für die Transaktionsgestaltung gegeben, um dem Vorwurf der verdeckten Sacheinlage zu entgehen. Aus der Argumentation lassen sich zwei Kernpunkte identifizieren: 1. Die Gesellschaft muss die Transaktion so ausgestalten, dass sie keinerlei Einfluss auf die Teilnehmer der Kapitalerhöhung

---

1273 Im Zusammenhang mit dem mittelbaren Bezugsrecht (§ 186 Abs. 5 AKtG): *Apfelbacher/Niggemann* in Hölters, AktG, § 183 Rn. 9; *Scholz* in Münchener Hdb. AG § 57 Rn. 157.

1274 Vgl. dazu BGH, Urteil vom 13.04.1992 – II ZR 277/90 = BGHZ 118, 83 = NJW 1992, 2222 = ZIP 1992, 995 = WM 1992, 1225 = BB 1992, 1447 („BuM“); BGH, Urteil vom 5.04.1993 – II ZR 195/91 = BGHZ 122, 180 = NJW 1993, 1983 = ZIP 1993, 667 = WM 1993, 944 = BB 1993, 1231; *Scholz* in Münchener Hdb. AG § 57 Rn. 157; *Apfelbacher/Niggemann* in Hölters, AktG, § 183 Rn. 9.

1275 Hüffer/*Koch* AktG § 27 Rn. 34; *Solveen* in Hölters, AktG, § 27 Rn. 37; *Benz* in Spindler/Stilz, AktG, § 27 Rn. 170.

1276 *Müller/Rödder* in: Beck'sches Handbuch der AG, § 2 Rn. 240.

1277 AG 2012, 856, 860 ff.

(bzw. der Emission der neuen Wandelanleihe) und des Rückkaufs hat und 2. Die Abwicklungen müssen anonym erfolgen. Diese Kernpunkte sind bei der Transaktionsgestaltung sicherzustellen, wenn zu befürchten ist, dass es zu (größeren) Überschneidungen der Investorenkreise kommt und somit der Tatbestand der verdeckten Sacheinlage in objektiver Hinsicht erfüllt wäre.

Für die Praxis bedeutet dies, dass bei der Refinanzierung des Rückkaufs durch eine vorgeschaltete Kapitalerhöhung möglichst eine Bezugsrechtskapitalerhöhung durchzuführen ist, bei der die Gesellschaft aufgrund der gesetzlichen Vorgaben keinen Einfluss auf die Teilnehmer hat. Dabei ist ein börslicher Bezugsrechtshandel empfehlenswert, bei dem Altaktionäre, die ihr Bezugsrecht nicht ausüben möchten, ihre Bezugsrechte veräußern können. Anders als beispielsweise bei einer Backstop-Vereinbarung, bei der sich im Vorfeld ein Investor verpflichtet, nicht ausgeübte Bezugsrechte zu erwerben und die neuen Aktien zu zeichnen, wird durch den gesetzlichen Bezugsrechtshandel die angestrebte Anonymität des Gesamtvorgangs gewahrt. Die Gesellschaft hat somit keinerlei Einfluss auf die Zeichner der neuen Aktien.

Möchte die Gesellschaft alternativ das Bezugsrecht der Altaktionäre ausschließen und beispielsweise eine sog. 10-Prozent-Kapitalerhöhung durchführen, so sollte sie vorab die Investoren, die an der Kapitalerhöhung teilnehmen möchten, konsultieren und befragen, ob sie auch in die ausstehende Anleihe investiert sind und am Rückkauf teilnehmen möchten, sofern dies praktisch möglich ist. Ist dies nicht der Fall, scheidet eine verdeckte Sacheinlage bereits in objektiver Hinsicht aus. Ergibt eine Konsultation hingegen Überschneidungen, so sollten diese Investoren nicht zur Zeichnung der neuen Aktien zugelassen werden. Eine solche Konsultation sollte von der Gesellschaft dokumentiert werden. Als Alternative bietet sich bei einer solchen 10-Prozent-Kapitalerhöhung eine weitere Gestaltungsoption an: Üblicherweise wird auch die 10-Prozent-Kapitalerhöhung über eine Bank oder ein Bankenkonsortium abgewickelt. Die Bank übernimmt dabei oftmals auch die Vermarktung der neuen Aktien an potenzielle Investoren. Dabei sollten die Verträge zwischen Gesellschaft und Bank bzw. Bankenkonsortium (insb. der Übernahmevertrag (sog. *Underwriting Agreement*)) so ausgestaltet werden, dass die Banken die Vermarktung und Platzierung der neuen Aktien selbstständig und ohne jegliche Weisung und Absprache mit der Gesellschaft übernehmen sollen. Auch so kann sichergestellt werden, dass die Gesellschaft keinerlei Einfluss auf die neuen Aktionäre hat und es somit auch zu keiner Umgehungsabrede zwischen ihr und den neuen Aktionären kommen kann.

Ähnlich ist auch bei der Emission einer neuen Wandelanleihe zur Refinanzierung des Rückkaufs zu verfahren. Den Altaktionären die neuen Wandelanleihen im Rahmen ihres Bezugsrechts anzubieten, ist allerdings in der Praxis regelmäßig nicht zielführend, da die Aktionäre aus verschiedenen Gründen an einem Investment in Wandelanleihen in der Regel nicht interessiert sind.[1278] Bei der Platzierung der neuen Wandelanleihe bei dritten Investoren ist abermals entweder eine Vorabkonsultation durchzuführen oder die Platzierung an eine oder mehrere Banken zu delegieren.

Auch bei der Ausgestaltung des Rückkaufverfahrens muss der Aspekt der verdeckten Sacheinlage berücksichtigt werden. *Negotiated repurchases* sind geeignet, um den Vorwurf einer verdeckten Sacheinlage bereits in objektiver Hinsicht zu entkräften. Bei *negotiated repurchases* findet nämlich eine frühzeitige Kommunikation und Verhandlung mit den Teilnehmern des Rückkaufs statt, bei der auch eruiert werden kann, ob diejenigen planen, neue Aktien im Rahmen der Kapitalerhöhung (bzw. neue Wandelanleihen) zu übernehmen. Ist dies nicht der Fall, ist bereits der objektive Tatbestand der verdeckten Sacheinlage nicht erfüllt. Kommt es zu Überschneidungen, würde eine solche Gestaltung hingegen den Tatbestand der verdeckten Sacheinlage erfüllen. Eine Widerlegung des subjektiven Tatbestands wäre dabei nicht möglich. Daher ist von einem Rückkauf mittels *negotiated repurchases* von solchen Investoren abzuraten. Konsultationen im Vorfeld von *negotiated repurchases* sind ebenfalls von der Gesellschaft zu dokumentieren.

Bei einer Ausgestaltung des Rückkaufs als öffentliches Rückkaufangebot oder durch „stillen" Rückkauf über die Börse kann die Vermutung einer Umgehungsabrede widerlegt werden, falls es zu Überschneidungen beider Investorenkreise kommt und in objektiver Hinsicht eine verdeckte Sacheinlage gegeben wäre. Bei „stillen" Rückkäufen über die Börse wäre sichergestellt, dass diese anonym erfolgen und eine Umgehungsabrede käme nicht in Betracht.[1279] Bei einem öffentlichen Rückkaufangebot muss die Gesellschaft ebenfalls sicherstellen, dass es ihr nicht auf den Rückkauf der Anleihen von bestimmten Investoren ankommt und keine bestimmten Inhaber der zurückzuerwerbenden Anleihe bevorzugt werden. So müssen beispielsweise alle Teilnehmer des Rückkaufs denselben Preis erhalten und bei einem Teilrückkaufangebot muss die Annahme der Andienungen zum Rückkauf auf anonymer und chancengleicher Basis erfolgen. Dann ist

1278 *Bader*, AG 2014, 472, 484; *Schanz*, BKR 2011, 410, 412; *Seibt*, CFL 2010, 165, 168.

1279 Bei „stillen" Rückkäufen über die Börse besteht das Problem, dass diese bestimmten Volumengrenzen unterliegen, da sie ansonsten eine unzulässige Marktmanipulation darstellen können. Eine schnelle Abwicklung des Rückkaufs ist daher auf diese Weise oftmals nicht möglich; vgl. dazu oben unter VI. 4. b) bb).

auch bei einem öffentlichen Rückkaufangebot der Vorwurf einer Umgehungsabrede widerlegbar.

Insgesamt ist die Gefahr einer verdeckten Sacheinlage also bei einer Kombination von Rückerwerb einer Anleihe und Kapitalerhöhung (bzw. Emission einer Wandelanleihe) virulent. Bei entsprechender Ausgestaltung beider Transaktionen ist dieses Problem jedoch in der Praxis vermeidbar. Wenn keine verdeckte Sacheinlage vorliegt, scheidet auch der Vorwurf einer unzulässigen Verwendungsabrede (§ 188 Abs. 2 Satz 1 AktG i. V. m. § 36 Abs. 2 AktG) aus.

IX. Fazit

Der Rückerwerb eigener (Wandel)anleihen ist ein weit verbreitetes Restrukturierungsmittel im Sinne des *Liability Managements*. Nicht nur bei niedrigen Börsenkursen der eigenen (Wandel)anleihe nutzen Gesellschaften diese Transaktion, um ihre Fremdkapitalfinanzierung zu optimieren.

Besondere Schwierigkeiten stellen sich zunächst im Hinblick auf das Verbot der Marktmanipulation (Art. 15 MAR). Wie die Darstellung gezeigt hat, muss die Gesellschaft bestrebt sein, den Rückerwerb möglichst transparent zu gestalten. Dies führt dazu, dass häufig ein öffentliches Rückkaufangebot die favorisierte Transaktionsvariante sein dürfte. In diesem Fall besteht auch kein Problem im Hinblick auf eine unzulässige Ungleichbehandlung der Anleihegläubiger, was jedenfalls beim Rückerwerb von einzelnen Anleihegläubigern (*negotiated repurchases*) teilweise problematisch ist.

Ansonsten können sich im Zusammenhang mit Bond Buy Backs rechtliche Schwierigkeiten vor allem ergeben, wenn der Rückerwerb nur ein Teil einer mehrere Elemente umfassenden Restrukturierung ist.

Die Kombination des Rückkaufs mit einer Kapitalerhöhung oder der Emission einer neuen Wandelanleihe kann den Tatbestand der verdeckten Sacheinlage verwirklichen. Dieser zunächst abwegig erscheinende Aspekt ist vom Vorstand rechtzeitig zu berücksichtigen und notfalls eine Anpassung der geplanten Einzeltransaktionen vorzunehmen.

Auch bei einem Rückerwerb von Wandelanleihen und anschließender Wiederveräußerung der Wandelanleihe muss der Vorstand im Blick haben, dass die Aktionäre möglicherweise abermals ein Bezugsrecht auf die Wandelanleihe haben und die Struktur der Wiederveräußerung gegebenenfalls anpassen.

Außerdem sind steuerliche Aspekte beim Bond Buy Back von besonderer Relevanz. Dabei bieten sich der Gesellschaft allerdings gewisse Gestaltungsspielräume, die es frühzeitig zu prüfen gilt. So ist zwar bei einem Rückerwerb unterhalb des Nennwertes grundsätzlich die Differenz zwischen Nennwert und tatsächlichem Rückkaufpreis zu versteuern, allerdings lässt sich der steuerpflichtige Ertrag mithilfe einer erst späteren Entwertung der Anleihe zeitlich steuern. Auch bei einem Rückerwerb oberhalb des Nennwerts muss der Vorstand dessen steuerliche und bilanzielle Folgen berücksichtigen. Allerdings aus einem anderen Aspekt heraus: Der dadurch entstehende Aufwand mindert den Ertrag und ist wenig „kapitalmarktverträglich", da der Kapitalmarkt kurzfristige Erfolge bevorzugt und die langfristigen Vorteile des Rückkaufs oberhalb des Nennwerts nicht honoriert. Auch dazu wurde eine Gestaltungsvariante mithilfe eines Tochterunternehmens aufgezeigt, die eine solche Transaktion „kapitalmarktverträglicher" macht.

Beachtet der Vorstand alle diese Aspekte bei einem Bond Buy Back, so stellt dieser eine geeignete Möglichkeit des *Liability Management*s dar und kann wirtschaftlich zum Erfolg führen.

§ 7 Zusammenfassung in Thesen

Einleitung

I. *Liability Management* Transaktionen ist ein Oberbegriff für verschiedene Transaktionsformen zur Restrukturierung von Anleihen. Darunter subsumiert man *Consent Solicitations* (Änderung der Anleihebedingungen), *Exchange Offers* (Umtauschangebote) und *Bond Buy Backs* (Anleihenrückkäufe). *Exchange Offers* lassen sich wiederum in *Debt Equity Swap*, *Debt Debt Swap* und *Debt Convertible Swap* unterteilen.

II. Hintergrund des *Liability Managements* und der *Liability Management* Transaktionen ist die Optimierung der Fremdfinanzierung(sstruktur) der Gesellschaft und/oder ggf. auch ein (akut) notwendiger Sanierungsbedarf der Gesellschaft, um eine drohende Insolvenz abzuwenden. Häufig umfassen *Liability Management* Transaktionen dabei mehrere Einzelmaßnahmen/-transaktionen.

III. Bei der Restrukturierung von Anleihen ergeben sich für eine geordnete Restrukturierung häufig Probleme aus der großen und inhomogenen Anzahl an Anleihegläubigern, die unterschiedliche Interessen und Strategien verfolgen. Ziel der Gesellschaft ist es daher, die einzelnen Interessen zu identifizieren und möglichst ein Restrukturierungskonzept zu entwickeln, das auf eine breite Zustimmung der Anleihegläubigerschaft stößt. Das neue SchVG (2009) bietet inzwischen auch die Möglichkeit von Mehrheitsentscheidungen der Anleihegläubigerschaft und erleichtert so die Restrukturierung für die Gesellschaft.

IV. Bei eventuellen Sondierungsgesprächen mit Anleihegläubigern darf die Gesellschaft Insiderinformationen im Sinne von Art. 7 MAR weitergeben, ohne dass sie gegen das Verbot der Weitergabe von Insiderinformationen (Art. 14 lit. c) i. V. m. Art. 10 MAR) verstößt, da das Interesse der Gesellschaft an einer erfolgreichen Restrukturierung der Anleihe und der damit verbundenen erforderlichen Weitergabe der Insiderinformationen das Interesse der übrigen Marktteilnehmer an der Offenlegung und die sonstigen Zwecke des Insiderrechts überwiegt.

Debt Equity Swap

V. Bei einem Debt Equity Swap wird Fremdkapital (in Form der Anleihe) in Eigenkapital (in Form von Aktien) getauscht. Dadurch werden der Gesellschaft zwar keine neuen Aktiva zugeführt, allerdings erfolgt eine bilanzielle Entlastung der Gesellschaft, da bisher durch Passiva neutralisierte Aktiva frei werden, was einen ähnlichen Effekt wie neue Mittelzuflüsse hat.

VI. Der Debt Equity Swap bedarf sowohl der Zustimmung der Altaktionäre im Rahmen der Hauptversammlung als auch einer Zustimmung der Anleihegläubiger.

VII. Die gesellschaftsrechtliche Umsetzung des Debt Equity Swaps erfolgt mittels von der Hauptversammlung zu beschließender Sachkapitalerhöhung; ein direkter Beschluss über den Debt Equity Swap erfolgt nicht. Die in der Anleihe verbriefte Forderung stellt dabei die Sacheinlage dar. In Betracht kommt dabei auch die Ausnutzung eines ausreichenden genehmigten Kapitals; die Ausnutzung eines bedingten Kapitals scheidet kategorisch aus.

VIII. Forderungen stellen eine taugliche Sacheinlage dar, da sie einen wirtschaftlichen Wert darstellen. Dies gilt auch für gegen die Gesellschaft selbst gerichtete Forderungen.

IX. Häufig wird bei einem Debt Equity Swap vor der Sachkapitalerhöhung eine Kapitalherabsetzung durchgeführt, um das Grundkapital an die tatsächlichen wirtschaftlichen Verhältnisse der Gesellschaft anzupassen (sog. Kapitalschnitt). Die Kapitalherabsetzung ist allerdings ein lediglich fakultativer Bestandteil des Debt Equity Swaps.

X. Die Sachkapitalerhöhung wird grundsätzlich mit einem Bezugsrechtsausschluss zugunsten der Anleihegläubiger, die ihre Anleihen gegen die neuen Aktien der Gesellschaft tauschen, kombiniert.

XI. Der Bezugsrechtsausschluss muss formell und materiell rechtmäßig sein. In materieller Hinsicht bestehen vier Voraussetzungen für die Zulässigkeit eines Bezugsrechtsausschlusses: 1) Der Bezugsrechtsausschluss muss im Gesellschaftsinteresse liegen 2) zur Erreichung dieses Zweckes muss der Bezugsrechtsausschluss geeignet und 3) erforderlich sowie 4) verhältnismäßig in Relation zum Interesse der Altaktionäre an ihrem Bezugsrecht sein. Bei einem Debt Equity Swap ist dazu vom

Vorstand zu prüfen, ob die Mittel zur Anleihetilgung oder Rückerwerb nicht auch durch eine andere Transaktionsgestaltung beschafft werden können, die mit einem geringeren Eingriff in das Bezugsrecht verbunden wäre. Dabei ist insbesondere eine Bezugsrechtskapitalerhöhung in Betracht zu ziehen, mit deren Erlös die Anleihe alternativ getilgt oder zurückerworben werden könnte. Dazu muss der Vorstand im Vorfeld eruieren, wie sich die Altaktionäre im Falle einer Bezugsrechtskapitalerhöhung verhalten würden; also ob eine ausreichende Platzierung der neuen Aktien gelänge. Dazu muss der Vorstand jedenfalls seine Großaktionäre vorab konsultieren. Zur Bestimmung und Identifizierung kann er sich an den Meldepflichten nach § 33 WpHG orientieren. Bei Gesellschaften mit großem Streubesitz ist dem Vorstand ein gewisser Beurteilungsspielraum zuzubilligen. Dies gilt ebenfalls, wenn die Gesellschaft bereits akut insolvenzgefährdet ist, da den Altaktionären im Falle einer Insolvenz ohnehin nichts mehr zustünde und sie und ihr Bezugsrecht insofern nicht mehr schutzwürdig wären.

XII. Die Werthaltigkeit der als Sacheinlage einzubringenden Anleihe(forderung) ist nachzuweisen. Die Einbringung zum Nennwert kann nur erfolgen, wenn eine Prüfung ergibt, dass die Anleihe(forderung) in voller Höhe werthaltig („vollwertig“) ist. Eine prinzipielle Einbringung zum Nennwert ist mit dem Gesetz und dem Schutzzweck der Werthaltigkeitsprüfung nicht zu vereinbaren. Durch die Werthaltigkeitsprüfung sollen (gegenwärtige und zukünftige) Gesellschaftsgläubiger sowie (gegenwärtige und zukünftige) Aktionäre geschützt werden. Die Gesellschaftsgläubiger müssen durch die Werthaltigkeitsprüfung davor geschützt werden, dass eine zu hohe Bewertung der Anleihe(forderung) zum Ausweis eines zu hohen Grundkapitals führt und dadurch eine höhere Kapitalausstattung der Gesellschaft suggeriert wird, die den Gläubigern notfalls als Haftungsmasse zur Verfügung stünde. Die (gegenwärtigen) Aktionäre müssen vor Quersubventionen zu ihren Lasten geschützt werden, wenn die Anleihegläubiger als Sacheinleger einen überproportionalen Anteil an der Gesellschaft für ihre Anleihe(forderung) bekämen. Die (zukünftigen) Aktionäre dürfen ähnlich wie die Gläubiger nicht über die Kapitalausstattung der Gesellschaft getäuscht werden.

XIII. Für die tatsächliche Bewertung der Anleihe(forderung) ist die Unternehmensbewertung des Anleiheschuldners maßgeblich, da von seiner Bonität und Liquidität die Rückzahlungswahrscheinlichkeit abhängt.

Bei der Unternehmensbewertung des Anleiheschuldners ist dessen Bilanz entscheidend. Decken die Aktiva sämtliche Verbindlichkeiten der Gesellschaft, ist keine Abwertung der Anleihe(forderung) erforderlich. Für die Bewertung sind stille Reserven notfalls aufzudecken.

XIV. Von der Anleihe(forderung) als Sacheinlage muss lediglich ein korporatives Agio abgedeckt sein und somit im Rahmen der Werthaltigkeitsprüfung berücksichtigt werden; ein eventueller Differenzhaftungsanspruch der Gesellschaft gegen die ehemaligen Anleihegläubiger erstreckt sich nur auf das korporative Agio. Ein schuldrechtliches Agio ist im Rahmen der Werthaltigkeitsprüfung nicht zu berücksichtigen und unterliegt nicht der Differenzhaftung. Das BGH-Urteil zum korporativen Agio lässt sich insofern nicht auf das schuldrechtliche Agio übertragen.

XV. Die Gesellschaft und die Anleihegläubiger als Inferenten können bereits frühzeitig einen Vergleich über die Differenzhaftung schließen. Dazu bietet sich eine sog. Prämienlösung an. Die Inferenten zahlen dafür einen Geldbetrag als Prämie und im Gegenzug verzichtet die Gesellschaft auf die Durchsetzung eines eventuellen Differenzhaftungsanspruchs (sog. Prämienlösung). Dies ist allerdings nur zulässig, sofern tatsächlich Unsicherheit über das Bestehen oder die Höhe des Differenzhaftungsanspruchs besteht und die Prämie unabhängig von einer tatsächlichen Differenzhaftung gezahlt werden muss.

XVI. Der Debt Equity Swap bedarf neben der Zustimmung der Altaktionäre auch der Zustimmung der Anleihegläubiger. Die Gesellschaft hat zwei Möglichkeiten, um deren Zustimmung einzuholen: Entweder ein kollektives Restrukturierungsverfahren nach dem SchVG oder mittels eines öffentlichen Umtauschangebots (*exchange tender offer*) an alle Anleihegläubiger. Bei einem Verfahren nach dem SchVG lädt die Gesellschaft zu einer Gläubigerversammlung (alternativ zu einer Abstimmung ohne Versammlung) ein und die Anleihegläubiger fassen einen Mehrheitsbeschluss über die Durchführung des Debt Equity Swaps. Bei einem öffentlichen Umtauschangebot muss jeder einzelne Anleihegläubiger dem Debt Equity Swap zustimmen; kein Anleihegläubiger kann dabei ohne seine Zustimmung zum Debt Equity Swap gezwungen werden.

XVII. Wählt die Gesellschaft das kollektive Restrukturierungsverfahren nach dem SchVG, stimmen alle Anleihegläubiger über den Vorschlag zum Debt Equity Swap ab. Dabei kann die Gesellschaft versuchen, Einfluss auf das Abstimmungsverhalten auszuüben. Dazu kann sie zunächst versuchen, die Zusammensetzung der Gläubigerversammlung zu beeinflussen, indem sie versucht, kooperative Investoren zu animieren, die Anleihe zu erwerben, an der Gläubigerversammlung teilzunehmen und in ihrem Sinne abzustimmen. Rechtlich weitaus problematischer ist die direkte Beeinflussung des Abstimmungsverhaltens der einzelnen Anleihegläubiger. Dazu kann sie den Anleihegläubigern eine Prämie anbieten, die gezahlt wird, wenn der Anleihegläubiger für den Debt Equity Swap stimmt. Dies verstößt nicht gegen das Verbot des Stimmenkaufs (§ 6 Abs. 2 SchVG), solange die Prämie ausnahmslos allen Anleihegläubigern angeboten wird.

XVIII. Bei einem kollektiven Restrukturierungsverfahren nach dem SchVG findet allerdings in der Praxis kein „unmittelbarer" Debt Equity Swap statt, sondern die Anleihegläubiger erhalten im Austausch gegen ihre Anleihe zunächst Erwerbsrechte auf die neuen Aktien, welche sie in einem zweiten Schritt ausüben können oder alternativ den Erlös aus der Veräußerung der Erwerbsrechte erhalten (sog. Zwei-Stufen-Modell). Ein oktroyierter Debt Equity Swap qua Mehrheitsbeschluss würde nämlich gegen die negative Vereinigungsfreiheit (Art. 9 Abs. 1 GG) der einzelnen Anleihegläubiger verstoßen. Die negative Vereinigungsfreiheit schützt die Entscheidungsfreiheit, einer privatrechtlichen Vereinigung nicht beitreten zu *müssen*. Bei einer Aktiengesellschaft ist dies unter anderem gerechtfertigt, da die Aktionärsstellung auch Pflichten und im vorliegenden Fall möglicherweise auch eine Differenzhaftung nach sich ziehen kann.

XIX. Im Anschluss an das von der Praxis durchgeführte Zwei-Stufen-Modell kann die Gesellschaft versuchen, die (nunmehr ehemaligen) Anleihegläubiger zu incentivieren, ihr Erwerbsrecht auf die neuen Aktien tatsächlich auszuüben. Dazu kann sie denjenigen, die ihr Erwerbsrecht ausüben, wirtschaftlich mehr anbieten als denjenigen, die den Erlös aus der Veräußerung ihrer Erwerbsrechte bevorzugen. Dabei muss die Gesellschaft allerdings beachten, dass die Prämie nicht zu hoch ausfällt, da die umtauschwilligen ehemaligen Anleihegläubiger ansonsten eine zu hohe Gegenleistung bekämen, was wiederum mit den Kapitalaufbringungsvorschriften in Konflikt geraten könnte.

XX. Bei der Veröffentlichung eines Umtauschangebots zum Debt Equity Swap muss ein von der BaFin gebilligter Wertpapier(angebots)prospekt vorliegen. Es handelt sich nämlich um ein öffentliches Angebot im Sinne von § 3 Abs. 1 WpPG. Insbesondere stellen die Anleihegläubiger keinen sog. begrenzten Personenkreis dar, was als Konsequenz die Prospektpflicht entfallen ließe. Ein Angebot an einen lediglich begrenzten Personenkreis ist von einem Angebot an das Publikum durch qualitative Kriterien abzugrenzen. Ein solches qualitatives Kriterium ist der Zweck der Prospektpflicht. Der Wertpapierangebotsprospekt soll die potenziellen Investoren in die Lage versetzen, eine qualifizierte Entscheidung zu treffen. Diese müssen die Anleihegläubiger nunmehr treffen, wenn sie sich entscheiden, ob sie ihre Anleihe in Aktien tauschen möchten. Insbesondere haben sie diese Entscheidung nicht bereits mit Erwerb der Anleihe getroffen, sodass sie jetzt die Informationen des Wertpapierangebotsprospekts nicht mehr benötigten. Vielmehr ist aufgrund der unterschiedlichen Anlageklassen von Anleihen als Fremdkapitalinstrumente und Aktien als Eigenkapital eine erneute Entscheidung notwendig.

XXI. Wird ein Verfahren nach dem SchVG durchgeführt, ist der Wertpapierangebotsprospekt bereits vor Einladung zur Gläubigerversammlung bzw. Aufforderung zur Stimmabgabe ohne Versammlung zu veröffentlichen, da darin bereits ein öffentliches Angebot im Sinne des § 3 Abs. 1 WpPG liegt. Ein öffentliches Angebot kann nicht mit der Begründung abgelehnt werden, dass es im Rahmen der Beschlussfassung nach dem SchVG nicht zu einer individuellen Anlageentscheidung kommt, die Voraussetzung für ein öffentliches Angebot ist, sondern stattdessen lediglich ein kollektiver Mehrheitsbeschluss über den Debt Equity Swap entscheidet. Der Mehrheitsbeschluss basiert nämlich auf der Abstimmung der einzelnen Anleihegläubiger, die eine Informationsgrundlage für ihre individuelle Anlageentscheidung benötigen. Die Bereitstellung einer solchen Informationsgrundlage ist gerade der Zweck der Pflicht zur Veröffentlichung eines Wertpapierangebotsprospekts.

XXII. Erfolgt im Rahmen des Debt Equity Swaps zunächst ein Umtausch der Anleihen in Erwerbsrechte auf neue Aktien (Zwei-Stufen-Modell), so kann die Veröffentlichung des Wertpapierprospekts bis zum Beginn der Ausübungsfrist für die Erwerbsrechte aufgeschoben werden.

Debt Convertible Swap

XXIII. Bei einem Debt Convertible Swap wird die ausstehende Anleihe in eine Wandelanleihe getauscht. Insbesondere aufgrund der flexiblen Ausgestaltungsmöglichkeiten von Wandelanleihen, bietet er eine Alternative zum Debt Equity Swap.

XXIV. Zur Vorbereitung des Debt Convertible Swaps muss die Hauptversammlung Beschlüsse über die Ausgabe der Wandelanleihe sowie über die Schaffung eines bedingten Kapitals zur Absicherung der Wandlungsrechte fassen. Der Beschluss über die Ausgabe der Wandelanleihe erfolgt in der Praxis in der Regel als Ermächtigungsbeschluss, das heißt, die Hauptversammlung ermächtigt den Vorstand lediglich, bei Bedarf eine Wandelanleihe auszugeben und delegiert so die Entscheidung über die tatsächliche Ausgabe an ihn („Vorratsbeschluss" ähnlich wie bei einem genehmigten Kapital).

XXV. Das Aktiengesetz regelt die Verzahnung eines solchen Ermächtigungsbeschlusses und des Beschlusses eines bedingten Kapitals nur unzureichend. Die Vorgaben über die notwendigen Festsetzungen in Bezug auf die Sacheinlage im Hauptversammlungsbeschluss über die Schaffung des bedingten Kapitals (§ 194 Abs. 1 Satz 1 AktG) sowie die frühzeitige Werthaltigkeitsprüfung der Sacheinlage (§ 194 Abs. 4 AktG) noch vor Anmeldung des Hauptversammlungsbeschlusses über das bedingte Kapital zum Handelsregister (vgl. § 195 Abs. 2 Nr. 1 AktG) sind im gestreckten Verfahren nicht erfüllbar. Darin liegt eine planwidrige Regelungslücke. Es ist daher eine teleologische Reduktion der §§ 194, 195 AktG sowie ergänzend eine Analogie zu den Vorschriften über das genehmigte Kapital (§§ 205 f. AktG) vorzunehmen.

XXVI. Die Festsetzungen in Bezug auf die Sacheinlage (also die Anleihe) werden statt im Hauptversammlungsbeschluss in den Vorstandsbeschluss über die Ausnutzung der Ermächtigung zur Ausgabe der Wandelanleihe verlagert.

XXVII. Bei einem Debt Convertible Swap ist grds. eine externe Werthaltigkeitsprüfung der Sacheinlage durchzuführen (§ 194 Abs. 4 AktG). Gegenstand der Prüfung ist die umzutauschende ausstehende Anleihe. Stichtag für die Werthaltigkeitsprüfung ist der Zeitpunkt der Ausgabe der neuen Wandelanleihe im Gegenzug für die ausstehende Anleihe. Nur wenn bei Ausgabe der Wandelanleihe eine Werthaltigkeitsprüfung der Sachleistung/Sacheinlage durchgeführt wurde, kann von der Privilegierung des § 194 Abs. 2 Satz 1 AktG Gebrauch gemacht werden. Eine erneute Werthaltigkeitsprüfung zum Zeitpunkt der Wandlung ist dann nicht erforderlich.

XXVIII. Diese externe Werthaltigkeitsprüfung findet im Optimalfall unmittelbar nach dem Ausnutzungsbeschluss des Vorstands statt. Das Werthaltigkeitsgutachten ist sodann dem Registergericht einzureichen und dieses zu ersuchen, seine Werthaltigkeitsprüfung nun ebenfalls unverzüglich durchzuführen. Beide Prüfungen sollen aus Gründen der Rechtssicherheit noch vor Ausgabe der Wandelanleihe (und somit dem eigentlichen Swap) erfolgen.

XXIX. Die vorgeschlagene Vorgehensweise entspricht nicht den Vorgaben des Gesetzes. Daher muss die Gesellschaft frühzeitig den Dialog mit dem Registergericht suchen, um abzustimmen, ob dementsprechend verfahren werden kann. Geeigneter Zeitpunkt für diese Abstimmung ist die Bestellung des Sacheinlageprüfers.

XXX. Die Gesellschaft kann später die Inhaber der (neuen) Wandelanleihe durch die Zahlung einer zusätzlichen Wandlungsprämie zur (frühzeitigen) Ausübung des Wandlungsrechts incentivieren (sog. *Incentivised Conversion Offer*). Die Gewährung der zusätzlichen Wandlungsprämie stellt keine Herabsetzung des Wandlungspreises dar, sofern sie nur eine Kompensation für entgehende zukünftige (abdiskontierte) Zinszahlungen und das Optionsrecht darstellt und sich die Prämie in der Höhe danach richtet. Soll eine höhere Prämie gewährt werden, so muss diese sich an die Vorgaben des Ermächtigungsbeschlusses und ggf. die Grenzen im Zusammenhang mit einem vereinfachten Bezugsrechtsausschluss (§ 221 Abs. 4 Satz 2 AktG i. V. m. § 186 Abs. 3 Satz 4 AktG) halten. Eine Prämie, welche die dort definierten Grenzen überschreitet, ist unzulässig.

Bond Buy Back

XXXI. Bei einem Bond Buy Back erwirbt die Gesellschaft ihre eigenen Anleihen/Wandelanleihen zurück. Ein solcher Rückerwerb ist insbesondere dann sinnvoll, wenn der Rückkaufpreis unterhalb des Nennwertes der Anleihe liegt oder die Gesellschaft so günstige Refinanzierungsmöglichkeiten hat, dass sich auch ein Rückkauf oberhalb des Nennwertes lohnt. Beim Rückerwerb von Wandelanleihen kann außerdem die drohende Verwässerung der Altaktionäre ein ausschlaggebendes Motiv sein, wenn von einer großen Ausübung der Wandlungsrechte auszugehen ist.

XXXII. Es gibt drei verschiedene Transaktionsvarianten für einen Bond Buy Back: 1. Ein Öffentliches Rückkaufangebot (die Gesellschaft veröffentlicht ein Rückkaufangebot an alle Anleihegläubiger und führt ein formales Verfahren durch) 2. Ein „stiller“ Rückkauf über die Börse (die Gesellschaft kauft anonym über die Börse ihre eigenen Anleihen auf) 3. Ein bilateraler Rückkauf von einzelnen Anleihegläubigern (*negotiated repurchases*; die Gesellschaft schließt Kauf- und Übertragungsverträge mit einzelnen ausgewählten Anleihegläubigern).

XXXIII. Nach vollendetem Rückerwerb erlischt die Anleiheforderung nicht automatisch kraft Konfusion. Stattdessen bleibt sie bestehen, solange die Gesellschaft die Anleihe entwertet oder ihre Laufzeit erreicht und zur Rückzahlung fällig wird. Alternativ kann die Gesellschaft die Anleihen auch wieder in Verkehr bringen; z.B. über einen Verkauf an der Börse.

XXXIV. Ist eine Wandelanleihe Gegenstand des Rückerwerbs und soll diese wiederveräußert werden, so haben die Aktionäre grundsätzlich eine Art Bezugsrecht im Rahmen dieser Wiederveräußerung. Dies gilt allerdings als gewahrt, wenn die Wandelanleihen über die Börse verkauft werden.

XXXV. Bei der Transaktionsgestaltung sind ggf. Gleichbehandlungsgebote zugunsten der Anleihegläubiger zu beachten: Primär richten sich diese nach den Anleihebedingungen. Subsidiär ist § 48 Abs. 1 Nr. 1 WpHG bei Anleihen, die im organisierten Markt zugelassen sind, zu berücksichtigen. § 48 Abs. 1 Nr. 1 WPHG enthält ein materielles Gleichbehandlungsgebot. Damit sind allen Anleihegläubigern beim Rückerwerb gleiche Möglichkeiten einzuräumen, wenn nicht sachliche Gründe dagegen sprechen. *Negotiated Repurchases* sind unter diesem Aspekt risikobehaftet und begründungsbedürftig dahingehend, warum ein Rückerwerb von einzelnen Anleihegläubigern gerechtfertigt ist. Unter dem Aspekt der Gleichbehandlung sind daher ein öffentliches Rückkaufangebot oder ein stiller Rückkauf über die Börse unproblematisch und vorzugswürdig.

XXXVI. Die Gesellschaft verstößt mit dem Rückerwerb nicht gegen das Insiderhandelsverbot (Art. 14 MAR), wenn sie nur ihren eigenen Rückerwerbsentschluss (als mögliche Insiderinformation) umsetzt. Verfügt sie hingegen über weitere Insiderinformationen (z.B. noch unveröffentlichte Bilanzzahlen, Sanierungspläne, Einstieg eines neuen Investors), stellt der Rückerwerb möglicherweise einen verbotenen Insiderhandel unter Ausnutzung dieser Kenntnis dar.

XXXVII. Der Rückerwerbsvorgang verstößt grundsätzlich gegen das Verbot der Marktmanipulation (Art. 15 MAR), da die Marktteilnehmer die Erwerbsvorgänge als Nachfrage neutraler Dritter interpretieren könnten. Im Gegensatz zu neutralen Dritten hat die Gesellschaft allerdings spezielle Motive für einen Rückerwerb, weshalb sie bereit ist, einen höheren Preis als den tatsächlichen Marktpreis (den neutrale Dritte bereit wären zu zahlen) zu zahlen. Dadurch liegt eine handelsgestützte Marktmanipulation vor, durch die die übrigen Marktteilnehmer getäuscht werden. Der Rückerwerb eigener Anleihen stellt allerdings dann keine verbotene Marktmanipulation dar, wenn die wesentlichen Voraussetzungen der Delegierten-VO (EU) 2016/1052, die eigentlich eine sog. *Safe Harbour* Regelung für *Aktien*rückkäufe enthält, eingehalten werden. Einzuhalten sind dabei die Publizitätspflichten und die Handelsbeschränkungen nach der Delegierten VO (EU) 2016/1052: Das Rückkaufvorhaben muss vorab öffentlich gemacht werden und nach Abschluss des Rückkaufs muss das Volumen sowie die Details des Rückkaufs publiziert werden. Bei einem Rückerwerb über die Börse dürfen die Erwerbsgeschäfte der Gesellschaft maximal 25% des Handelsumsatzes ausmachen und die vereinbarten Erwerbspreise nicht oberhalb des zuletzt ermittelten objektiven Preises liegen.

XXXVIII. Die Kosten eines Rückerwerbs einer Wandelanleihe sind vollständig betrieblich veranlasst und somit als Betriebsaugaben abzugsfähig. Die Ziele des Rückerwerbs sind in der Regel finanzielle Vorteile durch günstige Rückerwerbspreise oder günstige Refinanzierungsmöglichkeiten, Verbesserung der Bilanz und Steuerung des Fristenprofils der Fremdfinanzierung. Insbesondere erfolgt der Rückerwerb nicht zugunsten der Altaktionäre, was zur Folge hätte, dass die Aufwendungen für den Rückerwerb teilweise gesellschaftsrechtlich und nicht betrieblich veranlasst wären. Eine solche Aufsplittung der Rückerwerbskosten verbietet sich allerdings. Die gesamten Aufwendungen sind steuerlich abzugsfähig.

XXXIX. Wird der Rückerwerb einer Anleihe durch eine Kapitalerhöhung oder die Emission einer neuen Wandelanleihe finanziert, liegt unter Umständen eine verbotene verdeckte Sacheinlage vor, wenn es größere Schnittmengen zwischen den Inhabern der ausstehenden Anleihe und den Zeichnern der neuen Aktien oder der neuen Wandelanleihe gibt. Dies gilt auch, wenn die neuen Aktien (bzw. die Wandelanleihe) zunächst von einer Bank treuhänderisch gezeichnet und übernommen werden, sofern sie als fremdnütziger Treuhänder mit der Verpflichtung agieren, die neuen Aktien (bzw. Wandelanleihen) an die Investoren weiterzuleiten. Abzustellen ist daher für die Beurteilung einer verdeckten Sacheinlage auf die Investoren. Nehmen diese Investoren auch am Rückkauf teil, ist der objektive Tatbestand der verdeckten Sacheinlage erfüllt und der subjektive Tatbestand (in Form einer sog. Umgehungsabrede) wird widerleglich vermutet. Um den Vorwurf der verdeckten Sacheinlage zu entkräften, muss die Gesellschaft die Vermutung des Vorliegens einer Umgehungsabrede widerlegen. Dazu sollte sie die Gesamttransaktion so ausgestalten, dass sie keinerlei Einfluss auf die Teilnehmer an der Kapitalerhöhung (bzw. Zeichner der Wandelanleihe) und des Rückkaufs hat und die Abwicklung aller Schritte sollte anonym erfolgen. Dann lässt sich die Vermutung einer Umgehungsabrede mangels möglicher Abstimmung und Einflussnahme widerlegen.

Anhang I: Literaturverzeichnis

Achleitner, Ann-Kristin/Volk, Sarah, Anleihen und Schuldscheindarlehen als Finanzierungsinstrumente, CFL 2013, 157.

Aleth, Franz/Böhle, Jens, Neue Transaktionsformen als Folge der Finanzmarkt-/Wirtschaftskrise – handels-, gesellschafts- und insolvenzrechtliche Aspekte, DStR 2010, 1186.

Altenburg, Nadja, Der Rückkauf eigener Wandelanleihen, ein steuerneutraler Aufwand?, DStR 2013, 5.

Angerer, Lutz/Geibel, Stephan/Süßmann, Rainer (Herausgeber), Wertpapiererwerbs- und Übernahmegesetz (3. Auflage, München 2017).

Arbeitskreis Reform des Schuldverschreibungsrechts, Reform des Schuldverschreibungsgesetzes, ZIP 2014, 845.

Arnold, Arnd, Nennwertanrechnung beim Debt Equity Swap – Paradigmenwechsel durch das ESUG und die Aktienrechtsnovelle 2012? In: Festschrift für Michael Hoffmann-Becking, München 2013, S. 29.

Assmann, Heinz-Dieter/Pötzsch, Thorsten/Schneider, Uwe H. (Herausgeber), Wertpapiererwerbs- und Übernahmegesetz (2. Auflage, Köln 2013).

Assmann, Heinz-Dieter/Schneider, Uwe H. (Herausgeber), Wertpapierhandelsgesetz (6. Auflage, Köln 2012).

Assmann, Heinz-Dieter/Schlitt, Michael/von Kopp-Colomb, Wolf (Herausgeber), Wertpapierprospektgesetz/Verkaufsprospektgesetz (3. Auflage, Köln 2017).

Bader, Hermann Georg, Contingent Convertible, Wandelanleihe und Pflichtwandelanleihe im Aktienrecht, AG 2014, 472.

Baums, Theodor, Agio und sonstige Zuzahlungen im Aktienrecht, in: Festschrift für Peter Hommelhoff, Köln 2012, S. 61.

Baums, Theodor (Herausgeber), Recht der Unternehmensfinanzierung (München 2017).

Baums, Theodor/Schmidtbleicher, Roland, Neues Schuldverschreibungsrecht und Altanleihen, ZIP 2012, 204.

Bayer, Walter, Transparenz und Wertprüfung beim Erwerb von Sacheinlagen durch genehmigtes Kapital, in: Festschrift für Peter Ulmer, Berlin 2003, S. 21.

Becker, Christian/Pospiech, Lutz, Die Prospektpflicht beim Debt-to-Equity-Swap von Anleihen, NJW-Spezial 2014, 591.

Berrar, Carsten/Meyer, Andreas/Müller, Cordula/Schnorbus, York/Singhof, Bernd/Wolf, Christoph (Herausgeber), Frankfurter Kommentar zum WpPG und zur EU-ProspektVO (Frankfurt 2011).

Bertelmann, Heiko/Schönen, Simone, Gläubigerrechte und Emittentenpflichten bei der Abstimmung ohne Versammlung nach dem Schuldverschreibungsgesetz, ZIP 2014, 353.

Bezzenberger, Tilmann, Erwerb eigener Aktien durch die AG (Köln 2002).

Blaas, Ulrich/Schwahn, Alexander, Steueroptimierte Restrukturierung – Teil 2: Debt/Equity Swap, Debt Buy Back, Debt/Hybrid Swap, Debt Push Up und stille Liquidation durch Amtslöschung, BB 2013, 2412.

Bredow, Günther M./Sickinger, Mirko/Weinand-Härer, Klaus/Liebscher, Finn-Michael, Rückkauf von Mittelstandsanleihen, BB 2012, 2134.

Brinkmann, Moritz, Wege aus der Insolvenz eines Unternehmens – oder: Die Gesellschafter als Sanierungshindernis, WM 2011, 97.

Broichhausen, Thomas N., Mitwirkungskompetenz der Hauptversammlung bei der Ausgabe von Wandelschuldverschreibungen auf eigene Aktien, NZG 2012, 86.

Burg, Michael/Marx, Eric, Debt Equity Swaps im Wege der Kapitalerhöhung mit Ersetzungsbefugnis, CFL 2010, 364.

Bürgers, Tobias/Körber, Torsten, Heidelberger Kommentar zum Aktiengesetz (4. Auflage, Heidelberg 2017).

Burkhardt-Böck, Henriette, Bilanzierung von Pflichtwandelanleihen nach IFRS, IRZ 2017, 61.

Buth, Andrea K./Hermanns, Michael (Herausgeber), Restrukturierung, Sanierung, Insolvenz (4. Auflage, München 2014).

Cahn, Andreas/Hutter, Stephan/Kaulamo, Katja/Meyer, Andreas/Weiß, Daniel, Regelungsvorschläge zu ausgewählten Rechtsfragen bei Debt-to-Equity Swaps von Anleihen, WM 2014, 1309.

Cahn, Andreas/Simon, Stefan/Theiselmann, Rüdiger, Nennwertanrechnung beim Debt Equity Swap! – Replik zu Prof. Dr. Ekkenga, DB 2012 S. 331 –, DB 2012, 501.

Cahn, Andreas/Simon, Stefan/Theiselmann, Rüdiger, Debt Equity Swap zum Nennwert!, DB 2010, 1629.

Cahn, Andreas/Simon, Stefan/Theiselmann, Rüdiger, Forderungen gegen die Gesellschaft als Sacheinlage?, CFL 2010, 238.

Carli, Winfried M./Rieder, Markus S./Mückl, Norbert, Debt-to-Equity-Swaps in der aktuellen Transaktionspraxis, ZIP 2010, 1737.

Dreier, Horst (Herausgeber), Grundgesetz Kommentar Band I: Präambel, Artikel 1-19 (3. Auflage, Tübingen 2013).

Drinhausen, Florian/Keinath, Astrid, Nutzung eines bedingten Kapitals bei Ausgabe von Wandelschuldverschreibungen gegen Sachleistung, BB 2011, 1736.

Drygala, Tim, Wandelanleihen mit Wandlungsrecht des Anleiheschuldners nach dem Entwurf für eine Aktienrechtsnovelle 2011, WM 2011, 1637.

Ekkenga, Jens, Neuerliche Vorschläge zur Nennwertanrechnung beim Debt-Equity-Swap – Erkenntnisfortschritt oder Wiederbelebungsversuche am untauglichen Objekt?, DB 2012, 331.

Ekkenga, Jens, Sachkapitalerhöhung gegen Schuldbefreiung, ZGR 2009, 581.

Ekkenga, Jens/Schröer, Henning (Herausgeber), Handbuch der AG-Finanzierung (Köln 2014).

Fischer, Elke/Lakus, Sebastian, Der Rückkauf eigener Wandelanleihen Replik zum Beitrag von Altenburg, in: DStR 2013, 5, DstR 2013, 623.

Fleischer, Holger, Investor Relations und informationelle Gleichbehandlung im Aktien-, Konzern- und Kapitalmarktrecht, ZGR 2009, 505.

Florstedt, Tim, Die umgekehrte Wandelschuldverschreibung Eine Kapitalklasse im Spannungsfeld zwischen europäischem Bankrecht und deutschem Aktienrecht, ZHR 180 (2016), 152.

Friedl, Markus, Zum Anwendungsbereich des § 24 Abs. 2 SchVG (Anmerkung zu BGH, Urteil vom 01.07.2014 – II ZR 381, 13), BKR 2014, 511.

Friedl, Markus, Der Tausch von Anleihen in Aktien, BB 2012, 1102.

Friedl, Markus J./Hartwig-Jacob, Mauricio (Herausgeber), Frankfurter Kommentar zum Schuldverschreibungsgesetz (Frankfurt am Main 2013).

Fuchs, Andreas (Herausgeber), Wertpapierhandelsgesetz (2. Auflage, München 2016).

Geerling, Tobias/Hartmann, Uwe, Der BFH verwirft den Sanierungserlass Die Restrukturierung von Forderungen in der Unternehmenskrise – Lösungsansätze für die Praxis und Ausblick auf eine gesetzliche Neuregelung, DStR 2017, 752.

Gehling, Christian, Bezugspreis und faktischer Bezugsrechtsausschluss, ZIP 2011, 1699.

Geßler, Ernst, Die Umwandlung von Krediten in haftendes Kapital, in: Festschrift für Philipp Möhring, München 1975, S. 173.

Geßler, Ernst/Hefermehl, Wolfgang/Eckardt, Ulrich, Aktiengesetz Kommentar Band IV §§ 179–240 AktG (München 1994).

Gkoutzinis, Apostoles Ath., Law and Practice of Liability Management Debt Tender Offers, Exchange Offers, Bond Buybacks and Consent Solicitations in international Capital Markets (Cambridge 2014).

Goette, Wulf, Zur Zuteilung der Aktien beim vereinfachten Bezugsrechtsausschluss nach § 186 III S. 4 AktG, ZGR 2012, 505.

Goette, Wulf/Habersack, Mathias/Kalss, Susanne (Herausgeber), Münchener Kommentar zum Aktiengesetz Band I §§ 1–75 AktG (4. Auflage, München 2016), Band IV §§ 179–277 AktG (4. Auflage, München 2016), (3. Auflage, München 2011), Band VI §§ 329–410 AktG, WpÜG, österreichisches Übernahmerecht (4. Auflage, München 2017).

Gosch, Dietmar (Herausgeber), Körperschaftsteuergesetz (3. Auflage, München 2015).

Gottschalk, Eckart, „Update" zur Sacheinlage: Einordnung der aktuellen BGH-Rechtsprechung in das aktienrechtliche System der Kapitalaufbringung, GWR 2012, 121.

Grell, Frank/Splittgerber, Daniel/Schneider, Stephan, BGH ebnet den Weg für die Restrukturierung von Anleihen – alle Fragen geklärt? – Zugleich Anmerkung zu BGH-Urteil vom 01.07.2014 – II ZR 381/13, DB 2014 S. 2158 –, DB 2015, 111.

Groß, Wolfgang, Kapitalmarktrecht (6. Auflage, München 2016), (5. Auflage, München 2012).

Grüger, Tobias, Kurspflegemaßnahmen durch den Erwerb eigener Aktien – Verstoß gegen das Verbot der Marktmanipulation nach § 20a WpHG?, BKR 2010, 221.

Grunewald, Barbara/Schlitt, Michael, Einführung in das Kapitalmarktrecht (3. Auflage, München 2014), (2. Auflage, München 2009).

Habersack, Mathias, Die gemischte Sacheinlage, in: Festschrift für Horst Konzen, Tübingen 2006, S. 179.

Habersack, Mathias, Das Andienungs- und Erwerbsrecht bei Erwerb und Veräußerung eigener Anteile, ZIP 2004, 1121.

Habersack, Mathias/Mülbert, Peter O./Schlitt, Michael (Herausgeber), Unternehmensfinanzierung am Kapitalmarkt (3. Auflage, Köln 2013).

Habersack, Mathias/Mülbert, Peter O./Schlitt, Michael (Herausgeber), Handbuch der Kapitalmarktinformation (2. Auflage, München 2013).

Habersack, Mathias/Verse, Dirk A., Europäisches Gesellschaftsrecht (4. Auflage, München 2011).

Halász, Christian/Kloster, Lars, Abgestimmtes Verhalten im Sinne des § 30 Abs. 2 WpÜG im Zusammenhang mit einem Debt-Equity Swap, WM 2006, 2152.

Harder, Andreas/Möhlenkamp, Phillip-Boie, Die umgekehrte Wandelschuldverschreibung (CoCo-Bonds) – ein neues Sanierungselement?, ZIP 2016, 1093.

Heidel, Thomas (Herausgeber), Aktienrecht und Kapitalmarktrecht (4. Auflage, Bonn 2014).

Hennsler, Martin/Strohn, Lutz, Gesellschaftsrecht (3. Auflage, München 2016).

Herchen, Hilke, Agio und verdeckte Agio im Recht der Kapitalgesellschaften, Zugleich Diss. (Köln 2004).

Herzig, Norbert/Joisten, Christian, Körperschaftssteuerliche Behandlung des Rückkaufs von Wandelanleihen, DB 2013, 954.

Heuermann, Bernd/Brandis, Peter (Herausgeber), Blümich EStG, KStG, GewStG (Loseblattkommentar, 144. Ergänzungslieferung 10/2018, München).

Heutz, Stefan/Parameswaran, Benjamin, Prüfungspflichten eines Sachkapitalerhöhungsprüfers in der AG, ZIP 2011, 1650.

Himmelsbach, Rainer/Achsnick, Jan, Investments in Krisenunternehmen im Wege sanierungsprivilegierter debt-equity-swaps, NZI 2006, 561.

Hirte, Heribert, Kapitalgesellschaftsrecht (8. Auflage, Köln 2016).

Hirte, Heribert/Möllers, Thomas M.J. (Herausgeber), Kölner Kommentar zum WpHG (2. Auflage, Köln 2015).

Hirte, Heribert/Mülbert, Peter/Roth, Markus (Herausgeber), Großkommentar Aktiengesetz Band 2/1 §§ 23–40 AktG (5. Auflage, Berlin/New York 2016).

Hopt, Klaus J. (Herausgeber), Aktiengesetz, Band 6 §§ 150–220 AktG (2. Auflage, Berlin 2006).

Hirte, Heribert/von Bülow, Christoph (Herausgeber), Kölner Kommentar zum WpÜG (2. Auflage, Köln 2010).

Hoffmann-Becking, Michael (Herausgeber), Münchener Handbuch des Gesellschaftsrechts Band 4 Aktiengesellschaft (4. Auflage, München 2015).

Hoffmann-Becking, Michael (Herausgeber), Ausgabebetrag bei Sacheinlagen, in: Festschrift für Herbert Wiedemann, München 2002, S. 999.

Hoffmann-Becking, Michael (Herausgeber), Der Einbringungsvertrag zur Sacheinlage eines Unternehmens oder Unternehmensteils in die Kapitalgesellschaft, in: Festschrift für Marcus Lutter, Köln 2000, S. 453.

Hoffmann-Becking, Michael/Schippel, Helmut, Beck'sches Formularbuch Bürgerliches, Handels- und Wirtschaftsrecht (10. Auflage, München 2010).

Holland, Björn/Goslar, Sebastian, Die Bedienung von Wandelanleihen aus genehmigtem Kapital, NZG 2006, 892.

Hölters, Wolfgang, Aktiengesetz Kommentar (3. Auflage, München 2017).

Holzner, Stefan, Sanierungserlass verstößt gegen Grundsatz der Gesetzmäßigkeit der Verwaltung, DStRK 2017, 91.

Honsell, Heinrich, Umwandlung von Kredit in Haftkapital – „verschleierte" Sacheinlage? In: Festschrift für Gerhard Frotz, Wien 1993, S. 307.

Hopt, Klaus J./Seibt, Christoph (Herausgeber), Schuldverschreibungsrecht Kommentar – Handbuch – Vertragsmuster (Köln 2017).

Hüffer, Uwe/Koch, Jens, Aktiengesetz (13. Auflage, München 2018), (10. Auflage, München 2012), (9. Auflage, München 2010).

Juretzek, Peter, Bedingte Kapitalerhöhung zur Unterlegung einer (auch) gegen Sacheinlage auszugebenden Schuldverschreibung. Überblick über die Rechtsprechung und offene Fragen, DStR 2014, 431.

Kahlert, Günter/Schmidt, Arne, Die neue Steuerfreiheit des Sanierungsertrags – Fragen und Antworten, DStR 2017, 1897.

Karollus, Martin, Die Umwandlung von Geldkrediten in Grundkapital – eine verdeckte Sacheinlage?, ZIP 1994, 589.

Kessler, Alexander, BGH: Änderung der Anleihebedingungen durch Mehrheitsbeschluss bei Altanleihen, BB 2014, 2572.

Kessler, Alexander/Rühle, Thomas, Die Restrukturierung von Anleihen in Zeiten des SchVG 2009 Anmerkung zu OLG Schleswig – 2 W 82/13 und OLG Zweibrücken – 3 W 9/13, BB 2014, 907.

Kestler, Matthias/Striegel, Andreas/Jesch, Thomas A., Distressed Debt Investments – Insolvenzrechtliche Instrumentarien der Unternehmenssanierung über Fremdkapital, NZI 2005, 417.

Kirchhof, Paul, Einkommensteuergesetz (17. Auflage, Köln 2018).

Kocher, Dirk, Ad Hoc Publizität und Insiderhandel bei börsennotierten Anleihen, WM 2013, 1305.

Kopp, Thomas/Metzner, Manuel, Rechtliche Aspekte der Finanzierung des Rückkaufs von Wandelschuldverschreibungen durch vorherige Kapitalerhöhung oder Emission neuer Wandelschuldverschreibung, AG 2012, 856.

Körner, Andreas, OFD-Rheinland: Steuerliche Behandlung von Debt Mezzanine Swaps, RdF 2012, 139.

Kusserow, Berthold, Opt-in Beschlüsse nach dem neuen Gesetz über Schuldverschreibungen aus Gesamtemissionen, WM 2011, 1645.

Langenbucher, Katja/Bliesener, Dirk H./Spindler, Gerald (Herausgeber), Bankrechts-Kommentar (2. Auflage, München 2016).

Leuering, Dieter, Die vereinfachte Sacheinlage von nicht-börsengehandelten Wertpapieren nach § 33a WpHG, NZG 2016, 208.

Leuering, Dieter, Der Rückerwerb eigener Aktien mittels Auktionsverfahren, AG 2007, 435.

Löbbe, Marc, Gesellschaftsrechtliche Gestaltungsmöglichkeiten des Debt Equity Swap, in: Festschrift für Martin Winter, Köln 2011, S. 423.

Loges, Rainer/Zimmermann, Martin, Aktienrechtliche Ansprüche beim Erwerb von Unternehmen gegen Gewährung von Aktien, WM 2005, 349.

Lürken, Sacha, Keine nachträgliche Einführung von Mehrheitsklauseln nach dem SchVG bei vor dem 05.08.2009 von Auslandsemittenten begebenen Anleihen, GWR 2012, 227.

Lüssow, Björn, Das Agio im GmbH- und Aktienrecht (Berlin 2005).

Lutter, Marcus, Materielle und förmliche Voraussetzungen eines Bezugsrechtsausschlusses – Besprechung der Entscheidung BGHZ 71, 40 (Kali+Salz), ZGR 1979, 401.

Lutter, Marcus, Kapital, Sicherung der Kapitalaufbringung und Kapitalerhaltung in den Aktien- und GmbH-Rechten der EWG, Zugl. Habil. Karlsruhe 1964.

Lutter, Marcus/Drygala, Tim, Die zweite Chance für Spekulanten? – Zur nachträglichen Korrektur der Konditionen von Optionsschuldverschreibungen, in: Festschrift für Carsten Peter Claussen, Köln 1997, S. 261.

Maier-Reimer, Georg, Zwangswandlung von Schuldverschreibungen in deutsche Aktien, in: Festschrift für Wulf Goette, München 2011, S. 299.

Maier-Reimer, Georg, Wert der Sacheinlage und Ausgabebetrag, in: Festschrift für Gerold Bezzenberger, Berlin 2000, S. 253.

Marburger, Peter (Herausgeber), Julius von Staudingers Kommentar zum Bürgerlichen Gesetzbuch: Staudinger BGB – Buch 2: Recht der Schuldverhältnisse §§ 779–881 (Vergleich, Schuldversprechen, Anweisung, Schuldverschreibung), Neubearbeitung 2015.

Marsch-Barner, Reinhard, Treuepflicht und Sanierung, ZIP 1996, 853.

Marsch-Barner, Reinhard, Nochmals: Umgehung der Sacheinlagevorschriften durch Wandelschuldverschreibungen und Wandelgenußrechte?, DB 1995, 1497.

Marsch-Barner, Reinhard/Schäfer, Frank A., Handbuch börsennotierte AG (4. Auflage, Köln 2017).

Matyschok, Edgar, OLG München: Eintragung einer bedingten Kapitalerhöhung gegen noch zu begebende Wandelschuldverschreibungen, BB 2013, 2577.

Meilicke, Wienand, Die Kapitalaufbringungsvorschriften als Sanierungsbremse – Ist die deutsche Interpretation des § 27 III AktG richtlinienkonform?, DB 1989, 1069.

Meyer, Andreas/Weber, Thomas, Kurzfristige Eigenkapitalaufnahme de lege ferenda – Denkanstöße zur Deregulierung der rechtlichen Anforderungen an Eigenkapitalmaßnahmen börsennotierter Gesellschaften im Lichte der Finanzkrise, CFL 2012, 249.

Möhlenkamp, Andreas, BFH – Beschluss vom 28.11.2016 – GrS 1/15 Steuererlass aus Billigkeitsgründen nach dem sog. Sanierungserlass des BMF unzulässig, EWiR 2017, 149.

Möller, Andreas, Rechtsmittel und Sanktionen nach dem Wertpapiererwerbs- und Übernahmegesetz, AG 2002, 170.

Müller, Welf/Rödder, Thomas, Beck'sches Handbuch der AG (2. Auflage, München 2009).

Niedling, Dirk, Aktuelle Entwicklungen bei der Besteuerung von Wandelschuldinstrumenten, RdF 2016, 49.

Nodoushani, Manuel, Contingent Convertible Bonds – eine Bestandsaufnahme, WM 2016, 589.

Palandt, Otto, Bürgerliches Gesetzbuch (77. Auflage, München 2018).

Paulus, Christoph G., Schuldverschreibungen, Restrukturierungen, Gefährdungen, WM 2012, 1109.

Paulus, Christoph G., Keine Anwendung des SchVG 2009 auf Altanleihen einer ausländischen Emittentin („Pfleiderer"), EWiR 2012, 259.

Pentz, Andreas, Genehmigtes Kapital, Belegschaftsaktien und Sacheinlagefähigkeit obligatorischer Nutzungsrechte – das adidas-Urteil des BGH, ZGR 2001, 901.

Pleyer, Klemens, Wertpapierrechtliche Probleme beim Rückfluß von Schuldverschreibungen an den Emittenten, WM 1979, 850.

Podewils, Felix, Neuerungen im Schuldverschreibungs- und Anlegerschutzrecht Das Gesetz zur Neuregelung der Rechtsverhältnisse bei Schuldverschreibungen aus Gesamtemissionen und zur verbesserten Durchsetzbarkeit von Ansprüchen von Anlegern aus Falschberatung, DStR 2009, 1914.

Poelzig, Dörte, Insider- und Marktmanipulationsverbot im neuen Marktmissbrauchsrecht, NZG 2016, 528.

Preuße, Thomas, SchVG – Gesetz über Schuldverschreibungen aus Gesamtemissionen Kommentar (Berlin 2011).

Priester, Hans Joachim, Debt-Equity-Swap zum Nennwert?, DB 2010, 1445.

Priester, Hans Joachim, Kapitalaufbringungspflicht und Gestaltungsspielräume beim Agio, in: Festschrift für Marcus Lutter, Berlin 2000, S. 617.

Redeker, Rouven, Kontrollerwerb an Krisengesellschaften: Chancen und Risiken des Debt-Equity-Swap, BB 2007, 673.

Reger, Gerald/Stenzel, Igor, Der Kapitalschnitt auf Null als Mittel zur Sanierung von Unternehmen – Gesellschaftsrechtliche, börsenzulassungsrechtliche und kapitalmarktrechtliche Konsequenzen, NZG 2009, 1210.

Retsch, Alexander, Die Selbstbefreiung nach der Marktmissbrauchsverordnung, NZG 2016, 1201.

Röhricht, Volker, Von Rechtswissenschaft und Rechtsprechung, ZGR 1999, 445.

Rubner, Daniel/Pospiech, Lutz, Umgekehrte Wandelanleihen und Pflichtwandelanleihen, NJW-Spezial 2016, 399.

Rubner, Daniel/Leuering, Dieter, Der gemeinsame Vertreter der Anleihegläubiger, NJW-Spezial 2014, 15.

Rusch, Konrad/Brocker, Till, Debt Mezzanine Swap bei Unternehmensfinanzierungen – rechtliche und steuerliche Rahmenbedingungen, ZIP 2012, 2193.

Sachs, Michael (Herausgeber), Grundgesetz Kommentar (8. Auflage, München 2018).

Schäfer, Carsten, Schuldrechtliches Agio im Aktienrecht – Kapitalaufbringung ad libitum?, ZIP 2016, 953.

Schäfer, Carsten, Zur Einbeziehung des Agios in die aktienrechtliche Kapitalaufbringung – Konsequenzen aus der „Babcock"-Entscheidung des BGH, in: Festschrift für Eberhard Stilz, München 2014, S. 525.

Schäfer, Franz W./Grützediek, Elke, Die Haftung des Gesellschafters für mangelhafte Sacheinlagen, DB 2006, 1040.

Schanz, Kay-Michael, Wandel- und Optionsanleihen – flexible Finanzierungsinstrumente im Lichte gestiegenen Interesses, BKR 2011, 410.

Scheunemann, Marc P./Hoffmann, Guido Debt-Equity-Swap – Steuerliche Strukturierung und zivilrechtliche Rahmenbedingungen, DB 2009, 983.

Schimansky, Herbert/Bunte, Hermann-Josef/Lwowski, Hans Jürgen, Bankrechts-Handbuch (5. Auflage, München 2017).

Schlitt, Michael/Brandi, Tim Oliver/Schröder, Jan/Gemmel, Heiko/Ernst, Cornelia, Aktuelle Entwicklungen bei Hybridanleihen, CFL 2011, 105.

Schlitt, Michael/Kasten, Roman, Börsennotierte Anleihen mittelständischer Unternehmen – ein Überblick über die neuen Anleihesegmente, CFL 2011, 97.

Schlitt, Michael/Schäfer, Susanne, Die Restrukturierung von Anleihen nach dem neuen Schuldverschreibungsgesetz, AG 2009, 477.

Schlitt, Michael/Seiler, Oliver, Aktuelle Rechtsfragen bei Bezugsrechtsemissionen, WM 2003, 2175.

Schlitt, Michael/Seiler, Oliver, Einstweiliger Rechtsschutz im Recht der börsennotierten Aktiengesellschaften, ZHR 166 (2002), 544.

Schlitt, Michael/Seiler, Oliver/Singhof, Bernd, Aktuelle Rechtsfragen und Gestaltungsmöglichkeiten im Zusammenhang mit Wandelschuldverschreibungen, AG 2003, 254.

Schmidt, Karsten/Lutter, Marcus (Herausgeber), Aktiengesetz (3. Auflage, Köln 2015), (2. Auflage, Köln 2010), (1. Auflage, Köln 2008).

Schmidt, Mario/Schlitt, Michael, Debt Equity Swap – Eine attraktive Form der Restrukturierung?, Der Konzern 2009, 279.

Schmidtbleicher, Roland, Die Anleihegläubigermehrheit Eine institutionenökonomische, rechtsvergleichende und dogmatische Untersuchung (Tübingen, 2010).

Schneider, Jörg, Kollektive Investitionsentscheidungen als öffentliches Angebot i.S.d. § 2 Nr. 4 WpPG, AG 2016, 341.

Schneider, Sven H., Die Weitergabe von Insiderinformationen – Zum normativen Verhältnis der verschiedenen Formen der Informationsweitergabe, NZG 2005, 702.

Schnorbus, York/Ganzer, Felix, Einflussmöglichkeiten auf die Gläubigerversammlung im Zusammenhang mit der Änderung von Anleihebedingungen, WM 2014, 155.

Schnorbus, York/Plassmann, Sebastian, Bilanzierung eines schuldrechtlichen Agios als andere Zuzahlung gem. § 272 Abs. 2 Nr. 4 HGB, ZIP 2016, 693.

Schnorbus, York/Plassmann, Sebastian, Bilanzoptimierter Rückerwerb von Anleihen über ihrem Nominalwert, ZBB 2015, 25.

Schnorbus, York/Trapp, Christoph, Die Ermächtigung des Vorstands zur Ausgabe von Wandelschuldverschreibungen gegen Sacheinlage, ZGR 2010, 1023.

Schwark, Eberhard/Zimmer, Daniel (Herausgeber), Kapitalmarktrechts-Kommentar (4. Auflage, München 2010).

Schwartzkopff, Michael/Hoppe, Axel, Notwendiger Inhalt von Beschlüssen zur Schaffung bedingten Kapitals bei Ausgabe von Wandelschuldverschreibungen gegen Sacheinlagen, NZG 2014, 378.

Seibt, Christoph H., Praxisfragen zur außerinsolvenzlichen Anleihenrestrukturierung nach dem SchVG, ZIP 2016, 997.

Seibt, Christoph H., Pflichten der Geschäftsleitung bei Eingehung von Finanzierungsgeschäften – in Normal- und Krisenzeiten des Unternehmens, ZIP 2013, 1597.

Seibt, Christoph H., Wandelschuldverschreibungen: Marktbericht, Dokumentationen und Refinanzierungsoptionen, CFL 2010, 165.

Seibt, Christoph H./Huizinga, Michiel, Prognosen im Kapitalmarktrecht, CFL 2010, 289.

Seibt, Christoph H./Schulz, Stephan, Sachkapitalerhöhungen bei Aktiengesellschaften im Transaktionskontext, CFL 2012, 313.

Seibt, Christoph H./Voigt, Hans-Christoph, Kapitalerhöhungen zu Sanierungszwecken, AG 2009, 133.

Seiler, Oliver, Aktuelle Entwicklungen bei der Befreiung von Pflichtangeboten in Sanierungsfällen, CFL 2010, 102.

Simon, Stefan, Der Debt Equity Swap nach dem Gesetz zur weiteren Erleichterung der Sanierung von Unternehmen (ESUG), CFL 2010, 448.

Simon, Stefan/Merkelbach, Matthias, Gesellschaftsrechtliche Strukturmaßnahmen im Insolvenzplanverfahren nach dem ESUG, NZG 2012, 121.

Singhof, Bernd, „Market Sounding" nach der Marktmissbrauchsverordnung, ZBB 2017, 193.

Singhof, Bernd/Weber, Christian, Neue Kapitalmarktrechtliche Rahmenbedingungen für den Erwerb eigener Aktien, AG 2005, 549.

Spindler, Gerhard/Stilz, Eberhard (Herausgeber), Kommentar zum Aktiengesetz (3. Auflage, München 2015), (2. Auflage, München 2010), (1. Auflage, München 2007).

Stein, Philip/Fischer, Jan-Benedikt, Umfang der Sacheinlageprüfung bei höherem Ausgabebetrag, ZIP 2014, 1362.

Tesauro, Giuseppe, Schlußanträge des Generalanwalts Tesauro in der Rechtssache Meilicke/ADV-ORGA, ZIP 1992, 1036.

Theiselmann, Rüdiger (Herausgeber), Praxishandbuch des Restrukturierungsrechts (2. Auflage, Köln 2013), (3. Auflage, Köln 2017).

Thole, Christoph, Der Debt Equity Swap bei der Restrukturierung von Anleihen, ZIP 2014, 2365.

Toth-Feher, Geza M./Schick, Olaf, Distressed Opportunities – Rechtliche Probleme beim Erwerb notleidender Forderungen von Banken, ZIP 2004, 491.

Vaupel, Christoph F./Reers, Ulrich, Kapitalerhöhungen bei börsennotierten Aktiengesellschaften in der Krise, AG 2010, 93.

Veranneman, Peter (Herausgeber), Schuldverschreibungsgesetz Kommentar (2. Auflage, München 2016).

Verse, Dirk, (Gemischte) Sacheinlagen, Differenzhaftung und Vergleich über Einlageforderungen – Besprechung von BGHZ 191, 364 – Babcock, ZGR 2012, 875.

von Ilberg, Philipp/Tschesche, Frank, Rechtliche und steuerliche Betrachtung des Rückkaufs von Schulden (Debt-Buy-Back), BB 2010, 259.

von Oppen, Matthias/Richers, Dominik, Anleiherestrukturierung – Ausgewählte kapitalmarktrechtliche Besonderheiten bei Debt-to-Equity-Swaps, CFL 2015, 95.

von Saucken, David/Keding, Sebastian, Der Handel von Schuldverschreibungen im laufenden Insolvenzverfahren – Wege aus der Insiderfalle, NZI 2015, 681.

von Sydow, Christian/Beyer, Oliver, Erwerb von notleidenden Krediten und anschließende Kapitalerhöhung mit Sacheinlage – Rechte und Pflichten nach dem WpÜG, AG 2005, 635.

Wansleben, Till, Werthaltigkeitsprüfung und Offenlegung beim Debt Equity Swap, WM 2012, 2083.

Wasmann, Dirk/Steber, Tobias, Rechtsfragen im Zusammenhang mit der Durchführung einer Gläubigerversammlung nach dem Schuldverschreibungsgesetz, ZIP 2014, 2005.

Wentzler, Jochen, Debt Equity Swap als Teil der finanziellen Unternehmenssanierung, FB 2009, 446.

Wiedemann, Herbert, Debt Equity Swap – Gedanken zur Umwandlung von Schulden in Eigenkapital, In: Festschrift für Michael Hoffmann-Becking, München 2013, S. 1387.

Wieneke, Laurenz, Die Incentivierung der vorzeitigen Ausübung des Wandlungsrechts, WM 2017, 698.

Wieneke, Laurenz, Rückerwerb und Wiederveräußerung von Wandelschuldverschreibungen durch die emittierende Gesellschaft, WM 2013, 1540.

Wieneke, Laurenz, Die Differenzhaftung des Inferenten und die Zulässigkeit eines Vergleichs über ihre Höhe, NZG 2012, 136.

Wieneke, Laurenz, Der Einsatz von Aktien als Akquisitionswährung, NZG 2004, 61.

Wilk, Cornelius/Schlee, Alexander, Incentivised Conversion – Die Incentivierung der Wandlung bei Wandelschuldverschreibungen, ZIP 2016, 2041.

Wilken, Oliver/Schaumann, Michael/Zenker, Michael, Anleihen in Restrukturierung und Insolvenz (Köln, 2015).

Zetzsche, Dirk, Die Marktsondierung nach Art. 11 MAR Pflichten der Sondierenden und der Marktgegenseite, AG 2016, 610.

Zöllner, Wolfgang (Herausgeber), Kölner Kommentar zum Aktiengesetz Band 5/1 §§ 179–240 AKtG (2. Auflage, Köln 1995).

Zöllner, Wolfgang/Noack, Ulrich (Herausgeber), Kölner Kommentar zum Aktiengesetz, Band 7 §§ 329–410 AktG §§ 1–46 EGAktG (3. Auflage, Köln 2016).

Anhang II: Abkürzungsverzeichnis

BaFin	Bundesanstalt für Finanzdienstleistungsaufsicht
Basel III	Regulierungsstandard des Basler Ausschusses der Bank für internationalen Zahlungsausgleich („BIZ"), der in der Europäischen Union durch eine Verordnung, die sog. Capital Requirement Regulation („CRR"; Verordnung (EU) Nr. 575/2013) und die Richtlinie über Eigenkapitalanforderungen/Capital Requirements Directive IV („CRD IV"; Richtlinie 2013/36/EU) umgesetzt wurde
Clearstream	Clearstream Banking AG
CoCo(-Bond)	*Contingent Convertible (Bond)*
CoMEN	*Conditional Mandatory Exchangeable Notes*
DAV	Deutscher Anwaltverein
DGAP	Deutsche Gesellschaft für Ad Hoc Publizität mbH
ESMA	*European Securities and Markets Authority* (dt. Europäische Wertpapier- und Marktaufsichtsbehörde)
IAS	*International Accounting Standards*
IFRS	*International Financial Reporting Standards*
ISIN	*International Securities Identification Number*
MAR	*Market Abuse Regulation* (dt. Marktmissbrauchsverordnung)
WKN	Wertpapierkennnummer

Für alle im Übrigen verwendeten Abkürzungen wird verwiesen auf:

Kirchner, Hildebert: Das Abkürzungsverzeichnis der Rechtssprache, 7. Auflage 2013

www.ingramcontent.com/pod-product-compliance
Ingram Content Group UK Ltd.
Pitfield, Milton Keynes, MK11 3LW, UK
UKHW021839290926
8980IPUK00005B/550

9 783631 778814